John O. Stevens ______ Die Kunst der Wahrnehmung

John O. Stevens

Die Kunst der Wahrnehmung

Übungen der Gestalt-Therapie

Chr. Kaiser

Titel der Originalausgabe: Awareness: exploring, experimenting, experiencing

Aus dem Amerikanischen von Anna Sannwald.

1. Auflage 1975 1.– 5. Tausend
2. Auflage 1976 6.– 8. Tausend
3. Auflage 1977 8.–12. Tausend
4. Auflage 1978 13.–17. Tausend
5. Auflage 1980 18.–21. Tausend
6. Auflage 1981 22.–25. Tausend
7. Auflage 1983 26.–29. Tausend
8. Auflage 1984 30.–34. Tausend
9. Auflage 1986 35.–39. Tausend
10. Auflage 1988 40.–44. Tausend

 ISBN 3-459-01011-8

Umschlag: Reinhard Liedtke, Gelnhausen. Umschlagfoto: Christa Manner. – Gesamtherstellung: Wagner GmbH, Nördlingen.
Printed in Germany.

Über dieses Buch

»Awareness« – der Titel der Originalausgabe – ist ein Signalwort und zentraler Begriff der Gestalt-Therapie, die in Amerika von Frederick (»Fritz«) S. Perls entwickelt worden ist und nun auch hierzulande Fuß zu fassen beginnt. Dieser neuen Form der Psycho-Therapie geht es darum, dem emotional verkümmerten und psychisch vereinseitigten Menschen dazu zu verhelfen, daß er sich mehr zu seiner vollen und eigentlichen »Gestalt« entwickelt. Im Unterschied zu psychoanalytischen Verfahren setzt sie beim Hier und Jetzt des Erlebens ein, um das Wahrnehmungsvermögen (»Awareness«) des einzelnen zu erweitern und zu vertiefen: im Blick auf Dinge und Geschehnisse in der Umwelt, auf innere Vorgänge und auf Kontakte mit einzelnen Partnern oder in einem Gruppenzusammenhang.

Eine der Schülerinnen von Dr. Perls, Stella Resnick, hat das Programm der Gestalt-Therapie folgendermaßen recht prägnant formuliert:

»Gestalt-Therapie hat zwei Hauptziele: Sie will dem einzelnen helfen, a) seiner selbst bewußter und b) selbstverantwortlicher zu werden.

›Seiner selbst bewußt zu sein‹, heißt, sich selbst zu kennen, in Harmonie mit dem zu sein, was jeden Augenblick im Inneren passiert. Durch eine solche ›Selbst-Bewußtheit‹ ist der einzelne in der Lage, sich seiner natürlichen, gesunden Anlagen bewußt zu werden. Er kann seine Bedürfnisse und Wünsche besser voneinander unterscheiden, besser unterscheiden, wodurch er sich froh und wodurch er sich niedergeschlagen fühlt. Er wird erkennen, welche überkommenen Haltungen und Gewohnheiten nicht mehr zu ihm passen, und wo er etwas hinzulernen muß.

›Selbstverantwortung‹ heißt zu erkennen, daß man selbst die Wahl hat, dies oder das zu tun, so oder so zu sein. Wenn der einzelne diese Verantwortung für sein Leben übernimmt, vergrößert er seine Möglichkeiten. Er lernt, Entscheidungen zu treffen, die seinen Handlungsspielraum erweitern und nicht verengen. Andere Leute, eine Lebenssituation, das Schicksal für das verantwortlich zu machen, was einem widerfährt, heißt, die Verantwortung für sein Leben abzugeben. Der therapeutische Prozeß in einer Gestalt-Therapie aber bedeutet, daß der einzelne seine eigenen Fähigkeiten entwickelt und nicht andere manipuliert, damit das eigene Wohlergehen erreicht oder gesichert wird.«*

Wer nun näheres wissen will, wie das im einzelnen gemeint und zu praktizieren ist, findet in diesem Buch, von dem in Amerika bereits an die 100 000 Exemplare unter die Leute gekommen sind, die Methoden und Erfahrungen der Gestalt-Therapie gerade auch dem Laien dermaßen verfügbar gemacht, daß er sich selber in sie einzuüben vermag – vorausgesetzt allerdings, daß er zuvor in einem gut geleiteten Kurs entsprechende Erfahrungen gesammelt hat.

Mehr als hundert Übungen, in Seminaren mit Studenten wie in Erwachsenengruppen entwickelt, werden mit gründlichen Anleitungen dargeboten, damit sie der einzelne tatsächlich für sich allein vornehmen kann; zugleich und in der Hauptsache sind sie freilich für das Training in Gruppen gedacht. Sie reichen von überraschend einfachen Formen der Beobachtung, der Mitteilung, der Berührung, der Äußerung von Phantasien und ihrem Ausspielen bis hin zu kreativen Gestaltungsmöglichkeiten mit bildnerischen, musikalischen oder pantomimischen Mitteln.

Erwachsenenbildung und Lebenshilfe sind hier auf geradezu geniale Weise verknüpft. Wer sich lernwillig darauf einläßt, bekommt Schritt für Schritt zu spüren, wieviel mehr an Wirklichkeit sich ihm erschließt und wieviel sensibler und aufmerksamer er mit sich selber wie mit anderen Menschen umzugehen lernt.

Der Autor

John O. Stevens war Dozent für Psychologie am Diablo Valley College in Concord (Kalifornien), als er Dr. Perls kennenlernte und mit ihm zusammenzuarbeiten begann, schließlich die Real People Press als Verlagshaus der Gestalt-Therapie schuf. Gegenwärtig lebt er in Moab (Utah), wo er ein Zentrum der Gestalt-Therapie in Form einer Kommunität begründet hat.

* Stella Resnick, Gestalt-Therapie, in: psychologie heute 2/1975, 68.

Inhalt

Corrigenda

S. 43, 5. Zeile von oben muß der Satz lauten: Das Heilmittel für solch eine Situation ist vor allem dies: er muß sich vollauf bewußt machen, daß diese Befürchtungen *Phantasien* sind, und zweitens, . . .
S. 43, 8. Z. v. o. bitte streichen.
S. 65, 2. Z. v. o.: Wenn Sie wahrnehmen können, wie Sie Ihr Erlebnis . . .
S. 75, 6. Z. v. o.: Konfliktseiten . . .
S. 80, 9. Z. v. o.: die Beziehung zwischen Ihnen beiden? . . .
S. 98, 13. Z. v. o.: . . . können sie öffnen.
S. 100, 19. Z. v. o.: Sie können nämlich den Spieß . . .
S. 194, 15. Z. v. unten: . . . klar geworden sind, was Sie voneinander . . .
2. Auflage, ergänzt durch die Beilage: Zum Einsatz des »Partner-Spiel-Test-DUO«.

Der Umschlag zur 10. Auflage wurde von Reinhard Liedtke, Gelnhausen, gestaltet. Umschlagfoto: Bildagentur Schuster GmbH, Oberursel.

Einführung

Dieses Buch handelt vom Wahrnehmen, und wie Sie Ihr Wahrnehmungsvermögen erforschen, erweitern und vertiefen können. Das Buch besteht zumeist aus Übungen, die Sie veranlassen, Ihre Wahrnehmung auf bestimmte Richtungen zu konzentrieren, um zu sehen, was es da zu entdecken gibt. Es ist unglaublich, wieviel von Ihrer Existenz Sie in Erfahrung zu bringen vermögen, einfach indem Sie alle Aufmerksamkeit darauf richten und tiefer auf Ihr eigenes Erleben achtgeben. Was die Weisen schon vor Jahrhunderten gesagt haben, ist wirklich wahr: die Welt ist voll und ganz hier – alles was wir zu tun haben, ist dies: unseren Sinn leer zu machen und uns selbst zu öffnen, um die Welt in Empfang zu nehmen.

Die Übungen in diesem Buch entstammen meiner Arbeit in der Gestalt-Therapie, die ich mit Gruppen erwachsener Menschen vornahm, und der Anwendung dieser Methoden bei meinem Lehrauftrag für Psychologie in der Hochschule. Die Übungen eröffnen Ihnen Möglichkeiten, mehr über sich selbst zu erfahren, und eignen sich für die Arbeit eines Einzelnen mit sich allein oder mit anderen Leuten zusammen, paarweise oder in Gruppen. Ob Sie diese Möglichkeiten nutzen, hängt davon ab, wie weit Sie willens sind, sich selbst einzubringen.

Als ich anfing, dies Buch zu schreiben, war ich nicht sicher, ob es auch für den Einzelnen nützlich sein würde, der die Übungen ohne einen Gruppenleiter oder Berater macht. Eines Tages, als Jackie einen Teil des Manuskripts tippte, wandte sie sich mit Tränen zu mir um und sagte mir, was in ihr vorging. Eben noch war ihre Aufmerksamkeit geteilt zwischen der Arbeit des Tippens und der Phantasie-Reise, um die es sich im Text handelte, doch mit einem Mal war ihre eigene Phantasie in Bewegung geraten und sie nahm etwas in sich wahr. Nun weiß ich, daß das Buch Ihnen auch dann von Nutzen sein kann, wenn

Sie es für sich allein durcharbeiten. Später nahm Jackie einige Freunde mit auf dieselbe Phantasie-Reise, und auch sie hatten etwas davon. Einer der Freunde machte die Übung später mit andern Freunden, ebenso mit guten Ergebnissen. Daher weiß ich, daß auch Unausgebildete mit dieser Methode eine ganze Menge erreichen können. Besser ist es natürlich, wenn ein Gruppenleiter da ist, der seine eigene Wahrnehmung beträchtlich erweitert hat, sich mit der Denkweise vertraut macht und sich darin zuhause fühlt. Dies Buch ist eine Frucht meiner Beschäftigung mit Fritz Perls' »Gestalt Therapy Verbatim« (deutsch »Gestalt-Therapie in Aktion«, Stuttgart 1974), und ich kann dies Werk von ganzem Herzen jedem empfehlen, der sich in diese Methode vertiefen und sie ganz verstehen will.

Die Übungen dieses Buches sind Werkzeuge. Wie alle Werkzeuge können sie mit Geschick oder Ungeschick benutzt werden; man kann sie auch unbenutzt liegen lassen oder mißbrauchen. Ich hätte dies Buch nicht geschrieben, wäre ich nicht überzeugt, daß sehr viele Menschen rechten Gebrauch davon zu machen vermögen. Ich hoffe, Sie werden es wie ein neues Werkzeug in Gebrauch nehmen: vorsichtig, mit Sorgfalt und Respekt, und im Bewußtsein dessen, wie weit Ihr Verständnis reicht.

Ich bespreche im Kapitel *»Für den Gruppenleiter oder Lehrer«* einige Möglichkeiten, wie die Anweisungen mißbraucht werden könnten. Wenn Sie bei der Arbeit mit sich selbst das Buch mißbrauchen, so ist das Ihre Sache. Aber wenn Sie mit andern Menschen arbeiten, dann lesen Sie bitte dieses Kapitel sorgfältig und nehmen es sich zu Herzen.

Es gibt viele Bücher zur Selbstschulung, die Ihnen sagen, wie man sich zum Besseren verändern kann. Jedoch wenn Sie danach drängen, sich zu ändern, manipulieren und quälen Sie sich nur, und am Ende werden Sie entzweigeteilt: ein Teil von Ihnen drängt danach, anders zu werden, während der andre Teil sich der Änderung widersetzt. Selbst wenn sie auf diese Art gelingt, ist der Preis dafür Konflikt, Verwirrung und Unsicherheit. Meist wird Ihre Situation schlimmer, je mehr Sie es darauf anlegen, sich zu ändern.

Dies Buch gründet auf der *Entdeckung, daß es viel hilfreicher ist, sich einfach zutiefst so wahrzunehmen, wie Sie jetzt sind.* Statt auf Änderung zu drängen, um etwas sein zu lassen oder zu vermeiden, was Ihnen an Ihnen mißfällt, ist es viel nützlicher, dieser Tatsache standzuhalten und sie tiefer wahrzunehmen. Sie können Ihr eigenes Verhalten nicht verändern, sondern werden bei einem solchen Versuch nur in dieses eingreifen, es verwirren und entstellen. Wenn Sie aber mit Ihrem eigenen Erleben wirklich in Fühlung kommen, werden Sie finden, daß die Wandlung sich von selbst vollzieht, ohne Bemühung oder Plan Ihrerseits. Bei voller Wahrnehmung können Sie geschehen lassen, was auch geschehen mag, im Vertrauen, daß es zum Guten ausschlagen wird. Sie können lernen, es gehen und leben und fließen zu lassen mit Ihrem Erleben und Ergehen, anstatt sich selbst mit Forderungen zu frustrieren, wie Sie »sein sollten«. Alle Energie, die im Widerstreit zwischen dem Verlangen nach Änderung und dem Widerstand dagegen blockiert ist, kann zur Teilhabe am aktiven und passiven Geschehen Ihres Lebens frei verfügbar werden. Diese Einstellung wird Ihnen keine Antworten auf die Probleme Ihres Lebens verschaffen, wohl aber wird sie Ihnen Werkzeuge in die Hand geben, mit denen Sie Ihr Leben entdecken, Ihre Probleme vereinfachen und Ihre Verwirrungen klären können. So wird Ihnen geholfen, *Ihre* Antworten auf die Frage zu finden, was *Sie* zu tun haben.

Dies Buch beabsichtigt keinesfalls, Sie »der Gesellschaft anzupassen«. Es kann Ihnen helfen, daß Sie *sich selber* anpassen, Ihre eigene Realität entdecken, Ihre eigne Existenz, Ihr eignes Menschsein, und einsichtiger damit umgehen. Dies wird oft im Widerspruch zu dem stehen, was Ihre Gesellschaft, oder Ihr Ehepartner oder Ihre Freunde von Ihnen erwarten. Wenn nur recht viele von uns mit unsrer eigenen menschlichen Realität in wirkliche Fühlung treten, können wir vielleicht zu einer Gesellschaft werden, die dem entspricht, was wir *sind*, statt, was wir »sein sollten«. Aber das Allerwichtigste: die Entdeckung des Wahrnehmungsvermögens führt zu fortschreitender Bereicherung und Intensivierung unsres Lebens, welches wir erfahren müssen, um es kennen zu lernen.

Vor einigen Jahren sah ich auf dem Wege zu einer Abendveranstaltung eine junge Frau liegen, die eben durch einen Unfall ums Leben gekommen war. Ich wußte es nicht und wollte ihr nach Möglichkeit helfen, bis ich dann begriff, daß sie kein Lebenszeichen mehr von sich gab, und daß die Feuchtigkeit ihrer offenen Augen zu trocknen begann. Den ganzen Abend stand ich unter diesem Eindruck, und heute noch sehe ich sie vor mir. Später an jenem Abend sah ich, wie am Hals einer anderen Frau das Blut pulsierte, als sie ihr Kind schlug und schalt, und im stillen rief ich: »Wach auf! Sei froh, daß du lebst!« Uns allen wurde das kostbare Geschenk des Lebens zuteil – und wie wenig nehmen wir doch davon wahr. Ich danke dir, du Tote, du hast mich aufgeweckt und mich ans Leben erinnert.

I. Wahrnehmung

Mein Erleben läßt sich in drei Arten oder drei Zonen der Wahrnehmung gliedern:

(1) *Wahrnehmung der äußeren Welt. Hier ist der aktuelle sensorische Kontakt mit Gegenständen und Abläufen des gegenwärtigen Augenblicks gemeint:* Kontakt mit dem, was ich jetzt gerade sehe, höre, rieche, schmecke ober berühre. Jetzt eben sehe ich, wie mein Stift über das Papier gleitet, Wörter formt, und ich höre ein summendes Geräusch. Ich rieche den Rauch des Feuers, ich fühle die Oberfläche des Papiers unter meinen Händen und habe den süßen Fruchtgeschmack von Erdbeeren in meinem Mund.

(2) *Wahrnehmung der inneren Welt. Hier ist der aktuelle sensorische Kontakt mit gegenwärtigen inneren Vorgängen gemeint:* das, was ich im Augenblick inseits meiner Haut fühle: Stechen, Muskelspannungen und Bewegungen, körperliche Manifestationen von Gefühlen und Emotionen, Unbehagen, Wohlgefühl usw. In diesem Moment spüre ich den Druck meines linken Zeigefingers, der das Papier festhält. Ich fühle eine unangenehme Spannung in meiner rechten Nackenseite, und wenn ich nun den Kopf bewege, wird es damit etwas besser, usw.

Diese beiden ersten Arten von Wahrnehmung umfassen alles, was ich von der gegenwärtigen Realität wissen kann, so, wie ich sie erlebe. Dies ist der solide Unterbau meiner Erfahrung; dies sind die Tatsachen meiner Existenz hier, so, wie sie sich in diesem Augenblick ereignen. Gleichgültig, was für Gedanken ich oder andre Menschen *über* diese Wahrnehmung entwickeln, sie *ist vorhanden,* und keine Diskussion, keine theoretische Betrachtung und kein Bedauern über sie kann sie nicht-existent machen. Die dritte Art von Wahrnehmung ist von den beiden ersten ganz verschieden: sie betrifft meine Wahrnehmung der *Bilder* von Dingen und Ereignissen, die *nicht* in der gegenwärtig sich abspielenden Realität existieren.

(3) *Wahrnehmung, die sich auf die Aktivität der Phantasie gründet. Hierzu gehört jede mentale Aktivität jenseits der Wahrnehmung gegenwärtiger Erlebnisse: alles Erklären, sich Vorstellen, Interpretieren, Vermuten, Denken, Vergleichen, Planen, jede Erinnerung an Vergangenes, jedes Vorausnehmen der Zukunft usw.* So z. B. bin ich jetzt gespannt, wie lange ich an diesem Buch schreiben werde. Ich stelle mir vor, wie es nach der Vollendung aussehen wird, und wie Sie, der Leser, darauf reagieren, d. h. ob Sie es nützlich finden und mir dafür wohlgesinnt sein werden, daß ich es geschrieben habe. All dies ist unrealistisch. Das Buch ist nicht fertig, ich sehe es noch nicht, und Sie können es weder sehen noch darauf reagieren. All dies existiert in meiner Phantasie, in meinem Einbildungsvermögen.

Und doch ist in dieser Phantasie einiges an Realität enthalten. Darüber kann ich mehr erfahren, wenn ich mich in meine Vorstellungen vertiefe und dabei auf meine körperlichen Gefühle, Empfindungen und Aktivitäten achtgebe. Wenn ich bedenke, wie lange ich an dem Buch arbeiten werde, verspüre ich eine Müdigkeit in meinem Körper und stelle fest, daß der Wunsch, das Buch fertig zu haben, aus dieser gegenwärtigen Müdigkeit stammt. Wenn ich mir Ihre Reaktion auf das Buch vorstelle, werde ich mir bewußt, daß ich von Ihnen angenommen und Ihnen nützlich sein möchte. Während ich dies niederschreibe, bestätigen die warmen Empfindungen in meinem Körper und das Feuchtwerden meiner Augen die Wahrheit dessen, was ich schreibe. Nun bleibe ich eine Zeitlang bei diesen Gefühlen stehen ,und da beginnt etwas andres sich zu entfalten, etwas, das noch etwas tiefer geht als Ihre Anerkennung oder als die Nützlichkeit meiner Arbeit für Sie. Ob Sie mich schätzen oder nicht, ich möchte Ihnen unverstellt und ehrlich begegnen, mit den Füßen fest auf dem Boden der Wirklichkeit, und ich weiß, daß dies Buch uns dazu verhelfen kann. Während ich eben dies niederschreibe, fühlt sich mein Körper stabil und einverstanden, als wollte er »Ja« sagen.

Es ist wirklich schwer zu realisieren, daß alles im momentanen Jetzt existiert. Die Vergangenheit existiert nur als Teil der gegenwärtigen Wirklichkeit – Dinge und Erinnerungen, *von denen ich denke,* sie »gehörten der Vergangenheit« an. Die Vorstellung von der Vergangenheit ist manchmal etwas Nützliches, aber gleichzeitig ist sie eben eine Idee, eine mir *jetzt* gegenwärtige Vorstellung. Überlegen Sie sich folgende Aufgabe: »Beweisen Sie mir, daß die Welt nicht erst vor zwei

Sekunden erschaffen wurde, die Welt samt allen Kunstwerken und allen Erinnerungen.«

Unsre Vorstellung von der Zukunft ist gleichfalls eine irreale, jedoch manchmal nützliche Fiktion. Sie basiert, ebenso wie unsre Konzeption von der Vergangenheit, auf unserm Begriff von der Gegenwart. Vergangenheit und Zukunft sind unsre Vermutungen darüber, was unserm Jetzt vorausging und darüber, was auf das Jetzt folgen wird. Und all solches Vermuten geschieht eben *jetzt*.

Ich bitte Sie, beim Lesen der folgenden Instruktionen Ihrem eigenen Wahrnehmungsvermögen nachzugehen und einige wesentliche Eigenheiten Ihrer Beobachtungen festzuhalten. Drei Punkte (...) zeigen jeweils eine Pause an. Hören Sie auf zu lesen, wenn Sie an diese Pausen kommen, und nehmen Sie sich Zeit, Ihre eigene Wahrnehmung in der angegebenen Weise zu erforschen. Wenn Sie sich keine Zeit nehmen, das eigne Erlebnis zu entdecken, werden diese Hinweise für Sie nutzlos sein – wie eine geographische Angabe über einen Ort, den Sie nie gesehen haben. Um einen Ort kennenzulernen, müssen Sie einige Zeit dort verbringen und richtig Umschau halten; und wenn Sie dann zu verschiedenen Zeiten und in verschiedenen Jahreszeiten dorthin zurückkehren, werden Sie noch viel mehr entdecken. Ein friedlicher Fluß kann bei Regenwetter zum reißenden Strom oder bei Trockenheit zu einem ausgedorrten, steinigen Graben werden. Das gleiche gilt von dem, was Sie durch diese Übungen von Ihrer eigenen Existenz erfahren. Zur einen Zeit werden Sie gewisse Dinge wahrnehmen, während das, was Sie entdecken, zu einer anderen Zeit ganz anders aussehen könnte. Jede dieser verschiedenen Erfahrungen ist ein wesentliches Stück Ihrer Realität zur jeweiligen Zeit.

Ich weiß, daß viele von Ihnen dies Buch schnell durchlesen werden, wobei die meisten Übungen unausgeführt bleiben. Wenn Sie alle diese Versuche machen, werden Sie ziemliche Zeit brauchen, um das Buch durchzuarbeiten. Manchmal wird es Sie langweilen, nämlich dann, wenn eine Anzahl einander etwas ähnlicher Übungen zusammengestellt sind. Indessen haben viele dieser Übungen kleine Eigenheiten und Wendungen, die um so nützlicher sein können, wenn sie unerwartet sind. Wenn Sie sie schon flüchtig durchgelesen haben, werden Sie wissen, was kommt, und so bringen Sie sich möglicherweise selbst um diese oder jene wichtige Entdeckung.

 Bei all diesen Übungen wollen Sie bitte den einen oder andern Aspekt

Ihrer Wahrnehmung beachten. Obwohl ich die Übungen als einzelne Einheiten vorstelle, weisen sie doch auf eine Gesamtwirklichkeit hin. All diese Formen, Ihre Wahrnehmungsfähigkeit zu steigern und Ihren Kontakt mit Ihrer Existenz zu festigen, können ein integrierender Teil Ihres täglichen Lebens werden. Wenn Sie diese Übungen durchgehen, können Ihnen die späteren mehr erschließen, wenn Sie das einbringen, was Sie aus den früheren gelernt haben. Dementsprechend können Sie zu den früheren Übungen zurückkehren und mehr aus ihnen gewinnen, wenn Sie das einbeziehen, was Sie in den späteren entdeckt haben. Einige Erfahrung mit grundlegenden Übungen der ersten drei Teile ist notwendig zum vollen Verständnis und zum Gebrauch des ganzen Buches. Sie betrügen sich selbst, wenn Sie sich nicht ganz in diese drei ersten Teile vertiefen, bevor Sie weiterlesen.

Es ist wichtig, daß Sie einige der grundlegenden Wahrnehmungs-Übungen, die hier unmittelbar folgen, ausprobieren, und daß Sie sie mindestens ein oder zwei Mal wiederholen – so geben Sie sich selbst eine Gelegenheit, ihren Nutzen zu entdecken. Was Sie dabei beobachten werden, mag nicht sehr bedeutsam erscheinen, aber die ersten Versuche sind Wurzel und Grundlage dieser Einführung.

Zonen der Wahrnehmung Nehmen Sie sich Zeit, um auf Ihre momentane Wahrnehmung achtzugeben. Werden Sie zum Beobachter Ihrer eigenen Wahrnehmung und passen Sie auf, wohin sie Sie führt. Sagen Sie zu sich selber: »Jetzt nehme ich wahr, daß –« und beenden Sie diesen Satz mit dem, was Sie in diesem Augenblick wahrnehmen. Dann halten Sie fest, ob es etwas Äußeres oder Inneres oder eine Phantasievorstellung ist. Wohin geht Ihre Wahrnehmung? ... Zu Dingen außerhalb Ihres Körpers oder Empfindungen inseits Ihrer Haut? ... Richten Sie Ihre Aufmerksamkeit nun auf das – innen und außen – zuletzt Wahrgenommene und vertiefen Sie diesen Eindruck ... Inwieweit spielen hier bei Ihnen Phantasie, Gedanken und »Bilder« mit? ... Bitte beachten Sie, daß die Wahrnehmung innerer oder äußerer Realität geringer wird oder gar aussetzt, während Sie sich mit einem Gedanken oder einem Bild beschäftigen ... Wenn Sie gründlich unterscheiden lernen zwischen einer Phantasie und der Realität Ihres augenblicklichen Erlebens, können Sie einen wesentlichen Schritt zur Vereinfachung Ihres Lebens vorantun.

Wie ein Scheinwerfer Setzen Sie die Versuche Ihrer Wahrnehmung fort und stellen Sie sich vor, dies wäre wie ein Scheinwerfer. Das, worauf Sie sich konzentrieren, ist ganz deutlich, gleichzeitig aber verblassen andre Dinge und Vorgänge. Wenn ich Sie bitte, die Aufmerksamkeit auf das Gehör zu richten, nehmen Sie wahrscheinlich nur ein paar voneinander verschiedene Töne und Geräusche wahr... Und wenn Sie dies tun, werden Sie weniger auf die Empfindungen Ihrer Hände achtgeben... Bei der Erwähnung der Hände wandert Ihre Aufmerksamkeit wahrscheinlich zu diesen hin... Nun haben Sie Empfindungen in Ihren Händen, während die Wahrnehmung der Töne verblaßt... Ihre Wahrnehmung wechselt sehr rasch von einem Objekt zum andern über, aber Sie können immer nur das völlig erfassen, worauf im entsprechenden Augenblick Ihre Aufmerksamkeit gerichtet ist. Bitte lassen Sie sich Zeit und werden Sie sich bewußt, wie Sie die eigne Wahrnehmung eingrenzen, und worauf diese sich dann richtet...

Verallgemeinern Geben Sie acht, wann Sie zu verallgemeinern beginnen, etwa so: »Jetzt gewahre ich den ganzen Raum«, oder: »Ich höre alle Töne.« Bei Verallgemeinerungen entwickelt der Verstand Phantasie: er speichert einzelne Bilder und verschmilzt sie dann. Wahrnehmung dagegen ist viel genauer und ist geortet. Beobachten Sie wiederum die Tätigkeit Ihrer Wahrnehmung. Wenn Sie bemerken, daß Sie verallgemeinern, kehren Sie zur momentanen Scharfeinstellung zurück und halten Sie das fest, wozu Sie tatsächlich klaren Kontakt aufnehmen können...

Auswählen Beachten Sie jetzt, welche *Art* von Gegenständen und Vorgängen Sie wahrnehmen. Von den unzähligen Eindrücken, die auf Sie eindringen, treten nämlich nur wenige wirklich in den Kreis Ihres Wahrnehmens ein. Denn es gibt einen Selektionsvorgang, der Ihre Aufmerksamkeit auf bestimmte, für Sie relevante Dinge lenkt, während er anderes beiseite läßt. So z. B. bemerken Sie vielleicht vor allem Farben, Formen, Oberflächenbeschaffenheit, Unebenheiten, Umhüllungen, Töne, Bewegungen, Spannungen, physische Empfindungen usw. Lassen Sie sich auch jetzt wieder Zeit zur Beobachtung, wenn Sie Ihre Wahrnehmung wandern lassen. Beachten Sie, welche Art von Dingen und Vorgängen spontan in Ihr Wahrnehmungsfeld gelangen, und sehen Sie zu, ob Sie etwas entdecken können, worauf sich der Selektionsprozeß bei Ihnen richtet ...

Nun versuchen Sie zu sagen: »Meine selektive Wahrnehmung wählt – aus« und setzen Sie das ein, was Sie in diesem Augenblick wahrnahmen. Diese Übung wiederholen Sie einige Minuten lang ...

Ausklammern Machen Sie sich nun klar, daß diese selektive Konzentration auf bestimmte Dinge zugleich ein Weg ist, anderes *eben nicht* ins Auge zu fassen, ein Weg, gewisse Eindrücke zu übergehen und auszuschließen. Achten Sie wiederum auf Ihre Wahrnehmung, und wenn Sie etwas wahrgenommen haben, gehen Sie dem nach und sagen Sie: »und übergangen habe ich –«, wobei Sie das hier einsetzen, was Sie gerade ausgelassen haben. Nach einigen Übungsminuten machen Sie sich klar, was Sie auszulassen pflegen ... Welcher Art sind diese Dinge? ...

Es werden immer wieder andre Dinge und Vorgänge sein, die sich Ihrer gezielten Wahrnehmung entziehen. Welche es sind, können Sie herausfinden, wenn Sie beachten, was Sie nicht wahrnahmen. Eben jetzt, was war es? ... Versuchen Sie, Ihre Aufmerksamkeit auf eben diese Dinge zu richten und nehmen Sie sich Zeit, richtigen Kontakt zu finden und sie deutlicher zu sehen ...

Sagen Sie bitte zu sich selbst: »Eben jetzt nehme ich – nicht wahr« und ergänzen Sie den Satz entsprechend. Dabei werden Sie hier und jetzt etwas wahrnehmen, was Ihnen einen Augenblick vorher entgangen war. Verweilen Sie bei diesem Eindruck und versuchen Sie, mehr davon zu erfassen. Wiederholen Sie den Vorgang und stellen Sie aufs neue fest, was Sie in diesem Augenblick nicht wahrgenommen hatten. Wiederholen Sie die Übung einige Minuten lang und halten Sie fest, was für Erfahrungen Sie dabei machen ...

Nun versuchen Sie es mit etwas sehr Ähnlichem, das aber ein wenig spezieller ist. Sagen Sie zu sich: »In diesem Moment *vermeide* ich –« mit entsprechender Ergänzung. Dabei werden Sie etwas wahrnehmen, was Sie vorher ausgeklammert hatten. Bleiben Sie hier stehen und versuchen Sie, mehr darüber herauszufinden. Dann wiederholen Sie den Vorgang und suchen Sie nach etwas andrem, das Sie auch ausgeklammert hatten. Bleiben Sie bei der Übung und halten Sie fest, welcher Art die ausgeklammerten Eindrücke sind und was Sie empfinden, wenn Sie sie nun wahrnehmen ...

Wandern und Verweilen Achten Sie auf die »Wanderung« Ihrer eignen Wahrnehmungstätigkeit und stellen Sie fest, wie lange Sie bei einem Eindruck verweilen... Geben Sie acht, ob Ihre Wahrnehmung rasch von einem Objekt zum andern überspringt oder ob sie langsam vorgeht, so daß Sie genügend Zeit haben, den Gegenstand wirklich zu ergründen und Kontakt mit ihm aufzunehmen... Nun versuchen Sie, das Fließen Ihrer Wahrnehmung von einem Objekt zum andern zu beschleunigen... Dann verlangsamen Sie das Tempo und machen Sie sich diesen Vorgang bewußt... Was fällt Ihnen bei diesem Tempowechsel an Ihrer Wahrnehmungsbereitschaft auf?... Jetzt lassen Sie sie wieder frei wandern und beobachten Sie nur... Widmen Sie den verschiedenen Dingen und Vorgängen verschieden lange Zeitspannen?... Wahrscheinlich verweilen Sie bei manchen Eindrücken länger, bei andern kürzer... Halten Sie fest, wo Sie sich länger aufhalten und welche Objekte Sie rasch übergehen... Üben Sie dies... Setzen Sie Ihre Zeiteinteilung in eine Wechselbeziehung zum Fluß der Wahrnehmung: wenn Sie bemerken, daß Sie bei einem Eindruck verweilen, gehen Sie bewußt weiter; wenn Sie dagegen merken, daß Sie weitereilen, verlangsamen Sie das Tempo oder kehren Sie zu dem rasch Übergangenen zurück und bleiben Sie eine Weile hier... Beobachten Sie noch genauer, wie Ihre Wahrnehmung von einem Objekt zum andern fließt... Merken Sie ein bestimmtes Verhaltensmuster oder eine Richtung des Gefälles?... Kehrt Ihre Wahrnehmung immer wieder zu einem Objekt oder zu einer bestimmten Art von Dingen und Vorgängen zurück, oder wechselt sie zwischen verschiedenen Arten ab?...

Zusammenhang und Unterbrechung Achten Sie weiterhin auf den Fluß der Wahrnehmung und stellen Sie fest, ob ein Zusammenhang besteht zwischen den aufeinander folgenden Dingen... In welcher Beziehung zueinander stehen die Gegenstände, die Sie nacheinander wahrnehmen?... Folgen Sie dieser Bewegung und beobachten Sie deren Richtung und Art. Halten Sie den Moment fest, wo der Fluß Ihrer Wahrnehmung unterbrochen wird. Wenn das Fließen aufhört oder plötzlich Richtung und Art ändert, dann kehren Sie zu dem Objekt zurück, das Sie unmittelbar vor der Unterbrechung wahrnahmen, und konzentrieren Sie sich darauf... Sehen Sie zu, ob Sie mehr darüber entdecken können... Was empfinden Sie, wenn Sie bei einer solchen Wahrnehmung verweilen?...

Wohlgefühl – Unbehagen Nehmen Sie sich Zeit, um herauszufinden, wie und wohin Ihre Wahrnehmung wandert. Wenn Sie etwas Bestimmtes ins Auge gefaßt haben, ergründen Sie, ob es Ihnen Behagen oder Unbehagen verursacht ... Welche Unterschiede der Reaktion stellen Sie bei der Wahrnehmung eines »angenehmen« bzw. eines »unangenehmen« Objekts fest? ... Verweilt Ihre Aufmerksamkeit länger bei dem einen oder bei dem andern? ... Bemerken Sie mehr oder weniger Einzelheiten bei dem oder bei jenem? ... Gibt es ein bestimmtes Grundmuster oder Ähnlichkeiten bei der Bewertung verschieden wirkender Eindrücke? ... Bleiben Sie eine Zeitlang bei dieser Übung und versuchen Sie, deutlicher zu erkennen, worin der Unterschied zwischen Ihren positiven und negativen Reaktionen besteht ...

Zuweilen wird unsre Wahrnehmungsreihe unterbrochen, wenn eine plötzliche Veränderung in unsrer Umgebung eintritt oder auch – und das trifft noch öfter zu – wenn wir auf etwas Unangenehmes stoßen. Gewöhlich weichen wir dem Unangenehmen aus, und solch eine Unterbrechung ist ein Mittel, ja, das bevorzugte Mittel, unliebsame Eindrücke fern zu halten: wir reduzieren unsre Wahrnehmung und grenzen sie ein. Wenn Sie sich also bewußt werden, daß Sie einen Eindruck umgehen oder ausschalten, können Sie den Vorgang umkehren: sobald Sie eine Unterbrechung Ihrer Wahrnehmungsreihe bemerken, konzentrieren Sie Ihre Aufmerksamkeit auf den Eindruck, der der Unterbrechung unmittelbar vorausging. So können Sie mehr davon erfahren, was Sie eigentlich vermeiden wollten. Üben Sie dies ...

Pendeln Versuchen Sie bitte, einige Minuten lang zwischen der Wahrnehmung innerer Empfindungen und äußerer Objekte hin und her zu pendeln. Zuerst richten Sie die Aufmerksamkeit auf irgend etwas in Ihrer Umgebung ..., dann auf die eine oder andre physische Empfindung innerhalb Ihres Körpers ... Lassen Sie Ihre Wahrnehmung zwischen inneren und äußeren Vorgängen hin und her pendeln ... Gleichzeitig beachten Sie den Fluß Ihrer Wahrnehmung, die Unterbrechungen dieses Flusses und die Verbindung zwischen den Eindrücken, die aufeinander folgen. Wiederholen Sie die Übung und versuchen Sie, mehr von den Beziehungen zu erfahren, die zwischen der Wahrnehmung der Sie umgebenden äußeren Welt und dem Erleben innerer Vorgänge bestehen ...

Setzen Sie das Pendeln fort und versuchen Sie nun, die Wahrnehmung innerer Vorgänge als »Antwort« auf äußere Eindrücke zu betrachten. Fassen Sie etwas Äußeres ins Auge, sagen Sie dann: »und meine Antwort hierauf ist –« und fügen Sie hinzu, was Sie empfinden, wenn Sie nun auf die innere Reaktion zurückpendeln. Z. B.: »Ich sehe einen dicken, weichen Teppich, und meine Antwort darauf ist ein entspanntes Gefühl in meinen Beinen.« Üben Sie dies ...

Absichtliche Steuerung Beachten Sie weiterhin das Continuum Ihrer Wahrnehmung und achten Sie darauf, ob irgendeine Absicht mit ihr verbunden ist. Fließt Ihre Wahrnehmungsbereitschaft wirklich »von selbst«, sind Sie dabei wirklich nur der Beobachter? Oder wirken Sie etwa dadurch mit, daß Sie eine Absicht hineinlegen? Z. B. Sie *bemühen* sich vielleicht sehr um die hier vorgeschlagenen Übungen; vielleicht schließen Sie dabei eine bestimmte Art der Wahrnehmung aus, vielleicht »erledigen« Sie einfach die gegebenen Anweisungen? Lassen Sie sich Zeit, festzustellen, ob irgendeine Absicht Ihre Wahrnehmung leitet, statt daß Sie sich einem freien Fließen überlassen ...

Prozeß Unsre Sprache neigt dazu, die Welt als ein Sammelsurium von Dingen und Zuständen zu begreifen, die sich gelegentlich verändern, zueinander in Beziehung treten usw. Dagegen die Welt als einen Zusammenhang von sich ständig wandelnden Vorgängen und überraschenden Ereignissen zu sehen, ist schwieriger, jedoch viel wertvoller und nützlicher. Beobachten Sie aufmerksam das Continuum Ihrer Wahrnehmungstätigkeit und richten Sie sie mehr auf Vorgänge und Ereignisse, als auf Objekte und Zustände. Statt zu sagen: »Ich fühle eine Spannung«, sagen Sie: »Ich fühle mich angespannt.« Anstatt zu sagen: »Ich höre die Vögel«, sagen Sie: »Ich horche auf das Zwitschern und Zirpen.« Anstatt: »Ich fühle einen Luftzug«, sagen Sie: »Ich fühle, wie die Luft leise über meinen Arm streicht.« Nehmen Sie sich Zeit, lassen Sie das Erleben der Sie umgebenden Welt frei fließen und sich ereignen.

Physische Aktivität Konzentrieren Sie Ihre Wahrnehmung auf Ihren Körper und seine physischen Besonderheiten. Wenn Sie eine Bewegung, eine Spannung, ein Unbehagen spüren, fassen Sie diese
 Empfindung als eine in Gang befindliche Aktivität auf: als Stoßen, als

Spannen, als Festhalten... Übertreiben Sie diese Aktivität ein wenig, und erleben Sie sie bewußter. Wenn Sie Ihre Schulter anspannen, verstärken Sie jetzt die Spannung und achten Sie darauf, welche Muskeln beteiligt sind, und wie Sie dies empfinden... Nun übernehmen Sie die Verantwortung für diese Muskeltätigkeit und deren Folgen. Z. B. sagen Sie zu sich selbst: »Ich spanne meinen Nacken an und tue mir damit weh«, oder: »Ich halte meinen Arm stramm und werde dadurch steif.« All unsre Muskelspannungen sind selbst-verursacht, und ein Großteil unsres körperlichen Unbehagens stammt daher. Lassen Sie sich Zeit, werden Sie sich klarer über Ihre körperlichen Vorgänge und übernehmen Sie die Verantwortung für das, was Sie selbst sich antun.

Freigabe des Körpers Indem wir so manche Äußerung dessen, was in uns vorgeht, verhindern, greifen wir in unser eigenes Verhalten ein. Sie können lernen, dem Körper die Führung zu überlassen, so daß er von solchen Eingriffen sich befreit. Beginnen Sie damit, daß Sie sich auf einen Teppich oder auf ein hartes Bett legen, in eine Ihnen wirklich bequeme Position. Gut ist die Rückenlage. Die Knie sind so weit angezogen, daß die Füße flach auf dem Boden ruhen. Die Knie berühren sich leicht. Schließen Sie die Augen und nehmen Sie mit Ihrem Körper Fühlung auf... Liegen Sie wirklich bequem? Vielleicht ändern Sie Ihre Lage doch noch ein wenig?... Nun nehmen Sie Ihr Atmen wahr... Achten Sie auf alle Einzelheiten Ihres Atmens... Spüren Sie, wie die Luft in die Nase oder in den Mund geht... hinunter in den Hals, und in die Lungen... Beobachten Sie im Einzelnen, wie sich Brust und Bauch bewegen, wenn die Luft aus- und einströmt...

Nun nehmen Sie wahr, wenn Gedanken oder Bilder auftauchen... Beachten Sie, wie diese Wörter und Bilder auf die Wahrnehmung der physischen Atem-Empfindung einwirken... Geben Sie auf die Gedanken und Bilder acht und gewahren Sie, was geschieht, wenn Sie versuchen, sie festzuhalten... Was erleben Sie dabei?... Was empfinden Sie jetzt in Ihrem Körper?...

Nun aber etwas anderes: statt daß Sie versuchen, die Gedanken abzustellen, konzentrieren Sie sich völlig auf Ihr Atmen... Sobald Sie merken, daß die Aufmerksamkeit zu Gedanken und Bildern abschweift, verstärken Sie die auf die physischen Empfindungen des Atmens gerichtete Aufmerksamkeit... Aber Sie sollen nicht darum kämpfen und ringen, sondern Sie kehren einfach nur zum Atmen zurück, wenn Sie merken, daß Wörter und Bilder die Oberhand gewinnen...

Nun widmen Sie sich Ihrem Körper und beachten Sie, welche Teile Ihres Leibes spontan in Ihr Wahrnehmungsfeld treten... Welche Teile tauchen auf?... Welche nehmen Sie weniger deutlich wahr?... Prüfen Sie Ihren Körper genau und beobachten Sie, welche seiner Teile Ihrer Wahrnehmung leicht zugänglich sind und von welchen Sie eine klare, deutliche Empfindung haben... Welche Körperteile empfinden Sie unklar und undeutlich, selbst dann, wenn Sie Ihre Aufmerksamkeit genau dorthin richten?... Können Sie einen Unterschied zwischen der linken und der rechten Seite feststellen?...

Wenn Sie sich irgend eines physischen Unbehagens bewußt werden, dann richten Sie Ihre Aufmerksamkeit dorthin. Befassen Sie sich tiefer damit und nehmen Sie das Unbehagen in Einzelheiten wahr... Wenn Sie sich dies Erlebnis tiefer bewußt machen, werden Sie möglicherweise finden, daß es sich langsam entwickelt oder ändert. Eine Bewegung, ein Gefühl oder ein Bild kann sich aus dem entfalten, was Sie aufmerksam betrachten. Lassen Sie diese Veränderung und Entfaltung zu, ohne Ihre Mitwirkung, und beobachten Sie weiterhin genau, was hier auftaucht. Lassen Sie Ihren Körper tun, was er mag, und lassen Sie geschehen, was geschehen will. In den nächsten fünf bis zehn Minuten achten Sie darauf, wie sich Ihre Aufmerksamkeit entwickelt, wenn nun im Feld Ihrer Wahrnehmung irgend etwas auftaucht...

Rückzug aus dem Kontakt Blicken Sie um sich und nehmen Sie mit Ihrer Umgebung Fühlung auf. Was erleben Sie dabei?... Schließen Sie Ihre Augen... Entziehen Sie sich Ihrer hiesigen Situation und gehen Sie in die Imagination hinein. Gehen Sie, wohin es Sie zieht, und erleben Sie das Dortsein... Wie ist es dort?... Wie fühlen Sie sich dort?...

Nun öffnen Sie die Augen und gewahren Sie die Situation hier. Was heißt es, hier zu sein?... Und wie fühlen Sie sich jetzt?... Vergleichen Sie die beiden Situationen...

Gehen Sie noch einmal fort, wohin es Sie zieht, an denselben Ort oder an einen anderen... und schöpfen sie dies Erleben ganz aus...

Machen Sie jetzt die Augen auf und umfassen Sie die Situation hier... vergleichen Sie sie mit der Situation dort...

Pendeln Sie weiterhin hierher und dorthin und gewahren Sie, was Sie dabei erleben. Achten Sie auf irgendwelche Veränderungen Ihres Erlebens, während Sie einige Minuten lang weiterpendeln...

Nun kehren Sie hierher zurück und machen Sie Ihre Augen auf... nehmen Sie in Ruhe das Erlebnis des Pendelns ganz in sich auf...

Dieses Pendeln mit dem damit verbundenen Sich-Lösen vom vorigen Kontakt kann in verschiedener Weise für Sie nützlich sein. Beim kurzen Sich-Lösen von einer Situation – entweder in physisches Wahrnehmen oder in Phantasievorstellungen hinein, oder in beides – können Sie gewöhnlich Erholung und Stärkung gewinnen und dann mit mehr Energie zu Ihrer gegenwärtigen, Sie fordernden Situation zurückkehren. Wenn Sie die »Dort-Situation« sorgfältig erkunden, können Sie *dort* meistens auch entdecken, was an der »Hier-Situation« fehlt. Wenn Sie in der »Hier-Situation« Schwierigkeiten mit Menschen haben, werden Sie sich wahrscheinlich in eine Vorstellung zurückziehen, wo Sie allein sind oder mit Menschen zusammen, die Ihnen keine Schwierigkeiten machen, an einen Ort, wo Sie ausruhen können, wo Sie es gut haben.

In der »Dort-Situation« können Sie noch etwas entdecken: Unerledigtes, das auf irgendeine Weise zu Ende gebracht werden sollte – eine ungelöste Meinungsverschiedenheit mit jemandem, einen ungemähten Rasen usw. Wenn Sie sich in die Phantasiewelt zurückziehen, werden Sie oft an solche unerledigte Dinge erinnert, und das läßt Sie nicht zur Ruhe kommen. Wenn Sie sich in Ihre Alltagspflichten zu sehr verstrickt haben, vermeiden Sie es vielleicht, sich mit diesen Unerfreulichkeiten zu befassen, und die unerledigten Dinge werden Sie am vollen Engagement in der Gegenwart verhindern. Hier ein einfaches, aber nützliches Beispiel. Wenn Sie verbissen ein Buch studieren, lesen Sie vielleicht, ohne zu verstehen, was Sie lesen. Ihre Augen überfliegen die Seiten, aber nach kurzer Zeit können Sie sich an nichts mehr erinnern, weil zu vieles andre Ihre Aufmerksamkeit ablenkt. Hören Sie auf zu lesen, strecken Sie sich, essen Sie eine Kleinigkeit, stellen Sie sich etwas ganz anderes vor – dann werden Sie mit neuer Kraft zu dem Buch zurükkehren. Wenn Sie sich aber aus dieser Verbissenheit nicht herauslösen, so verbrauchen Sie sich nur, ohne irgendeinen Nutzen.

Wenn Sie einer schwierigen Situation ganz aus dem Wege gehen, so wird sie schlimmer und geht selten von selber auf; wenn Sie verbissen an ihr hängen bleiben, verbrauchen Sie Ihre Kräfte. Wenn Sie aber im

Wechsel bald das Problem anpacken und sich dann zeitweilig davon zurückziehen, um Kräfte zu sammeln, werden Sie leichter damit fertig. Die meisten Menschen finden übertriebene Ablenkung unzuträglich, andre finden, daß übertriebenes Engagement ebenso schlimm sei. Wenn Sie dies Buch lesen, machen Sie gelegentlich eine Pause und sehen Sie zu, ob Sie wirklich Kontakt mit dem Buch haben oder ob Ihre Aufmerksamkeit abschweift. Im letzteren Falle lassen Sie es eine Zeitlang beiseite und kehren Sie zu ihm zurück, wenn Ihre Aufmerksamkeit weniger geteilt ist.

Die folgenden kurzen Ausschnitte sind Niederschriften von Tonbandaufnahmen und stammen von Personen, die in Gruppenarbeit anfingen, das Continuum ihrer Wahrnehmung zu erforschen. Die Ausschnitte verdeutlichen einige Aspekte der Wahrnehmung, für die in den vorausgehenden Übungen Ihre Aufmerksamkeit erbeten wurde. Die Kommentare des Gruppenleiters sind in Schrägstriche gesetzt, z. B. so: /L: Was erleben Sie von einem Augenblick zum andern?/ Lesen Sie hier nicht weiter, bevor Sie die vorangegangenen Übungen an sich selbst erprobt haben.

Ich nehme die Stille wahr. Ich wünsche mir, woanders zu sein. /L: Gut, schließen Sie die Augen und gehen Sie in der Phantasie woanders hin./ Ich weiß, wohin ich schon gegangen bin: zum Spaghetti-Restaurant, ich stelle mir schon manches vor. /L: Tun Sie das. Schließen Sie die Augen. Bitte versetzen Sie sich ganz dorthin und achten Sie genau darauf, was bei Ihnen vorgeht. Wie sieht es dort aus?/ Dort sind große, große Salatschüsseln, riesig und dunkelbraun, aus Holz, und darin ist eine Portion Spaghetti, und eine Menge Sauce darauf (lachend) und mir scheint, ich habe schon davon genommen. /L: Sie lachen. Können Sie uns sagen, was Ihnen so lustig vorkommt?/ Nun, weil ich dachte, in den Schüsseln sollte Salat sein, nicht Spaghetti, denn es sind doch Salatschüsseln. Es ist dunkel, Kerzen sind da, dort ist eine lange Theke – ich brauche meine Augen nicht zu schließen. Hmmm, ja, ich tu es. Da sind viele Leute. /L: Wie ist Ihnen dort zumute?/ Ich fühle mich wohl und bin hungrig. /L: Kommen Sie jetzt hierher zurück und vergleichen Sie die beiden Eindrücke./ Ich bin etwas nervös, etwas angespannt. Und es ist hell hier, ich wünschte, es wäre dunkel. /L: Sehen Sie den Kontrast?
 Hier fühlen Sie sich nicht wohl, und es ist hell; dort war Ihnen wohl,

und es war dunkel. Gehen Sie dorthin zurück und entdecken Sie noch mehr./ Die Leute machen einen ganz entspannten Eindruck. Ich bin es hier auch. Die Leute lächeln, sie sind in einzelnen Kojen, die an langen Gängen liegen. Sehr viele Leute sind hier, sie sind entspannt und vergnügt und essen eine Menge. /L: Kommen Sie jetzt hierher zurück. Wie empfinden Sie das Hiersein?/ Alles scheint mir so – so, nicht tot zu sein, aber so hell. Ich weiß nicht, was das ist. Dort ist es richtig dunkel, man ist dort wie versteckt, so, als wäre man verloren gegangen. /L: Hier können Sie sich nicht verstecken./ Nein. /L: Wie fühlen Sie sich jetzt?/ Etwas entspannter als vorher, weil ich ein Weilchen dort war. /L: Genau. Dies ist etwas, wozu Sie keine fremde Hilfe brauchen. Wenn Sie sich in irgendeiner Situation angespannt fühlen, ziehen Sie sich für ein Weilchen zurück und kommen Sie wieder her./ Ist das nicht Flucht? /L: Nur, wenn Sie es auf Dauer täten. Wenn Sie es von Zeit zu Zeit und vorübergehend tun, nennt man es Ausruhen./

Ich nehme wahr, daß es schwül ist – als ich mich eben hinsetzte, ich bin verschwitzt. /L: Mit dem Satz »als ich mich hinsetzte« gingen Sie schnell zur Vergangenheitsform über./ Ich fühle eine nervöse Unruhe im Magen. Mein Herz schlägt schneller, ich nehme die Farbe des Raumes wahr, es ist ein großer Raum. Ich nehme die zwei Mädchen dort wahr, die sich sehr ähnlich sehen, und ich wüßte gern, ob es Schwestern sind. /L: Etwas gern wissen wollen gehört in die Phantasie./ Ja. Ich nehme wahr, daß mir heiß ist, und daß meine Füße den Boden nicht berühren. Und daß die Leute dort sich bewegten, sich krümmten. /L: Sie sagten »sich bewegten«, das ist die Vergangenheitsform, und »die Leute dort« ist eine Verallgemeinerung. Wen sahen Sie im einzelnen, und was taten sie?/ Die und die (mit dem Finger weisend). Die eine bewegte ihren Fuß und auch die Hände. Ich nehme wahr, daß meine Nervosität zunimmt, in mir. /L: Wie empfinden Sie das? Was fühlen Sie genau, wenn Sie »Nervosität« sagen?/ Ich glaube, Sie würden dafür »Schmetterlinge« sagen, ich meine, weil ich so viele Augen sehe, und ich sehe Menschen, im Halbkreis, der mich beinahe umschließt. (Pause) /L: Nehmen Sie wahr, daß Sie mich anschauen?/ Hmmm. (Pause) Ich nehme andre Dinge wahr, aber – ich denke, es ist jetzt genug. /L: Sie würden gern aufhören?/ Jaaa. /L: Gut. Danke. Sind Sie sich bewußt, an welchem Punkt Sie aufhörten?/ Ja, als ich anfing, von den Leuten zu reden, die mich einkreisten, und überall diese Augen. Ich war mir dessen nicht bewußt, bis Sie mich fragten. /L: Würden Sie dies ein wenig näher erklären?/ Gut, ja. /L: Schauen Sie sich hier nach den Menschen um. Was nehmen Sie wahr?/ Viele Augen. (Lacht) Auch Farben. Ich sehe Haarfarben, Kleider, Hauttönungen, hmmm – /L: Könnten Sie es genauer sagen – genau, was Sie in diesem Augenblick sehen? Statt zu verallgemeinern und zusammenfassend von Farben und Hauttönungen zu sprechen, sagen Sie uns, welche Farben Sie sehen und wessen Hautton Sie bemerken./ Ich sehe ihre rote Hose und ihre Sonnenbräune, und ihr Haar ist sehr dunkel. Es sind viel mehr Mädchen hier als Männer, und ich sehe einen, der die Stirn runzelt. /L.: Fühlen Sie sich jetzt umzingelt?/ Nicht eigentlich, nein. Ich habe nicht dasselbe Gefühl wie vorher. Ich empfinde all diese zusammen nicht als »Leute«; ich kann jetzt besser einzelne Menschen sehen, nicht nur eine Gruppe, eine massive Gruppe. Als ich begann, mehr die einzelnen zu sehen, fing ich an, mich wohler zu fühlen. /L: Sie fangen jetzt an, die Menschen zu *sehen*, statt sie zu imaginieren. In Ihrer Imagination umzingelten sie Sie; in Wirklichkeit saßen sie nur einfach da. Wenn Sie die Wahrnehmung der einzelnen Menschen vertiefen, verschwindet die Phantasievorstellung von einer Sie umzingelnden Gruppe./

Ich nehme wahr, daß mein Magen angespannt ist. Und ich halte den Atem an. Ich atme, und mein Herz schlägt schneller. Ich bedenke, was ich sagen soll – und klopfe mit den Fingerspitzen aneinander. Ich habe das Gefühl, nach etwas Ausschau zu halten. /L: Sie nehmen hauptsächlich Ihre Tätigkeiten wahr: halten, atmen, denken, klopfen. Auch beabsichtigen Sie etwas, Sie suchen, Sie bedenken, was Sie sagen sollen./ Ja, ich nehme wahr, daß ich die Füße gekreuzt halte, und ich sehe ihre Schuhe und daß sie lange Fingernägel hat. /L: Nehmen Sie wahr, daß Sie mit Ihrem eignen Körper angefangen haben – Ihren Gefühlen in Ihrer Brust? Dann gingen Sie zu Ihren Fingern und Füßen über und zuletzt zu den Füßen und Fingern des andern Mädchens. Als gingen Sie schrittweise aus sich heraus zu den andern hinüber./ (Lachend) Gerade, als Sie dies sagten, ging ich in mich zurück und fühle nun eine Anspannung. /L: Versuchen Sie, zwischen innerer und äußerer Wahrnehmung hin und her zu pendeln./ Ich habe das Gefühl, als wäre die Innenseite meines Körpers von dem, was außer mir ist, abgedichtet – als wäre alles in mir und in Spannung. /L: Sagen Sie: »ich spanne mich selber an«./ Ich spanne mich innen selber an. Ich sehe ihr Gesicht.

Immer noch diese Anspannung. Ich bemerke ihre Handtasche unter dem Stuhl, und seine Füße, er wippt mit den Zehen, und seine Hände sind gespannt. /L: Jetzt gewahren Sie die Anspannung außerhalb Ihrer selbst./ (Pause) Ich bin auf der Suche. Ich fühle innen nur diese Anspannung und suche nach was andrem, das nicht gespannt ist. /L: Ihre Wahrnehmung kehrt immer zur Anspannung zurück, und Sie *versuchen* absichtlich, etwas andres wahrzunehmen, statt bei Ihrer tatsächlichen Anspannung zu bleiben.

Ich nehme wahr, daß ich zu klein bin, um auf diesem Stuhl richtig bequem zu sitzen. Ich nehme den Wind wahr in den Bäumen, und, wissen Sie, sie bewegen sich so langsam, aber wenn Sie sie eine Zeitlang anschauen, beruhigt Sie das irgendwie, weil – /L: Könnten Sie »Ich« sagen? Sie sprechen ja von Ihrem eignen Erlebnis. »Wenn ich die Bäume anschaue, beruhigt es mich.«/ Ich nehme wahr, daß es dort geschah (zeigt dorthin, wo sie vorher saß), aber es geschieht nicht mehr, ich bin zu nervös. /L: Es ist keine Wahrnehmung, sondern jetzt erinnern Sie sich an Vergangenes./ Jaaa. /L: Also, was geschieht jetzt?/ Ich bin wirklich nervös. Ich nehme wahr, daß meine Füße sich bewegen. Ich nehme wahr, daß die andern irgendwie gelangweilt sind. /L: Das ist Einbildung. Sie wissen nicht, daß sie gelangweilt sind./ Nein. Ich nehme den dort besonders wahr. Er grinst so und ich – ich denke, ich werde versuchen, rauszukriegen, was er – /L: Das ist wieder Phantasie. Jetzt versuchen Sie zu sagen: »Ich vermeide –« und ergänzen Sie den Satz mit etwas, das Sie in diesem Augenblick vermeiden, und fassen Sie das schärfer ins Auge./ Ich vermeide, Menschen, die ich nicht kenne, anzuschauen. Ich vermeide, daran zu denken, wie ich aussehe, das vermeide ich. Und ich vermeide, eine Menge Dinge zu sagen, die ich gern sagen würde – über Gefühle in mir. Sie wissen, besonders Gefühle – ich vermeide Gefühle, die – Sie wissen, Sie wissen, jene Art von Gefühlen. (Lacht) Ich vermeide – Sie wissen, ich vermeide – hm – den Leuten zu sagen, daß sie hübsch sind, hübsch, oder daß, wissen Sie – dies – ich vermeide das. Und ich vermeide, zu Ruth hinüberzublicken, und ich weiß nicht, warum. /L: Versuchen Sie, Ruth anzuschauen. Versuchen Sie, mit den Dingen in Kontakt zu kommen, die Sie vermeiden./ (Pause) Wenn ich Ruth ansehe, sehe ich nur, daß sie dort sitzt, und sie hält ihre Hände fest, und – in meinem Denken – ich nehme es wohl nicht wahr, aber ich denke, daß sie mich nicht sehr mag oder so.

Ich weiß nicht, warum. /L: Dies ist wieder Phantasie; Sie bilden sich das Mißfallen ein./ Jaaa, mir gegenüber. /L: Sie nehmen nur kurz Fühlung mit Ihrer Wahrnehmung auf, und dann springen Sie zur Phantasie über – Sie denken, erinnern sich, Sie wüßten gern, Sie stellen sich vor./

Ich zittre am ganzen Leib, mein Herz schlägt sehr schnell und meine Hände sind naßgeschwitzt. Ich nehme wahr, daß er mich ansieht, und meine Stimme zittert. (Lacht) /L: Bitte sagen Sie nach jeder Wahrnehmung, von der Sie berichten, ob sie Ihnen angenehm oder unangenehm ist./ »Meine Stimme zittert« – das ist unangenehm. Nervös sein ist unangenehm. Er sieht mich an – so etwa durch mich hindurch. Das (lacht) ist unangenehm. Ich nehme die Geräusche von außen wahr, das ist angenehm. Dieser Stuhl ist sehr fest, das ist angenehm, er ist stabil und bequem. Und der Boden unter meinen Füßen fühlt sich gut an. Ich nehme deutlich wahr, was in mir ist, was da vor sich geht. /L: Erzählen Sie uns davon./ Nun, vor allem, meine Gedanken drehen sich herum und herum, das ist irgendwie unangenehm. Und ich habe diesen – Schmerz. (Lacht) Es ist eine Art nervöses Magenweh. (Lacht) Hmm. Vor allem nehme ich wahr, daß alle mich anblicken. Das mag ich nicht. Ich nehme deutlich wahr, was außen ist, die sich bewegenden Bäume. /L: Machen Sie sich klar, daß Sie von den Menschen, die Sie ansehen, zu den Bäumen draußen übersprangen, und ich erinnere daran, daß Sie vorher, als Sie merkten, wie ein Mann Sie ansah, als nächstes gewahrten, daß es draußen Geräusche gab./ Ja. /L: Sie nehmen wahr, daß Menschen Sie ansehen. Könnten Sie diese Menschen auch anschauen und uns sagen, was Sie sehen?/ Ich bleibe bei diesem hier... es ist einfach ein Gesicht, ich weiß nicht, wie wenn er aufpassen wollte. Ich bin nicht sicher, was das ist. /L: Können Sie sein Gesicht sehen?/ Ja. /L: Was sehen Sie?/ Hmmm (lacht) ich sehe seine Augen und sein Gesicht. Ich sehe seinen Schnurrbart. Er hat sehr klare Augen, sehr durchdringende. /L: Merken Sie, wie Sie immer von den Augen sprechen?/ Ja. Ich nehme Ann wahr, sie sitzt dort, sie ist mir angenehm. /L: Wie nehmen Sie sie wahr? Was sehen Sie?/ (Lacht) Ich sehe – nun, sie ist mir angenehm, weil ich mit ihr gesprochen habe, – aber angenehm ist sie mir wegen andrer Dinge, die ich von ihr weiß. /L: Nun, das ist Vergangenheit, Erinnerung, keine Wahrnehmung. Sehen Sie Ann jetzt an, was
 sehen Sie?/ Fällt mir schwer. /L: Jetzt haben andre Leute Augen, und

Sie haben keine./ Jaaa. /L: Sie können nur diese Augen sehen. Wollen wir dem etwas nachgehen. Was meinen Sie: was sehen die Leute, wenn Sie sie anschauen?/ Oh! (Lacht) Etwa eine nervöse, zittrige, verschwitzte Person. (Lacht) /L: Was würden Sie zu einer nervösen, zittrigen, verschwitzten Person sagen?/ Kühlen Sie sich ab, würde ich sagen, beruhigen Sie sich. Werden Sie ruhig. /L: Sagen Sie das gelegentlich zu sich selber?/ Etwa – ja, das tu ich. /L: Was sind Ihre Symptome? Fühlen Sie immer noch diese Nervosität?/ Jaaa. Ich bewege mich ständig und zittre. Und habe Magenschmerzen. /L: Versuchen Sie, die Nervosität und das Zittern zu übertreiben. Bisher haben Sie diese Symptome bekämpft. Sie empfinden sie als unangenehm und versuchen, sie herabzumindern. Tun sie das Gegenteil und verstärken Sie sie./ Gut. Ich bewege meine Füße stärker, ich zittre, ich fühle den Schmerz und die Spannung im Magen. /L: Können Sie die Spannung in den Griff kriegen und sie verstärken?/ Ja, ich fühle es so, als ob ein Ball daraus wird. /L: Sagen Sie: »ich spanne mich selbst.«/ Ich spanne mich selbst. (Pause) Jetzt spannt es nicht, es verschwindet. Ich meine, ich sei weniger aufgeregt. Ich komme mir vor wie ein Stück Eis, das schmilzt. /L: Fühlen Sie sich jetzt besser? Das wird immer dann geschehen, wenn Sie wirklich in Fühlung mit sich selber kommen und voll wahrnehmen, was wirklich in Ihnen vor sich geht./ Ja. /L: Wenden Sie Ihre Aufmerksamkeit jetzt nach außen. /Ja, ich sehe Menschen. /L: Sehen Sie sie?/ Ja, jetzt sehe ich Ann, sie lächelt. Und sie sieht sehr entspannt aus. Sie – ich weiß nicht, sie bewegt ihren Arm, vielleicht ist sie nervös, weil ich sie angesehen habe. Das denke ich, weil ich nervös würde, wenn sie mich ansähe. /L: Beachten Sie: jetzt sehen Sie das Mädchen an und machen es damit nervös, und vorher machten die andern Sie nervös, als sie Sie ansahen./ (Gelächter.)

Wo Sie auch sein mögen, was Sie auch tun, Sie können diese Art der Beobachtung üben. Richten Sie Ihre Aufmerksamkeit nur auf den Vorgang Ihrer Wahrnehmung. So können Sie die Zeit nutzen, die Sie sonst mit Langeweile, mit Warten und nervöser Unruhe zubringen würden. Wenn Sie den Vorgang in sich selbst wahrnehmen, können Sie dahinter kommen, wie Sie Ihren eignen Lebensrhythmus außerachtlassen, ihn blockieren, unterbrechen und zunichtemachen. Zuerst ergründen Sie, wie Sie in Ihr eignes Tun hindernd eingreifen, dann können Sie auch lernen, dies Eingreifen zu vermeiden. Sie können immer mehr

Wahrnehmung in Ihre täglichen Verrichtungen einbringen. Dann wird Ihr Leben fließender und lebendiger werden.

Tägliche Aufgabe Wählen Sie irgendeine Ihrer alltäglichen Verrichtungen aus. z. B. Geschirr spülen, Zähne putzen, Abfall forttragen. Üben Sie diese Tätigkeit aus und achten Sie genau darauf, wie Ihr Körper sich dabei verhält... Versuchen Sie einige Minuten lang, dies halb so rasch zu tun, damit Sie mehr Zeit haben, wahrzunehmen, was währendessen in Ihnen vorgeht... Achten Sie darauf, ob Sie den Körper in einer unangemessenen oder unbequemen Weise bewegen. Übertreiben Sie die Spannung und Unangemessenheit und erleben Sie sie bewußt... Nun lassen Sie nach und probieren Sie andre Möglichkeiten aus, dieselbe Tätigkeit auf bequemere und Ihnen mehr zusagende Weise auszuüben... Lassen Sie Ihre Bewegungen fließen... lassen Sie sie allmählich zu einem Tanz werden und freuen Sie sich am Tanzen... Spielen Sie mit Ihrer Wahrnehmung dieses Tuns und erforschen Sie sie, als wäre sie ein fremdes Land – für die meisten von uns ist sie ja ein fremdes Land.

Die Umgebung belauschen Schauen Sie um sich und nehmen Sie deutlicher wahr, was Sie umgibt. Nehmen Sie richtigen Kontakt mit Ihrer Umgebung auf und lassen Sie jedes Ding von sich und seiner Beziehung zu Ihnen reden. Z. B. der Schreibtisch sagt: »Ich bin unaufgeräumt und voller Arbeit für dich. Solange du mich nicht in Ordnung bringst, werde ich dich irritieren und deine Konzentration verhindern.« Eine Holzfigur sagt: »Sieh, was für eine Ausstrahlung ich habe, und dabei schweige ich immer. Tu langsam und entdecke deine Schönheit.« Lassen Sie nur einmal fünf Minuten lang die Dinge Ihrer Umgebung zu sich sprechen. Horchen Sie sorgfältig auf solche Botschaften, die Sie aus Ihrem ganzen Umkreis erhalten... Horchen Sie auf die Dinge, dann werden Sie erfahren, welchen Einfluß die Dinge auf Sie haben, ohne daß Sie dessen gewahr werden. Wenn Sie mehr auf diese Einflüsse achten, können Sie Ihre Dinge anders anordnen, so daß sie ansprechender werden und Sie nicht mehr ablenken oder irritieren. Ich habe dies Experiment in einer Schulklasse gemacht, um darauf hinzuweisen, welch ein bedrückender Einfluß von der Einrichtung des Raumes ausging. Die Wandtafel sagt: »Schau hierher, alles Wichtige wird sich hier ereignen.« Der harte Stuhl sagt: »Schlaf nicht ein, mach keinen

Unsinn, benimm dich ordentlich und guck hierher.« Die Uhr sagt: »Sei pünktlich und verschwende nicht deine Zeit« usw. Nachdem wir den tödlichen Einfluß eines nüchternen nur ordentlichen Klassenzimmers wahrgenommen hatten, tun wir nun unser Möglichstes, es zu einem angenehmen Aufenthaltsort für menschliche Wesen zu machen. Wir besorgen einen Teppich, wir entfernen die meisten Stühle und stellen die übrigen anders auf, wir bringen etwas Farbiges an usw.
Als nächstes möchte ich mit Ihnen einige Übungen vornehmen, die Sie mit einer andern Person in Beziehung bringen. Am ergiebigsten werden die Übungen sein, wenn Sie sie mit jemandem zusammen ausführen, den Sie nicht sehr gut kennen. Wenn ein solcher nicht zu finden ist, versuchen Sie es mit einem Freund oder mit dem Ehepartner.

Kontakt aufnehmen Setzen Sie sich dem Partner gegenüber und sehen Sie ihn schweigend an. Betrachten Sie einige Minuten lang sein Gesicht und versuchen Sie, die andre Person wirklich zu sehen... Es soll kein gegenseitiges Anstarren sein, und Sie sollen sich nicht ausdenken, wie Ihr Partner aussieht. Sondern schauen Sie bitte Ihren Partner an und nehmen Sie einfach alle Einzelheiten seines Gesichts wahr – die Farben, Formen, Linien, sehen Sie, ob sein Gesicht bewegt ist oder nicht usw. Ich bitte Sie, den andern wirklich wahrzunehmen. Versuchen Sie, ihn wahrhaft zu sehen...
Geht jetzt in Ihnen etwas vor, das es Ihnen erschwert, den Partner mit genauester Aufmerksamkeit zu betrachten?... Wenn etwas anderes Ihre Aufmerksamkeit ablenkt, lassen Sie sich Zeit, auch dies wahrzunehmen...

Wiederholung Schauen Sie einander weiterhin ins Gesicht und stellen Sie sich gleichzeitig vor, was wohl geschehen wird und was Sie in den nächsten fünf Minuten tun werden. Wahrscheinlich wiederholen Sie all dies ohnehin, und so lassen Sie sich nun Zeit, auf Ihre Phantasien und Ihre Erwartungen genau und aufmerksam achtzugeben... Nehmen Sie sie im einzelnen wahr... Was meinen Sie, was nun wohl geschehen wird?...
Jetzt gewahren Sie, was in Ihrem Körper vorgeht... Halten Sie alle Empfindungen von Spannung, Erregung, Nervosität usw. fest... Inwieweit sind diese Symptome eine Antwort auf Ihre Vorstellungen und Erwartungen vom Künftigen, oder sind sie vielmehr eine Antwort darauf, was in diesem Moment geschieht?...

Sich zurückziehen Nehmen Sie mehr Fühlung mit Ihrem momentanen Erleben auf. Schließen Sie die Augen und ziehen Sie sich einige Minuten in Ihre physische Existenz zurück... Nehmen Sie Ihren Körper wahr und Ihre physischen Empfindungen... Beachten Sie jede Spannung, Nervosität, Erregung usw., und nehmen Sie Fühlung damit auf... Konzentrieren Sie Ihre Wahrnehmung auf jedes Unbehagen, das Sie empfinden, und achten Sie darauf, wie es sich verändert, wenn Sie die Fühlung behalten...
Öffnen Sie die Augen und sehen Sie wieder die andre Person an... Fällt es Ihnen jetzt leichter, sie zu sehen?... Versuchen Sie, mehr von diesem Menschen zu entdecken... Sehen Sie jetzt etwas, das Ihnen vorher entgangen war?... Inwieweit können Sie den Menschen wirklich *sehen*, und inwieweit sind Sie noch in Ihren Phantasievorstellungen befangen – in Vermutungen, Imaginationen, Meinungen, wie er sei, – vielleicht wüßten Sie auch gern, was er sieht, wenn er Sie anschaut, und Sie fragen sich, wie lange dies noch andauern wird... Wenn Sie sich bei solchen Überlegungen ertappen, konzentrieren Sie Ihre Wahrnehmung wieder auf das Gesicht Ihres Partners und auf seinen Ausdruck...
Blicken Sie weiterhin Ihren Partner an, aber wenden Sie Ihre Aufmerksamkeit jetzt ganz auf Ihre physische Existenz... Was geht jetzt in Ihrem Körper vor?... Achten Sie auf jede Spannung, jede Nervosität, jedes Unbehagen oder Wohlgefühl, jede Erregung, und nehmen Sie damit mehr Kontakt auf... nehmen Sie genau wahr, wo Sie so etwas spüren und was für Empfindungen es sind...
Ich werde Sie gleich bitten, einander über alle Einzelheiten Ihres körperlichen Empfindens zu berichten – wo Sie Spannung, Nervosität, Erleichterung oder Aufregung spüren, und auch, genau zu sagen, wie Sie all dieses spüren. Aber Sie sollen Ihre Eindrücke nicht erklären oder rechtfertigen, sondern nur im einzelnen beschreiben, was Sie empfinden. Und nehmen Sie wahr, wie Ihr Körpergefühl sich verändert, während Sie Ihrem Partner davon erzählen. Lassen Sie sich einige Minuten Zeit dafür...

Erinnerung an ein Bild Schließen Sie wieder die Augen und ziehen Sie sich in Ihren Körper zurück... Nehmen Sie Fühlung auf mit dem, was inseits Ihrer Haut vorgeht, und achten Sie darauf, was geschieht, wenn Sie Ihre Aufmerksamkeit ganz und gar auf diese körperlichen Empfindungen richten... Kommen Sie in richtigen Kontakt mit Ihrer physischen Existenz ... Halten Sie die Augen geschlossen und stellen Sie sich das Gesicht Ihres Partners vor, das Sie vor ein paar Minuten angeschaut hatten. Wie weit gelingt Ihnen das? Welche Züge stehen klar vor Ihnen, welche undeutlich und welche fehlen? ... Können Sie die Form seiner Nase vor sich sehen, die Farbe seiner Augen, die Linien seiner Haut? Merken Sie, wo das Bild genau ist und wo es unvollständig und verschwommen bleibt? Welche Gesichtszüge können Sie sich kaum oder überhaupt nicht vorstellen? ... Machen Sie sich klar, daß sehr vieles von dem, was Ihrem Gedächtnis entfallen ist, auch Ihrer vollen Wahrnehmung entfallen gewesen sein muß ...

Öffnen Sie die Augen und vergleichen Sie das Bild mit der Wirklichkeit des Gesichts Ihres Partners ... Welche Einzelheiten seines Bildes waren unrichtig? Sehen Sie sich bitte die Gesichtszüge an, die in dem Bild, das Sie vom Partner hatten, gefehlt haben oder verschwommen waren, und entdecken Sie nun, wie diese Züge wirklich aussehen ... Erforschen Sie das Gesicht nun genauer.

Gleich werde ich Sie bitten, einander zu erzählen, was Sie sehen – nicht, was Sie sich vorstellen oder vermuten, sondern was Sie wirklich wahrnehmen, wenn Sie das Gesicht des Partners anschauen. Greifen Sie nicht auf Ihr Gedächtnis zurück, d. h. darauf, was Sie vorher gesehen hatten, erklären Sie nicht, warum Ihnen dies oder jenes aufgefallen ist, und entschuldigen Sie sich nicht dafür. Sondern sagen Sie einfach, was Sie jetzt in diesem Moment wahrnehmen, und geben Sie alle Einzelheiten Ihrer Wahrnehmung an. Sagen Sie nicht nur: »Jetzt sehe ich deine Augen«, sondern: »Jetzt sehe ich deine weit auseinanderliegenden dunkelbraunen Augen, sie leuchten, und ich sehe sie gerne an« – eben genau das, was Sie sehen. Lassen Sie sich etwa fünf bis zehn Minuten Zeit hierfür.

Mißbilligung Nun blicken Sie schweigend auf Ihren Partner und nehmen Sie wahr, was Sie an ihm mißbilligen – Dinge, die Sie an ihm beobachtet, aber ihm aus irgend einem Grunde nicht gesagt haben ... Machen Sie sich klar, daß Sie sich dabei irgend eine unerfreuliche Wirkung vorstellen – der Partner könnte traurig, ärgerlich, ablehnend werden oder unangenehm berührt sein. Werden Sie sich auch darüber klar, daß eine solche Vorstellung die volle Wirkkraft Ihrer Wahrnehmung verhindert oder ihr zuvorkommt, und daß dieser Vorbehalt auch eine Art Unehrlichkeit ist: Sie vermeiden es, dem Partner ganz offen darzulegen, was Sie an ihm wahrgenommen haben... Fassen Sie die von Ihnen mißbilligten Dinge noch einmal scharf ins Auge... schließen Sie die Augen und stellen Sie sich vor, Sie würden dem Partner all dies sagen... Was würde geschehen?... Lassen Sie Ihrer Imagination freien Lauf und finden Sie im einzelnen heraus, warum Sie sich vor einem ganz offnen Gespräch scheuen... Was befürchten Sie für eine Katastrophe, und wie ist Ihnen zumute, wenn Sie sich eine solche vorstellen?...

Öffnen Sie jetzt die Augen. Gleich werde ich Sie bitten, Ihrem Partner zu sagen, was geschehen würde, wenn Sie ihm gegenüber offen die Dinge sagen würden, die Ihnen an ihm mißfallen. Sagen Sie: »Wenn ich dir erzähle, was ich auszusetzen habe –« und setzen Sie hier ein, was Sie von solch einem Gespräch befürchten. Nachdem Sie sich beide ausgesprochen haben, antworten Sie nun auf die Befürchtungen, die Ihr Partner bezüglich einer Katastrophe hat, und diskutieren Sie mit ihm, ob diese Erwartungen berechtigt sind, und ob sie wirklich Unheil bedeuten könnten oder nur Unannehmlichkeiten sind. Wenn Sie wollen, erzählen Sie einander mindestens einiges von dem, was Sie mißbilligen, und vergleichen Sie die beiderseitigen Befürchtungen mit dem, was tatsächlich geschieht, wenn Sie sich offen aussprechen. Setzen Sie das Gespräch fort... Bleiben Sie noch eine Weile still sitzen und verarbeiten Sie Ihre Eindrücke und das, was Sie aus diesen Übungen gelernt haben... Dann nehmen Sie sich fünf oder zehn Minuten Zeit, einander zu erzählen, was Sie gelernt und erlebt haben.

Wie weit haben Sie nach diesen fünf Gesprächsminuten wirklichen Kontakt bekommen und sind miteinander in Kommunikation geraten?... Haben Sie während des Gesprächs einander angesehen, oder haben Sie den Blickkontakt vermieden, indem Sie wegguckten oder auf Ihre Hände starrten? Oder auf die Wand?... Haben Sie Ihr Gegenüber direkt angeredet, oder wurden Ihre Worte sozusagen »per Funk« gesendet, oder haben Sie womöglich Gemeinplätze von sich gegeben?... Nehmen Sie sich Zeit, darüber zu diskutieren...

Ich hoffe, Sie haben jetzt einige Erfahrung gewonnen, wie schwierig es ist, etwas so einfaches zu tun: das Gesicht eines anderen anzuschauen – solange man nämlich durch peinigende Vorstellungen von den Folgen und, als Reaktion darauf, durch physische Symptome von Nervosität und Aufgeregtheit befangen ist. Solche Nervosität und Aufgeregtheit, oft als Angstzustand bezeichnet, erleben Sie, wenn Ihr Körper sich auf eine Anforderung vorbereitet, die in Wirklichkeit noch gar nicht gestellt ist. Wäre sie wirklich da, könnten Erregung und Energie in die Tat einfließen, die der Anforderung begegnet. Existiert diese aber nur in der Phantasie, dann ist ja nichts da, was Sie wirklich tun könnten, und Energie und Erregung ergießen sich in allerlei Symptome der Beängstigung (z. B. Zittern). Das geschieht zwar auch, wenn die Anforderung wirklich eintritt, aber dann wagen Sie doch nicht, ihr zu begegnen, sondern sind immer noch mit denselben Vorstellungen und den Erwartungen einer Katastrophe befaßt.

Wenn Sie sich klar machen können, daß Sie durch Phantasien und Erwartungen befangen sind, und daß diese Vorstellungen irreal sind, kann dies allein Ihnen schon helfen, mit dem wirklichen Geschehen in bessere Fühlung zu kommen. Noch hilfreicher ist es, sich zeitweilig in den Körper zurückzuziehen. Wenn Sie die Augen schließen, unterbrechen Sie zeitweilig den Kontakt mit dem, was Sie ängstigt, und indem Sie sich auf die körperlichen Empfindungen konzentrieren, gewinnen Sie den Kontakt mit Ihrer physischen Realität zurück. Dadurch wird auch Ihre Aufmerksamkeit von den Phantasien abgelenkt, und Sie gewinnen Abstand davon.

Immer, wenn ich mich in Phantasievorstellungen verstricken lasse, verliere ich an Wahrnehmungsvermögen für die gegenwärtige Realität, und gleichzeitig verstelle ich mir meine eigne Handlungsfähigkeit. Alles, was der Körper selbständig tut, erfordert Wahrnehmung; daher verursacht ein Verlust an Wahrnehmung eine Einbuße an Funktionsfähigkeit. Außerdem fange ich an, auf die Phantasien körperlich zu reagieren, statt auf die Realität. Wenn ich in Wirklichkeit Angst bekomme, können Herzklopfen oder Magenweh nützlich für mich sein. Wenn aber kein Grund zur Angst vorliegt, sind die gleichen Symptome vergeudeter Energieaufwand, und außerdem hindern sie mich an der Erfüllung wirklich vorhandener Pflichten. Diese Schwierigkeiten werden dadurch vermehrt, daß solche Phantasien mich zu besonderem Kräfteaufwand nötigen, um manche Seiten meiner Wahrnehmung und meines Tuns nicht hervortreten zu lassen, sondern sie zu verhindern und zu unterdrücken. Ein Beispiel: wenn ich mit Ihnen spreche und dabei anfange, mir vorzustellen, ich könnte Fehler machen, und Sie könnten mich kritisieren, dann werde ich erleben, was »Befangenheit« heißt. Meine Angst vor solch eingebildetem Mißgeschick zwingt mich, zu hasten, und meine Energie wird sich in Aufregung und Tempo verbrauchen. Aber die Angst vor Ihrer Kritik verlangt außerdem, daß ich diese Symptome vor Ihnen verberge, und so brauche ich zusätzliche Energie, meine Aufregung zu meistern und mein Tempo zu zügeln. Daher wird so viel Energie für den Konflikt zwischen Erregung und deren Unterdrückung verbraucht, daß nicht mehr genug übrigbleibt für die einfache Aufgabe, mit Ihnen zu sprechen. Sowohl die Symptome als auch meine Bemühungen, ihrer Herr zu werden, stehen meinem Gespräch mit Ihnen im Wege, meine Stimme wird womöglich zittrig, ich fange an zu stottern und merke, daß ich den Faden verliere von dem, was ich Ihnen sagen wollte.

Diese Störungen meines Tuns machen mich immer wirrer und konfuser. Meine Wahrnehmung ist geteilt zwischen Wirklichkeit und Phantasie. Einesteils reagiere ich auf das Reale, andernteils auf das Irreale, und meine Reaktionen auf die Phantasien stehen wiederum dem Handeln in der Wirklichkeit entgegen. Meine Energie ist geteilt zwischen den realen Aufgaben und denen, die meine Phantasie mir vorspielt. Außerdem ist meine Energie geteilt zwischen der Möglichkeit, mich auszudrücken, und deren Gegenteil. Ich bin desintegriert und handle nicht mehr als Ganzheit, sondern zersplittere meine Wahrnehmungskraft, meine Reaktionen, mein Handeln und meine Energie. Ich werde konfus, fühle mich beeinträchtigt und handlungsunfähig – und gewissermaßen haben wir alle darunter zu leiden.

Wenn Sie Ihre Wahrnehmung im einzelnen erforschen und mehr über sie erfahren, können Sie dadurch die Zersplitterung und Zerstreutheit vermindern und mehr zu einem integrierten Ganzen werden. Am besten werden Sie diesem Ziel näher kommen, wenn Sie locker lassen und lernen, nicht in den Ablauf des eigenen Tuns einzugreifen und sich nicht selber im Wege zu stehen.

Kontaktaufnahme Ich bitte Sie noch einmal, sich einem Menschen, den Sie nicht gut kennen, gegenüberzusetzen und ihn schweigend anzusehen. Betrachten Sie einige Minuten lang sein Gesicht und versuchen Sie, diesen andern Menschen zu sehen ... Nehmen Sie alle Einzelheiten seines Gesichts wahr – die Form, die Größe, die Farbe, die Lineatur aller einzelnen Züge ... Lassen Sie Ihre Augen umhergehen und versuchen Sie, mehr über Züge und Ausdruck dieses Gesichts zu entdecken ...

Annehmen der Symptome Während Sie Ihren Partner anschauen, beachten Sie bitte gleichzeitig genau, was Sie dabei physisch empfinden ... Was ist das für ein Gefühl in Ihrem Körper, das das Anschauen des Partners stören will? ... Wahrscheinlich empfinden Sie so etwas wie Aufregung und Nervosität – Ihr Herz schlägt, Sie sind gespannt, Sie haben ein flatterndes Gefühl im Magen usw. Wahrscheinlich wollen Sie diese Empfindungen unterdrücken, weil Sie sie »schlecht« und unangenehm finden und auch, weil Sie Ihre »Schwäche« dem Partner nicht zeigen wollen. Versuchen Sie, diese Beurteilung umzustellen, auch wenn es Ihnen wie ein falsches Spiel vorkommt ... Anstatt die Symptome »Nervosität« zu nennen, nennen Sie sie »Erregung« und sehen Sie zu, ob Sie sie nicht genießen können ... Beachten Sie, wie die Symptome sich wandeln, wenn Sie sie akzeptieren und deutlicher wahrnehmen ...

Die Symptome übertreiben Machen Sie das Experiment, irgendwelche Symptome, die Sie haben, zu verstärken oder zu übertreiben, statt sie zu vermindern oder zu verkleinern. Wenn Sie ein Zittern spüren, lassen Sie das Zittern intensiver werden. Wenn Sie Anspannung fühlen, verstärken Sie zeitweilig die Spannung in den betreffenden Muskeln. Nehmen Sie wahr, was geschieht, wenn Sie die Symptome sozusagen bekräftigen, statt gegen sie anzukämpfen ...
Nun versuchen Sie, den Symptomen mehr Ausdruck zu geben. Bleiben Sie in Fühlung mit ihnen, treiben Sie sie an und lassen Sie sie in eine Art von Lärm einmünden. Machen Sie irgendeinen Lärm, der dem Ausdruck gibt, was in Ihnen vorgeht ... verstärken Sie ihn ... und dann werden Sie still und vertiefen sich in das Erlebte ...
In den nächsten paar Minuten erzählen Sie einander, was Sie während dieser Übungen erlebt haben ...
Sitzen Sie still, schauen Sie in das Gesicht Ihres Partners und sehen Sie zu, was Sie jetzt darin entdecken können ... Gleichzeitig nehmen Sie Ihren eigenen Körper wahr ... jede Spannung, Nervosität oder andres Unbehagen, das Sie empfinden. Besonders achten Sie auf Spannung oder Unbehagen in Ihrem eignen Gesicht ... Was drückt es aus? ... Fühlen Sie irgend ein Widerstreben dagegen, so von Ihrem Partner angeschaut zu werden? Ist da irgend etwas, das Sie ihn nicht sehen lassen wollen? ...

Die Wirklichkeit testen Stellen Sie sich bewußt vor, was Ihr Partner wohl sehen mag, wenn er Sie anschaut... Wahrscheinlich tun Sie das sowieso, aber nun richten Sie Ihre Aufmerksamkeit darauf und machen Sie sich die Einbildungen klar... Was für eine genaue Vorstellung machen Sie sich von dem, was der Partner sehen mag, und von seiner Reaktion auf das Gesehene?... Beachten Sie, wie diese Phantasien sich zwischen Sie und Ihr Erleben stellen... Eine Möglichkeit, diese störenden Phantasien los zu werden, besteht darin, ihnen Ausdruck zu geben und sie an der Realität zu messen. Reden Sie mit Ihrem Partner darüber, was für eine Vorstellung Sie sich davon machen, wie er Sie sähe, und finden Sie heraus, ob er die betreffenden Dinge gesehen hat, bevor Sie sie erwähnten...

Pendeln Bitte schauen Sie einander an und nehmen Sie im stillen irgendeinen Vorgang in oder an Ihrem eignen Körper wahr... dann irgend etwas am Körper Ihres Partners... und nun pendeln Sie hin und her zwischen Ihren eigenen körperlichen Empfindungen und dem, was Sie am Partner wahrgenommen haben... Während der Pendelbewegung achten Sie darauf, wie das eigne, persönliche Erleben Ihrer selbst die Verbindung aufnimmt mit Ihrer Wahrnehmung des Partners, d. h. eines Wesens außerhalb Ihrer... Nun sagen Sie im stillen etwa folgendes: »Ich sehe deine buschigen Augenbrauen; ich nehme eine Steifheit in meinem linken Knie wahr; ich sehe deine vollen, weichen Lippen; ich habe ein warmes Gefühl im Magen«, oder was Sie sonst während des Pendelns erleben... Beobachten Sie in dieser Weise weiter, aber jetzt flüstern Sie so laut, daß Ihr Partner es hören kann... Machen Sie diese Übung abwechselnd miteinander, einige Minuten lang. Hören Sie Ihrem Partner zu, wenn er pendelt, und dann pendeln Sie, während er Ihnen zuhört... Teilen Sie einander Ihre Eindrücke mit und erzählen Sie einander, was Sie während der Übung von sich selbst und dem Partner erfahren haben...

Wenn Sie sich in diese Übungen wirklich vertiefen, wächst Ihre Erfahrung darüber, wie Ihre Phantasien Sie daran hindern, sich selbst auszudrücken, und gleichzeitig erkennen Sie genauer, welcher Art diese Phantasien sind. Wenn Sie diese wirklich wahrnehmen, können Sie auch erforschen, was sie über Ihre Person aussagen, und haben dann die Möglichkeit, die Phantasien an der Realität zu messen. Und wenn Sie dessen recht gewahr werden, was Sie verbergen und wie Sie sich selbst blockieren, bietet sich Ihnen die Möglichkeit, locker zu lassen, den Vorgang umzukehren und zu entdecken, wie gut Sie ohne solche Störung »funktionieren«.

Das Ziel dieses Buches ist, Ihnen zu zeigen, wie Sie den Kontakt mit der lebendigen inneren und äußeren Realität verstärken und Ihre Voreingenommenheit durch Phantasien abbauen können, welche Ihre Fühlung mit dem realen Erleben verhindern. Phantasie *kann* nützlich sein, aber *nur*, wenn Sie sich ihr voll und mit bewußter Wahrnehmung hingeben, und wenn Sie die Phantasievorstellung mit Ihrem Erleben der gegenwärtigen Wirklichkeit integrieren. Ich habe davon am Anfang ein Beispiel gegeben, als ich meine Phantasien im Blick auf dies Buch mit dem gleichzeitigen körperlichen Erleben in Beziehung brachte.

Ein weiteres Beispiel: Ein Student stellte sich monatelang vor, wie er ein bestimmtes Mädchen aus seinem Kurs um ein Treffen bitten wolle. Dieses fruchtlose Beschäftigtsein mit seiner Phantasie verschlang ein beachtliches Stück seines Lebens. Bei richtigem Gebrauch der Phantasie hätte er sich klar machen können, daß jene Frage an das Mädchen als Phantasie zwar nutzlos sei, aber in der Realität von großem Nutzen sein würde. Wenn er die Frage an das Mädchen richten würde, könnte sie entweder ja sagen, dann würden sich die Beziehungen entwickeln, oder das Mädchen würde ablehnen, und dann könnte der Student seine Aufmerksamkeit auf ein andres Mädchen richten, das vielleicht zugänglicher wäre. In jedem Falle würde sein Leben wieder in Bewegung und in Fluß kommen, statt in einer unverwirklichten Phantasie stecken zu bleiben. Wer weiß, wie viele andre nette Mädchen ihm erreichbar gewesen wären oder sich selber ihm genähert hätten, wenn er nicht mit seinen Phantasien beschäftigt gewesen wäre?

Gewiß, wenn er sie fragt, ob sie ihn treffen will, geht er das Risiko einer Ablehnung ein, aber gleichzeitig ist die Möglichkeit offen für eine nähere persönliche Beziehung, wenn das Mädchen ja sagt. Er aber vermeidet die Konfrontation, und so bleibt die Sache unentschieden. Dies ist die typische Konfliktsituation. Sein Drang in die eine Richtung steht im Gegensatz zum Drang in die andre: sein Wunsch, dem Mädchen nahe zu sein, wird von der Angst vor einer Zurückweisung blockiert. Doch es besteht ein wichtiger Unterschied zwischen den beiden Tendenzen. Sein Wunsch nach Nähe ist mindestens zum Teil seine Reaktion auf die Gegenwart des Mädchens, und wahrscheinlich spürt er diese Reaktion ganz deutlich in seinem Körper. Seine Furcht aber ist eine Reaktion auf seine Vorstellungen vom Künftigen – was nach seiner Vorstellung geschehen könnte, wenn er ihr sagt, er habe sie gern und möchte sich mit ihr treffen. Seine Phantasie von der Zukunft macht sein Ausdrucksvermögen in der Gegenwart zunichte.

Das Heilmittel für solch eine Situation ist vor allem dies: er muß sich zweitens, daß es *seine* Phantasien sind – die viel mehr über ihn aussagen als über das Mädchen, und daß sie in seine Verantwortung gehören.
als über das Mädchen, und daß sie in seine Verantwortung gehören.
Z. B. wenn seine Phantasie um eine Zurückweisung kreist, muß er sich klar machen, daß er selbst es ist, der sich zurückweist, nicht das Mädchen. Er gibt ja dem Mädchen gar keine Möglichkeit, ihn zurückzuweisen! Er besorgt das selbst, aber ohne es zu realisieren. Er projiziert die eigne Zurückweisung und bildet sich ein, das Mädchen weise ihn ab. Wenn er diesen sich zurückweisenden Teil seiner selbst wirklich in der Tiefe wahrnehmen und sich mit ihm identifizieren könnte, würde er von den Phantasien über eine Katastrophe frei werden und auch frei, sich auszudrücken. Mit Hilfe von bewußtmachender Wahrnehmung könnten seine Phantasien für sein Leben förderlich sein, statt es lahm zu legen.

Die Nützlichkeit von Phantasie und Imagination – Planen, Nachdenken usw. – liegt für die meisten Menschen klar zutage. Ein gewisses Maß an Nachdenken über die Vergangenheit und an Vermuten über die Zukunft kann uns vor manchen Schwierigkeiten bewahren und unser Leben erfüllter und befriedigender gestalten. Aber das gilt nur dann, wenn sich die Vermutungen im Rahmen unsrer Wirklichkeit bewegen und wir uns klar sind, daß eine Phantasievorstellung nur eine Vermutung *über* die Wirklichkeit ist. Z. B. ist alles wissenschaftliche »Wissen« ganz und gar »Vorstellung« der Phantasie. Es besteht kein wirklicher Unterschied zwischen einem Wissenschaftler, der von Elektronik und Strahlung spricht, und einem Medizinmann, der von Geistern und Dämonen spricht. Beide geben ihren Vorstellungen und ihrem Denken über imaginierte Vorgänge Ausdruck, die sie nicht sehen können, und versuchen so, die Ereignisse, die sie sehen können, zu verstehen – Atombomben und kranke Patienten. Der *einzige* Unterschied zwischen beiden ist ihr Verhalten gegenüber ihren Phantasien. Der Medizinmann vermengt seine festen Phantasievorstellungen mit der Wirklichkeit und erfindet endlose Erklärungen, wenn diese nicht mit seinen vorgefaßten Anschauungen übereinstimmt. Der Wissenschaftler weiß, daß seine Vorstellungen Vermutungen sind, und er besteht darauf, daß sie immerfort getestet, verändert und der Realität, die er beobachtet, angepaßt werden. Ein Wissenschaftler verlangt nicht, daß seine Vermutungen und Theorien sich als »wahr« erweisen. Er ist zufrieden, wenn sie dem entsprechen, was er beobachtet, und wenn sie der weiteren Erforschung und Beziehung zur Wirklichkeit dienen.

Schöpferische Imagination ist für sich genommen nutzlos, aber wenn sie in die Wahrnehmung und in die Beziehung zur existierenden Wirklichkeit einfließt, ersteht etwas Neues in der Welt. Ein schöpferischer Mensch gewahrt die Qualitäten und Eigenheiten seiner Umgebung und reagiert darauf mit der Wahrnehmung der in ihm sich ereignenden Vorgänge – seiner Gefühle, Bedürfnisse und Wünsche. Eine schöpferische Reaktion integriert die Wahrnehmung des Selbst und der Welt in einer Form, die beiden angemessen ist. Das schöpferische Werk befriedigt ein Bedürfnis im schöpferischen Menschen, und es muß auch den Anforderungen des Materials gerecht werden, aus dem es gemacht wurde.

Obwohl Imagination nützlich sein kann, müssen Sie sich klar machen, daß die Zeit, die Sie in Gedanken und Phantasien zubringen, außerhalb Ihrer Wahrnehmung und außerhalb Ihres Kontaktes mit dem Leben zugebracht wurde. Die meisten von uns verbringen ein gut Teil unsres Lebens mit Hoffen und Planen von Dingen, die niemals zustande kommen, und mit Sorgen um Ereignisse, die nie eintreffen. Diese unsre Vorstellungen mögen wertvoll sein, solange sie in unser Leben integriert sind, unser Leben erhalten und Raum für Wahrnehmung und Erfahrungen lassen. Aber wenn Imagination vom Leben abgespalten ist, wird sie zur Sackgasse, eine Flucht vor dem Leben und eine Abkehr vom Lebendigen. Ein Großteil der Betätigung unsrer Phantasie bezweckt eben grade dieses: die Herausforderungen, die Risiken, die unerfreulichen Erlebnisse zu vermeiden, die doch ein notwendiger Teil des Lebens sind. Mit jeder Umgehung solcher Art nimmt unser Elan ab, wird der Kontakt mit uns selbst und mit unsrer Umgebung geringer. Wenn Sie den Kontakt mit einem unerfreulichen Gebiet Ihres Lebens verlieren, verlieren Sie ihn auch mit dem Erfreulichen und andrem wertvollem Potential. Im Vorhergehenden habe ich das Beispiel jenes Studenten angeführt, der viel Zeit damit verbrachte, sich vorzustellen, wie er das Mädchen anreden sollte. Die Phantasien, die in die Sackgasse geraten waren, sind das Mittel, mit dem er das Risiko vermied, sich der Unannehmlichkeit einer Abweisung auszusetzen. Damit aber vermied er auch jede Möglichkeit, etwas zu gewinnen – sich des Zusammenseins zu freuen, die Zuneigung oder Liebe des Mädchens usw. Die Mauern, welche Pfeile und Speere abhalten, halten auch Küsse und Rosen ab.

Volle Wahrnehmung heißt Identifikation mit meinem Erleben und meinem Werdegang jetzt und hier: Anerkennung, daß dies mein Erleben ist, ob es mir gefällt oder nicht, und daß dieses Gefallen oder Mißfallen auch ein Teil meines Erlebens ist.

Durch das Vermeiden von Unannehmlichkeiten und Risiken schränke ich meine Wahrnehmung ein und kehre mich vom direkten Erleben ab. Es ist, als würde ich sagen: »Das bin gar nicht ich, das ist etwas Fremdes, etwas anderes.«

Es gibt ein einfaches Heilmittel dagegen, nämlich die Identifikation, die sagt: »Das *bin* ich, ich *bin* so.« Ich kann also zu mir zurückfinden, wenn ich beachte, was ich wahrnehme, und mich damit identifiziere. Zum Beispiel: vor mir sehe ich ein Feuer. Was geschieht, wenn ich mich damit identifiziere? Das Feuer sagt: »Ich brenne und mache kleine, flackernde Geräusche. Ich spende Wärme, ich wärme dich, das tut dir gut. Ich bin gesund und beständig. Ich verbrenne dürres Holz und produziere Gase, die die Blätter ernähren, und Asche, die die Wurzeln düngt.« Dies Feuer bin ich. Vielleicht entdecke ich später einmal noch andre Eigenschaften, wenn ich wieder zu Feuer werde. – Ich kann mich auch mit etwas ganz andrem identifizieren. Sobald ich dies vollziehe, entdecke ich mehr von meinem Erleben dieses Augenblicks. Solch eine Identifikation ist ein wunderbares Medium, Gefühlen Ausdruck zu geben, und ist viel genauer und ausdrucksfähiger als psychologische Tests.

Identifikation mit einem Gegenstand Nun versuchen Sie, diese Identifikations-Übung selber zu machen. Lassen Sie Ihre Wahrnehmung umherschweifen und bleiben Sie bei einem Objekt stehen, das Ihnen besonders auffällt, oder bei einem, zu dem Sie immer wieder zurückkehren und das Sie im Auge behalten möchten.

Richten Sie die Wahrnehmung fest auf das Objekt und vertiefen Sie sie. Wie sieht dies Ding aus? ... Was sind seine Besonderheiten? ... Was tut es? ... Nehmen Sie sich Zeit, Einzelheiten zu entdecken ...

 Nun identifizieren Sie sich mit ihm und *werden* Sie dies Ding. Stellen

Sie sich vor, Sie *seien* es. Wer sind Sie als dieses Ding? ... Was sind Ihre Eigenschaften? ... Beschreiben Sie sich selbst, sagen Sie im stillen zu sich: »Ich bin –«. Was tun Sie, und wie ist Ihre Existenz als Ding beschaffen? ... Sehen Sie zu, was Sie sonst noch von diesem Erlebnis ergründen können ...
Lassen Sie sich Zeit, das Erlebte ruhig in sich aufzunehmen. Wenn Sie aber anfangen, es zu analysieren oder darüber nachzudenken, dann kehren Sie bitte zum Erlebten selber zurück, weil Erklärungen Sie nur davon entfernen. Wenn Sie Ihr Leben wirklich verstehen wollen, lernen Sie einfach, mit Ihrer Wahrnehmung in Kontakt zu bleiben ...
Ich möchte Sie nun fragen, inwieweit Sie wirklich in dies Erlebnis hineingezogen wurden, und wieviel Sie darin über sich selbst erfahren haben. Inwieweit können Sie es annehmen, als eine wirklich genaue Aussage über einige Aspekte Ihres Seins? Sagt Ihr Gefühl: »Ja, das bin ich«, oder empfinden Sie Zweifel und Abstand, so, als wäre das Erlebte »außerhalb« Ihrer selbst geblieben? Haben Sie irgend welche starken Gefühle im Körper wahrgenommen? Oder blieben Sie unberührt und dem Erlebnis fern? Die Menschen sind verschieden in der Bereitwilligkeit, die Idee von dem, was sie sind, aufzugeben und neu zu entdecken, wie sie wirklich sind. Machen Sie dieselbe Übung noch einmal mit einem andren Ding und geben Sie acht, ob Sie tiefer in das Erlebnis eindringen und wirklich dies Ding *werden* können ...
Die Methode der Identifikation ist die Grundlage der buddhistischen Idee, daß volle Konzentration und Meditation über irgend etwas zur vollen Erkenntnis unsrer inneren Natur führen kann. Am Anfang steht die sozusagen künstliche Identifikation mit etwas, das sich außerhalb von uns befindet und von uns verschieden ist, und dieser Vorgang kann sich zu einem direkten, persönlichen Erlebnis vertiefter Wahrnehmung ausweiten. Wenn Sie sich mit einem Ding aus Ihrer Umgebung identifizieren, sind Sie irgendwie festgelegt durch die Eigenschaften dessen, was sich tatsächlich dort befindet. Wenn Sie sich mit Ihren eigenen inneren Vorgängen identifizieren, kommen Sie sich selbst viel näher und sind weniger an die Umgebung gebunden. Wenn Sie merken, daß Ihnen etwa spontan ein Sprichwort einfällt oder Sie sich an einen Satz oder einen Brocken aus einer Unterhaltung erinnern, oder auch, wenn Sie einen Ton summen, vertiefen Sie sich dahinein und identifizieren Sie sich damit. Neulich merkte ich beim Autofahren, daß ich ein Thema aus dem Film »High Noon« summte. Ich begann, es zu singen und

mich damit zu identifizieren. Mir kamen die Tränen, als ich so vor mich hinsang: »Ich muß einem Menschen gegenübertreten, der mich haßt, oder als Feigling sterben.« Allmählich hörten die Tränen auf und ein Gefühl von Kraft und Überzeugung erfüllte mich. Ich weiß, daß ich »einem Mann, der mich haßt« gegenüberstehe, einem Teil meiner selbst, der mich kritisiert, verurteilt und verdammt. Ich weiß auch, daß ein andrer Teil meiner selbst feige ist und lieber sterben, als sich dem Richter stellen würde. Während ich dies schreibe, kommen dieselben Gefühle wieder über mich, und ich weiß, daß ich mich dem Richter noch nicht ganz gestellt habe. Ich erzähle Ihnen dies mit Worten, aber bitte verstehen Sie: nicht die Worte sind wichtig, sondern das Erlebnis selber. Die Welt und ein Großteil unsres Erlebens *ertrinkt* in Worten. Suchen Sie Fühlung mit Ihrem eignen Erleben.

Summen Setzen Sie sich allein und ruhig hin, lassen Sie sich Zeit und nehmen Sie mit dem Erleben Ihres Körpers Fühlung auf, so, wie er eben jetzt ist... Wenn Sie sich bereit fühlen, fangen Sie an, ganz leicht zu summen, ohne die Absicht, irgend etwas andres zu tun, als dem Summen nachzugehen. Identifizieren Sie sich damit und lassen Sie sich irgendwohin führen. Gewahren Sie aufmerksam Ihr Summen und lassen Sie zu, wenn es anfängt, sich von selbst zu verändern... Nehmen Sie einfach nur wahr, wie es ist, und was geschieht, wenn es sich in Ton und Lautstärke wandelt. Versuchen Sie nicht, es zu beeinflußen, gewahren Sie nur die Klangfarbe und das Auf und Ab, und sehen Sie zu, wohin es Sie führt. Vielleicht geht es in einen Ton über, den Sie wiedererkennen, vielleicht fallen Ihnen ein paar Worte ein. Identifizieren Sie sich mit den Gefühlen, die der Ton erweckt, und mit der Bedeutung der Worte, und geben Sie acht, was Sie herausfinden können...
Dieselbe Art des Sich-Einbringens und der Identifizierung können Sie mit einer in Ihnen aufsteigenden Phantasie vollziehen. In der Phantasie ist alles möglich. Sogar, wenn Sie mit einer nur teilweisen Imagination eines Dinges oder einer Situation anfangen, so ist sie doch von Ihnen und aus Ihnen heraus erschaffen worden... Der Traum ist hierfür besonders geeignet, denn er ist fast ganz spontan und frei von unsrer absichtsvollen Kontrolle, und hat seinen Ursprung völlig in uns selber. Eine aufsteigende Phantasie kann ja doch irgendwie manipuliert oder kontrolliert werden, aber wenn Sie gewillt sind, zuzulassen, daß sie sich spontan entwickelt, können Sie sehr viel über Ihr Sein erfahren. Die

nächste Übung möchte Ihnen ein Erlebnis der Selbsterforschung durch Identifikation mit einer Phantasie vermitteln. Wenn möglich, führen Sie sie in einer Gruppe von 5–7 Leuten aus, so daß Sie Ihre Erlebnisse mit andern austauschen und auch von deren Erfahrungen etwas lernen können.

Identifikation mit einem Rosenbusch Wenn möglich, legen Sie sich, recht bequem, auf den Rücken. Schließen Sie die Augen und nehmen Sie Ihren Körper wahr... Ziehen Sie Ihre Aufmerksamkeit von äußeren Ereignissen ab und achten Sie darauf, was in Ihnen vorgeht... Gewahren Sie jedes Unbehagen und finden Sie eine bequemere Lage... Achten Sie darauf, welche Körperteile in Ihre Wahrnehmung treten... welche ungenau und undeutlich sind... Wenn Sie irgendwo eine Spannung merken, versuchen Sie, sie zu lockern... Wenn das nicht geht, versuchen Sie, diesen Körperteil absichtlich anzuspannen und geben Sie acht, welche Muskeln beteiligt sind... entspannen Sie jetzt... Konzentrieren Sie sich auf das Atmen... gewahren Sie all seine Einzelheiten... Fühlen Sie, wie die Luft durch Mund und Nase eindringt... hinunter... fühlen Sie, wie Brust und Bauch sich bewegen... Nun stellen Sie sich vor, Ihre Atemzüge seien wie sanfte Uferwellen, und jede Welle wasche ein wenig Spannung aus Ihrem Körper heraus... und befreit Sie immer mehr. Achten Sie auf Gedanken und Bilder, die aufsteigen... welcher Art sind sie, um was geht es dabei?... Stellen Sie sich vor, Sie täten all diese Gedanken und Bilder in ein Glas... beobachten Sie sie... erforschen Sie, welcher Art sie sind, und wie sie auf Ihre Beobachtung reagieren... Wenn noch mehr Gedanken und Bilder auftauchen, tun Sie sie auch in das Glas und sehen Sie zu, was Sie über sie erfahren können... Nehmen Sie das Glas, leeren Sie die Gedanken und Bilder aus und geben Sie acht, wie sie nun verschwinden und das Glas leer wird...

Jetzt bitte ich Sie, stellen Sie sich vor, Sie seien ein Rosenbusch. Werden Sie ein Rosenbusch und entdecken Sie, wie das ist, ein solcher zu sein... Lassen Sie Ihre Phantasie einfach sich entwickeln... Was für eine Art Rosenbusch sind Sie?... Wo wachsen Sie?... Wie sind Ihre Wurzeln?... In was für einem Boden stecken Sie?... Versuchen Sie nachzufühlen, wie Ihre Wurzeln in den Boden hinunterreichen... Wie ist Ihr Stamm, wie sind Ihre Zweige?... Entdecken Sie alle Einzelheiten darüber, ein Rosenbusch zu sein... Wie fühlen Sie sich als ein solcher? ... Wie ist Ihre Umgebung? ... Wie ist Ihr Leben als Rosenbusch? ... Was erleben Sie, und was geschieht, wenn die Jahreszeiten wechseln? ... Versuchen Sie, immer mehr von Ihrer Existenz als Rosenbusch zu entdecken, wie Sie Ihr Leben empfinden und was Ihnen zustößt ... Lassen Sie die Phantasie hierbei verweilen ...

Nach kurzer Zeit werde ich Sie bitten, Ihre Augen zu öffnen, zu Ihrer Gruppe zurückzukehren und Ihrem Erlebnis, ein Rosenbusch zu sein, Ausdruck zu geben. Bitte erzählen Sie in der *ersten Person Gegenwart, als ob es eben geschähe.* Z. B. so: »Ich bin eine wilde Rose, ich wachse auf einem steilen Abhang, auf sehr steinigem Boden. Ich fühle mich stark und wohl im Sonnenschein, und kleine Vögel bauen ihr Nest in meinen Zweigen –« oder so, wie es Ihrem Erleben entspricht. Bitte erzählen Sie dies jemandem – also senden Sie Ihre Worte nicht zur Zimmerdecke und werfen Sie sie nicht auf den Boden. Wenn Sie bereit sind, öffnen Sie die Augen und erzählen Sie ihr Erlebnis, ein Rosenbusch zu sein ...

Beispiele von Antworten Die folgenden Beispiele sind Niederschriften von Tonbandaufnahmen, sie stellen die Antworten einer Gruppe dar auf die Phantasie der Identifikation mit einem Rosenbusch. Sie mögen Ihnen einen Begriff von der ungeheuren Vielfalt geben, die bei dieser Art von Phantasien möglich ist. Die Beispiele können als Grundlage und Vergleich zu dem dienen, was Sie erleben, und sie können Ihnen helfen, Aspekte oder Möglichkeiten bei dieser Art von Phantasie-Reise zu entdecken, die Sie dann selber weiter erforschen mögen. Immerhin aber sind dies Erlebnisse *andrer* Menschen. Obwohl Sie davon lernen können, sind es doch nur die *eignen Erlebnisse,* aus denen Sie etwas über sich selbst erfahren.

Lesen Sie nicht weiter, bevor Sie diese Identifikation mit einer Phantasie an sich selbst ausprobiert haben.

1 (W = Weiblich) Ich wachse an der Seite eines Hauses und trage eine Menge Blüten. Der Schatten des Hauses fällt auf mich, manchmal aber bin ich auch in der Sonne. Neben mir stehen andre Büsche, vor mir ist Rasen. Hin und wieder verwandle ich mich und sehe aus wie ein andrer Busch, eine andre Art, dann aber nehme ich wieder die vorige Gestalt an. Schließlich wachse ich heran zu einer einzigen großen Blüte – ich bin kein Busch mehr, sondern eine einzige riesige Blüte – eine

Rose ... / L: Haben Sie irgendwelche Gefühle dabei, daß Sie ein Rosenbusch sind, und ein besondres Erlebnis, wenn die Jahreszeiten wechseln?/ Ich spüre, wie ich wachse und mich verwandle, das ist schön.

2 (M = Männlich) Ich bin ein Rosenbusch und lebe in einem Gewächshaus. Ich bin unter Dach – habe junge Wurzeln. Da ich in einem Gewächshaus bin, kommen Leute und besehen mich, aber sie pflücken meine Blüten nicht ab. Da war eine Frau, die für mich sorgte, aber ich fühle immer noch, daß kleine Tiere an meinen Gliedern nagen. Eine Menge Blumen stehen um mich herum, aber sie sind nicht von meiner Art und nicht so schön. Ich fühle mich sicher in meinem Gewächshaus – spüre, daß ich verletzlich bin, aber die Frau würde es nicht zulassen – das einzige, was mir schaden kann, sind diese Tiere, die über meine Glieder kriechen. Meine Dornen sind ein Schutz, aber sie können die kleinen Tiere nicht abhalten, nur große.

3 (W) Ich stehe im Hof, bei einem Zaun, und es ist mein Hof, und ich kann über den Zaun sehen, ich klettere an ihm hinauf, ich wachse immer weiter, so daß ich mehr von meiner Umgebung sehen kann. Ich kann den Boden unter mir fühlen, es ist ein feuchter Boden, aber kalt, und meine Wurzeln reichen tief hinunter, und ich bin ungern angewurzelt, ich mag es nicht, wenn ich nichts sehen kann. Da stehen andre Büsche um mich herum, aber ohne Blüten. Aber sie sind nicht – ich sehe sie gerade – es ist keine Verbindung zwischen mir und den andern Büschen. Und ich habe wirklich – wenig Knospen, nur eine Art Blüte, eine einzige, ganz oben, und kleinere Knospen um mich herum, und ich bemerke – ich spüre, daß die Jahreszeit wechselt. Ich mag den Winter nicht, wenn es kalt und regnerisch ist. Ich bin verletzlich, weil ich keinen Schutz habe, und verliere all meine Blüten. Ich liebe den Frühling, wenn ich wieder blühe und Menschen kommen – Menschen, die all meine Blüten pflücken. Aber das macht mich nicht traurig, denn ich mag es gern, wenn die Leute die Blüten pflücken, denn die Blüten sind schön.

4 (W) Ich stehe neben einem großen weißen Haus, und neben mir ist ein Camelienstrauch, und unter mir sind Blumen. Ich mag das Gefühl gern, daß meine Wurzeln im Boden sind, ich mag die kalte Erde, es ist ein gutes Gefühl. Ich habe nicht das Gefühl, daß die Blüten wirklich Ich sind, sondern, daß ich sie irgendwie hervorgebracht habe, und daß sie schön anzusehen sind. Ich war traurig, als sie mich verließen, aber sie waren nicht wirklich ein Teil von mir, sondern etwas, das ich

hervorgebracht hatte. / L: Gegenwartsform. / Und ich kann in meine Adern hineinkommen und fühle, wie das Wasser aus meinen Wurzeln durch meine Adern dringt. Ich sehe die Menschen an, die um mich sind. Ich habe lange Zeit bei diesem Haus gelebt und habe eine Menge gesehen, was hier geschah. / L: Wie ist Ihnen zumute, wenn Sie jetzt dieser Rosenbusch sind? Sie haben gerade den Kopf geschüttelt? / Ach, es war einfach erstaunlich. Nie zuvor hab ich so etwas gemacht, es ist schön.

5 (M) Ich bin ein Rosenbusch und sitze in einer Lichtung, es stehen Bäume um mich, und hier ist grünes Gras und gelbes Gras. Ich denke, es ist Frühling, wenn ich nun beginne. Auf mir sind Knospen, drei, eine ist mein Kopf, eine mein Herz, und ich kann nicht – ich weiß nicht, was die dritte ist. Eine schöne Frau findet die Lichtung, sie kommt zu mir herüber und sieht meine Knospen, und schließlich sind meine Blüten offen, und am Ende des Sommers pflückt sie die eine, die mein Herz ist... Das ist kein übles Gefühl – ein gutes Gefühl. Sie nimmt die Blume und geht weg, und von jetzt ab ist ein Gefühl des Wartens da. Und dann ist es Traurigkeit. / L: Anstatt zu sagen »es ist Traurigkeit« sagen Sie bitte »ich bin traurig«, »ich warte«. / Ich bin traurig, ich warte, und ich habe das Gefühl, es ist Herbst und Winter und ist kalt – und wenn der Schnee schmilzt, werde ich wieder warm und warte immer noch und mit dem Warten höre ich hier mit Sprechen auf.

6 (M) Ich bin ein Rosenbusch mit sehr verzweigtem Wurzelsystem, das tief in den Boden hinunterreicht, und ich habe Hauptwurzeln, aber die fühle ich nicht, die gewahre ich nicht so stark wie dies System von fadenartigen Wurzeln, die überall hingehen im Boden, wie Finger und Zehen, über die ganze Erde. Sie gehen in alle Richtungen, als wollten sie überall eine Quelle für ihre Ernährung erreichen, jede flüssige Quelle, die sie nur finden können. Ich kann in meinem Wurzelsystem höher gehen, und wenn ich das tue, spüre ich einige dickere Wurzeln, die in meinen Körper führen, doch dies nehme ich nicht mehr sehr deutlich wahr. Aber sobald ich die Erdoberfläche durchstoßen habe, fühle ich mich selbst als Zweige und Körper der Pflanze, ich habe sehr *kräftige*, grüne, *dornige* – aber ich empfinde sie nicht als sehr dornig, sondern wie einen Teil von mir, und so, als könnte man sie für eine Narbe halten, aber es ist ein Teil von mir, weder häßlich, noch schön. Ich habe viele Blätter und Zweige, die sich in viele Richtungen ausbreiten. Manche davon sind gerade, sie gehen in verschiedene Richtungen, aber es sind auch Schößlinge an diesen Hauptzweigen. Nur ein paar

Blätter hab ich auf – mir, überall. Und wenn die Jahreszeit wechselt, fühle ich besonders die Kälte, und hier hatte ich das Gefühl eines Rückzuges, ein Gefühl, auszuweichen – nicht etwas, das man sehen könnte, aber dies Gefühl in mir, meine Reserven zusammenzuhalten, so daß sie an einem Ort zusammen sind und ich sie, so gut es geht, gegen die Kälte, den Regen, den Wind oder so – brauchen kann. Manche meiner Blätter fallen, die meisten aber bleiben während des kalten Wetters dran. Ich hatte niemand, der meine Zweige beschnitten hätte, aber ich besann mich auf meine Gefühle über Leute, die das tun. Und ich dachte, es wären dieselben Leute, die mir halfen, zu werden – gepflanzt zu werden, die mich hierher setzten, die mich pflegten – und diese Leute würden von Zeit zu Zeit kommen und meine Glieder abschneiden. Und ich war irgendwie traurig ihretwegen, daß sie meine Bedürfnisse nicht wahrnahmen, sondern das, wovon sie *meinten,* es seien meine Bedürfnisse. Sie schneiden Glieder weg, die tot aussehen oder so, als müßten sie geschnitten werden – für Menschen sahen sie so aus – aber in Wirklichkeit hatten diese Zweige und Blätter es nicht nötig, geschnitten zu werden. Ich nahm es den Leuten nicht besonders übel, daß sie es taten, sondern ich hatte Mitleid mit ihnen, daß sie so beschränkt waren. Hier wuchs ich und wußte, daß Wachsen das beste war, was ich tun konnte. Die Leute hatten mich hierher gesetzt und ich gefiel weder ihnen noch – also schön, ich gefiel mir selber. Es war nicht unbedingt so, daß ich zuerst mir gefiel und dann ihnen, aber es kam so. Sie waren mit mir zufrieden – aber nicht ganz, sonst hätten sie nicht die Zweige abgeschnitten, die ich noch brauchte.

7 (M) Ich bin eine Rose und versuche zu wachsen, aber rings um mich ist Gras. Ich muß mich nahe zum Zaun halten, weil ich die Wärme fühle, die von der andern Seite des Zaunes kommt. Ich muß höher wachsen, um die Wärme zu genießen. Jedesmal, wenn ich grade über den Zaun komme, ist die Wärme fort, und es ist Winter, und alle meine Blätter beginnen abzufallen. Ich habe das Gefühl, mein Laub abzuwerfen, und ich falle einfach hintenüber, unten am Zaun, und verschwinde in den Boden hinein. Ich wünschte, es käme jemand, der mich ins Haus mitnähme, so daß ich nicht frieren muß, und der mich im Sommer wieder mit hinaus nähme, so daß ich wachsen und vielleicht über den Zaun kommen kann.

8 (M) Ich bin zwei Rosenbüsche. Der eine hat große weiße Rosen, der andre ist ein Busch mit Teerosen – gelben, rosa und orangefarbenen.

Und ich bewege mich hin und her zwischen diesen zwei Farben. Die vorherrschende Farbe ist die weiße, ein großer Busch, der im Hof nahe beim Zaun sitzt /L: Sagen Sie »ich –«/ und der wird beschnitten /L: Sagen Sie »ich werde beschnitten«./ mit Geduld. /L: Sagen Sie »ich werde beschnitten«./ Ich werde mit Geduld beschnitten, das heißt, ich *ertrage* das Schneiden mit Geduld, weil es für mein Wachstum gut ist. Ich bin hier schon eine lange Zeit, ich bin ein sehr alter Busch. Ich habe viele, viele Bewohner des Hauses um mich herum kommen und gehen sehen, und sich verändern. Wenn der Winter kommt, ziehe ich mich in mich selbst zurück, und dann heißt es wieder warten. Ich freue mich auf den Frühling, und wenn er kommt, fühle ich, wie ich wachse. Ich halte eine Art Winterschlaf. Wenn der Sommer kommt, fühle ich mich, als sei ich in Kraft gebadet, ich *zittre* ganz und fühle mich warm und die Wärme geht ganz durch mich hindurch. Alles fließt leichter, wie geschmolzener Honig. Ich bin sehr froh, daß die Leute um mich her meinen Atem mögen. Ich sehe, wie die Jahreszeiten kommen und gehen, und die Leute kommen und gehen auch. Ich werde böse, wenn immer wieder Käfer kommen und mich aussaugen, aber dann verstehe ich, daß das in Ordnung ist, denn es gibt sehr vieles, was mir geschehen wird, aber noch werde ich nicht wirklich sterben. Ich sehe, wie meine grünen Blätter und die Blumenblätter im Herbst abfallen, und ich weiß, daß ich sie wieder in mich aufnehmen und wachsen werde, wenn die Wärme kommt. Wenn die Blätter dies Jahr fallen, werde ich standhalten und desto mehr wachsen. Ich habe Dornen, aber ich weiß nicht, warum. Sie bedeuten mir nichts – es ist, als hätte ich da etwas, das früher einmal Bedeutung hatte, aber jetzt nicht mehr. Ich bin im Boden gut verwurzelt und gewahre die beiden Teile meiner selbst, den Teil über dem Boden, und den andern im Boden, und jeder hat dem anderen etwas zu geben.

9 (W) Ich bin ein riesiger Rosenbusch, viele Stämme, dicke alte Stämme, die aus denselben Wurzeln kommen. Ich bin ungefähr fünf Fuß hoch, hinter einem großen Haus – das Haus, in dem ich jetzt lebe – am Fuß eines kleinen Hügels. Ich habe viele Dornen, etwa drei oder vier gelbe Blüten, und zu meiner Linken sind Balken, auf denen die Kinder oft spielen, und ich sehe ihnen zu. Und rechts von mir waren – /L: Bitte im Präsens sprechen./ Und rechts von mir sind Rosenbüsche, mehrere Rosenbüsche. Ich nehme keine besondre Notiz von ihnen und weiß nicht, was für Farben ihre Blüten haben. Und rechts vom Hause

ist ein Kornfeld. Meine Wurzeln sind klein und tief und weiß. Es regnet, und der Regen ist erfrischend. Er ist so gut, ich fühle ihn so, als hätte ich gerade geduscht oder mein Gesicht gewaschen. Und der Wind weht mich hin und her, das ist auch gut, so, als würde ich schaukeln. Und ich fühle mich – ich fühle mich sehr wohl. Ich war – ich bin in dieser Jahreszeit, im Frühling, und ich ahne den Sommer voraus, weil er so friedvoll klingt. Der Winter hört sich für mich laut an. Jemand hat mich gepflückt und ins Haus gebracht und hat mich in eine Vase auf den Tisch gestellt, und das mag ich nicht – ich möchte draußen sein, verbunden mit dem Busch, wo mein Platz ist. Hier habe ich aufgehört.

10 (W) Ich bin häßlich, gar nicht schön. Nur drei lange Zweige kann ich sehen zu meiner Rechten. Ich bin mitten in einem endlosen, offnen Feld. Frischer feuchter Boden, sonst nichts ringsum. Und auf mir sind zwei Knospen, noch ungeöffnet. Ich bin so ein Dickicht – eben nur die drei dicken Zweige mit den Dornen, die – ich kann sie nicht leiden. Ich fühle mich sehr einsam, aber Angst habe ich nicht, denn es ist ja nichts da. Und ich weiß nicht, wie das Übrige an mir aussieht, und ich kann nicht meine Wurzeln fühlen. Ich fühle mich wirklich stark und gesund, aber ich merke nichts von meiner Nahrung. Hin und wieder streckt sich da diese große Hand nach mir aus, zu dem Teil, den ich nicht sehen kann, und eine große, rote, schöne Blüte wird gepflückt. Ich sehe die Hand, die die Blüte hält, und ich sehe, daß ein Finger der Hand ausgerissen ist, aber ohne Schmerz. Die Hand ist häßlich, und ihr – ich mag das nicht. Immerfort sehe ich die Dornen an und die Dornen und die Knospen auf – nahe bei den Dornen, die nie blühen. Aber immer sehe ich eine rote Blüte in einer Hand an mir vorüberziehen. Die Blüte kommt aus mir, aber aus einem Teil, der nichts mit dem zu tun hat, den ich sehen kann. /L: Sie sagen: ein Teil, den Sie sehen können, und ein Teil von Ihnen, den Sie nicht sehen können. Wenn Sie sich nun hinsetzen, welchen Teil von sich selbst können Sie sehen und welchen nicht?/ Ich sehe nur drei – einfach häßliche Stämme rechts von mir. Ich fühle, daß ich groß bin und weiß, da unten ist ein Teil von mir, um mich hinter meinem Rücken, aber ich kann ihn nicht sehen. Ich sehe keinen Menschen vor mir, nur grade die Hand. Keine Jahreszeiten, das Wetter ändert sich nie, es ist immer dasselbe.

11 (M) Ich bin – eine rosa Rose im Garten meiner Großmutter, rechts gleich neben der Quelle. Es ist eine alte, fließende Quelle. Ich bin diese

rosa Rose und es ist einfach – einfach eine Wonne – ich weiß nicht, wie ich es anders sagen soll. Ich bin so glücklich, so zufrieden. Ich bin wie – meine Großmutter, sie sorgt immer für mich. Sie ist – ich bin immer sauber und hübsch, es gibt viel zu essen, eine Menge Wasser und all diese schönen Blumen ringsum. Schöne Blumen – keine Rosen, ich bin die einzige. Ich hocke ganz nah bei der Quelle und wachse, und bin einfach glücklich.

12 (M) Ich bin eine junge Rose und wachse in lockerem Boden in einem grünen Garten. Und ich habe wirkliche Angst vor dem ersten Winter, wenn es anfängt, richtig kalt zu werden. Es ist, als ob ich schrumpfe, und schließlich entspanne ich mich – die Kälte geht über mich hin, und dann ist es, als ob ich langsam erwache und mich im Frühling ausbreite. Ich weiß von nichts als Frühling und Sommer und nichts sonst, und dann breite ich mich aufs neue aus und ich bin kleiner als voriges mal. Ich habe viele starke Zweige und wenig Blüten. Blüten und Dornen scheinen meine Daseinsberechtigung auszumachen. Wenn man meine Blüten pflückt, bin ich erfreut – das ist der Zweck meines Hierseins, meines Lebens, meines Wachsens. Die Dornen sind – sind auch grün, sie sind nicht knorrig und spitz, sie sind grün und ich mag sie gern, deshalb ernähre ich sie ebenso wie die Blüten. Ich habe nicht sehr viele Blätter. Meine Wurzeln senke ich tief in die kühle, dunkle Erde, und zuletzt senke ich eine Wurzel in einen unterirdischen Brunnen.

13 (W) Meine Wurzeln sind sehr tief im Boden. Dort ist es wirklich warm. Es ist nicht eigentlich naß, nur feucht, weich, nahrhaft und dunkel. Meine Wurzeln sind weiß und sind recht behaart, und viel Nahrhaftes kommt durch den Erdboden herauf. Es fühlt sich gut an und schmeckt gut, und es steigt die Zweige herauf bis zu den Blüten. Die Blüten sind noch nicht offen. Die Sonne scheint herein und trifft auf das heraufsteigende Nahrhafte, und die Blüten scheinen zu – /L: »Meine Blüten«./ Meine Blüten gehen jetzt auf. Zuerst sehr klein, und wenn nun die Sonne hereinscheint und wärmer und wärmer wird, werden die Blüten immer größer und saugen die Sonne auf. Ein sehr, sehr altes Haus steht hinter mir, und ich weiß, daß ich hier eine lange Zeit gewesen bin, und doch fühle ich mich sehr jung. Vor mir ist Gras, meilenweit nur Gras, es ist grün, eine schöne grüne Farbe, dicht und tief und sehr hoch. Ich kann es immerfort sehen und gleichzeitig fühle ich, wie die Nahrung durch den Boden heraufkommt zur Sonne. Die

Bienen kommen in meine Blüten und holen Honig und Nahrung von meinen Blüten und fliegen wieder weg, und ich möchte mit ihnen fliegen. Ich möchte über die Hügel und über das Gras fliegen. Wenn der Sommer zuende ist und der Herbst kommt, fallen meine Blüten ab, aber nicht, als wären sie tot. Sie sinken zu Boden und nähren ihn und steigen wieder herauf in die Nahrung. Ich fange an trocken zu werden, die Erde auch, und es ist, als wartete ich auf den Winter. Der Winter kommt, er kommt sehr streng. Starker Frost, viele dunkle Wolken, und der Wind ist stark. Es ist schön im Winde, es ist kein sanfter Wind, es ist ein starker Wind. Und der Regen kommt herab und fühlt sich so gut an in meinem Gesicht, in meinen Zweigen. Und er dringt in den Boden, und ich fühle, wie er ihn reich macht, und Nahrung und Wasser kommen durch meine Zweige herauf. Ich fühle, wie mein ganzer Körper sich mit dem Wasser, das in mir aufsteigt, ausdehnt, weil ich so trocken war. Und es regnet und regnet immerzu, und endlich weiß ich, es ist Zeit, daß der Frühling kommt. Er kommt, und ich fühle die Sonne auf meinem Gesicht. Es ist sehr warm, aber nicht richtig heiß, und es geht ein leichter Wind. Das Gras kommt wieder und ist sehr grün. Es hatte eine schöne, goldne Farbe bekommen, dann wurden die Felder gepflügt, und nun kommt das Gras wieder. Der Boden ist wieder feucht, die Sonne heizt ihn, und er wird warm. Und das Wasser steigt herauf, die Sonne kommt herein, und die Blumen fangen wieder an zu blühen. Sie kommen heraus und sind einfach wunderschön. Es ist – es ist die Freiheit, die ich fühle: wenn die Bienen kommen, Honig nehmen und wieder wegfliegen, dann ist es *meine* Freiheit, viele Blüten hervorzubringen. Und doch empfinde ich noch immer ein Festgehaltensein. Ich möchte irgendwohin fliegen und gehen. Aber ich weiß, daß meine Wurzeln und Zweige wichtig sind für Blüten und Blühen und für das, was ich bin, und daß ich jetzt verstehen muß, wer ich als ein Busch bin. Menschen pflücken meine Blüten und ich – ich mag das gern. Es ist nicht so, als schnitten sie etwas von mir ab und nähmen etwas weg. Sondern ich teile etwas mit ihnen und gebe es gern. Das ist wohl alles. Meine Blüten sterben und – irgend etwas fällt in den Boden zurück oder irgend etwas kommt in mich herein oder geht weg – das ist ein Teil von mir, der mit der Biene wegfliegt. Ich bin alle diese Dinge. Es ist, als wäre ich eine Biene, und als nähme ich von der Nahrung und flöge weg. Ich fühle mich als Ausgangspunkt und auch als die Dinge, die zu diesem Ausgangspunkt kommen und von ihm aus weggehen.

14 (W) Ich bin nur ein Stamm, ja, in einem kleinen grünen Topf aus Plastik. Der ist quadratisch, 4 mal 4 Zoll, und ich bin ein gerader, grüner Stamm, der Dornen hat und /L: »Ich –«/ Ich wachse und gelange irgendwohin, wo ich mich nicht mehr sehen kann. Ich gucke hinunter und sehe mich wieder aufwachsen, aus dem Topf hinaus. Ich werde immer höher und falle zurück und sehe, daß ich immer wieder von vorne anfange. Ich komme herauf, gehe hinunter und komme wieder herauf. Und ich gucke nach meinen Wurzeln, und ich bin ein Busch und bin nur – und habe keine Blüten, nur den einen Stamm mit vielen Dornen. Ich mag es nicht, Dornen zu haben, und möchte es niemandem erzählen. Meine Wurzeln sind – die Hälfte von ihnen ist nett, nun ja, ich stecke im Boden, ein Teil ist im Boden, und der andre Teil hat eine weißliche, gelbliche Farbe, und sie kriechen und bewegen sich hin und her und hängen aus dem Boden heraus. Ich habe keine Jahreszeiten. /L: Sie sagen, einige Ihrer Wurzeln hängen aus der Erde heraus?/ Ja, aus der Erde heraus. Es ist, als wäre die Erde von mir weggebrochen, die Hälfte davon. /L: Sie gestikulieren mit der rechten Seite./ Ach ja, mit der rechten Seite, und die andre Seite hat gute Erde. Und die Wurzeln sind herausgekommen. Die, die noch im Boden stekken, die sehe ich nicht, nur die, die herausgekommen sind, die kriechen und bewegen sich hin und her. /L: Haben Sie irgendein Gefühl davon, von diesen herausstehenden Wurzeln?/ Ich – ich – sie bewegen sich in der Luft herum. Wenn ich sie sehe, ist es, als wollten sie greifen, aber so empfinde ich es nicht, nur, daß sie sich bewegen. Und es ist alles schwarz um mich herum, ausgenommen das kleine Stück Boden, worin die Wurzeln wachsen. Ich bin – ich habe nichts, was mich umgibt, nur dies Stück Boden. Es ist furchtbar schwer, ein Rosenbusch zu sein, ich bin es überdrüssig, es immer zu versuchen und dort zu bleiben und ein Rosenbusch zu sein. Gerne würde ich lächeln und glücklich sein. Und deshalb werde ich – ich werde mich verschwinden lassen, und dann liege ich einfach dort.

15 (M) Ich bin ein schöner wohlgestalter Busch, sehr wohlgestalt. Ich bin schon eine ganze Weile hier. Ich kann alles überblicken. Ich kann nach vorn und nach hinten sehen, eigentlich nach überall hin. Eine Kinderschar in der Nachbarschaft spielt Ball, kleine Kinder, und der Ball verfängt sich in mir. Und ich steche die Kinder, jawohl, ich steche sie. Vielen Kindern wurde ich überdrüssig, sie nahmen einen Strick, banden ihn um meine Äste und zogen mich heraus. Aber sie erwischten

mich nicht ganz. Sie ließen einen Teil von mir im Boden, und nun wachse ich wieder.

16 (W) Ich bin ein sehr zäher, knorriger alter Rosenbusch und wachse einsam in der Wüste. Der Boden ist sehr felsig und sandig, und meine Wurzeln sind stark und widerstandsfähig, sie reichen tief hinunter, um Feuchtigkeit zu finden – nichts kann mich herausreißen. Oberhalb des Bodens bin ich im ganzen kurz gewachsen, mit sehr dircken, knorrigen Zweigen. Gleich nach einem Regen strecke ich für kurze Zeit ein paar Blätter heraus, dann kommen die Tiere und knabbern sie ab. Meine knorrigen Zweige sind davor sicher, sie sind zu holzig, um gefressen zu werden.

17 (M) Ich bin ein Rosenbusch im Garten und bin an einem Spalier an der Seitenwand des Hauses aufgebunden. Ich fühle mich ganz verzerrt – alle meine Zweige sind an diesem Gitter befestigt, ich fühle mich abgebunden und verzerrt. Wenn meine Triebe noch jung sind, bindet sie jemand gleich zu diesem Spalier hinunter, und dann muß ich unnatürlich wachsen. Weiter unten zu meiner Rechten mitten auf dem Rasen steht ein Rosenbäumchen, das ist nicht so angebunden wie ich. Es ist mit Blüten übersät, und ich beneide diese andre Rose und ihre Freiheit, so zu wachsen. Ich brenne vor Neid und möchte loskommen.

Diese Auswahl von siebzehn Antworten stellt ein weites Feld von Erlebnissen vor. In den Anweisungen werden Sie gebeten, in der Phantasie ein Rosenbusch zu werden und Ihre Existenz als solcher zu erforschen. Die Verschiedenartigkeit der Antworten auf dieselben Anweisungen sollte selbst den Skeptiker überzeugen, daß das, was ein Mensch in seiner Phantasie erlebt, nicht völlig von den Anweisungen festgelegt ist. Im Gegenteil, was ein Mensch erlebt, hat *viel* mehr damit zu tun, was er ist und wie er seine Existenz erlebt.

Selbst wenn mehrere Menschen ähnliche Ereignisse in der Phantasie erleben, können ihre Antworten darauf doch gänzlich verschieden sein. Mehrere Personen ließen ihre Blüten in der Phantasie pflücken, aber die Weise, wie sie »dieses selbe« Ereignis empfanden, war sehr verschieden. Die einen waren erfreut und befriedigt, ihre Rosen mit andern teilen zu können, die anderen empfanden Traurigkeit oder Widerwillen, und eine Person empfand einen Horror, weil ihre einzige Rose von einer verstümmelten Hand abgepflückt wurde. Wie erlebt ein Mensch seine

Dornen? Der eine freut sich, Kinder stechen zu können, der andere braucht sie zu seinem Schutz, zwei Menschen empfinden wenig, einer kann die Dornen nicht leiden, ein andrer fühlt Abscheu vor den häßlichen Dornen, und wieder andre haben entweder keine Dornen oder nehmen nicht wahr, daß sie welche haben. Für das Erleben eines Menschen läßt sich keine »symbolische Bedeutung« standardisieren. Wollte man anhand eines Symbol-Lexikons symbolische Bedeutungen anfügen, ergäbe das allenfalls ein fruchtloses intellektuelles Spiel.

Aber wenn Sie mir im einzelnen erzählen, *was* Sie erleben und auch, *wie* Sie es erleben, dann kann ich das Erlebnis mit Ihnen teilen und kann anfangen zu verstehen, wie Sie Ihr Leben empfinden. Man braucht keine Führung durch einen »Experten«, um ein andres menschliches Wesen zu verstehen; was man dazu braucht, ist Sensitivität und Offensein für sein Erleben.

Ich werde nun auf einige Aspekte dieser Antworten hinweisen und verschiedene Antworten vergleichen. Während ich mir dies überlege, kommt mir die Besorgnis, daß Sie, der Leser, sofort anfangen werden, irgendwelche »schlimme« Erlebnisse, die Sie haben, absichtlich in »gute« umzuwandeln. Damit manipulieren Sie Ihre Phantasien, genau so, wie Sie Ihr Leben manipulieren. Wenn Sie unerfreuliche Erlebnisse haben, wird jeder Versuch, sie auszuklammern oder sie zuzudecken, die Unerfreulichkeiten vermehren. Jim Simkin liefert hierzu einen ausgezeichneten Vergleich. Werden italienische Lasagne (breite Nudeln) mit Knoblauch feinverteilt gewürzt, so gibt der Knoblauch einen feinen Geschmack zu dem Gericht. Wenn man aber den Knoblauch für sich und nur mit dem letzten Bissen ißt, schmeckt er sehr schlecht und widerlich. Je länger Sie in Ihrem Leben den Knoblauch vermeiden, desto schlechter wird Ihnen der letzte Bissen schmecken. Z. B. vermeiden viele Menschen, ihren Ärger zu erleben und auszudrücken, weil Ärger zersetzend und manchmal destruktiv ist. So staut sich ihr Ärger an, bis irgend etwas eine Explosion und Zerstörung auslöst. Ärger ist nicht unbedingt gewalttätig und destruktiv; er kann eine Hilfe im Leben sein. Er kann ein angemessener Ausdruck meiner Reaktion auf wirkliche Beleidigung oder Mißhandlung sein, oder eine unangemessene Reakion auf eingebildete Beleidigungen. Was auch seine Ursache sein mag, er existiert und wird solange ein Hindernis in Ihrem Leben sein, als Sie nicht bereit sind, ihm Ausdruck zu geben. Ergründen Sie ihn und nehmen Sie ihn ganz tief wahr und assimilieren Sie ihn in

Ihr Erleben. Was Sie in einer Phantasie erleben, ist eine Tatsache, eine Tatsache, die respektiert und tiefer erforscht werden muß, wenn sie Ihnen nützlich sein soll. Um etwas zu respektieren, müssen Sie willens sein, es so sein zu lassen, wie es ist, und Sie müssen es voll wahrnehmen – die ursprüngliche Bedeutung von »Respekt« ist »etwas anschauen«. Ich hoffe, daß meine Vergleiche der Antworten und meine Hinweise auf gewisse Aspekte Ihnen helfen werden, die Antworten im einzelnen gründlicher zu erfassen. Dann können Sie empfindlicher werden für Ihre eignen und andrer Menschen Erlebnisse, und besonders werden Sie dann die Vermeidungen deutlicher wahrnehmen, denn diese lassen weder Wahrnehmung zu noch Respekt.

Ich möchte mit zwei sehr verschiedenen Antworten beginnen. Lesen Sie bitte die Antworten 10 und 13 noch einmal, und vergleichen Sie sie. Antwort Nr. 10 ist ein Alptraum mit viel Häßlichem, Abscheu, Haß und Verstümmelung, und weithin ohne Wahrnehmung. Sie nimmt nur drei dornige Zweige zu ihrer Rechten wahr, und das Übrige ihrer Existenz ist Leere und Abwesenheit von Wahrnehmung. Sie kann das Übrige ihrer selbst nicht sehen, sie kann ihre Wurzeln oder irgendeine Nahrung nicht fühlen, und sogar die verstümmelte Hand fühlt keinen Schmerz. Die einzige Beziehung zur Umwelt ist diese Hand. Mit diesen starken Gefühlen von Häßlichkeit und Haß ist auch eine starke Neigung zu Wiederholung und Stagnation verbunden. Die körperlose, verstümmelte Hand pflückt wiederholt die Blüte, die Knospen blühen nie, und die Frau sagt: »Es gibt keine Jahreszeiten, das Wetter ändert sich nie, es ist einfach immer dasselbe.«

Antwort Nr. 13 ist fast genau das Gegenteil. Anstelle von Häßlichkeit, Haß, Wahrnehmungslosigkeit und Stagnation ist hier Schönheit, Wärme, volle Wahrnehmung, Wachstum und Verwandlung im Gange. Sie ist imstande, ihre Wurzeln zu sehen *und* zu fühlen, und sie kann die Nahrung, die durch den Boden in ihre Wurzeln und durch die Zweige in ihre Blüten fließt, fühlen *und* schmecken. Der Boden, auf dem sie wächst, ernährt sie, und sie nährt auch andre Wesen, sie teilt freimütig aus und gibt: den Bienen, die Honig holen, und den Menschen, die ihre Blüten pflücken. Sogar der herankommende Winter mit Frost, Regen und sehr starkem Wind ist erfreulich und nährend – keine gefährliche Bedrohung. In der Unfähigkeit, sich fort zu bewegen, wie es die Bienen tun, liegt für sie ein Gefühl des Gehaltenseins, ja, sie hat sogar das Gefühl der Teilhabe auch an dieser Möglichkeit der Bewegung. Die ganze Lebenskraft dieser Frau steht dem Wachsen, dem Leben, der gegenseitigen Einflußnahme zur Verfügung, und dem Annehmen ihrer Umwelt. Die Antwort Nr. 10 zeigt einen Menschen, dessen Lebenskraft weithin in stagnierendem Konflikt und in der Umgehung der lebendigen Anforderungen blockiert ist. Wenn sie mit ihren gegensätzlichen Energien richtig in Fühlung kommen könnte, würde die Stagnation sich in Bewegung auflösen und ihre Knospen würden anfangen zu blühen.

Aspekte des Erlebens Es gibt sehr viele Aspekte des Erlebens. Eine Enzyklopädie solcher Aspekte wäre von ungeheurem Ausmaß – und auch ungeheuer langweilig. Ich möchte einige wichtige Aspekte erwähnen und einige Beispiele geben, um Ihnen einige Ideen zu vermitteln, worauf zu achten ist, und wie Sie Ihre eigne Sensitivität weiter entwikkeln können.

Verdrängungen, Mangel an Wahrnehmung. In der Antwort 10 ist der Mangel an Wahrnehmung offensichtlich. Nicht so ersichtlich ist er in Antwort 1, die auch erfreulich ist, aber keine körperlichen Empfindungen oder Emotionen ausdrückt. Sie ist im wesentlichen ein visuelles Erlebnis und viel flacher als Antwort 13, die Empfindungen von Berührung, Wärme, Geschmack und Bewegung einschließt.

Verwandlung bzw. Stagnation. Die Wandlungsfähigkeit und das Wachstum in 13 und die Wiederholung und Stagnation in 10 wurden schon erwähnt. In 7 finden wir auch eine gewisse Wiederholung: wenn die Rose immer wieder versucht, über den Zaun zu gelangen und zurückfällt, wenn der Winter kommt.

Selbsthilfe bzw. von außen. Ein gutes Beispiel von Selbsthilfe gibt 13. Hier fehlt jeder Hinweis auf irgendeine Hilfestellung von außen. Sie hilft sich selber und leistet sogar noch Beistand: den Bienen und auch den Menschen, die ihre Blüten pflücken. Im Gegensatz dazu nimmt 11 die großmütterliche Hilfe an: »Sie hat immer für mich gesorgt.« In 2 wird die Hilfestellung von außen durch das Gewächshaus und jene fürsorgliche Frau geleistet. Die Dornen geben Selbsthilfe gegen große Tiere, aber nicht gegen kleine.

Umweltbeziehung. In 13 wird eine gesunde, wachsende, freudige und schöpferische gegenseitige Einflußnahme beschrieben. Antwort 16 zeigt eine Frau, die auch Selbsthilfe leistet, es aber dabei sehr schwer hat. Sie verbraucht alle Lebenskraft im Kampf gegen die Umwelt: sie klammert sich an, sie sucht nach Feuchtigkeit, sie bringt zähe, holzige Zweige hervor, die die Tiere nicht abfressen können. Keine Energie bleibt zur Hervorbringung von Blättern oder fröhlichen Blüten übrig. In dieser Hinsicht ist 6 ein Mittelding zwischen 13 und 16.

Schranken und Behinderungen. In zwei Antworten sind es Zäune, die verhindern, daß der Busch die volle Sonnenwärme erhält. Tiere, Käfer, Winterkälte, Stürme und Menschen, die pflücken und abschneiden usw.: lauter Frustrationen, die hier und in andern Fällen erlitten werden oder denen widerstanden wird.

Gefühlsbetonte Gesamtstimmung. In 17 ist von Anstrengung und Neid die Rede, in 15 von höhnischer Überlegenheit, in 5 herrschen Traurigkeit und Warten, in 11 Entzücken und in 7 Frustration und Ungenügen vor.

Das Maß der Hingabe an eine Phantasie. Es ist sehr wichtig, bis zu welchem Grade ein Mensch den Willen hat, sich auf ein Erlebnis der Phantasie einzulassen, und dann, inwieweit er es sich zu eigen machen kann, indem er es in Worte faßt, und zwar in der ersten Person Präsens. Hierin liegt das Maß für die Bereitwilligkeit eines Menschen, mit seiner Existenz Kontakt zu bekommen und sich selbst zu erleben. In 10 ist die Frau bereit, Häßlichkeit und Abscheu, die sie empfindet, zu erleben und darüber zu berichten, als über sich selbst und ihre Existenz. Im Gegensatz dazu zeigt Antwort Nr. 1 wenig gefühlsmäßige Anteilnahme, obwohl sie verhältnismäßig Erfreuliches und nichts Bedrohliches berichtet.

In Antwort Nr. 9 bleibt die Anteilnahme gut, solange das Erlebnis noch angenehm ist, aber als die Rose gepflückt und ins Haus gebracht wird, mag sie das nicht und sagt: »Hier hab ich aufgehört.« In 14 kämpft die Frau darum, sich mit Unbehagen und Frustration zu identifizieren, aber im wesentlichen bleibt es ein visuelles Erlebnis. Dann wünscht sie sich, zu »lächeln und glücklich zu sein« und läßt den Rosenbusch verschwinden. Viele berichten in der Vergangenheitsform und distanzieren sich dadurch von sich selbst und ihrem Erlebnis; außerdem identifizieren sie sich nicht mit ihm, weil sie nicht »ich« sagen. Wenn ich »es war« sage, so spreche ich über etwas »dort draußen«, das im Abstand von mir liegt, in Raum und Zeit.

Diese Art von Phantasie ist sehr nützlich, um verdrängte Gefühle und Erlebnisse zurückzurufen, aber sehr wenige Menschen können mit solch tiefliegenden Gefühlen schnell in Fühlung kommen. Manchmal werden in der Phantasie Dinge von großer Schönheit und Kraft wiederentdeckt. Aber meistens ist das, was vermieden und verdrängt wurde, unerfreulich und erschreckend. Wenn eine Phantasie von Nutzen für Sie sein soll, müssen Sie den Willen haben, sich ganz einzubringen und ihr ohne Manipulation freien Lauf zu lassen. Es ist möglich, Abstand von der Phantasie zu halten, aber die Folge ist dann ein nur flaches, visuelles Erlebnis, das sich leicht umwandeln läßt, sobald es unerfreulich wird. Wenn Sie so verfahren, machen Sie sich bitte klar, daß Sie nicht willens sind, Ihre Existenz wirklich zu erleben, und daß Sie lieber am Bild Ihrer selbst hängen bleiben, als daß Sie es fahren lassen und entdecken, wie Ihr Leben in Wahrheit aussieht. Es kann vorkommen, daß Sie vielleicht mit einer Phantasie beginnen und sich dazu ein gut Teil an Kontrolle und Lenkung vornehmen, aber die Phantasie vertieft sich allmählich und gewinnt ein von Ihrem Eingreifen unabhängiges Eigenleben.

Für viele Menschen fängt eine Phantasie erfreulich an, und erst, wenn sie sich vertieft, erscheinen die unerfreulichen Aspekte. Wenn es Ihnen mißlingt, etwas Unangenehmes in etwas Angenehmeres zu verwandeln, so ist dies ein gutes Zeichen dafür, daß Sie der Phantasie genug Raum zur selbständigen Entwicklung lassen, die frei von Ihren Versuchen bleibt, sie zu steuern und zu manipulieren. Nur wenige Menschen haben in ihren Phantasien Erlebnisse von großer Kraft und Schönheit; die meisten werden, wenn sie ehrlich sind, auch Unschönes oder Bedrohliches entdecken. Wenn diese Mißhelligkeit voll erlebt wird, kann auch sie zu einer Art Schönheit und Kraft erblühen. Aber sobald etwas Unangenehmes sich entwickelt, wollen die meisten Menschen ihm entgehen und wenden sich ab.

Eben dieses Vermeiden von Unangenehmem trennt mich von gewissen Gebieten meines Erlebens ab und vermindert meine Wahrnehmungsfähigkeit. Um Verstehen und Wahrnehmung wieder zu beleben, muß ich den Willen haben, mit jenen verdunkelten Gebieten Kontakt aufzunehmen und sie neu zu entdecken. Es wäre sehr bequem, die Mißhelligkeiten einfach dadurch auszumerzen, daß ich sie umgehe, aber das ist selten – wahrscheinlich niemals – möglich. Möglich ist höchstens, daß ich die Wahrnehmung der unangenehmen Erlebnisse reduziere und so meine Schwierigkeiten durch zusätzliche Konfusion vermehre. Wenn ich eine heikle Situation umgehe, werden nagende Zweifel, undeutliches Unbehagen, ein Gefühl der Schwäche usw. mich solange quälen, bis ich mich der Situation stelle. Es ist wie bei unbehandelten Zahnschmerzen: Ängste und Beschwerden steigern sich, wenn sie nicht erkannt und ausgeräumt werden. Der einzige Weg, mit Unannehmlichkeiten fertig zu werden, ist, sie voll zu erleben, sie zu verstehen und dann dementsprechend zu handeln. Meine Bereitschaft, sie ganz zu erleiden, wird auf mancherlei Art belohnt, z. B. dadurch, daß meine Wahrnehmungsfähigkeit und mein Verständnis wachsen, daß ein Gefühl von Kraft und Freiheit mich erfüllt. Außerdem wird die Energie, die ich mit jenem Versteckspiel verbrauchte, jetzt frei für nützlichere Aufgaben.

Wenn Sie also in der Phantasie oder in Ihrem Leben ein Gebiet entdekken, das Ihnen Unbehagen verursacht, dann machen Sie sich klar, daß hier eine ungenutzte Hilfsquelle liegt, eine Quelle der Kraft und Freiheit; sie kann aber nur wirksam werden, wenn Sie gewillt sind, sich der Situation zu stellen und sie völlig zu akzeptieren, auch wenn es Ihnen Schmerzen bereitet. Solange Sie etwas Unangenehmes ausklammern, wird es Ihr Leben weiterhin beeinträchtigen und Macht über Sie ausüben. Wenn Sie aber bereit sind, der Mißhelligkeit jetzt zu begegnen und sie anzunehmen, kann aus diesem Erlebnis etwas erwachsen und sich entwickeln, und Sie können sich dadurch ergänzen und lebendiger werden.

In einem Seminar, das ich besuchte, gab mir eine Studentin unumwunden zu verstehen, ihr mißfalle mein braunes Hemd. In ihrer Stimme schwang eine so starke Emotion mit, daß ich sie bat, mehr über mein Hemd zu sagen, und was ihr daran so mißfalle. »Es ist schlimm und bedrückend und erinnert mich an die Beerdigung meines Vaters.« Es war klar: ihr Gefühl war noch stark mit ihrem Vater und seinem Tod beschäftigt, aber sie war noch nicht imstande, das Gefühl zu akzeptieren und es auszudrücken. Diese unangenommenen Gefühle drängen nach Manifestation und treten in unsrer Umwelt zutage. Das Mädchen findet mein Hemd schlimm und bedrückend und merkt nicht, wie schlimm und bedrückend sie selber mit sich dran ist. Diese Art der Verlegung nach außen nennt man *Projektion.* Was wir in unsrer Umgebung »sehen«, ist oft ein Teil unsres eignen, verdrängten Erlebens. Wenn dies Mädchen ihre Gefühle annimmt und verarbeitet, wird sie mein Hemd so sehen können, wie es ist, und nicht als willkommene Ablage für ihre unausgesprochenen Gefühle.

Ich habe Sie gebeten, in diesen Identifikationsübungen den Prozeß von Verdrängung und Projektion zu verstärken und zu vertiefen, und ihn dann umzukehren, indem Sie sich mit der eignen Projektion identifizieren. Wenn Sie wahrnehmen können, wie Sie ihr Erlebnis verdrängen, ist es relativ einfach, den Prozeß durch Identifikation in umgekehrter Richtung wahrzunehmen. Wenn Sie gewillt sind, diese Art der Selbst-Korrektur in Ihrem Alltagsleben zu üben, können Sie bewußter in der realen Welt der Wahrnehmung leben statt in der Verwirrung Ihrer Phantasien. Wenn Sie sich einbilden, jemand sei böse auf Sie, versuchen Sie, es umzukehren (»Ich bin böse auf ihn«) und sich damit wirklich zu identifizieren. Versuchen Sie herauszufinden, warum Sie ihm böse sind, was Sie an ihm nicht mögen usw. Oder: Sie haben den Wunsch, jemandem zu helfen. Kehren Sie es um: »Ich möchte, daß du mir hilfst«, und erforschen Sie nun, was Sie von ihm als Hilfeleistung erwarten. Üben Sie diese Umkehrungen. Wenn möglich, üben Sie sie mit einer Gruppe von 5–7 Personen, so daß Sie Ihre Erfahrungen austauschen und von den Erlebnissen der anderen lernen können.

Identifikation in der Umkehrung Legen Sie sich bequem hin... Schließen Sie die Augen und entspannen Sie... Achten Sie auf jede Spannung... Versuchen Sie, sie zu beheben, oder verbessern Sie Ihre Lage... Richten Sie Ihre Aufmerksamkeit auf das Atmen und seien Sie entspannt, während ich zu Ihnen spreche... Wir alle neigen dazu, uns ein Bild davon zu machen, wie die Dinge »wirklich sind«, und ein Bild davon, wer und was wir sind. Dies Bild unserer selbst mag einigermaßen stimmen, aber es ist eine Phantasie. Immer gibt es gewisse Seiten an uns, die nicht zu diesem Bild passen. Wenn wir an dem Bild festhängen, schränken wir uns ein und betäuben uns, wir hindern uns selber daran, die unbewußten und verdrängten Teile unsres Erlebens zu entdecken. Wenn Sie auch nur ein wenig von Ihrer Vorstellung von sich selbst fahren lassen könnten, hätten Sie eine Chance, mehr von Ihrem wirklichen, momentanen Erleben zu entdecken.

Als nächstes möchte ich Ihnen zeigen, wie Sie das Erleben von Teilen Ihrer Welt und das Erleben Ihrer selbst umkehren können. Es ist dies eine Möglichkeit, einige Ihrer bindenden Vorurteile über die Wirklichkeit loszuwerden. Es kann sogar eine Hilfe werden, neue Wege sinnvollen Seins und Verhaltens zu finden und Dinge an sich selbst zu entdecken, die man gewöhnlich nicht wahrnimmt. Wenn auch sonst nichts dabei herauskommt, so kann doch diese Übung eine interessante Art sein, sich die Zeit zu vertreiben, wenn man Langeweile hat.

Atmen Richten Sie Ihre Aufmerksamkeit auf Ihr Atmen... Gewahren Sie alle Einzelheiten... wie die Luft durch Nase oder Mund einströmt... wie sie durch den Hals in die Lungen geht... achten Sie darauf, wie Ihr Brustkorb und Ihr Bauch sich ausdehnen und wieder zusammenziehen. Geben Sie acht, was Sie sonst noch beim Atmen im Körper erleben... Jetzt stellen Sie sich vor, daß die Luft Sie atmet, statt daß Sie die Luft atmen. Stellen Sie sich vor, daß die Luft sanft in Ihre Lungen geht... und langsam wieder herauskommt... Sie brauchen gar nichts zu tun, weil die Luft Ihr Atmen besorgt... Erleben Sie dies eine Zeitlang... und nun kehren Sie zurück...

Geschlecht Bitte stellen Sie sich vor, daß Ihr Geschlecht wechselt. Wenn Sie männlich sind, werden Sie nun weiblich und umgekehrt... Was ist der Unterschied in bzw. an Ihrem Körper?... Nehmen Sie diesen neuen Körper richtig wahr, besonders die veränderten Körperteile... Wenn Sie dies nicht tun wollen, gut, aber sagen Sie nicht zu sich selbst: »Das kann ich nicht«, sondern sagen Sie: »Das will ich nicht« und fügen Sie die Worte an, die Ihnen zunächst einfallen. Dabei mag Ihnen eine Idee darüber kommen, was Sie vermeiden, wenn Sie die Übung nicht machen wollen... Wie fühlen Sie sich im neuen Körper?... Worin wird sich Ihr Leben nun ändern?... Was werden Sie nach der Veränderung jetzt anders machen?... Wie ist Ihnen bei all diesen Verwandlungen zumute?... Setzen Sie die Übung fort... Jetzt kehren Sie in Ihren eignen Körper und zum eignen Geschlecht zurück und nehmen Sie Fühlung mit Ihrem Körper auf... Vergleichen Sie im stillen das Erlebnis der beiden Seinsformen... Haben Sie in der andern Gestalt etwas erlebt, das jetzt verschwunden ist?... Waren jene Erlebnisse erfreulich oder nicht?... Erforschen Sie dies noch eine Zeitlang...

Rasse Jetzt stellen Sie sich vor, daß Sie eine andre Hautfarbe haben: wenn Sie farbig oder schwarz sind, sind Sie jetzt ein Weißer... und umgekehrt... Nehmen Sie Ihren neuen Körper richtig wahr... Inwiefern ist er jetzt anders?... Wie fühlen Sie sich darin?... Inwiefern wird sich Ihr Leben mit der veränderten Hautfarbe ändern?... Wie ist Ihnen bei dieser Verwandlung zumute?... Erforschen Sie Ihre neue Existenz eine Zeitlang...

Nun wechseln Sie zu Ihrer eignen Hautfarbe und zu Ihrem eignen

Körper zurück. Vergleichen Sie im stillen den Eindruck, Sie selbst zu sein, mit dem, eine andre Hautfarbe zu haben ... Welche Unterschiede stellen Sie fest, und wie haben Sie sich in beiden Situationen gefühlt? ...

Selbst-Gewähltes Bitte versuchen Sie, ein typisches Vorkommnis Ihres Lebens umzukehren. Wählen Sie nach Belieben – Geschirrspülen oder Einkaufen zum Beispiel, und stellen Sie zuerst die Abfolge der Ereignisse fest, wie Sie sie erleben ... und nun kehren Sie die gewohnte Reihenfolge um. Bleiben Sie eine Weile dabei und sehen Sie zu, was Sie dabei entdecken können ...

Gleich werde ich Sie alle bitten, die Augen zu öffnen und den anderen Gruppenteilnehmern über die Erlebnisse der Umkehrung zu berichten, und zwar in der ersten Person Gegenwart, so, als würde es eben geschehen: »In der Umkehrung meines Geschlechts empfinde ich mich sanft und zärtlich wie ein Mädchen –« oder etwas andres, das Sie erleben. Bleiben Sie etwa zehn Minuten lang beim Austausch dieser Erfahrungen ...

Wenn wir unsre gewöhnliche Denkweise umkehren, sagen wir: »Vielleicht sind diese oder jene Dinge und Ereignisse in der Welt tatsächlich die Umkehrung dessen, wie ich sie sehe.« Das ist eine Möglichkeit, unsre Vorwegnahmen und Vorurteile zeitweilig auszuschalten und zu untersuchen, ob eine andre Weltsicht etwa zutreffender wäre. Jedes Bild, jede Voreingenommenheit schränkt unser Erleben ein, weil es uns vorzeitig sagt, was wir erleben werden und was nicht. Dies gilt insbesondere dann, wenn es sich um das Bild meiner selbst handelt. Zum Beispiel, wenn ich meine, ich sei stark und widerstandsfähig, und nur Frauen seien sanft und liebevoll, dann muß ich jede Schwäche, die ich habe, jede Wärme, jedes weiche Gefühl verleugnen. Wenn ich bereit bin, mein Bild zeitweilig aufzugeben, die Rolle vertausche und nun in der Phantasie eine Frau werde, erhalte ich *mein Bild*, wie eine Frau sei. Dies Bild läßt Schwäche und Sanftheit zu. Daher kann ich nun – als Frau – meine eignen wirklichen Gefühle von Schwäche und Sanftheit erleben, die ich mir vorher nicht gestattete, weil sie sich nicht mit dem Bild meiner selbst deckten. Verschiedene Menschen haben verschiedene Bilder, daher werden sie jeweils verschiedene Umkehrungen vornehmen und in den Umkehrungen auch ganz verschiedene Gefühle haben. Jeder Mensch erlebt bis zu einem gewissen Grade fast täglich alle Gefühle und Emotionen, deren ein menschliches Wesen fähig ist. Die Umkehrungen sind ein Weg, Ihre momentanen Gefühle offenzulegen, die Sie aber nicht erleben, weil jene Bilder es nicht zulassen – ein Weg unter andern Wegen, den Kontakt mit Ihrem gegenwärtig sich ereignenden Erleben wiederzufinden und Ihr Potential als Persönlichkeit freizusetzen.

II. Kommunikation mit sich selbst

Im Gegensatz zur Auffassung dieses Buches sagen viele Psychologen, wie gesund es sei, ein starkes Ego, ein gutes Selbstbewußtsein, einen festen Charakter usw. zu entwickeln. Eine jede solche Vorstellung von mir selbst ist eine Phantasie, eine Idee. In dem Maße, als ich durch diese fixe Idee voreingenommen bin, verliere ich die Fühlung mit dem Fließen meines wirklichen, gegenwärtigen Erlebens. Bestenfalls wird ein starkes Bild meiner selbst aus mir einen lächerlich voraussagbaren, sozial nützlichen Automaten machen, einen Menschen, der sich mit einer *Idee,* die er von sich hat, identifiziert, anstatt mit der *Realität* seiner wirklichen Gefühle, Erlebnisse und Handlungen. Mein Leben wird gespalten zwischen »Bild« und Realität, zwischen dem, was ich zu sein meine und was ich bin.

Auf eine noch andre Weise werde ich aufgeteilt: sobald ich ein Ziel ansteuere, überfällt mich Angst vor dem Fehlschlag. Wenn ich den Eindruck eines netten jungen Mannes erwecken will, bekomme ich Angst, Sie könnten mich für einen Leichtfuß halten. Je mehr ich Ihre schlechte Meinung fürchte, desto mehr versuche ich, Sie vom Gegenteil zu überzeugen. Hoffnungen und Ängste nähren einander und wachsen aneinander, und diese beiden gegensätzlichen Phantasien entfernen mich immer weiter von der Realität meines augenblicklichen Erlebens.

Es ist möglich, die Kommunikation zwischen den beiden Bruchstücken meiner selbst wieder herzustellen, schrittweise meine »Bilder« abzubauen und den Kontakt zu meinem wahren Erleben und Reagieren wiederzugewinnen. Wenn ich im soliden Kontakt mit der Realität und im lebendigen Fluß der wirklichen Sachverhalte stehe, brauche ich kein »Selbstbewußtsein« und kein »starkes Ego«, um zu erfahren, wer ich bin und was ich tun »sollte«. So etwa sagt es auch die Lehre des Zen vom »Nicht-Selbst«. Wenn mein Sinn leer ist von Bildern, Ideen, Absichten, Vorurteilen und Forderungen, dann – und nur dann – kann ich in Fühlung mit meinem wirklichen Welterleben sein, ausgewogen und zentriert im gegenwärtigen Augenblick meines Fühlens und Reagierens.

Wenn ich mein Erleben voll wahrnehmen soll, muß ich es voll annehmen, so wie es ist. Irgendwelche Forderungen, die von mir selbst oder anderen an mich gestellt werden, ich solle anders sein, als ich bin, reduzieren meinen Kontakt mit dem, was ich wirklich erlebe. So beginnt die Verfälschung meines Lebens, die darin besteht, daß ich anders handle, als mein Gefühl mir sagt, und daß ich Rollen spiele. So versuche ich etwa, netter oder härter zu sein, als ich bin, nur, um auf andre Eindruck zu machen. Oder vielleicht erwartet die »Gesellschaft«, daß ich härter oder sanfter handeln soll, als es meinem Gefühl entspricht, oder, daß ich sexuell aktiver oder weniger aktiv sein solle, als ich mag.

Die nächste Übung gibt Ihnen Gelegenheit, einige jener Anforderungen wahrzunehmen, die Sie selbst sich auferlegen, und zu erkennen, wie gespalten Sie sich vorfinden zwischen dem, was Sie sind und dem, was Sie von sich verlangen. Wenn möglich, üben Sie in kleinen Gruppen und bitten Sie jemanden, Ihnen die Anweisungen vorzulesen. Andernfalls lesen Sie die Anweisungen ganz durch und versuchen Sie, die Übung für sich allein zu machen.

Forderung und Reaktion (überlegen-unterlegen) Setzen Sie sich bequem hin und schließen Sie die Augen ... Stellen Sie sich vor, daß Sie sich selbst gegenüber sitzen und sich ansehen ... Machen Sie sich eine Art visuelles Bild von sich selbst, vielleicht so, wie ein Spiegel es zurückwirft ... Wie sitzt dies Gebilde? ... Was hat es an? ... Was für einen Gesichtsausdruck erkennen Sie? ...

Nun kritisieren Sie im stillen dies Bild Ihrer selbst, so, als sprächen Sie zu einem anderen Menschen. (Wenn Sie die Übung allein machen, sprechen Sie laut.) Erzählen Sie sich selbst, was Sie tun und was Sie lassen sollten ... Beginnen Sie jeden Satz mit den Worten: »Du solltest –«, »Du solltest nicht –« oder mit ähnlichem ... Zählen Sie alles auf, was zu kritisieren ist ... Horchen Sie auf Ihre Stimme. Wie klingt sie? ... Wie fühlen Sie sich körperlich bei dieser Übung? ...

Jetzt stellen Sie sich vor, daß Sie mit dem Bild den Platz tauschen. Werden Sie nun das Bild und beantworten Sie im stillen die kritisierten

Punkte... Was antworten Sie darauf?... Was drückt der Ton Ihrer Stimme aus?... Wie ist Ihnen zumute, während Sie so antworten?...

Tauschen Sie die Rollen und seien Sie wieder der Kritiker. Nehmen Sie während des inneren Dialogs wahr, was Sie sagen und auch, wie Sie es sagen – Ihre Worte, den Klang Ihrer Stimme und so weiter... Unterbrechen Sie sich gelegentlich, um im Geist auf die eignen Worte zu horchen und sie zu erleben... Tauschen Sie die Rollen, wann Sie mögen, aber führen Sie den Dialog weiter. Beachten Sie alle Einzelheiten dessen, was in Ihnen vorgeht... wie Sie sich physisch in jeder Rolle fühlen... Worin unterscheiden sich die beiden Sprecher?... Reden Sie einander wirklich an oder vermeiden Sie den realen Kontakt oder die Konfrontation?... Hören Sie aufeinander im Gespräch oder ist es nur eine Sendung ohne Empfang?... Wie empfinden Sie den andern Sprecher, wenn Sie reden?... Sagen Sie ihm dies und achten Sie auf seine Antwort... Erkennen Sie in der Stimme, die Sie kritisiert und sagt: »Du solltest –« irgend jemanden, den Sie kennen?... Was nehmen Sie sonst noch in diesem Wechselspiel wahr?... Sprechen Sie es aus in dieser Unterhaltung... Dehnen Sie den Dialog noch um ein paar Minuten aus... Beobachten Sie irgendwelche Veränderungen, wenn Sie das Gespräch fortsetzen?...

Nun sitzen Sie ganz still und überdenken Sie den Dialog... Wenn Sie so zurückblicken, fällt Ihnen noch irgend etwas andres zu dieser Unterhaltung ein?...

Nach einer Minute werde ich Sie bitten, die Augen zu öffnen und zur Gruppe zurückzukehren. Ich bitte jeden von Ihnen, Ihre Erlebnisse der Gruppe mitzuteilen und dabei so weit als möglich ins einzelne zu gehen. Bitte sprechen Sie dabei *in der ersten Person Gegenwart, als geschähe es eben jetzt:* »Als der Kritiker fühle ich mich stark und ich sage: Du solltest nicht so dämlich sein, du solltest mehr arbeiten«, oder etwas ähnliches, das Ihrem Erleben entspricht. Öffnen Sie jetzt die Augen und fangen Sie an...

Wahrscheinlich haben Sie eine Art von Spaltung oder einen Konflikt empfunden, eine Aufteilung zwischen einem starken, kritischen, autoritativen Teil Ihrer selbst, der verlangt, daß Sie sich ändern, und einem schwächeren Teil, der sich entschuldigt, ausweicht, Ausreden sucht. Es ist, als wären Sie aufgeteilt in Eltern und Kind: die überlegenen Eltern, die immer versuchen, Sie zu etwas »Besserem« umzumodeln, und das unterlegene Kind, das diesen Versuchen immerfort ausweicht. Als Sie die kritisierende und fordernde Stimme hörten, wurden Sie vielleicht stark an die Stimme Ihres Vaters oder der Mutter erinnert, oder auch an die eines andern Menschen in Ihrem Leben, der Forderungen an Sie stellte – vielleicht war es Ihr Mann oder Ihre Frau, Ihr Vorgesetzter oder eine andre Autorität. Sollten Sie in diesem Dialog jemand Bestimmten erkennen, dann ist es wertvoll, den Dialog fortzusetzen, so, als sprächen Sie direkt zu diesem Menschen.

Gleichzeitig machen Sie sich bitte klar, daß alles, was Sie in diesem Dialog erleben, in Ihrem eignen Kopf geschieht. Ob Sie nun das Gespräch mit einem bestimmten Menschen oder mit »der Gesellschaft« führen – es geschieht in Ihrer eignen Vorstellungswelt. Wenn der andre hier spricht, so ist es nicht die »Gesellschaft« oder eine wirkliche Person, sondern Ihr Phantasiebild dieses anderen. Alles in diesem Dialog geschieht zwischen den verschiedenen Teilen Ihrer selbst. Wenn ein Konflikt im Zwiegespräch hervortritt, so ist es ein Konflikt zwischen den beiden Teilen Ihrer selbst, auch dann, wenn Sie den einen Teil verdrängen, nach außen verlagern und ihn »Gesellschaft«, »Mutter« oder »Vater« nennen. Gewöhnlich setzen wir voraus, daß unsre Probleme und Konflikte mit andern Menschen auszutragen seien, und versuchen, uns von ihren Forderungen zu befreien. Aber wir machen uns nicht klar, wieviel von solchen Konflikten in Wahrheit in *uns selber* liegt.

Nur, wenn ich mir selbst darüber klar bin, was ich fühle und was ich tun will, kann ich mich mit den realen Problemen der Welt auseinandersetzen. Wenn ich in einem Konflikt stehe, identifiziere ich mich teils mit eignen Gefühlen und Wünschen, teils mit Phantasien, die dieser Wahrnehmung zuwiderlaufen – Ideen darüber, was ich sein sollte, Katastrophenfurcht, Ängste, was die anderen tun werden und so weiter. Ich beziehe mich zu viel auf mich und beschäftige mich mehr mit mir selber als mit der realen Welt. Dementsprechend igle ich mich ein, werde autistisch und bin von den anderen isoliert. Meine Energie wird gespalten und steht in Opposition, so daß wenig Kraft übrig bleibt für die Auseinandersetzung mit der realen Welt. Wenn ich in äußere Konflikte gerate, bevor die inneren bereinigt sind, rufe ich in beiden Bereichen noch mehr Konflikte hervor.

Solange ich glaube, daß mein Konflikt sich nur auf jemanden oder auf etwas außerhalb meiner selbst bezieht, kann ich wenig dagegen machen, höchstens über ihn klagen oder versuchen, ihn aufzulösen. Wenn ich aber einsehe, daß vieles von dem Konflikt in mir selber liegt, kann ich etwas viel Wirksameres tun: die Verantwortung für die eignen Schwierigkeiten übernehmen und aufhören, meine Probleme der Umwelt anzulasten. Ich kann versuchen, mehr über diese verschiedenen und einander widersprechenden Teile meiner selbst zu entdecken, kann mich mit ihnen identifizieren und daraus lernen. Der erste Schritt ist, den autistischen Ablauf in meinem Inneren oder in meiner Phantasiewelt wahrzunehmen. Der nächste Schritt ist, den Ablauf nach außen zu leiten, so daß die autistische Beschäftigung mit mir selbst in eine tatkräftige Beziehung zum anderen verwandelt wird. Dadurch, daß ich diese Aktivität in die Welt umleite, wird sie klarer und detaillierter. In vielen Fällen werde ich herausfinden können, wohin diese Signale eigentlich zielen, oder woher sie tatsächlich kommen.

Horchen auf sich selbst »Ich sage mir –«, das hört man oft. Aber niemand sagt: »Ich höre mir selbst zu.« So horchen Sie bitte jetzt zur Abwechslung auf sich selber. Beginnen Sie damit, daß Sie die Aufmerksamkeit auf die Gedanken lenken, die in Ihrem Kopf herumgehen, und gehen Sie ihnen einfach nach ... Jetzt sprechen Sie die Gedanken aus, aber ganz leise, nur geflüstert, so daß die Worte nur eben grade über Ihre Lippen kommen ... jetzt etwas lauter ... bis zur Lautstärke Ihres normalen Sprechens ... Stellen Sie sich vor, daß Sie tatsächlich mit jemandem sprechen ... Sprechen Sie Ihre Gedanken aus und achten Sie darauf, was durch den Klang Ihrer Stimme vermittelt wird ... Wie klingt sie? ... Ist sie stark oder schwach, klar oder unklar, barsch oder sanft? Ist sie einsichtsvoll, klagend, ärgerlich, bittend? ... Erinnert die Stimme Sie an jemanden, den Sie kennen? ... An wen mögen die Worte gerichtet sein? ... Denken Sie sich jemanden, dem sie sie sagen. Stellen Sie sich vor, daß Sie es ihm tatsächlich sagen, und sehen Sie zu, ob die Worte hinpassen ... Wie ist Ihnen zumute, wenn Sie mit dieser Person sprechen? ... Antwortet die Person auf das, was Sie sagen? ... Nun verarbeiten Sie Ihr Erlebnis in der Stille ...

Der Wert dieser Übung liegt darin, daß Sie so tun, als sprächen Sie mit einem andern Menschen, obwohl Sie in Wirklichkeit mit sich selber sprechen. Während des Dialogs lockert sich Ihre autistische Haltung, das Ich nimmt Beziehung auf, und Sie gewinnen wieder mehr Kontakt mit der Welt und Ihrem eignen Erleben. Wenn Sie den Dialog

ausbauen, tritt jede Seite des Konflikts der andern Seite gegenüber, und das läßt ihn klarer werden.
Solche Gespräche können wirklich sehr hilfreich für Sie sein. Allerdings müssen Sie willens sein, das Unangenehme zu ertragen: daß die beiden Pole des Konflikts sich begegnen und aussprechen. Die Pole müssen bereit sein, miteinander konfrontiert zu werden, sich gegenüber zu treten und sich ehrlich zu verständigen. Am besten ist es, wenn Sie eine Zeit oder einen Raum finden, wo Sie laut sprechen und auch Ihre körperliche Haltung und Ihre Bewegungen am Dialog beteiligen können. Der Ton der Stimme, der erhobene Zeigefinger, ein Stirnrunzeln, zusammengesackte Schultern usw. drücken oft mehr vom Geschehen aus als Worte. Nehmen Sie Ihr Gesamterlebnis wahr. Erst, wenn der Dialog nicht mehr aus bloßen Worten besteht, sondern Ihre wahren Gefühle und das ganze Erleben ausdrückt, und wenn Sie die volle Wahrnehmung davon erreichen, werden sich Verwandlung und Entwicklung ereignen.
Immer, wenn Sie einen Konflikt in sich selbst oder zwischen sich und einem Menschen oder in einer Situation wahrnehmen, können Sie diese Art von Phantasie-Dialog anwenden, um zwischen den widerstreitenden Teilen eine Verbindung herzustellen. In einer der vorigen Übungen handelte es sich um den Konflikt zwischen dem, was Sie sind und dem, was Sie »sein sollten«. Für die meisten Menschen gleicht diese Situation dem Widerstreit zwischen Eltern und Kind. Solange der Kampf um die Oberhand weitergeht – die Eltern predigend und drohend – das »Kind« sich rechtfertigend und ausweichend – wird sich nichts ändern. Wenn Sie sich aber wirklich mit beiden Konfliktspartnern identifizieren, können Sie schrittweise beide Seiten besser verstehen lernen. Im selben Maß, als Ihr Verständnis für beide wächst, wird sich die Beziehung zwischen ihnen vom Kampf und Ausweichmanöver zur Kontaktaufnahme und Kommunikation wandeln. Die beiden Seiten fangen an, aufeinander zu hören, voneinander zu lernen, und so wird der Konflikt abflauen und kann sich sogar auflösen.
Gewöhnlich sind wir unausgewogen, weil wir uns meist nur mit einer Seite des Konflikts identifizieren und unsern eignen Anteil an der andern Seite nicht sehen. Wenn beide Seiten sich klären, und wir uns mit beiden identifizieren, werden wir mehr Gleichgewicht und eine Mitte finden. Von diesem Zentrum aus können wir dann handeln, nicht mehr von nur einer Konfliktsseite aus. Die Lösung eines Konflikts

befreit die Energie, die im Kampf der widerstreitenden Seiten gebunden war, und diese Energie wird nun in verstärkter Vitalität und einem Gefühl von Klarheit, Stärke und Macht spürbar. *Solch ein Prozeß kann aber nicht forciert oder manipuliert werden.* Er geschieht *aus sich selbst heraus,* wenn Sie Ihre Hingabe und die Wahrnehmung beider Konfliktsseiten vertiefen.

Die Vergangenheit vergangen sein lassen Wir alle tragen Elemente unsrer Vergangenheit in Form von Erinnerungen mit uns herum. Unsre Erinnerungen sind *Bilder* und nicht die Ereignisse selbst, auch dann, wenn sie sehr genaue Umrisse von vergangenen Dingen und Vorgängen bewahren. Oft sind die Bilder und Phantasien, die wir Erinnerung nennen, sehr verschieden vom wirklich Geschehenen. Manche Menschen sind von der Vergangenheit so belastet und derart in Erinnerungen verstrickt, daß sie wenig Beziehung zur Gegenwart haben. Wenn Sie die Verstrickung in Ihre Erinnerungen vermindern wollen, können Sie genau so verfahren wie mit andern Phantasievorstellungen. Durch Identifikation und Dialog können Sie herausfinden, wieviel an Wahrnehmung in den Phantasien verborgen ist. Ihre Verstrickung hat aber eine Bedeutung für Sie, und bevor Sie sie lockern, werden Sie herausfinden müssen, *was* sie bedeutet, d. h. welches Bedürfnis in Ihnen durch die Erinnerung befriedigt wird.

Vielleicht entfliehen Sie einer unbefriedigenden Gegenwart in die Erinnerung an eine erfülltere Zeit. In diesem Falle können Sie ergründen, was Sie in Ihrem jetzigen Leben vermissen. Wenn Sie nun feststellen, daß die Befriedigung durch Erinnerungen nur ein blasser Ersatz ist für die Befriedigung in der Realität, dann können Sie hierin eine Herausforderung sehen und die Gegenwart anders und besser gestalten, anstatt sich in die Erinnerung zurückzuziehen.

Ist aber die Erinnerung unangenehm, dann liegt wahrscheinlich eine damals unerledigte Situation vor, in der Sie gezögert und sich nicht voll entfaltet haben. Versetzen Sie sich in jene Situation und entdecken Sie die unausgelebten Gefühle und Taten, lassen Sie zu, daß sie sich vervollständigen. Die nächste Übung möchte Ihnen zeigen, wie eine nicht ausgelebte Situation in Angriff genommen werden kann.

Ja-Nein-Situation Legen Sie sich ganz bequem auf den Rücken ... Schließen Sie die Augen und öffnen Sie sie erst wieder, wenn ich Sie

darum bitte ... Lockern Sie sich und nehmen Sie Fühlung auf mit Ihrem Körper ... Achten Sie auf jedes Unbehagen und legen Sie sich noch bequemer hin ...
Richten Sie Ihre Aufmerksamkeit auf das Atmen ... Ändert es sich, wenn Sie darauf achtgeben? ... Achten Sie darauf, ohne einzugreifen, und nehmen Sie es im einzelnen wahr ...
Stellen Sie sich Ihren Körper als einen Ballon vor, der sich beim Einatmen langsam füllt und sehr prall und steif wird, wenn Sie voll eingeatmet haben ... und dann langsam schlaff wird, wenn Sie ausatmen, so daß Sie ganz entlastet sind, wenn Ihre Lungen leer werden ... Wiederholen Sie dies drei- oder viermal ...
Jetzt nehmen Sie Ihr natürliches Atmen wahr ... und stellen Sie sich vor, daß jeder Atemzug etwas von der zurückgebliebenen Spannung aus Ihrem Körper hinausschwemmt ... so daß Sie mit jedem Atemzug noch freier werden ...
Nun erinnern Sie sich an eine bestimmte Situation, in der Sie »ja« sagten, aber eigentlich »nein« sagen wollten. Versuchen Sie, die Situation vor sich zu sehen, als geschähe alles jetzt ... Wo sind Sie? ... Wie ist Ihre Umgebung und wie ist Ihnen dort zumute? ... Wer ist bei Ihnen, und was wurde grade eben gesprochen? ... Versetzen Sie sich ganz in die Situation, rufen Sie sie ins Leben, als geschähe alles eben jetzt ...
Nun fassen Sie den Moment ins Auge, als Sie »ja« sagten. In was für einem Ton sagen Sie dies »ja«, und wie fühlen Sie sich dabei? ... Was für einen Vorteil hat es für Sie, »ja« zu sagen ... und was gewinnen Sie dabei? ... Was vermeiden oder verdrängen Sie, wenn Sie »ja« sagen? ... Wie ist Ihnen zumute, wenn Sie in dieser Situation »ja« sagen? ...
Gehen Sie jetzt zu dem Augenblick zurück, bevor Sie dies »ja« aussprachen ... Sagen Sie jetzt »nein« und fügen Sie etwas hinzu, was Sie vorher nicht ausgesprochen hatten ... In was für einem Ton sagen Sie dies »nein«, und wie ist Ihnen dabei zumute? ... Wie reagiert die andre Person auf Ihr »nein«? ... Wie fühlen Sie sich jetzt, und was antworten Sie diesem Menschen? ...
Wechseln Sie jetzt den Platz und werden Sie die andre Person, zu der Sie »nein« gesagt haben. Wer sind Sie als diese Person? ... Und wie fühlen Sie sich? ... Was sagen Sie als diese Person, und mit welcher Stimme sagen Sie es? ...

Jetzt werden Sie wieder Sie selbst. Setzen Sie das Gespräch fort ... Wie fühlen Sie sich jetzt als Sie selber, und inwiefern unterscheiden Sie dies Gefühl von dem vorigen, als Sie der andre waren? ... Fühlen Sie sich als Sie selbst stärker, oder als der andre? ... Sprechen Sie den anderen direkt an und erzählen Sie ihm, worin Sie sich von ihm unterscheiden ...

Werden Sie wieder der andre und setzen Sie den Dialog und die Beziehung fort. Versuchen Sie, sich ganz dem Erlebnis hinzugeben, jener andre zu sein ... Halten Sie den Dialog im Gange und wechseln Sie den Platz, sobald der andre zur Antwort ansetzt, so daß Sie immer identisch sind mit dem, der gerade spricht. ... Wie ist die Beziehung zwischen diesen beiden jetzt, streiten und diskutieren sie oder beginnt eine Kommunikation sich abzuzeichnen? ... Was nehmen Sie an Unausgesprochenem bei sich wahr – was halten Sie zurück? ... Sagen Sie, was Sie für- oder gegeneinander empfinden ... Sollte Ihnen dies zu schwer fallen, dann sagen Sie zumindest: »Ich verschweige noch immer –« und fügen Sie etwas über das Verschwiegene hinzu ... Führen Sie das Gespräch noch einige Minuten lang weiter. Vertiefen Sie sich noch mehr in das Erlebnis, diese beiden Personen zu sein, und erforschen Sie ihre Wechselbeziehung ... Nehmen Sie sich etwas Zeit, das Erlebnis zu verarbeiten ... Nach einigen Minuten werde ich Sie bitten, die Augen zu öffnen und Ihr Erlebnis der Gruppe mitzuteilen, in der ersten Person Präsens, als ereigne es sich eben jetzt. Z. B. »Ich sitze im Wohnzimmer und lese. Ich bin sehr müde. Meine Frau kommt herein und bittet mich, für sie in den Laden zu gehen usw.« Achten Sie besonders auf Ihr Gefühl, wenn Sie in dieser Situation beides sagen, »ja« und »nein«: welchen Vorteil hatten Sie beim Jasagen, welchen beim Neinsagen, und was haben Sie aus dem Dialog gelernt, nachdem Sie »nein« gesagt hatten? Öffnen Sie nun die Augen und tauschen Sie Ihre Erlebnisse mit der Gruppe aus ...

Das Ereignis, das in der Erinnerung an eine solche Situation auftaucht, ist deshalb unvergessen, weil es noch immer Energie an sich bindet. Beim Neu-Erleben in der Gegenwart durch Identifikation und Dialog können Sie das Unerledigte und Unausgesprochene erforschen. So werden Erlebnis und Energie, die gebunden waren, assimiliert. Es besteht eine wahre Parallele zwischen der Annahme eines Erlebnisses und dem Vorgang des Essens. Wenn Sie das Essen hinunterschlingen ohne gründlich zu kauen, sitzt es in Ihnen und plagt Sie, bis Sie es erbrechen oder verdauen. Bevor Sie die Nahrung verdauen und verarbeiten, ist die in ihr enthaltene Energie für Sie nicht verfügbar. Dasselbe gilt für jedes Ihrer Erlebnisse. Wahrscheinlich waren Sie nicht imstande, das Erlebnis des Jasagens ganz zu verdauen, weil Sie eigentlich »nein« sagen wollten. Aber hoffentlich haben Sie jetzt einige Erfahrung im Kauen und Verdauen gemacht. Sie können wiederholt zu dem oder jenem Erlebnis zurückkehren, bis Sie es wirklich durchgekaut, erlebt und verarbeitet haben.

Auch Ihr Verhalten gegenüber Bitten oder Erwartungen andrer Menschen können Sie an derselben Übung prüfen und verstehen lernen. Was geht in Ihnen vor, wenn Sie jemandem eine Bitte erfüllen, obwohl Sie es lieber nicht täten? Versuchen Sie zu ergründen, wie die Erfüllung sich für Sie selbst positiv oder negativ auswirkt. Machen Sie sich klar, was die Erfüllung Ihnen einbringen würde: Liebe, Beifall, Vermeidung eines Streites oder das Gefühl, »nett« oder »tüchtig« gewesen zu sein.

Manche Menschen bringen fast ihr ganzes Leben damit zu, anderen gefällig zu sein. Andere sagen immer nein, und wieder andere geben sich den Anschein, als wollten sie jede Bitte erfüllen, in Wahrheit aber tun sie es nicht. Die wenigsten machen sich klar, was hier in ihnen vorgeht. Wenn Sie aber genau wahrnehmen, was sich in Ihnen abspielt, wenn Sie gefällig sind, können Sie die in Ihnen widerstreitenden Kräfte durcharbeiten und sich klar werden, ob Sie in einer bestimmten Situation der Bitte entsprechen wollen oder nicht. Auf diese Weise werden Sie flexibler und gewinnen die Freiheit, der gegebenen Situation und Ihrem wahren Gefühl entsprechend zu handeln. Die Extreme sind: der Konformist, der immer und überall gefällig ist, und der Widerspenstige, der immer ablehnt. Beide sind gleichermaßen gefangen in der starren Reaktion gegen die von außen kommenden Forderungen der Eltern, der Gesellschaft usw. Der Konformist glaubt, er müsse das Verlangte immer ausführen, der Widerspenstige meint, er müsse um seiner »Freiheit« willen immer ablehnen. Genaue Wahrnehmung des eignen Gefangenseins kann wahre Freiheit bringen, wenn Sie sich mit der Kraft, die Sie den anderen geopfert haben, re-identifizieren, und diese Kraft ermöglicht Ihnen nun, ehrlich und direkt zu reagieren ohne das Bedürfnis nach Hilfe, Beifall oder Erlaubnis, die von außen kommen.

Die meisten von uns hängen immer noch an den Eltern oder anderen

maßgebenden Personen unsres Lebens – oft sogar noch nach deren Tode – und bitten um Einverständnis und Hilfe, obwohl wir schon längst selbständig entscheiden könnten. Zwischen den Eltern und fast allen von uns stehen viele unerledigte Situationen und viele Regungen, die wir ihnen gegenüber nicht ausgesprochen haben. Diese kleinen Teilchen unsrer Lebensgeschichte bedrücken uns und stören unser Dasein. Die unbewältigten Situationen beeinträchtigen unsre gegenwärtigen Beziehungen zu den Eltern, denn in dem Maße, als wir an den früheren Situationen hängen bleiben, verlieren wir den Kontakt mit dem, was heute geschieht. Wir stehen zwar in Kontakt mit den Phantasievorstellungen der Erinnerung an die Eltern und uns selbst, aber eben daher nur zum Teil mit der *heutigen* Wirklichkeit. Auch in den weniger intensiven Beziehungen zu Freunden und Bekannten legen Sie eher den Maßstab der Erinnerungen an, als daß Sie diese Menschen so sehen, wie sie heute sind. Solche Lasten, auch in den festgefahrenen Beziehungen zu den Eltern, werden Sie solange tragen müssen, bis Sie fähig werden, mit der unbewältigten Situation umzugehen und die zurückgehaltenen Empfindungen anzunehmen und auszudrücken. Ich habe Siebzigjährige gesehen, die immer noch in erbittertem Kampf mit den Erinnerungen an die längst verstorbenen Eltern lagen. Es ist sehr schwer, mit solchen unbewältigten Situationen fertig zu werden, aber solange Sie es nicht können, werden Sie sich immer als Kind fühlen, das von den Eltern oder anderen Menschen Hilfe braucht. Reif werden heißt, zu entdecken, daß man kein hilfsbedürftiges Kind mehr ist, das Zuwendung erwartet.
Die nächste Übung möchte Ihnen zeigen, wie manche unerledigte Situation zwischen Ihnen und den Eltern bereinigt werden kann.

Dialog mit den Eltern Setzen Sie sich bequem und schließen Sie die Augen ... Stellen Sie sich vor, daß Ihr Vater oder Ihre Mutter Ihnen gegenüber sitzt und Sie ansieht ... Nehmen Sie sich Zeit, ihn oder sie leibhaftig dort sitzen zu sehen, und nehmen Sie Kontakt auf. Wie sitzt er? ... Was hat er an? ... Wie ist sein Gesichtsausdruck? ... Achten Sie auf alle Einzelheiten ... Wie ist Ihnen zumute? ... Jetzt seien Sie ganz aufrichtig und sagen Sie alles unverblümt und direkt, so, als sprächen Sie tatsächlich mit ihm ... Sagen Sie alles, was Ihnen in den Sinn kommt: angestaute Ressentiments, Ärger, den Sie nicht auszudrücken wagten, Fragen, die Sie nie gestellt haben. Nehmen Sie wahr, wie Ihnen dabei zumute ist, und ob Sie Ihren Körper dabei irgendwo anspannen usw. Halten Sie den Kontakt zu Ihrem Gegenüber in jedem Fall aufrecht. Bleiben Sie etwa fünf Minuten dabei...

Jetzt übernehmen Sie die Rolle des Vaters oder der Mutter und antworten Sie auf das, was Sie gerade vorgebracht hatten. Was antworten Sie dem Kinde?... Wie fühlen Sie sich dabei?... Was empfinden Sie Ihrem Kinde gegenüber?... Sagen Sie dem Kinde, was Sie ihm gegenüber empfinden und was Sie von ihm denken... Wie ist die Beziehung zwischen ihnen beiden?...

Tauschen Sie wieder den Platz und werden Sie Sie selbst. Wie reagieren Sie auf das Gehörte?... Was antworten Sie und was empfinden Sie dabei?... Sagen Sie dem Vater oder der Mutter, was Sie ihm gegenüber empfinden und was Sie von ihm oder ihr denken... Wie erleben Sie die Beziehung?... Nun sagen Sie, was Sie brauchen und haben wollen. Nehmen Sie sich Zeit, genau und im einzelnen aufzuzählen, was der andre hier für Sie tun soll, und gewahren Sie Ihre Empfindungen, wenn Sie dies aussprechen...

Jetzt sind Sie wieder Vater oder Mutter. Was antworten Sie auf diese Wünsche Ihres Kindes?... Wie empfinden Sie das?... Inwieweit haben Sie Verständnis für das Erbetene?... Haben Sie im eignen Leben irgend etwas Ähnliches erlebt?... Nun sagen Sie Ihrem Kinde, was Sie brauchen und was Sie von ihm erwarten...

Tauschen Sie aufs neue den Platz und seien Sie Sie selbst. Wie reagieren Sie auf das, was Vater oder Mutter gerade gesagt haben?... Können Sie die Eltern jetzt etwas besser verstehen?... Erzählen Sie ihnen, was es für Sie heißt, in der Phantasievorstellung so abhängig von ihnen zu sein... Was haben Sie davon, all diesen unbewältigten Empfindungen Ihren Eltern gegenüber verhaftet zu bleiben?...

Schlüpfen Sie wiederum in die Elternrolle und beantworten Sie diese Fragen... Was antworten Sie?... Wie sieht Ihre Beziehung jetzt aus?... Entwickelt sich irgendein Verständnis oder bleibt es beim Gegeneinander und beim Konflikt?...

Nun sind Sie wieder Sie selbst. Wie antworten Sie auf das eben Gesagte?... Wie empfinden Sie Ihre Beziehung, und wieviel Verständnis bringen Sie jetzt für die Situation Ihrer Eltern auf?... Sagen Sie es jetzt dem Vater oder der Mutter. Sagen Sie auch, was Sie an den Eltern schätzen. So schwierig Ihre Beziehung auch sein mag – irgend etwas Liebenswertes wird sich finden. Sprechen Sie im einzelnen darüber...

Jetzt übernehmen Sie wieder die Rolle der Eltern. Wie reagieren Sie auf die Äußerung der Zuneigung? Können Sie sie wirklich annehmen, oder müssen Sie sie abschwächen oder gar zurückweisen? ... Sprechen Sie jetzt von Ihrer Zuneigung zum Kinde und erzählen Sie ihm Einzelheiten darüber ...

In der Rolle als Sie selbst: wie reagieren Sie auf die Äußerungen der elterlichen Zuneigung? ... Wie sind jetzt die gegenseitigen Gefühle? ... Setzen Sie den Dialog eine Weile fort und tauschen Sie die Rollen, sooft Sie wollen. Beobachten Sie das Wechselspiel sorgfältig und äußern Sie sich dazu. Zum Beispiel: wenn die Eltern schelten und tadeln, dann legen Sie den Finger darauf und bitten Sie sie, sich deutlicher auszudrücken. Geben Sie acht, wenn Sie sich anspannen und etwas verschweigen – dann drücken Sie sich klarer aus. Sehen Sie zu, wie weit Sie die Beziehung in Worte fassen und klären können ...

Es braucht seine Zeit, eine Beziehung zu erhellen, und oft werden beide Seiten an einen toten Punkt kommen. Die Blockierung wird sich aber allmählich lockern, wenn die verursachenden Schwierigkeiten ergründet werden, und der Konflikt wird sich auflösen, wenn er ins volle Licht der Wahrnehmung gebracht wird. Dieser Prozeß kann sich über mehrere harte Konfrontationen hinziehen, doch wird jeder Dialog mehr Klarheit bringen und die Wahrnehmung vertiefen. Vielleicht können Sie so weit kommen, die Eltern loszulassen, Ihren Anspruch, die Eltern sollten sich ändern, aufzugeben und ihnen ihre Fehler zu verzeihen – auch das zu vergeben, was sie Ihnen angetan oder an Ihnen versäumt haben. Sie können erkennen, daß die Eltern nicht anders zu sein vermochten, als sie waren, und daß sogar Ihr »Verzeihen« irrelevant ist. Das Schwerste ist vielleicht, eine abgebrochene Beziehung loszulassen. Wenn ein für Ihr Leben wichtiger Mensch gestorben ist oder Sie verläßt, existiert er in Ihren Phantasien weiter, als wäre er noch da. In einer Art Selbsthypnose bleiben Sie an eine tote Beziehung gebunden. Wenn Sie sie zu Ende bringen und von ihr Abschied nehmen, können Sie aus der Hypnose erwachen und sich den lebenden Menschen Ihres Umkreises zuwenden.

Eine Form, sich der Fähigkeit zum eigenen So-Sein zu begeben, ist folgende: wir hypnotisieren uns selbst durch die Worte und Formeln, mit denen wir unsre Handlungen zu benennen pflegen und verdunkeln dadurch die Wahrnehmung für unsre eigentlichen Gefühle und Wünsche. Immer, wenn ich die Formel benutze: »Ich sollte –«, hypnotisiere ich mich selbst mit dieser Forderung. Ich setze voraus, sie sei vernünftig, berechtigt und stehe außer Frage. So verliere ich den klaren Blick dafür, daß ich ja wählen kann, ob ich die Forderung erfüllen möchte oder nicht. Außerdem kann ich meine eigne Reaktion auf die Forderung »ich sollte –«, meine Ablehnung, Widerstand, Unlust, nicht mehr wahrnehmen. Trotzdem aber bestehen Ressentiment und Widerstand weiter und werden mich fortwährend stören, wenn ich versuche, der zu sein, der ich »sein sollte«. Eine der vorigen Übungen behandelte diesen Konflikt. Die folgenden Übungen demonstrieren uns weitere Möglichkeiten, uns selbst zu hypnotisieren.

»Ich muß –« – »Ich entscheide mich für –« Bitte setzen Sie sich einem Partner gegenüber. Während der ganzen Übung sehen Sie einander in die Augen und reden sich gegenseitig an. Sagen Sie beide abwechselnd Sätze zueinander, die mit den Worten »Ich muß –« anfangen. Stellen Sie eine ganze Reihe auf von dem, was Sie tun »müssen«. (Wenn Sie die Übung allein machen, sagen Sie die Sätze laut vor sich hin und stellen Sie sich dabei einen Ihnen bekannten Menschen vor, dem Sie sie sagen.)
Nach etwa fünf Minuten ersetzen Sie in jedem Satz die Worte »Ich muß –« durch »Ich entscheide mich für –«. Sagen Sie die Sätze abwechselnd, im genauen Wortlaut wie vorher, nur mit der einen Abänderung. Realisieren Sie bitte, daß Sie wirklich die Wahl haben, auch dann, wenn sie nur zwei unerwünschte Alternativen bietet. Lassen Sie sich Zeit, wahrzunehmen, was Sie empfinden, wenn der Satz nun mit »Ich entscheide mich für –« anfängt. Dann wiederholen Sie ihn und fügen Sie sofort etwas an, das Ihnen einfällt. Z. B.: »Ich entscheide mich, meine Arbeit beizubehalten. Ich fühle mich sicher und geborgen.« Führen Sie dies etwa fünf Minuten lang weiter und dann erzählen Sie einander, was Sie dabei empfunden haben. Haben Sie das klare Gefühl, die Verantwortung für eine freie Entscheidung zu übernehmen, ein wenig aus der Selbsthypnose zu erwachen, mehr Kraft zu haben und mehr offne Möglichkeiten vor sich zu sehen? ...

»Ich kann nicht –« – »Ich will nicht–« Sagen Sie abwechselnd Sätze zueinander, die mit den Worten »Ich kann nicht –« anfangen, und zählen Sie lauter Dinge auf, die Sie nicht tun können ...

Nach etwa fünf Minuten nehmen Sie die eben gesprochenen Sätze vor, ersetzen das »Ich kann nicht –« durch »Ich will nicht –« und sagen Sie die neuen Sätze abwechselnd zueinander. Sagen Sie genau dasselbe wie vorher, nur mit dieser Abänderung, und lassen Sie sich Zeit, wahrzunehmen, was Sie dabei empfinden. Handelt es sich um etwas wirklich Unmögliches, oder ist es etwas Mögliches, das zu tun Sie sich weigern? Bitte erforschen Sie, ob Sie zur Ausführung imstande wären, und nehmen Sie andrerseits auch die Tragkraft Ihrer Weigerung wahr. Dann wiederholen Sie den Satz, der mit »Ich will nicht –« anfängt, und fügen Sie sofort etwas an, das Ihnen dazu einfällt. Führen Sie die Übung etwa fünf Minuten lang fort...
Dann erzählen Sie einander, was Sie dabei empfunden haben. War es ein Gefühl der Kraft, als Sie die Verantwortung für Ihre Weigerung übernahmen, indem Sie »ich will nicht« sagten?... Was haben Sie sonst noch entdeckt?...

»Ich brauche –« – »Ich hätte gern –« Sagen Sie abwechselnd Sätze zueinander, die mit den Worten »Ich brauche –« anfangen, und lassen Sie sich etwa fünf Minuten Zeit, aufzuzählen, was für Dinge Sie brauchen...
Lassen Sie nun die vorhin gesprochenen Sätze statt mit »Ich brauche –« jetzt mit »Ich hätte gern –« anfangen und sagen Sie diese neuen Sätze zueinander, genau im Wortlaut wie vorher, nur mit dieser einen Abwandlung. Nehmen Sie sich Zeit, genau darauf zu achten, wie Sie jeden Satz, den Sie aussprechen, empfinden. Ist hier von etwas die Rede, das Sie wirklich brauchen, oder von etwas, das Sie gern hätten, aber auch leicht entbehren könnten? Bitte machen Sie sich den Unterschied klar zwischen dem, was Sie wirklich nötig haben, wie Luft und Nahrung, und andern Dingen, die Sie gern hätten, weil sie nett und erfreulich, aber nicht absolut notwendig sind. Nun wiederholen Sie den Satz, der mit »ich hätte gern –« anfängt, und fügen Sie gleich einige Worte hinzu, die Ihnen einfallen...
Nach fünf Minuten berichten Sie einander, was Sie dabei erlebt haben. War es ein Gefühl der Freiheit und der Leichtigkeit, als Sie realisierten, daß manches von dem, was Sie »brauchten«, nur eine Annehmlichkeit war, keine Notwendigkeit? Was haben Sie sonst noch wahrgenommen?...

»Ich fürchte mich vor –« – »Ich würde gern –« Tauschen Sie Sätze aus, die mit »Ich fürchte mich vor –« anfangen, und zählen Sie in den nächsten fünf Minuten auf, was Sie alles zu tun fürchten...
Wiederholen Sie diese Sätze, aber statt »Ich fürchte mich vor –« sagen Sie die Worte: »Ich würde gern –«; sagen Sie die Sätze im Wechsel mit dem Partner, nur mit dieser einen Abwandlung. Nehmen Sie wahr, was Sie bei jedem Satz empfinden. Was ist es, das die Anziehungskraft ausübt, das betreffende Risiko einzugehen, und was wäre der mögliche Gewinn? Bitte machen Sie sich klar, daß die Befriedigung wichtiger Wünsche durch viele Ihrer Befürchtungen verhindert wird. Dann wiederholen Sie den Satz, der mit »Ich würde gern –« anfängt, und fügen Sie gleich etwas hinzu, was Ihnen gerade einfällt. Lassen Sie sich fünf Minuten Zeit hierfür...
Erzählen Sie einander, was Sie empfunden haben. Haben Sie einige Ihrer Wünsche und möglichen Gewinne wahrgenommen, die Sie aber wegen Ihrer Befürchtungen nicht erreichen können?... Was haben Sie sonst noch wahrgenommen?...
Wenn ich sage: »Ich muß«, »ich kann nicht«, »ich brauche« oder »ich befürchte«, dann hypnotisiere ich mich und halte mich für weniger fähig, als ich wirklich bin. »Ich muß« macht mich zum Sklaven, »ich kann nicht« und »ich befürchte« machen mich zum Weichling, und »ich brauche« macht mich hilflos. Wenn ich sage: »Ich entscheide mich für –«, so bestätige ich meine Kraft, wählen zu können, auch dann, wenn ich die gleiche Entscheidung treffe wie zuvor. Wenn ich sage: »Ich will nicht«, drücke ich die Möglichkeit zur Ablehnung aus und entdecke ein großes Reservoir an verborgener und getarnter Kraft zum Widerstand. Natürlich besteht die Möglichkeit, daß ich dieses »ich will nicht« mit so schwacher Stimme sage, daß jeder merken muß: mein wahres Gefühl heißt: »ich kann nicht«. Wenn dies passiert, kann ich den Klang meiner Stimme wahrnehmen und auch die Verantwortung für eine solche Äußerung meiner selbst übernehmen. Es liegt im Bereich meines Willens, mich mit meinem Erleben und meinem Tun ganz zu identifizieren und dafür verantwortlich zu sein. Das gibt mir ein Gefühl von Kraft und Tauglichkeit. Wenn ich sage: »Ich hätte gern –«, kann ich mir klar machen, daß viele Dinge, die ich mir wünsche, zwar erfreulich und bequem, aber eben doch nur Annehmlichkeiten, keine Notwendigkeiten sind. Ich kann sehr wohl ohne sie auskommen. Ich kann sogar einsehen, daß die Befriedigung, die dringend erwünschten

Dinge bekommen zu haben, nachher den Eifer nicht zur Hälfte aufwiegt, den ich investieren mußte, um sie zu ergattern. Wenn ich sage: »Ich würde gern –«, kann ich mir klar machen, daß ich gleichzeitig Verlockung und Furcht empfinde. Ich kann sowohl den möglichen Gewinn realisieren, als auch den möglichen Verlust in dem, was in Angriff zu nehmen ich mich fürchte. Ich kann begreifen, daß jedes Risiko sowohl positive wie auch negative Aspekte hat.

Ein Aspekt der Reifung ist die Entdeckung, daß viele Dinge möglich sind, und daß es viele Alternativen in der Auseinandersetzung mit der Welt und in der Befriedigung unsrer Wünsche gibt. Das eigentliche Problem liegt darin, daß die meisten Menschen *meinen,* sie seien nicht tauglich und *meinen,* es gäbe keine Alternativen. Wir stehen in Kontakt mit unsern *Meinungen,* nicht mit der Realität. Anstatt mit der Wirklichkeit zu rechnen und gewisse Risiken einzugehen, hypnotisieren wir uns selbst mit unsern Phantasien, was nicht möglich sei, und mit den Katastrophen, die eintreten könnten, wenn wir uns auf Alternativen einlassen würden, usw. Nehmen Sie wahr, was Sie sagen und wie Sie es sagen, und sehen Sie zu, ob Sie noch auf andre Art sich selbst hypnotisieren, etwa indem Sie meinen, Sie seien weniger, als Sie sind: weniger tüchtig, weniger empfindend, weniger stark, weniger intelligent usw.

Normalerweise drücken sich die Gefühle und unsre Reaktionen auf irgendwelche Erlebnisse durch körperliche Haltung und Bewegung aus. An stark emotionalen Erlebnissen ist unser ganzer Körper beteiligt: wenn wir uns freuen, gerät er in Bewegung: wir lachen, tanzen, singen usw. In der Angst erstarrt er und verspannt sich oder er entlädt sich in die Tat, und wir fliehen. Andre Gefühle drücken sich nur in bestimmten Körperteilen aus: vielleicht lächelt mein Mund, ich rümpfe die Nase, mein Fuß wippt ungeduldig, oder ein gesteifter Nacken und die geballte Faust zeigen meinen Ärger an.

Die meisten Menschen vermeiden die Wahrnehmung gewisser Gefühle oder bestimmter Aspekte ihres Erlebens, wenn diese unbequem oder schmerzhaft sind, und solcher, die unerfreuliche Reaktionen von Menschen unsrer Umgebung hervorrufen könnten. Wenn ich die Wahrnehmung meines Gefühls vermeide, vermeide ich auch die Wahrnehmung dessen, wie mein Körper das Gefühl ausdrücken mag. Die Folge davon ist meistens, daß eben diese Bewegungen teilweise oder ganz blockiert werden. Wenn ich mich ärgere und eben eine Faust machen möchte oder meinen Arm und die Schultern spanne, um zuzuschlagen, so kann

ich diesen Ausdruck des Gefühls nur durch die entgegengesetzt arbeitenden Muskeln abbremsen. Die daraus resultierende Spannung ist immerhin ein Signal an mich, daß irgend etwas nach Ausdruck verlangt. Nun kann ich vermeiden, auch diese Spannung wahrzunehmen, indem ich meine Aufmerksamkeit anderswohin lenke.
Wenn ich die Wahrnehmung für das, was ich fühle, wiedererlangen will, ist es oft nützlich, den Prozeß umzukehren und sich auf die gespannten oder gefühlsschwachen Körperteile zu konzentrieren. Die nächste Übung kann Ihnen einiges von solchem Erleben vermitteln.

Wahrnehmung des eigenen Gesichts Schließen Sie die Augen... setzen Sie sich bequem hin... gewahren Sie Ihr Gesicht... Nehmen Sie die Empfindungen wahr, die aus den verschiedenen Gesichtsteilen aufsteigen... Wo empfinden Sie Spannung oder Enge?... Welche Teile Ihres Gesichts können Sie direkt spüren?... Welche nur ungenau, welche gar nicht?... Achten Sie darauf, welcher Gesichtsteil besonders stark in Ihre Wahrnehmung tritt... und richten Sie Ihre Aufmerksamkeit dorthin... gewahren Sie diesen Teil des Gesichts immer genauer und achten Sie darauf, was für ein Gefühl, welch ein Ausdruck, was für eine Bewegung sich einstellt..., lassen Sie all diesem freien Lauf und geben Sie acht, was sich daraus entwickelt... Was drückt dieser Gesichtsteil aus?... Wenn er sprechen könnte, was würde er Ihnen leise sagen?... Stellen Sie sich vor, daß Sie dieser Gesichtsteil sind, und identifizieren Sie sich mit dem, was er ausdrückt. Was sagen Sie in dieser Rolle?... Vertiefen Sie sich in das Erlebnis, dieser Teil zu sein... Wie sieht Ihr Leben aus?... Was tun Sie?... Wie ist Ihnen zumute und was wollen Sie ausdrücken?... Nach etwa einer Minute werde ich Sie bitten, die Augen zu öffnen und Ihr Erlebnis mit den andern Gruppenteilnehmern auszutauschen. Sprechen Sie in der ersten Person Präsens, so, als geschähe alles eben jetzt. Beschreiben Sie im einzelnen, was Sie in Ihrem Gesicht wahrnehmen, und zeigen Sie es im Gesichtsausdruck. Dann beschreiben Sie, was sich entwickelt, wenn Sie Ihre Aufmerksamkeit auf einen bestimmten Gesichtsteil richten, intensivieren Sie den Ausdruck und sprechen Sie aus, was Sie dabei erleben...
Unser Gesicht ist das wichtigste Kommunikationsmedium zwischen uns und den andern Menschen und spielt eine besondre Rolle bei der Mitteilung von Gefühlen und Gemütsbewegungen. Wenn Sie gewillt sind, gelegentlich einige Augenblicke darauf zu verwenden, um Ihr Gesicht

wirklich wahrzunehmen, könnten Sie den Kontakt mit dem, was in Ihnen gerade vorgeht und noch keinen Ausdruck gefunden hat, wiedergewinnen. Z. B. könnten Sie merken, daß Sie abfällig die Nase rümpfen, oder daß Ihre Augen die Tränen zurückhalten, oder daß Ihr Mund zu lächeln anfängt. Was Sie auch hierbei wahrnehmen mögen – machen Sie sich klar, daß all dies ein Teil Ihres Erlebens ist, ein andrer Teil Ihres Lebens, den Sie wiedergewinnen und anwenden können – aber nur, wenn Sie tief innen wahrnehmen, was hier zurückgehalten wurde.

Durch solche Beobachtung und Identifikation können Sie mehr davon erfahren, was in dem oder jenem Teil Ihres Körpers verborgen gehalten wird. Sie können auch einen Dialog zwischen Ihren Körperteilen in Gang setzen, um das Erlebnis der Identifikation zu vertiefen und die Beziehung der verschiedenen Teile untereinander zu entdecken. Die folgende Übung möchte Ihnen etwas davon vermitteln.

Dialog der Hände Schließen Sie die Augen und öffnen Sie sie erst wieder, wenn ich es sage. Setzen Sie sich bequem hin und zwar so, daß Sie beide Hände frei bewegen können. Nehmen Sie mit Ihrer physischen Existenz Fühlung auf... Wenden Sie Ihre Aufmerksamkeit von der Außenwelt ab und nehmen Sie Ihren Körper wahr... Beachten Sie, welche Körperteile in Ihre Wahrnehmung treten... und welche Teile Sie weniger deutlich wahrnehmen...

Legen Sie Ihre Hände im Schoß zusammen, so, wie es Ihnen gerade bequem ist. Richten Sie Ihre Aufmerksamkeit auf die Hände..., nehmen Sie Fühlung mit ihnen auf... Nehmen Sie die Empfindungen wahr, die aus Ihren Händen kommen... Wie ist die physische Beziehung zwischen ihnen?... Besteht irgendeine Wechselwirkung zwischen den Händen?... Lassen Sie die Hände sich ein wenig bewegen, so, als würden sie aufeinander einwirken oder als führten sie eine stille Unterhaltung miteinander... Wie bewegen sich die Hände und wie fühlen sie sich dabei?...

Nun fassen Sie bitte diese stille Unterhaltung in Worte. Stellen Sie sich vor, daß Sie selbst die rechte Hand sind und daß Sie leise zur linken Hand sprechen... Was sagen Sie als rechte Hand zur Linken?... Und was antwortet die Linke?... Wie fühlen Sie sich als rechte Hand?... Worin unterscheiden Sie sich von der Linken?... Erzählen Sie der linken Hand, worin Sie anders sind...

Jetzt identifizieren Sie sich mit der linken Hand. Werden Sie die Linke und setzen Sie den Dialog fort... Erzählen Sie der rechten Hand, wie Sie sich als Linke vorkommen und worin Sie sich von der Rechten unterscheiden... Was sagen Sie als linke Hand, und was antwortet die Rechte?... Was geht zwischen Ihnen vor sich?...

Jetzt werden Sie wieder die rechte Hand und setzen Sie das Gespräch vier oder fünf Minuten lang fort. Konzentrieren Sie sich weiterhin auf Ihre Hände und fassen Sie in Worte, wie sie aufeinander einwirken, und in welcher Beziehung sie zueinander stehen. Identifizieren Sie sich mit einer Hand und empfinden Sie, wie es ist, wenn diese direkt mit der andern Hand spricht. Wechseln Sie die Rollen, so oft Sie mögen. Wenn Sie stecken bleiben, sagen Sie zur andern Hand: »Ich habe dir nichts zu sagen«, und warten Sie ab, was die andre Hand antwortet. Halten Sie die Wechselbeziehung aufrecht und sehen Sie zu, was sich daraus entwickelt...

Halten Sie Ihre Augen noch eine Zeitlang geschlossen. Bleiben Sie ruhig sitzen und verarbeiten Sie, was Sie erlebt haben... Was ging zwischen Ihren Händen vor sich?... Was haben Sie erlebt, als Sie sich mit Ihren Händen identifizierten?...

Nach einer Minute werde ich Sie bitten, die Augen zu öffnen und Ihr Erlebnis mit den andern Gruppenteilnehmern auszutauschen. Sprechen Sie in der ersten Person Präsens, so, als geschähe der Dialog eben jetzt: »Als rechte Hand bedecke ich die Linke; ich bin zuversichtlich, ich fühle mich als Beschützerin und sage zur linken Hand –« Drücken Sie das Erlebte konkret und in Einzelheiten aus. Sprechen Sie nicht *über* Ihre Hände, sondern *seien* Sie Ihre Hände. Sprechen Sie nicht in der Vergangenheitsform »ich war –«, sondern sagen Sie »ich bin –«. Jetzt öffnen Sie die Augen und erzählen Sie das Erlebte den Gruppenteilnehmern...

Fast jeder Mensch empfindet irgendwelche Unterschiede zwischen seinen Händen, und oft sind diese Unterschiede recht ausgeprägt. Gewöhnlich drückt die rechte Hand das aus, was wir den »männlichen« Aspekt der Persönlichkeit nennen – Kraft, Tatendrang, Dominanz etc. Und die linke Hand drückt meist das aus, was uns als der »weibliche« Aspekt der Persönlichkeit erscheint – Wärme, Sanftmut, Schwäche etc. Bei manchen Menschen fügen sich die Hände gut in die Verschiedenheit: sie ist die Basis für gegenseitige Abhängigkeit und Zusammenarbeit, wie in einer gesunden Beziehung. Bei andern Menschen dagegen ist die Verschiedenheit überwiegend eine Quelle von Konflikt und Unstimmigkeit. In manchen Fällen zeigen die Hände oder andre Körperteile einen fortwährenden Widerstreit zwischen den beiden Seiten an. Diese dauernde partielle Äußerung bewirkt, daß die betreffenden Körperteile immerfort in Aktion und Spannung sind. Dieser andauernde, aber nicht wahrgenommene Mißbrauch eines Körperteils führt oft zur Verzerrung seiner Funktion, und wenn dies übersehen wird, können sich daraus zerstörende körperliche Veränderungen und Krankheiten entwickeln. Auf irgendeine Weise mißbrauchen wir alle unsern Körper, und wir alle leiden zu einem gewissen Grade an solch einer psychosomatischen Krankheit. Eine große Anzahl von Unzuträglichkeiten – angefangen von »gewöhnlichen« Schmerzen, Kopfweh, bis hin zu verkrüppelnden und tödlichen Krankheiten wie ulcera, Asthma, Arthritis – *können* ausschließlich ein Resultat dessen sein, daß der Körper nicht wahrgenommen und mißbraucht wird. Auch wenn ein bestimmter physischer Grund für eine Krankheit vorliegt, so ist doch der Mißbrauch des betreffenden Körperteils oft ein prädisponierender Faktor für seinen Zusammenbruch gewesen. Mindestens aber macht dieser Faktor die Krankheit viel schlimmer, als sie sonst wäre. Aus der nächsten Übung können Sie erfahren, was sich in Ihren Schmerzen oder andern Symptomen ausdrückt.

Dialog mit dem Symptom Schließen Sie die Augen und denken Sie an irgendein körperliches Symptom, das Sie belästigt. Wenn möglich, denken Sie an ein solches, das Sie gerade eben empfinden. Wenn Sie momentan kein Unbehagen spüren, denken Sie an ein Symptom, das Sie in der Regel oder wiederholt quält, und versuchen Sie, sich das Gefühl dieses Zustandes zu vergegenwärtigen. Richten Sie die Aufmerksamkeit auf das Symptom und nehmen Sie es genau und in seinen Einzelheiten wahr... Welche Teile Ihres Körpers sind davon betroffen? Und was für einzelne Empfindungen haben Sie darin?... Achten Sie besonders auf Gefühle von Schmerz und Spannung... Versuchen Sie, jedes Unbehagen ganz zu akzeptieren und lassen Sie es in die Wahrnehmung treten... Sehen Sie zu, ob Sie das Symptom verstärken können... und nehmen Sie die Art wahr, wie Sie das tun... und nun versuchen Sie, es durch irgendeine Lockerung zu vermindern... Nehmen Sie sich Zeit, das Symptom eingehender zu erfassen und seine Einzelheiten wahrzunehmen...

Nun aber *werden* Sie das Symptom. Wie sind Sie, was sind Ihre Besonderheiten, und womit belästigen Sie diesen Menschen? ... Reden Sie ihn an und erzählen Sie ihm, was Sie ihm antun, und wie Sie erreichen, daß er Sie fühlt? ... Was sagen Sie? ... Wie verhalten Sie sich als Symptom, und wie ist Ihnen dabei zumute? ...

Jetzt werden Sie wieder Sie selbst und antworten Sie dem Symptom ... Was sagen Sie und wie fühlen Sie sich dabei? ... Was geht zwischen den Gesprächspartnern vor sich? ...

Werden Sie wieder zum Symptom und setzen Sie den Dialog fort ... Wie fühlen Sie sich jetzt und was sagen Sie? ... Erzählen Sie der Person, was Sie *für* sie tun ... Inwiefern sind Sie ihr nützlich? Vielleicht erleichtern Sie ihr das Leben? ... Können Sie ihr behilflich sein, irgend etwas zu vermeiden, und was könnte das sein? ... Was können Sie ihr sonst noch sagen? ...

Nun werden Sie wieder Sie selbst. Was antworten Sie jetzt? ... Setzen Sie den Dialog eine Zeitlang fort und wechseln Sie die Rollen, so daß Sie immer der jeweils Sprechende sind. Sehen Sie zu, was Sie voneinander erfahren können, indem Sie miteinander reden ...

Halten Sie die Augen geschlossen und verarbeiten Sie das Erlebte ... Öffnen Sie die Augen und tauschen Sie das Erlebnis mit den anderen aus, sprechen Sie in der ersten Person Präsens, als geschähe alles eben jetzt.

Ein Symptom hat Ihnen oft eine Menge zu sagen, wenn Sie sich die Zeit nehmen, ihm Aufmerksamkeit zu schenken und seine Signale anzuhören. Ein Symptom sendet seine Signale gleichzeitig an Sie und an die Menschen Ihrer Umgebung. Es ist nicht nur Ausdruck eines entfremdeten Teils Ihrer selbst, sondern es hat auch eine starke Wirkung auf die andern Menschen. In der nächsten Übung können Sie mehr davon erfahren.

Dialog zwischen Symptom und Mitmensch Schließen Sie die Augen und nehmen Sie dasselbe Symptom wahr, mit dem Sie die vorige Übung gemacht haben ... Nehmen Sie genaue Fühlung mit dem Symptom in allen Einzelheiten auf ... Beobachten Sie , ob Sie hinzukommende Einzelheiten gewahren können, die Sie vorher nicht beachtet hatten ... Versuchen Sie, das Symptom zu steigern ... Nehmen Sie wahr, auf welche Weise das geschieht, was Sie dabei tun, und welche Muskeln Sie spannen ...

Jetzt *werden* Sie das Symptom und identifizieren Sie sich mit ihm... Wie sind Sie und wie ist Ihnen zumute?... Was sind Ihre charakteristischen Eigenschaften?... Was tun Sie, und wie tun Sie es?... Sprechen Sie nun als Symptom zu den Menschen Ihrer Umgebung, zu den Eltern, den Freunden, zum Vorgesetzten, zur Ehefrau, zu den Kindern – zu jedem, den Sie in Mitleidenschaft ziehen, und erzählen Sie ihnen, in welcher Weise Sie sie beeinträchtigen... Was tun diese Personen Ihretwegen?... Erzählen Sie ihnen, was Sie ihnen antun... und geben Sie acht, was sie antworten... Nehmen Sie sich Zeit, zu erforschen, wie Sie, als Symptom, auf die Nebenmenschen wirken...

Nun werden Sie wieder Sie selbst und sagen den Leuten dieselben Dinge, *aber als Sie selbst.* Übernehmen Sie die Verantwortung für Ihr Tun, z. B. so: »Ich benutze mein Kopfweh dazu, damit du tust, was ich nicht tun mag«, oder dergleichen... Öffnen Sie die Augen und tauschen Sie Ihre Erfahrungen aus in der ersten Person Präsens sprechend, als geschähe alles eben jetzt...

Manche Symptome werden in erster Linie dazu geschaffen oder gesteigert, um andre Leute zu beeinflussen und bestimmte Reaktionen bei ihnen hervorzurufen. Manche Menschen bekommen plötzlich Kopfschmerzen, wenn sie sich einer Arbeit oder einer Schwierigkeit gegenüber sehen, so daß andre ihnen helfen müssen. Sogar ein Symptom, das irgendeine äußere Ursache hat, z. B. ein gebrochenes Bein, kann dazu benutzt werden, mehr Zuwendung und Aufmerksamkeit zu beanspruchen, als eigentlich nötig wäre – und manche Menschen haben eine erstaunliche Gewandtheit, sich Knochenbrüche oder andre Schädigungen zuzuziehen. Ein Symptom ist das ideale Mittel, andre Menschen zu manipulieren. Man kann mich nicht verantwortlich machen: das Symptom bewahrt mich davor, bestimmte Dinge zu tun, und es zwingt andre Leute, mir diese Dinge abzunehmen.

Ganz wichtig ist es, zu erfahren, inwieweit das Symptom Ihnen *zugute* kommt. Hält es Ihnen Unannehmlichkeiten fern, bewahrt es Sie vor Übermüdung, gibt es Ihnen die Möglichkeit, unerfreuliche Forderungen abzuwehren, die Sie sonst abzuwehren nicht wagen würden? Ist es etwa eine »verdiente« Strafe, hilft es Ihnen, unangenehmen Pflichten aus dem Wege zu gehen? Wenn Sie auch meinen, das Symptom nütze Ihnen in dieser Weise, sollten Sie trotzdem Mittel und Wege finden, zum erwünschten Ziel zu kommen, ohne sich dabei krank zu machen. Anstatt krank zu werden, wenn Sie Ruhe brauchen, könnten Sie vielleicht Ihre Übermüdung wahrnehmen und sich Ruhe verschaffen, bevor Krankheit Sie dazu zwingt. Wenn das Symptom Ihnen Zuwendung und Aufmerksamkeit von anderen verschafft, ließe sich wohl auch auf andre Weise solches Entgegenkommen erreichen. Oft bessert sich das Symptom oder verschwindet, wenn eine solche Alternative gefunden wurde.

Mit *allem,* was Sie plagt, können Sie einen Phantasie-Dialog in Gang setzen, sei es in der Vorstellung, sei es in Wirklichkeit. Wenn Sie z. B. das Rauchen aufgeben wollen, führen Sie ein Zwiegespräch mit einer Zigarettenpackung, oder wenn Sie sich über Ihren bockenden Wagen ärgern, reden Sie mit ihm. Wenn Sie auf einer Phantasie-Reise irgendwo einen Konflikt oder Zwiespalt entdecken, können Sie ein Gespräch zwischen den beiden Partnern einfädeln, z. B. zwischen Ihrem Rosenstrauch und Dingen oder Umständen, die ihn betreffen oder ihm wesentlich schaden. Besonders wichtig ist alles Beängstigende oder Beeinträchtigende, und alles Hilfreiche oder Schützende. Halten Sie ein Zwiegespräch mit den Leuten, die Ihre Rosen abpflücken, mit dem Zaun, der Schatten wirft, mit den Käfern, die Ihre Blätter abfressen, mit dem Gewächshaus, das Schutz gewährt, oder mit der Großmutter, die für Sie sorgt. Sie können auch Gespräche zwischen ganz verschiedenen Teilen des Rosenstrauchs veranstalten – zwischen seinen feinen Wurzelfasern und dem dicken Stamm, zwischen den schönen Blüten und den häßlichen Dornen, zwischen der unteren Hälfte der Wurzeln, die im Boden steckt, und der oberen Hälfte, die sich darüber im Freien windet, usw. Besonders wertvoll können Dialoge mit Dingen und Qualitäten sein, die abwesend sind oder nur vage erscheinen. Sprechen Sie mit den Wurzeln, die Sie nicht fühlen, mit dem Wasser, das dem ausgedörrten Boden fehlt und so weiter.

Immer, wenn Sie so den einen oder andern Dialog erleben, können Sie mehr von Ihrem Leben erfahren und von dem, was Ihnen fehlt, etwas hinzugewinnen. Sie können mehr über Ihre Schwierigkeiten herausfinden und besonders darüber, was für Vorteile Sie aus den Schwierigkeiten ziehen, und wie weit Sie selber an ihnen beteiligt sind. Je mehr Sie die Zusammenhänge im eignen Sein erfassen, desto sicherer werden Sie eine Mitte finden, und so wird Ihr Leben geordneter und einfacher werden. Wenn Sie bereit sind, die Verantwortung für Ihr Tun zu übernehmen, wird die Fähigkeit, direkt und aufrichtig vorzugehen, schrittweise zunehmen. Und was Sie dann tun, wird viel wirksamer und nicht mehr selbstzerstörerisch sein.

III. Kommunikation mit anderen

Ich weiß, daß manche meiner Kontakte zu anderen Menschen oberflächlich und unaufrichtig sind. Ich kenne auch die tiefe und starke Befriedigung, die aus der aufrichtigen Beziehung entsteht, wenn zwei Menschen ganz sie selber sein wollen. Die entscheidende Frage ist: *Wie?* Wie können wir aus der Einsamkeit und dem Getrenntsein herausfinden?

Viel ist über Vertrauen und Liebe geschrieben worden und darüber, daß man dann aufrichtig gegeneinander sein kann, wenn man eine vertrauens- und liebevolle Beziehung zueinander aufbaut. Ich halte diese Idee für ganz verkehrt. Es ist gut und schön, wenn ich Vertrauen und Liebe zu jemandem empfinde, aber wenn ich nicht so empfinde, was kann ich dafür? Vertrauen und Liebe sind *Gefühlsreaktionen* gegenüber einem anderen Menschen, und diese Reaktionen kann man nicht herstellen. Entweder ich empfinde Liebe oder ich empfinde sie nicht. All die Betonung von Vertrauen und Liebe resultiert bei vielen Menschen aus der *Vorgabe,* Vertrauen und Liebe zu empfinden, »weil es gesund ist und Vertrautheit und Aufrichtigkeit mit sich bringen wird«. Und das gibt ihrem Verhalten einen zusätzlichen Ton von Unechtheit und Heuchelei.

Aufrichtigkeit jedoch ist ein *Verhalten,* das mir zur Wahl steht. Ich kann mich nicht entscheiden, jemanden zu lieben oder ihm zu vertrauen, aber sehr wohl kann ich mich entscheiden, persönlich aufrichtig zu sein. Und wenn ich mich dafür wirklich entscheide, wenn ich sage, was ich erlebe und fühle, zeige ich, daß man mir trauen kann. Aber zuerst muß ich aufrichtig gegen mich selber sein, Fühlung mit meinem Erleben gewinnen und die Verantwortung für die Entscheidung übernehmen, indem ich ihr als meinem Erleben Ausdruck gebe. Dies ist die *einzige* Verhaltensweise, die Vertrauen erwecken kann. Einem Menschen, von

dem ich weiß, daß ich ihm glauben kann, werde ich Vertrauen entgegenbringen. Sogar, wenn ich diesen Menschen nicht mag, kann ich ihm vertrauen, wenn er aufrichtig gegen mich ist, und ich werde sein Bemühen respektieren, gegen sich selbst aufrichtig zu sein. Wenn ich genug Selbstvertrauen habe, aufrichtig gegen mich zu sein, dann werden auch andere mir Vertrauen und Achtung entgegenbringen.
Ebenso bringt Aufrichtigkeit nicht immer Liebe als Reaktion hervor, aber sie ist ganz und gar unerläßlich in der Liebe. Wenn ich selbst ehrlich bin, und Sie mit Wärme und Zuwendung darauf reagieren, dann ist das Liebe. Wenn ich aber berechnend ein unechtes Benehmen an den Tag lege, um Ihnen zu gefallen, mag es sein, daß Sie mein *Verhalten* schätzen, aber *mich* können Sie nicht lieben, weil ich mein wirkliches Wesen hinter diesem künstlichen Benehmen versteckt habe. Selbst, wenn Sie mein unechtes Verhalten mit Liebe beantworten, kann ich Ihre Liebe nicht wirklich empfangen, denn sie wird vergiftet durch mein Wissen, daß sie dem von mir erzeugten Bilde meiner Person gilt, nicht mir. Außerdem muß ich immerfort auf der Hut sein, dies Bild zu erhalten, damit Ihre Liebe nicht schwindet. Da ich mich auf diese Art selbst von Ihrer Zuwendung ausgeschlossen habe, werde ich mich ungeliebt und noch einsamer fühlen und nun desto verzweifelter versuchen, Sie und mich selbst zu täuschen, um die Liebe nicht zu verlieren. Hier liegt der tragische Irrtum bei jedem Verhalten, das auf Phantasie und Bildvorstellungen beruht, auf Absicht und Manipulation. Wenn ich mich verstelle, um eine bestimmte Reaktion bei Ihnen hervorzurufen, und dabei weiß, daß Ihre Antwort *nicht mir* gilt, kann sie mich nicht befriedigen. Und all diese Bemühungen um Ihre Reaktion, an der ich mich niemals richtig freuen kann! Wenn ich dagegen ehrlich ich-selbst bin, und Sie nehmen mich in dem Moment genau so an, dann kann ich Ihre Antwort voll empfangen und die Befriedigung haben, mit Ihnen in einer echten Beziehung zu stehen. Solch ein aufrichtiges Verhältnis wird nicht immer nur erfreulich, sondern manchmal auch der Trauer und dem Ärger ausgesetzt sein, aber es ist stoßfest und real und ganz lebendig.
Von der Bereitschaft zur Wahrnehmung aus gesehen, ist Kommunikation sehr einfach. Ich muß mein eignes Erleben wahrnehmen und imstande und willens sein, Sie daran zu beteiligen; ich muß also deutliche Botschaften über meine Wahrnehmungen senden: über meine Erlebnisse, Gefühle, meine Bedürfnisse usw. Ebenso muß ich die

Botschaften, die Sie senden, wahrnehmen: ich muß offen und bereit sein, die Bekundungen Ihrer Wahrnehmung zu empfangen. Gute Kommunikation ist notwendig, weil ich oft andre Menschen brauche, die mir helfen, manche meiner Bedürfnisse und Wünsche zu befriedigen. Andre Menschen sind oft die Quelle guter Erfahrungen und meiner größten Freuden, sie befriedigen aber auch die mehr alltäglichen Grundbedürfnisse, wie das nach Nahrung und Schutz usw.

Wenn Sie und ich mit unserm Erleben wirklich in Fühlung sind und es direkt ausdrücken, gibt es kein Problem der Kommunikation. Die Probleme stellen sich ein, wenn unsre Worte für andre Zwecke, als für klare Übereinkunft mißbraucht werden. Solche Zwecke sind: Strafe, Beschwichtigung, Manipulation, Verwirrung, Suggestion, Tarnung, Unterdrückung, Dominanz, Abhängigkeit, Beweis, Bitte, Täuschung, Ablehnung, – die Liste ist endlos.

Wenn Worte für andre Zwecke als für direkten Austausch von Eindrücken oder Erfahrungen benutzt werden, bringen sie meist zusätzliche Verwirrung in eine ohnehin schon schwierige Situation. Wir beide, Sie und ich, fangen an, solchen Worten zu glauben und verlieren so die Fühlung mit unserm Erleben und dem, was zwischen uns wirklich im Gange ist. Solche Worte trennen uns oft sowohl vom Kontakt mit dem anderen als auch von der Wahrnehmung unsres eigenen Erlebens. Deshalb kann es sehr hilfreich sein, für eine gewisse Zeitspanne jedes Sprechen absolut zu verbieten, außer für den Notfall. Wenn Sie in dieser Zeit Verbindung brauchen, so stellen Sie sie, wenn irgend möglich, ohne Worte her. Nutzen Sie diese stille Zeit, Erlebnisse in sich hereinzunehmen und zu empfangen, die sonst durch Worte erstickt oder beiseite geschoben worden wären. Achten Sie darauf, wie dies Schweigen auf Sie wirkt. Nehmen Sie wahr, was Sie sagen möchten und welche Impulse Sie zum Sprechen drängen. Wenn Sie aus Versehen etwas sagen, merken Sie sich, was es war. Nehmen Sie wahr, inwieweit Sie mit diesen Worten etwas wirklich Verbindliches sagen wollten, oder ob es unnötiges Geräusch war. Gewöhnen Sie sich, etwa eine Stunde am Tag für solches Schweigen auszusparen. Versuchen Sie es mit einer stillen Mahlzeit und machen Sie es sich bewußt, wieviel vom Geschmack der Speisen, von ihrem Aroma, ihrem Aussehen Ihnen gewöhnlich durch das fortwährende Geschnatter bei Tisch entgangen war. Geben Sie acht, was die Stille Ihnen sonst noch wahrzunehmen ermöglicht.

Oft ist der Inhalt, d. h. die gebräuchliche, lexikalische Bedeutung der Worte irrelevant gegenüber dem, was tatsächlich ausgedrückt wurde. Oft liegt die echte Mitteilung, der wahre Ausdruck in der Stimme, im Ton, in der Lautstärke, im Tempo des Sprechens, im Zögern usw. Wenn z. B. jemand prahlt, ist es einerlei, ob er über Fußball oder Knöpfe, über Hummeln oder Ochsenfrösche spricht – die eigentliche Botschaft ist der im Ton vermittelte Anspruch: »Sehen Sie mich an und respektieren Sie meine Bedeutung – wie viel ich kann und weiß und was ich geleistet habe!«
Die folgende Übung kann Ihnen helfen, feinfühliger für das zu werden, was allein die Stimme an Kommunikation vermittelt, abgesehen vom gesprochenen Wort.

Der Stimme lauschen Bitten Sie jemanden zu sich, mit dem Sie gern zusammen sein und den Sie näher kennen lernen wollen. Schließen Sie die Augen und sitzen Sie schweigend zusammen. Bitte halten Sie die Augen geschlossen, so daß Sie gezwungen sind, die andern Sinne zu benutzen. Bitte nehmen Sie im stillen mit dem Erlebnis der geschlossenen Augen Fühlung auf ... Achten Sie darauf, was Sie dabei körperlich empfinden ... und die herankommenden Bilder und Phantasien ...
Nach kurzer Zeit werde ich Sie bitten, einander über das Erlebnis der geschlossenen Augen zu berichten und dabei auf Ihre und Ihres Partners Stimme zu achten. Bitte nehmen Sie im besonderen die Stimmen wahr und das, was die Stimme selbst ausdrückt. Versuchen Sie, so hinzuhören, als spräche Ihr Partner eine fremde Sprache, die Sie nicht verstehen, so daß die einzige Möglichkeit, das Mitgeteilte zu begreifen, das Horchen auf die Betonung ist, auf den Klang, die Pausen usw. Setzen Sie dies etwa fünf Minuten lang fort ...
Jetzt sprechen Sie sich darüber aus, was Sie an Ihrer und Ihres Partners Stimme bemerkt haben. Seien Sie sehr genau, wenn Sie sagen, was Sie in der Stimme wirklich wahrgenommen und was Sie dabei empfunden haben: Ihre Reaktion und Ihren Eindruck von der Stimme. Z. B.: »Ich nehme besonders wahr, wie sanft du sprichst; deine Stimme hat mich eingeschläfert, als hörte ich ein Wiegenlied.« Tauschen Sie Ihre Eindrücke etwa fünf Minuten lang aus ...

Kauderwelsch Öffnen Sie die Augen und sehen Sie einander an. Ich werde Sie nun bitten, miteinander Kauderwelsch zu reden. Geben Sie irgendwelche Laute von sich, was Sie mögen, Laute, die etwa wie eine Sprache klingen, aber keine Worte einer Ihnen bekannten Sprache sind. Z. B. Era grol azt gronglek gazel! Dies ist *mein* Kauderwelsch, bitte erfinden Sie das Ihre. Versuchen Sie nicht, eine bedeutsame Unterhaltung zu führen, sondern kauderwelschen Sie drauf los. Sehen Sie dem Partner dabei immer in die Augen. Nehmen Sie wahr, wie Ihnen dabei zumute ist...

Hören Sie damit auf und schließen Sie die Augen... Nehmen Sie mit Ihrem körperlichen Empfinden Fühlung auf... Öffnen Sie die Augen und erzählen Sie dem Partner, was Sie empfunden haben, als Sie Kauderwelsch miteinander sprachen...

Wahrscheinlich war es ein gewisser Widerwille und eine Befangenheit, etwa »wie albern«, oder »blöd« oder »verdreht«. Bitte werden Sie sich ganz klar über den Unwillen, das Risiko, »albern« zu erscheinen, auf sich zu nehmen, und nehmen Sie sich einige Minuten Zeit, um sich im stillen vorzustellen, was geschehen würde, wenn Sie weiterhin Kauderwelsch redeten und tatsächlich »blöd« und »verrückt« würden. Stellen Sie sich das Schlimmste vor... Erzählen Sie nun in den nächsten zwei Minuten Ihrem Partner von Ihren Phantasien über solch eine Katastrophe...

Wahrscheinlich stellten Sie sich jemanden vor, der Sie beurteilte und Ihr Verhalten als albern und kindisch mißbilligte. Bitte realisieren Sie, daß Sie selbst es sind, der sich in der Phantasie so beurteilt. Sie verlangen von sich, nicht albern oder verrückt zu erscheinen. Man kann es auch so sagen: mindestens waren Sie nicht gewillt, *Ihr Bild* von sich selbst als von einer gesunden, vernünftigen, stabilen Persönlichkeit aufzugeben – auch nicht zeitweilig. Besprechen Sie diese Gedanken mit Ihrem Partner, um zu ergründen, ob sie Ihnen einleuchten und mit Ihrem Erleben übereinstimmen...

Reden Sie wieder Kauderwelsch miteinander. Sehen Sie zu, ob Sie das Gefühl der Befangenheit so weit überwinden können, daß es Ihnen Vergnügen macht, sich so zu unterhalten. Erzählen Sie dem Partner, was Sie empfinden – Ihre Unsicherheit, und was Sie von ihm halten, und was Sie wahrnehmen, wenn Sie ihn anschauen usw., aber anstatt »richtig« zu sprechen, kauderwelschen Sie. Dabei nehmen Sie wahr, wie Ihr Kauderwelsch und das Ihres Partners klingt. Welchen Eindruck haben Sie von dem so Gesagten? Gelegentlich schließen Sie die Augen und richten Sie die Aufmerksamkeit auf die Laute der Unterhaltung und auf Ihr körperliches Gefühl. Kauderwelschen Sie mehrere Minuten lang...

In den nächsten paar Minuten sagen Sie dem Partner in Worten, wie Sie Ihr eignes und sein Kauderwelsch empfinden. Wie sind diese Laute und was drücken sie für Sie aus? Versuchen Sie, die Eigentümlichkeiten und das Wesen der Laute zu beschreiben. Z. B. »Mein Kauderwelsch sagt ›giebel, iebel, fiebel‹ das klingt weich und flau wie das Blöken eines Schafes«, oder dergleichen, eben das, was Sie erlebt haben...

Identifikation mit der Stimme Entscheiden Sie schnell, wer A und B sein soll... Bitte halten Sie die Augen geschlossen, bis ich sage, Sie können Sie öffnen. A möge bitte auf seine eigne Stimme hören, sich mit ihr identifizieren und seine Stimme und was sie ausdrückt so beschreiben, *als wäre er selbst diese Stimme.* Z. B.: »Ich bin meine Stimme. Ich bin weich und langsam und schwanke etwas hinauf und hinunter. Ich klinge etwas klagend, so, als wollte ich um etwas bitten –« Wenn Sie stecken bleiben, wiederholen Sie nur: »Ich bin meine Stimme –« und horchen Sie auf sie und achten Sie darauf, was Sie an ihr noch entdecken können. Während A dies tut, möge B still sein und sorgsam auf die Stimme seines Partners *hören,* nur horchen. Nehmen Sie die Eigentümlichkeiten der Stimme genau wahr, achten Sie auf alle Gefühle, Eindrücke oder Bilder, die während dieses Horchens in Ihnen aufsteigen. Setzen Sie dies mehrere Minuten lang fort...

Jetzt tauschen Sie die Rollen. A hört zu, B identifiziert sich mit seiner Stimme und beschreibt sich mehrere Minuten lang... Öffnen Sie die Augen und erzählen Sie dem Partner, was Sie beim Erleben seiner Stimme bemerkt haben, erwähnen Sie auch die aufsteigenden Bilder. Versuchen Sie beide, die Eigentümlichkeiten der Laute zu beschreiben und auch, was diese Laute und Pausen für Sie ausdrückten...

Dialog zwischen Eltern und Kind A möge jetzt Vater und Mutter sein, B das Kind. Sprechen Sie miteinander, als wären Sie es wirklich. Sagen Sie, was Sie mögen, aber nehmen Sie wahr, was Sie sagen, was sich im Ton der Stimme ausdrückt, wie Ihnen zumute ist, und wie Sie zum Partner in Wechselbeziehung stehen. Führen Sie dies etwa fünf Minuten lang fort...

Nun tauschen Sie: B ist Vater und Mutter, A ist das Kind. Lassen Sie das Gespräch fünf Minuten dauern und nehmen Sie wahr, was zwischen Ihnen geschieht...
Sitzen Sie nun still und überdenken Sie das Erlebte... Machen Sie sich klar, was für Eltern und was für ein Kind Sie sind. Sind Sie als Eltern kalt, autoritativ, klug, liebevoll, raffiniert usw.? Und als Kind: sind Sie weinerlich, sich entschuldigend, angenehm, rebellisch usw.? Versuchen Sie, sich über das »Klima« und die Einzelheiten dieses Spiels Eltern-Kind klar zu werden. Wie empfanden Sie Ihren Partner, als er »Eltern« oder »Kind« wurde?... Ergründen Sie dies in den nächsten fünf Minuten...
Wahrscheinlich gerieten Sie bei diesem Dialog in eine Art von Machtkampf. Gewöhnlich versuchen die Eltern, das Kind durch Drohungen und Befehle zu beherrschen, und das Kind versucht, dem zu entgehen, indem es hilflos, vergeßlich ist und sich entschuldigt usw. Dies Ausweichen ist ebenfalls Ausübung von Herrschaft. Die Eltern kommen nicht weit, wenn sie das Kind veranlassen wollen, bestimmte Dinge zu tun, und daher müssen sie die Dinge selber machen. Das Herrschenwollen und Dirigieren ist einer der wichtigsten Faktoren in menschlichen Beziehungen, besonders in gestörten Verhältnissen, die voller Konflikte stecken. Es ist wichtig, herauszubekommen, wer wen beherrscht und *wie* es geschieht. Haben die Versuche, den Partner zu dirigieren, die Form offen ausgesprochener Forderungen oder verdeckter Manipulationen? Bittet der eine Partner den andern, etwas für ihn zu erledigen, was er gut selber erledigen könnte? Liegen die Forderungen und Ansinnen im Bereich des Möglichen oder nicht? Verlangt der eine Partner vom andern, ihm etwas zu geben, was sonst vielleicht niemand geben könnte, etwa Frieden oder Glück? Sind die Forderungen klar und genau, etwa »Mach die Tür hinter dir zu!« oder vage, etwa »Ärgere mich nicht!«?
Erinnern Sie sich bitte an das vorige Eltern-Kind-Gespräch und ergründen Sie darin den Aspekt des Beherrschens. Wie haben Sie als Vater oder Mutter versucht, Ihr Kind zu beherrschen? Und als Kind: wie versuchten Sie, diesem elterlichen Druck auszuweichen, und wie dirigierten Sie die Eltern? War es ein offner oder irgendwie versteckter Kampf? Waren Ihre Forderungen deutlich oder undeutlich, war es möglich oder unmöglich, sie zu erfüllen? Was stellten Sie sonst noch an Dirigismus in dieser Beziehung fest? Diskutieren Sie dies alles...

Wenn Menschen zusammen sind, werden Sie sich immer gegenseitig durch ihr Tun und Lassen beeinflussen, und in diesem Sinne gibt es in jeder menschlichen Beziehung eine Art von Machtsystem. Aber es besteht ein großer Unterschied zwischen der Beziehung zweier Menschen, die einander entsprechen, und einer anderen Beziehung, wo die beiden einander manipulieren – es ist derselbe Unterschied wie zwischen Tanz und Kampf. Wenn ich Ihnen entspreche, haben wir Kontakt, und ich überlasse mich ganz locker dem Geschehen, ohne darüber nachzudenken. Wenn ich Sie aber manipulieren will, dann denke ich an die Zukunft und bemühe mich, mein Tun so zu planen und zu dirigieren, daß ich von Ihnen die Reaktion erreiche, die ich haben möchte. Aber: um Sie zu dirigieren, muß ich auch mich selbst dirigieren und werde so das erste Opfer dieses Machtkampfes. Halte ich mich heraus, so störe ich ja mein eignes System, welches von mir verlangt, daß ich mich selbst manipuliere, um Sie manipulieren zu können. Je mehr ich aber manipuliere, desto mehr störe und zerstöre ich mein eignes So-Sein.

Noch auf eine andre Weise werde ich selbst beherrscht, wenn ich versuche, Sie zu beherrschen: Sie können nämlich den Stiel umdrehen und alles bei mir erreichen, indem Sie mir eben das vorenthalten, was ich von Ihnen haben will. Sie können mich enttäuschen, frustrieren und bestrafen, wenn ich es Ihnen nicht geben will. So bin ich ganz und gar gefangen und in Ihrer Macht – eben durch meine Bemühungen, Sie zu beherrschen.

Manche Forderungen versetzen uns in ein Paradox, das uns beide in die Falle bringt. Wenn ich zu Ihnen sage: »Sei nicht so unterwürfig!«, so haben Sie keine Möglichkeit, meinen Beifall zu erlangen: erfüllen Sie die Forderung, dann sind Sie gehorsam – ignorieren Sie sie, dann bleiben Sie bei dem Verhalten, das mir mißfällt. Solch ein Ansinnen, das uns beide in eine unmögliche Situation bringt, nennt man im Amerikanischen »double-bind«, also eine Lage, aus der man sich nicht so und nicht so befreien kann. Ein weiteres Beispiel: »Ich möchte, daß du mich beherrschst!« Wenn ich versuche, das auszuführen, bin ich durch Ihre Forderung dirigiert. Allgemein bekannte »double-binds« fordern ein Verhalten, das eigentlich nur spontan sein kann, etwa: »Du sollst mich respektieren«, oder »handle spontan!«, oder: »Du mußt mich lieben!«

Andre Forderungen sind völlig einseitig, etwa in der Form: »Was für mich gut ist, ist schlecht für dich.« »Sei nicht so selbstsüchtig«, was in Wirklichkeit heißt: »laß mich selbstsüchtig sein und tu du, was ich will.« »Sei nicht so eigensinnig« heißt eigentlich: »Gib nach, so daß ich eigensinnig bleiben kann.« Der einzige Weg, der aus diesem zerstörenden Machtkampf herausführt, ist Wahrnehmung. Ich kann all die Einzelheiten dieses verrückten Ringens und meine Rolle darin wahrnehmen. So wird mir deutlich, was ich vom anderen will, und daß mein Interesse mehr meinen Vorstellungen über Ihre künftige Unterwürfigkeit gilt als Ihrer gegenwärtigen Handlungsweise. Ich kann durch genaue Beobachtung meiner körperlichen Reaktion gewahren, wie angespannt und hinterhältig ich bin. Körperliches Unbehagen ist oft ein Symptom von Unehrlichkeit, ein Zeichen, daß ich mich nicht offen ausspreche. Hier kommt zutage, wie ich mich selbst manipuliere und entstelle, um den anderen zu dirigieren.

Am besten kann ich mich selbst beobachten, wenn ich innehalte, mit meinem Erleben Fühlung aufnehme, es zu ergründen versuche und ihm dann *als meinem Erlebnis* Ausdruck gebe, statt eine Anschuldigung oder eine verschleierte Forderung daraus zu machen. Z. B. wenn ich etwa merke, wie ich Schultern und Arme spanne und die Kiefer zusammenbeiße, dann wird mir klar, daß ich mich ärgere. Wenn ich nun sage: »Du bist ein Ekel!«, so ist das eine Anklage, ein Tadel, und ein Ansinnen, du sollest dich meinetwegen ändern. Stattdessen kann ich aber die Verantwortung für meine Gefühle übernehmen, indem ich sie einfach als *mein* Erlebnis ausdrücke und sage: »Ich ärgere mich über deine Handlungsweise.«

Ich kann mehr Einzelheiten über meinen Ärger erfahren, wenn ich ihm eine Zeitlang freien Lauf lasse. Vielleicht hat er jetzt gerade eine solide, starke, unnachgiebige Qualität: »Ich *kann* deine Handlungsweise nicht akzeptieren!« Vielleicht aber ist er hilflos und klagend: »Bitte hilf mir doch und tu so etwas nicht wieder!« Wenn ich also nun solchem Erleben freien Lauf lasse, entdecke ich womöglich, daß meine Schultern angehoben sind, wie wenn ich einen Schlag abwehren müßte, und – daß ich Angst vor Ihnen habe. Oder etwas anderes: vielleicht habe ich von einer früheren Situation in meinem Leben einen solch starken Eindruck empfangen, daß ich jetzt realisieren muß: dieser Ärger ist mindestens zum Teil nicht eine Reaktion auf die heutige Situation, sondern auf jene, die damals nicht bewältigt wurde. Die Wahrnehmung sollte also
 dauernd auf das eigne Erleben gerichtet bleiben, dann werde ich grad-

weise immer klarer sehen können, was in der jetzigen Situation wirklich geschieht.

Das Haupthindernis bei diesem Prozeß ist, daß ich andre Menschen für mein Erleben verantwortlich mache und es mir dadurch entfremde, statt daß ich die Verantwortung selber übernehme. Um es zu wiederholen, dies ist der Unterschied: ob ich mich selbst äußere (mit Wort oder Tat aus mir herausgehe) oder ob ich Sie manipuliere, damit Sie etwas für mich tun. Fast jedes Verhalten, jede Emotion ist entweder eine ehrliche Äußerung oder eine unehrliche Manipulation. Etwas schenken kann eine freie Gefühläußerung sein oder der Versuch, dem anderen das Gefühl des Verpflichtetseins zu geben. Weinen ist entweder ein direkter Ausbruch von Schmerz oder ein Flennen um Beistand. Die nächste Übung kann Ihnen einige Erfahrung über verschiedene Arten vermitteln, wie die Menschen einander heimlich manipulieren und dirigieren, anstatt sich ehrlich auszudrücken.

Familienstreit Satir und Shostrom unterscheiden vier Grundtypen der Manipulation, von denen jeder unzählige Variationen und Kombinationen hat:

(1) *Besänftigung:* beruhigen, Differenzen schlichten, nett und fürsorglich sein, andre verteidigen, bemänteln. »Ach, das ist doch wirklich nicht so schlimm!« »Wir stimmen ja grundsätzlich überein.«

(2) *Ausweichen:* still sein, sich stellen, als hätte man nicht verstanden, auf ein andres Thema übergehen, sich schwach oder hilflos stellen. »Da kann man nichts machen.« »Ich hab dich nicht gehört.«

(3) *Tadeln:* urteilen, einschüchtern, vergleichen, klagen. »Du bist selber schuld.« »Du tust niemals –« »Warum machst du nicht –«

(4) *Predigen:* belehren, Autoritäten zitieren. »Du solltest« »Du mußt«. Durch Erklären, Berechnen, durch logischen Beweis zeigen, daß man selbst recht hat. »Dr. Spock sagt –« »Was du da machst, ist –«

Bilden Sie Gruppen von 4–5 Personen, männliche und weibliche möglichst zu gleichen Teilen gemischt, und stellen Sie sich vor, Sie seien eine »Familie«. Bestimmen Sie, wer die Mutter, der Vater, Sohn und Tochter sein soll und *behalten Sie diese Rollen die ganze Übung hindurch bei.*

Beginnen Sie das Spiel so, daß Sie in den ersten 5 Minuten die oberste Reihe der Tabelle durchspielen, jeder die übernommene Rolle mit der bei den Grundtypen angegebenen Zahl. Nach 5 Minuten stellen Sie

Ihre Zahl in der zweiten Tabellenreihe fest und spielen den betreffenden Grundtypus. Z. B.: in den ersten 5 Minuten wird die Mutter die Rolle der Besänftigerin (1) spielen, der Vater die Rolle des Tadlers (3) usw. In den nächsten 5 Minuten wird die Mutter die Ausweichende (2) sein, der Vater wird predigen (4), der Sohn wird tadeln (3), die Tocher besänftigen (1) usw.

	Mutter	Vater	Sohn	Tochter
Die ersten 5 Minuten	1	3	2	4
die zweiten 5 Minuten	2	4	3	1
die dritten 5 Minuten	3	1	4	2
die vierten 5 Minuten	4	2	1	3

(Schreiben Sie die Tabelle und die Rollenbeschreibungen ab oder schreiben Sie sie auf eine Wandtafel)

Wenn auf Sie die Rolle des Tadlers gefallen ist, fangen Sie an, zu tadeln: »Mama, du bist schuld, daß ich in diesem Semester schlechte Noten bekam, weil du mich morgens nicht rechtzeitig weckst.« »Du scherst dich ja doch nicht um das, was ich tue.« Führen Sie beliebige Probleme ins Feld und lassen Sie sie fallen, wenn Sie was andres zur Sprache bringen wollen. Warten Sie nicht, bis ein Teilnehmer fertig gesprochen hat: Streitgespräche sind nicht so!!

Legen Sie sich energisch ins Zeug und genießen Sie das Spiel! Wenn Sie der Tadler sind oder der Prediger, dann lassen Sie den »Ausweichenden« nicht hinten sitzen und allem aus dem Wege gehen, ohne daß er herausgefordert würde. Sorgen Sie dafür, daß der Betreffende wirklich einer Sache aus dem Wege zu gehen hat! Gut so! Spielen Sie die Ihnen zugefallene Rolle fünf Minuten lang.

Nach fünf Minuten geht jeder Teilnehmer zu seiner nächsten Rolle über... Das Spiel wird fortgesetzt, bis jeder alle vier Rollen durchgespielt hat. Dann genießen Sie das Schweigen für ein Weilchen. Schließen Sie die Augen und überdenken Sie im stillen die vergangenen zwanzig Minuten... Welche von den vier Rollen fiel Ihnen am leichtesten und welche am schwersten? ... Welche Rolle lag Ihnen am besten und wurde daher die spontanste und kräftigste? ... In welcher Rolle war Ihnen am wenigsten wohl? Fühlten Sie sich darin überfordert und beengt? ... Was meinen Sie nun zu den andern Familienmitgliedern? Welche Rolle fiel jedem von ihnen nach Ihrer Meinung am leichtesten, welche am schwersten? ... Diskutieren Sie hierüber mit den »Familienmitgliedern« in den nächsten fünf Minuten...

Ich bitte jetzt jeden Teilnehmer, etwa zwei Minuten lang die Rolle zu spielen, die ihm am leichtesten fiel ... danach die, die ihm am schwersten wurde ... Es ist kein Unglück, daß die eine der Rollen Ihnen mehr, die andre weniger liegt. Die oder jene fällt Ihnen leichter, weil Sie sie gut zu spielen gelernt haben und sie Ihnen vertraut ist ... Andre Wege, die Mitmenschen zu manipulieren, sind schwieriger, weil Sie sie weniger benutzt haben. Deshalb bitte ich Sie nun, Ihre Meinungen darüber auszutauschen, inwieweit die Rollen die für Sie charakteristische Art ausdrücken, mit Menschen umzugehen. Inwieweit haben Sie und die andern Teilnehmer sich im Rahmen der gegebenen vier Möglichkeiten durch die Rollen ausgedrückt? Was für einen Eindruck haben Sie voneinander als Resultat dieses Spiels? Besprechen Sie das in den nächsten zehn Minuten ...

Ich möchte nun einiges zu dieser Übung sagen. Ich begann mit der Bitte an Sie, eine angenommene Rolle zu spielen. Sie übernehmen die Rolle und entdecken, daß sie reale Züge gewinnt. Sie entdecken etwas über sich selbst: nämlich, wie Sie es vermeiden, andern Leuten aufrichtig und direkt zu begegnen. Innerhalb jeder der vier Grundrollen gibt es hunderte von Variationen, und Sie können auch Ihren persönlichen Stil finden, eine bestimmte Rolle zu spielen. Der eine weicht der Begegnung dadurch aus, daß er murmelt, so daß kein Mensch ihn versteht, der andre vermeidet sie durch Geistesabwesenheit und Weggucken, wieder ein andrer entzieht sich durch Stillsein, Vergeßlichkeit oder durch fortwährendes Reden. Wenn Sie sich selbst im alltäglichen Verhalten beobachten, werden Sie feststellen, daß Sie verschiedene Stile handhaben und sogar verschiedene Rollen gegenüber den für Sie wichtigen Menschen spielen. So weichen Sie etwa dem Vater aus, Sie tadeln die Mutter, Sie besänftigen die Freundin usw. Selten ist ein Mensch so auf eine einzige Rolle festgelegt, daß er sie bei jedem anwendet, mit dem er es zu tun hat. Versuchen Sie, diese Übung mit Ihren eignen Angehörigen zu machen, und sehen Sie zu, was Sie dabei entdecken.

Ich hoffe, Sie haben bei der Beobachtung der Gruppenteilnehmer Einblick in die weitreichende Verschiedenartigkeit der Stile bekommen, die bei der Manipulation angewendet werden können. So wird es Ihnen möglich werden, die Situation zu durchschauen, wenn jemand Sie zu manipulieren versucht. Tadeln und Predigen sind offne und aktive, Ausweichen und Beruhigen mehr passive Methoden, aber all diese Rollen zwingen den Mitmenschen, in bestimmter Weise zu reagieren.

Die Rollen sind zudem das Mittel, ehrlichen Kontakt zu vermeiden – sie ermöglichen mir, nicht offen zu erklären, was ich vom anderen will, und nicht die Verantwortung dafür zu übernehmen, was ich fordere. Wenn ich mit jemandem eine Meinungsverschiedenheit oder eine Auseinandersetzung habe, so ist der richtige Weg zur Beilegung folgender: (1) deutlich zu sagen, was ich empfinde, was mir wichtig ist und was ich vom anderen will; (2) auf die Empfindungen und Forderungen des anderen zu hören, und (3) dann entweder zu irgendeiner Übereinkunft und Lösung zu kommen oder mich zu entscheiden, daß ich mein Anliegen und meine Wünsche einem andern Menschen antragen werde, dessen Geschmack und dessen Empfindungen mehr den meinen entsprechen. Die meisten aber sind weder zu Kompromiß oder Zustimmung bereit, noch dazu, den Kontrahenten preiszugeben und jemand andren zu finden, mit dem sie besser harmonieren. Die meisten sind im Netz der eignene Forderungen gefangen, die sie fortwährend an den Mitmenschen stellen, und dieser ist nicht willens, sie zu erfüllen. Der Tadler sagt immerzu: »Du solltest das oder das tun – wenn nicht, bist du ein schlechter Mensch und hast unrecht«, und versucht, auf diese Art den anderen gefügig zu machen. Der Prediger versucht zu beweisen, daß du das oder das so oder so zu tun habest. Und der Ausweichende zwingt den anderen, allerlei für ihn zu tun, weil er selbst zu »hilflos« dazu sei. Der Besänftiger aber macht der Konfrontation ein Ende, die doch zur offnen Entlarvung des Konflikts und damit zum Ende seiner Manipulationen des Partners führen könnte. Ehrliche Konfrontation riskiert die Aufhebung des status quo und ist oft schmerzhaft und störend – aber die Alternative ist endloses Gezänk, Unbefriedigtsein und destruktive Manipulation. Je genauer Sie die Einzelheiten des Geschehens im Streit- und Konfliktfalle wahrnehmen, desto besser werden Sie imstande sein, die Verwirrung zu klären und die Kommunikation so zu lenken, daß sie direkt geschieht, und daß die wahren Probleme klar hervortreten.

Die folgenden Übungen wollen Ihnen helfen, einige wichtige, grundlegende Aspekte der Kommunikation zu erkennen. Bitte nehmen Sie dabei genau wahr, was in Ihrem Empfinden vor sich geht, wenn Sie nun die Wechselwirkungen in den folgenden Gesprächen verfolgen.

Setzen Sie sich einem Partner gegenüber und schauen Sie einander an. (Oder bilden Sie Gruppen von 4–6 Personen, männliche und weibliche zu gleichen Teilen.) Sprechen Sie miteinander, aber stellen Sie einige

Regeln auf, die Sie auf bestimmte Wörter und Sätze festlegen. Achten Sie bitte darauf, was Sie beim Aussprechen und Hören der Sätze und Wörter empfinden, und achten Sie auch auf das Verhalten Ihres Partners. Bitte entdecken Sie, in welcher Weise sich die Interaktion zwischen den beiden Personen durch die unterschiedliche Art der Mitteilungen ändert. Bei den verschiedenen Möglichkeiten des Gesprächs wollen Sie bitte besonders auf den Grad wirklich vorhandener Kommunikation achten: wieweit können Sie den Partner an dem teilnehmen lassen, was Sie selbst wahrnehmen, und wieweit sind Sie imstande, das Erleben des Partners zu verstehen? Wieweit fühlen Sie sich mit ihm verbunden und in seine Erlebniswelt einbezogen?
Beginnen Sie so, daß Sie etwa 3 Minuten lang in gewohnter Weise ohne jede Einschränkung miteinander sprechen, um ein gemeinsames Thema zu finden. Unterhalten Sie sich ganz locker über etwas Beliebiges. Dabei beachten Sie beide, worüber, in welcher Weise und in welchem Ton Sie sprechen und was Sie beide dabei empfinden ...
Nun überdenken Sie im stillen den Dialog. Was haben Sie während desselben wahrgenommen? Was ist Ihnen im Blick auf die Kommunikation aufgefallen? ... Worüber haben Sie gesprochen? ... Und in welcher Art? ... Redeten Sie sich gegenseitig wirklich an oder saßen Sie nur da und warfen sich irgendwelche Sätze zu? Schauten Sie dabei einander in die Augen? Oder haben Sie das vermieden und etwa aus dem Fenster geguckt? ...

»Es«-Aussagen In den nächsten paar Minuten sollen im Gespräch folgende Einschränkungen gelten: jeder Satz soll eine Aussage sein, die mit »Es« beginnt. Fragen sind nicht erlaubt.
Sagen Sie einander in Kürze, was Sie bei solchen »Es«-Aussagen empfunden haben. Wie war Ihnen zumute, wenn Sie sich so äußerten, und wie wirkten die Aussagen Ihres Partners auf Sie? ...

»Du«- bzw. »Sie«-Aussagen Einige Minuten lang sprechen Sie jetzt nur in Sätzen zueinander, die mit »Du« bzw. »Sie« anfangen. Fragen sind nicht erlaubt ...
Erzählen Sie einander in Kürze, was Sie bei diesen »Du«-Aussagen empfunden haben. Wie war Ihnen als »Sender« bzw. »Empfänger« zumute? Vergleichen Sie diese Empfindungen mit denen, die Sie bei den »Es«-Aussagen hatten ...

»Wir«-Aussagen Im folgenden Kurzgespräch werden alle Feststellungen mit »Wir« anfangen. Fragen sind nicht erlaubt.
Tauschen Sie Ihre Erfahrungen aus und vergleichen Sie sie mit denen der beiden vorigen Gespräche...

»Ich«-Aussagen Jetzt werfen Sie einander Aussagen zu, die alle mit »Ich« anfangen, unter Ausschluß von Fragen und mit nachfolgendem Erfahrungsaustausch und Vergleich zu den vorigen Gesprächen...

Fragen Bitte stellen Sie jetzt nur noch Fragen aneinander. Fragen Sie ganz Beliebiges, aber geben Sie *keine einzige Antwort.* Sagen Sie einander, was Sie dabei empfinden. Bleiben Sie nicht bei der Tatsache hängen, daß die meisten von Ihnen wahrscheinlich auf die an sie gestellten Fragen antworten wollen. Diskutieren Sie über allerlei Aspekte von Gefragtwerden, Selber-Fragen und über Fragen überhaupt...

Umwandlung der Fragen in »Ich«-Aussagen Erinnern Sie sich der einander gestellten Fragen, wobei der Partner Ihnen behilflich sein könnte. Wandeln Sie jede Frage um in einen Satz, der mit »Ich« anfängt. Statt: »Warum trägst du Stiefel?« sagen Sie jetzt: »Ich stelle fest, daß du Stiefel trägst«, oder »Mir miß- (oder ge-)fallen deine Stiefel.« Man kann in dieser Art aus *jeder* Frage eine »Ich«-Aussage machen.
Besprechen Sie Ihre Erfahrungen bei solcher Umwandlung und vergleichen Sie, was Sie beim Fragen und was Sie beim Feststellen empfunden haben... Und wie war Ihnen als »Empfänger« von Fragen bzw. Aussagen zumute?...

Warum-Weil Jetzt sprechen Sie miteinander in Sätzen, die mit »Warum?« oder »Weil« anfangen. Jeder Satz soll eine Frage oder eine Antwort sein – über irgend etwas jetzt und hier...
Besprechen Sie Ihre Empfindungen beim Austausch dieser Fragen und Antworten.

Wie – So Bitte unterhalten Sie sich unter folgenden Einschränkungen: jeder Satz soll entweder eine Frage über irgend etwas jetzt und

hier sein und mit »Wie« oder »Was« anfangen, oder er soll eine Antwort auf solch eine Frage sein. Die Antwort auf eine »Wie«- oder »Was«-Frage soll nicht mit dem Wort »Weil« beginnen. Die Wörter »warum«, »weil«, »wieso« sind nicht erlaubt. Die Frage: »Wie fühlst du dich?« kann beantwortet werden mit: »Ich bin erregt und fühle eine Spannung in den Schultern.« Auf die Frage: »Was gefällt dir an mir?« kann geantwortet werden: »Mir gefällt dein Lächeln und wie du den Kopf neigst, wenn du mit mir sprichst.« Üben Sie dies etwa drei Minuten lang ...
Tauschen Sie Ihre Erfahrungen aus, die Sie mit solchen »Wie«- oder »Was«-Fragen und mit deren Beantwortung gemacht haben, und ziehen Sie Vergleiche mit Ihren Empfindungen, die Sie bei den »Warum?«-Fragen und den »Weil«-Antworten hatten. Welche Art von Fragen und Antworten vermittelt wahre kommunikative Information und verhilft zu wirklichem Kontakt mit dem andern Menschen? ...

Aber Nun treffen Sie beliebige Feststellungen, in denen das Wort »aber« vorkommen soll, wobei es nicht am Anfang jedes Satzes zu stehen braucht ...
Diskutieren Sie darüber, was Sie wahrnehmen, wenn Sie solche »Aber«-Sätze »senden« oder »empfangen«. Was für einen Effekt hat das Wort »aber« auf die entsprechende Aussage? ...

Und Nun setzen Sie das Wort »und« in jeden Satz. Es soll mindestens einmal darin vorkommen. Jeder Satz muß dies Wort enthalten, dafür ist diesmal das »aber« verboten. Versuchen Sie, in die vorher mit »aber« formulierten Sätze jetzt stattdessen ein »und« einzusetzen und sehen Sie zu, welchen Effekt dieser Wechsel auf den Inhalt der Aussage hat ...
Diskutieren Sie Ihre Erfahrungen mit »Und«-Aussagen und vergleichen Sie sie mit den »Aber«-Aussagen. Was bewirkt hier das Wort »und«?

»Ich-Du«-Aussagen Zum Schluß machen Sie nur noch Aussagen, die mit »Ich« beginnen und sich direkt irgendwie auf Ihren Partner beziehen. Zum Beispiel: »Ich wundre mich über dich« oder »Mir gefallen deine schwarzen Locken und wie sie im Licht glänzen.« Jeder Satz soll eine »Ich-Du«-Aussage sein. Fragen sind nicht erlaubt.
Besprechen Sie mit dem Partner Ihre Empfindungen bei dieser Art von

Kommunikation und ziehen Sie Vergleiche mit den vorigen Gesprächen...

Nehmen Sie sich einige Minuten Zeit, Ihre Erfahrungen zu überdenken, und ziehen Sie Bilanz darüber, was Sie aus diesen verschiedenen Arten der Kommunikation gelernt haben...

Ich möchte jetzt einige Aspekte dieser Übungen besprechen, um Ihre Erfahrungen zu festigen und einiges zu erwähnen, was Sie vielleicht nicht klar realisiert haben.

Wenn ich einen Satz mit »es« anfange, so ist das Subjekt ins Außen verlegt. »Es« ist irgendwo außerhalb und weder ein Teil von dir noch von mir. Zum Beispiel: »Es ist sonderbar, daß wir so miteinander reden.« Wo ist dieses sonderbare »Es«? Ein Satz, der zur direkten Kommunikation führt, heißt: »Ich finde es sonderbar, daß wir so miteinander reden.«

Wenn ich einen Satz mit »Sie« anfange, geschieht es oft in der Absicht, den Partner in die Defensive zu drängen. Vielleicht verleugne ich nur meine Empfindung und meine Ansichten, indem ich den Plural »Sie« benutze, statt »Ich« zu sagen. Dieses »Sie« meint tatsächlich »jedermann«. Die Wendung »wie Sie wissen« meint gewöhnlich »wie jedermann weiß«. Der Satz: »Ihnen ist doch wohl in dieser Situation sonderbar zumute« meint in Wirklichkeit: »Jedermann würde sich in solcher Situation sonderbar vorkommen.« Wenn ich zu Ihnen als zu einem bestimmten Menschen spreche, dringe ich sozusagen in Ihre Existenz ein. Das gilt auch dann, wenn meine Aussage weder ein Angriff (Sie sind abscheulich) noch eine Schmeichelei (Sie sind bewundernswert) ist. Wenn ich »Sie« sage, spreche ich von einem Außenstehenden, nicht von einem, der mir nahesteht. »Sie«-Aussagen kann ich sehr leicht machen, weil ich mich nicht offenbaren und nicht ganz einbringen muß.

Die meisten »Sie«- (oder »Du«-)Aussagen sind verkappte »Ich«-Aussagen. »Du bist bewundernswert« kann bedeuten: »Ich mag dich gern – bleib hier und sei nett zu mir.« Oder: »Sie sind abscheulich« bedeutet vielleicht: »Ich kann Sie nicht leiden, und das ist Ihre Schuld. Sie sollten sich ändern, um mir zu gefallen.« Solche »Sie«-Aussagen machen das Tadeln leicht. Wenn Sie und ich eine Meinungsverschiedenheit oder eine Auseinandersetzung haben, kann ich Ihnen die Alleinschuld daran zuschieben. Wenn ich »Sie« sage, umgehe ich meinen Teil an der Verantwortung. Sage ich aber »Ich«, dann anerkenne ich, daß ein Teil der Schuld an unsrer Differenz auf mein Konto kommt. Vielleicht ist Ihr Verhalten in Ordnung und mein Ansinnen, Sie sollten sich ändern, unberechtigt. Vielleicht sind Sie gar nicht so bewundernswert, aber die Art, wie Sie das Leben angenehm und erfreulich zu machen verstehen, imponiert mir. Wenn ich »Ich« sage, wird klar, daß ich die Verantwortung für den Abbruch unsrer Beziehungen selber trage. Wenn ich erkläre: »Ich mag Sie nicht, Sie sollten sich ändern«, so wird meine Abneigung als *mein* Erlebnis klargestellt, und das zeigt, daß mein Ansinnen, Sie sollten sich ändern, das Ziel hatte, mein Leben angenehmer zu machen. Wenn ich sage: »In Ihrer Gegenwart ist mir wohl«, so mache ich eine Aussage über mein Empfinden. Wenn ich »Ich« sage, drücke ich mich selber aus, sage ich aber »Sie«, bleibe ich in Distanz und manipuliere den anderen oft genug.

»Wir«-Aussagen haben mindestens zwei Aspekte. Sie können Menschen zusammenführen, indem sie Gemeinsames betonen: gleiche Anschauungen über dieses und jenes, oftmals gleiche Verhaltensweisen. »Wir«-Aussagen können aber auch ein Erlebnis verdünnen: weder Sie noch ich sind es, die denken oder fühlen, sondern jenes nebelhafte »Wir«, das irgendwie uns beide und doch keinen von uns meint. Dieses »Wir« kann auch die tatsächlich zwischen uns bestehenden Differenzen übertünchen und zudecken und auf diese Weise versuchen, Sie einzufangen und auf meinen Weg zu locken. Vielleicht sage ich: »Wir stimmen überein«, obwohl ich weiß, daß das nicht der Fall ist und ich nur meinen eignen Gesichtspunkt durchsetzen will. Eine »Wir«-Aussage ist oft eine Verkleidung für eine »Ich«-Aussage. »Wir sollten jetzt in die Küche gehen und kochen« kann im Klartext heißen: »Ich bin hungrig und möchte, daß du gehst und kochst.« – »Wollen wir einkaufen gehen« meint: »Geh mit mir einkaufen.«

Fragen lenken die Aufmerksamkeit auf den anderen mit dem Ziel, ihn in die Defensive und in die Rolle des Angegriffenen zu drängen. Dies trifft besonders dann zu, wenn die Frage mit »Warum?« beginnt. Eine Frage wie diese: »Warum tragen Sie Stiefel?« verbirgt oft recht unvollkommen die Kritik, und der Gefragte wird wahrscheinlich defensiv antworten; er wird die einfache Tatsache, daß er Stiefel trägt, erklären und sich rechtfertigen. Unterwürfig gefärbte Fragen können auch als Schmeichelei benutzt werden; sie geben dem andern das Gefühl, wichtig und intelligent zu sein, sich wohl zu fühlen und veranlassen ihn, den Frager zu schätzen.

Wenn ich all meine Fragen in »Ich«-Aussagen umwandle, übernehme ich wiederum die Verantwortung für *meine* Einstellung, *meine* Abneigungen, *meine* Meinungen und Wünsche. So drücke ich mich selber aus, anstatt daß ich mich hinter Fragen verschanze, die Ihnen Aussagen entlocken sollen. Sehr wenige Fragen sind aufrichtige Bitten um Information, und wenn eine Frage mit »Warum?« beginnt, können Sie fast sicher sein, daß sie nicht ehrlich gemeint ist. Es gibt zwar einige echte »Warum?«-Fragen. Aber eine solche ehrliche »Warum«-Frage, die um wirkliche Information bittet, läßt sich leicht so ausdrücken, daß sie mehr ins einzelne geht und andre Fragewörter benutzt, z. B. wie, welches, was, wo, wann usw. Der »Warum-Weil«-Abtausch ist sozusagen eine Kurzfassung nutzlosen Wortschwalls. Statt das Verständnis für den anderen zu erweitern, führt er zu einer endlosen Kette unfruchtbarer Fragen und fruchtloser Antworten – zu Rationalisierungen und Erklärungen, die immer weiter vom Erleben und Wahrnehmen wegführen. Wenn Sie die Wörter »Warum« und »Weil« aus Ihrem Wortschatz streichen, werden Sie nur eines verlieren: ein Stück Ihrer eignen Unklarheit.

Dagegen sind die Fragewörter »Wie« und »Was« nützlich und führen zu tieferem Verständnis. Wenn ich frage: »Wie – ?«, dann frage ich nach Qualität und Fortgang des momentanen Geschehens, anstatt daß ich die Gegenwart verlasse und über die Zukunft Vermutungen anstelle. »Warum reagieren die Atome so?« ist eine Frage an die Metaphysik, auf die es eine Unmenge nutzloser Antworten gibt. »Wie reagieren die Atome?« ist eine Frage an die Physik und an die Chemie, und es gibt hier für jede spezifische Situation nur eine zutreffende Antwort. »Warum fühlst du dich elend?« ist bestenfalls eine Aufforderung zu Erklärungen und zur Rechtfertigung, und schlimmstenfalls ist sie das Ansinnen, die Tatsache des Sich-Elendfühlens zu leugnen, wenn sie nicht gerechtfertigt werden kann. »Was fehlt dir?« oder »Wie fühlst du dich?« sind wirkliche Bitten um Information über Ihr Ergehen. Und Ihre Antwort: »Mein Magen rebelliert und ich habe Kopfweh« bringt Sie Ihrem eignen Erleben näher. Ihre Antwort ermöglicht wirkliche Kommunikation und sagt mir näheres über Sie. – Wenn Sie also »Was?« und »Wie?« fragen, bitten Sie um eine Information über Tatsachen und Vorgänge. Fragen Sie aber »Warum?«, dann erwarten Sie endlose Erklärungen – die Begründung der Begründung des Grundes...

Viele Fragen sind Fallen, die den anderen veranlassen, sich festzulegen. Ist das erreicht, dann kann man ihn strafen oder dazu bringen, etwas zu tun, was er nicht tun wollte. »Wann bist du zurückgekommen?« klingt wie eine unschuldige Frage. Aber wenn ich schon weiß, daß Sie vor einer Woche zurückgekehrt sind, und mich ärgere, daß Sie mich nicht sofort angerufen haben, so ist diese Frage eine Fußangel, um Sie festzulegen. Antworten Sie nun ehrlich, so kann ich »legitimerweise« böse auf Sie sein, und wenn Sie lügen, kann ich Sie fangen. Die Feststellung: »Ich weiß, daß du vor einer Woche zurückgekehrt bist, und bin ärgerlich, daß du mich nicht gleich angerufen hast«, ist viel ehrlicher. Wenn ich mir über meine Gefühle klar bin, kann ich mich noch aufrichtiger ausdrücken und z. B. sagen: »Ich wollte dich gleich nach deiner Rückkehr sehen und erwartete auch, daß du dich um mich kümmerst und mich gleich anrufst. Deshalb rief ich dich nicht an, und bin nun enttäuscht, daß du dich offenbar nicht um mich gesorgt hast.« Solche Feststellungen drücken etwas Bestimmtes aus; die meisten Fragen aber sind Manipulationen.

Das Wort »Aber« kann nützlich sein zur Feststellung eines Gegensatzes oder einer Meinungsverschiedenheit. Es kann auch dazu gebraucht werden, den ersten Teil eines Satzes aufzuheben oder zu verneinen. Wenn ich sage: »Ich mag dich, aber –« so ist das »Ich mag dich« meistens ganz ausgelöscht durch das, was folgt. Ein Satz, der ein Aber enthält, kann sich selbst aufheben und ganz sinn- und inhaltslos werden. Manche Leute setzen in fast jeden Satz ein Aber, und dadurch löschen sie das eben Gesagte wieder aus und sagen etwas andres, und das Endergebnis ist gleich Null. »Aber« ist auch ein Spaltwort. Wenn ich sage: »Ich mag deine Freundlichkeit, *aber* dein nervöses Lachen mag ich gar nicht«, so ist es, als würde Ihre Freundlichkeit an das eine Ende des Raumes verbannt und das nervöse Lachen ans andre Ende. Dies Aufspalten ist oft der erste Schritt zur Entfremdung und zur Verleugnung eines Teiles von Ihnen und Ihrem Erleben. Wenn ich im selben Satz dies Aber durch ein Und ersetze, bleiben die beiden Gefühle verbunden und werden nicht aufgespalten. Das Wort »Und« hält die Gefühle zusammen, verhütet die Entfremdung und führt vielleicht dazu, noch andre Aspekte der Empfindung zu entdecken. Mit dem Wort »Und« wird die Wahrnehmung im Gleichgewicht gehalten und es wird klar: beide Gefühle sind wahr; sowohl meine Abneigung als auch meine Zuneigung sind Teile der Zuwendung zum anderen.

»Ich-Du«-Aussagen sind der gültigste Ausdruck meiner Wahrnehmung, die sich auf Ihre Wahrnehmung richtet. Ich übernehme die Verantwortung für das, was ich sage, ich sage es Ihnen ganz direkt, und wenn ich etwas *über* Sie sage, dann strecke ich meine Hand zu Ihnen aus und sage Ihnen, wie Sie auf mich wirken. Bitte gehen Sie diesen Gedanken auf den Grund in Ihrer alltäglichen Beziehung zu den Menschen, die Ihnen im Leben begegnen. Beachten Sie, wie Sie und die anderen diese Schlüsselworte und -sätze gebrauchen, und nehmen Sie deutlicher wahr, was Sie dabei fühlen und was sich jeweils ereignet. Beachten Sie bitte, unter welchen Umständen Sie diese Worte benutzen, und wie sie auf Ihre Beziehungen einwirken. Versuchen Sie, eigne »Ich«-Aussagen aus den eignen Fragen und den Fragen andrer Menschen zu machen. Sehen Sie zu, was sich ereignet, wenn Sie statt »aber« das Wort »und« benutzen, und das Wort »wie?« statt »warum?«. Es ist geradezu erstaunlich, wie stark Sie Ihre menschlichen Beziehungen klären und Ihr Verständnis vertiefen können, wenn Sie einfach die Art und Weise, sich auszudrücken, umwandeln.
Sie können diese Vorschläge in der Praxis anwenden, wenn Sie sie bei der folgenden Übung im Auge behalten. Bleiben Sie sich der Kommunikation bewußt und sehen Sie zu, ob diese Vorschläge Ihnen helfen, sich im Dialog direkter und aufrichtiger auszudrücken. Wenn Sie die Übung allein machen, sprechen Sie laut und bauen Sie die Situation voll aus, so daß Sie auch Ihre physische Ausdruckskraft wahrnehmen und diese Wahrnehmung in den Dialog einbringen können.

Schuldgefühl Schließen Sie die Augen, setzen Sie sich bequem hin und lassen Sie sich etwas Zeit, mit Ihrem Körper in Fühlung zu kommen... Rufen Sie sich eine Situation ins Gedächtnis, die Ihnen ein Schuldgefühl verursacht... Vertiefen Sie sich in diese Situation, so, als wäre sie gegenwärtig... Erinnern Sie sich an alle Einzelheiten... Wo sind Sie?... Ist jemand bei Ihnen?... Was geschieht?... Was tun Sie – genau – woher kommt hier das Schuldgefühl?... Wie ist Ihnen zumute?... In welchem Teil Ihres Körpers empfinden Sie eine Spannung oder ein Unbehagen?...
Nun stellen Sie sich *den* Menschen vor, dem Sie zu allerletzt von Ihrer Schuld erzählen würden, den Menschen, der sich am meisten aufregen oder ärgern würde, wenn er oder sie davon wüßte... Stellen Sie sich vor, dieser Mensch wäre jetzt anwesend und würde Sie anschauen.

Versuchen Sie, diesen Menschen genau ins Auge zu fassen, in Einzelheiten ... Wie sieht er aus? ... Was für Kleider trägt er? ... Was für einen Gesichtsausdruck hat er? ...
Stellen Sie sich nun vor, daß Sie diesem Menschen genau erzählen, worin Ihre Schuld besteht. Sprechen Sie sich aufrichtig und direkt aus und seien Sie sich dieser Direktheit voll bewußt. Sagen Sie im Stillen: »Mary, ich möchte dir erzählen, was ich getan habe –« Wie ist Ihnen dabei zumute? ...
Wechseln Sie nun die Rolle, verwandeln Sie sich in den anderen und sprechen Sie mit sich selber so, als seien Sie jener andre. Was antworten Sie, wenn Sie in dieser Rolle zuhören ... Wie ist Ihnen zumute, wenn Sie diesem schuldig Gewordenen antworten? ... Setzen Sie den Dialog eine Zeitlang fort ...

Ressentiment Seien Sie nun wieder Sie selbst und sprechen Sie mit dem Partner über die Verstimmung, die Ihrem schuldhaften Verhalten vorausging. Vielleicht haben Sie zum Beispiel in Opposition zu einem Wunsch Ihrer Eltern gehandelt, weil Ihre Eltern Ihnen »Vorschriften machten« oder Sie »wie ein Kind behandelten« oder etwas dergleichen. Nun also erzählen Sie dem Partner, worin Ihr Ressentiment bestand, was Sie gesagt oder getan haben und wo in jener Situation Ihre Schuld lag ... Sprechen Sie direkt und aufrichtig ... Wie ist Ihnen zumute? ...
Wechseln Sie die Rollen und antworten Sie als Partner auf das eben Gesagte. Wie würden Sie an seiner Stelle auf Ihre Schilderung antworten? ... Vertiefen Sie sich in diese Rolle – was sagen Sie? ... Was empfindet Ihr Körper dabei? ... Setzen Sie den Dialog fort ...

Forderungen Seien Sie wieder Sie selbst und geben Sie Ihrer Forderung Ausdruck, die das Ressentiment ausgelöst hat. Z. B. wenn Ihr Ressentiment hieß: »Ich wehre mich dagegen, wie ein Kind behandelt zu werden«, dann hieß Ihre Forderung: »Behandelt mich wie einen Erwachsenen« oder »laßt mich in Ruhe!« Sprechen Sie diese Forderungen klar und scharf aus, als wären es Befehle, die Sie austeilen ... Wie empfinden Sie das in Ihrem Körper? ...
Tauschen Sie die Rollen und antworten Sie auf diese Forderungen als der andre. Was sagen Sie und wie fühlen Sie sich in der Rolle dieses anderen? ... Setzen Sie das Zwiegespräch fort, indem Sie nach Bedarf

die Rollen wechseln. Stellen Sie einen ehrlichen Meinungsaustausch her...

Ich werde Sie gleich bitten, die Augen zu öffnen und den Gruppenteilnehmern von Ihrem Erleben zu berichten. Auch wenn Sie nicht über die spezielle Situation sprechen mögen, in der Sie schuldig wurden, so bleibt doch immerhin noch genug, was Sie den anderen über Ihr Erleben mitteilen können. Wie war Ihnen jeweils als der eine und als der andre Sprecher zumute? Wie haben sich Ihre Gefühle und wie hat sich das Wechselspiel verwandelt, als Sie Ihrem Schuldgefühl, Ihren Ressentiments und dann Ihren Forderungen Ausdruck gaben? Was entdeckten Sie über Ihre Forderungen, die Sie an den anderen stellten? Bitte sprechen Sie darüber in der ersten Person Präsens. Öffnen Sie nun die Augen, kehren Sie zur Gruppe zurück und tauschen Sie Ihre Erfahrungen aus...

Eine Forderung ist eine sehr direkte Form der Kommunikation. Wenn ich sage: »Tu dies!« oder »Tu das nicht!«, so drücke ich mich streng und offen aus und übernehme die Verantwortung für meine Forderung - ich sage *Ihnen,* was *Sie* nach meinem Willen zu tun haben. Wir alle stellen viele Forderungen aneinander, und es ist ein echtes Problem, damit umzugehen und annehmbare Wege zur Lösung für Forderungen zu finden, die Konflikte verursachen.

Ein viel größeres Problem aber ist die Tatsache, daß die meisten Forderungen nicht offen und direkt ausgesprochen werden. Gewöhnlich bin ich nicht bereit, die Verantwortung dafür zu übernehmen, was ich vom anderen fordere. Deshalb verberge und verkleide ich meine Forderungen in süße Bitten, Suggestionen, Fragen, Anschuldigungen und zahllose andre Manipulationen. Mir wäre es recht, wenn Sie meine Wünsche erfüllten, ohne daß ich darum bitte. Wenn ich direkt fordere, gehe ich das Risiko ein, daß Sie ablehnen oder daß Sie mir klar machen, meine Forderung sei unbillig oder nicht ausführbar, oder, daß ich das Verlangte sehr wohl selber tun könne oder dergleichen mehr. Wenn ich aber meine Forderung schön einkleide, wird sie unklar und oft verwirrend für Sie und für mich. Wir beide verlieren die Wahrnehmung für das, was zwischen uns vorgeht.

So kann meine Forderung derart verwirrend werden, daß Sie sie selbst dann nicht erfüllen könnten, wenn Sie dazu bereit wären.

Bleibt meine Forderung unbefriedigt, so empfinde ich Ressentiment und
 Ärger gegen den, der mir die Befriedigung versagt. Wenn ich nun dem

Ausdruck gebe, wird meist erst richtig klar, was ich von ihm erwartet hatte. Zum Beispiel: es geht mir auf die Nerven, daß du pausenlos redest – dann lautet meine Forderung, daß du hin und wieder mal den Mund hältst. Aber sogar hierin liegt eine Möglichkeit zur Manipulation und zum Mißverständnis. Zum Beispiel kann ich eine berechtigte Forderung, die Sie an mich richten, als so übertrieben hinstellen, daß sie zur Unvernunft und damit zur unberechtigten Forderung geworden zu sein scheint. Nun habe ich einen Grund, sie abzulehnen, und kann Ihnen vorwerfen, solch ein unvernüftiges Ansinnen an mich gestellt zu haben. Und so weiter. Abgesehen von solchen Verwicklungen wird jedes direkte Aussprechen von Ressentiments und Forderungen klärend wirken. Wenn wir wissen, was wir voneinander verlangen, haben wir die klare Kommunikation und den Kontakt wieder hergestellt. Erst dann können wir eine ausführbare Lösung für das echte Problem finden: gegenseitigen Forderungen zu begegnen.

Wenn wir dies ergründen, entdecke ich vielleicht, daß Sie manche Forderungen nicht erfüllen können und andre nicht erfüllen wollen. Manches, was ich von Ihnen erwarte, sollte ich vielleicht selber machen, andres könnten vielleicht andre Menschen für mich tun, wenn ich darum bitte. Vielleicht aber erkennen wir, daß wir zu verschieden sind, um miteinander auskommen zu können, und daß wir glücklicher wären, wenn wir uns mit unsern Anliegen an einen anderen Menschen wenden würden. In der realen Welt kann nichts dem Ideal Ihrer Phantasie entsprechen, aber jede Lösung, die Sie finden, wird dem endlosen Streit vorzuziehen sein, der aus versteckten Forderungen entsteht und sich darin fortsetzt, daß man vom anderen verlangt, was er nicht erfüllen kann oder will.

Wenn ich es vermeide, ein Ressentiment auszudrücken, wird es nicht etwa verschwinden, denn wenn ich es fühle, ist es eine Tatsache, die ich nicht ändern kann. Ich habe nur die Wahl, es entweder offen auszusprechen oder es in einer verkleideten Form auszudrücken, wobei dann die Wahrnehmung dessen, was ich fühle und tue, gemindert wird. Die versteckte, nur teilweise Äußerung in Form von Nörgelei, Kritiksucht und anderen Störungen und Frustrationen erhält mein Ressentiment erst recht in Aktion. Nur die völlige Annahme und Äußerung eines Gefühls ermöglicht, daß es sich erledigt und einem andern Gefühl Platz machen kann. Manche Leute sammeln Kümmernisse und Ressentiments in einem großen Sack und warten nur auf eine passende Gelegenheit, ihn auf irgend jemanden auszuschütten. Und sogar dann äußern sie ihr Ressentiment nicht ganz, weil sie gewöhnlich ihr Gefühl gar nicht zu eigen haben und die Verantwortung dafür nicht übernehmen. Gewöhnlich schieben sie andern Menschen die Schuld für ihr Unbehagen zu, und das ist eine weitere Manipulation und eine Forderung an die anderen, sich zu ändern.

Meine mangelnde Bereitschaft, ehrlich der zu sein, der ich bin, und Sie an meinem Fühlen und Erleben teilnehmen zu lassen, schafft Distanz zwischen uns. Die verkleidete Äußerung meiner Gefühle und meines Tuns fügt den tatsächlichen Problemen, die zwischen uns stehen, noch Verwirrung, Widerstand und Schwierigkeiten hinzu.

Jedes Ansinnen an mich, ich solle anders sein und handeln, als ich will, ist eine Quelle für Ressentiments. Gleichzeitig aber bin ich vielleicht recht einverstanden mit solchen Forderungen und *meine,* sie seien berechtigt. Mein Ressentiment steht im Widerspruch zu dieser meiner Meinung, und ich bin in Gefahr, die Wahrnehmung meines Gefühls zu verlieren. Wenn ich nun den Forderungen nicht entspreche, überkommt mich ein Gefühl der Niederlage und der Angst vor dem *Ressentiment des anderen* und vor Strafe. Mein eigner Widerstand gegen die Erfüllung jener Forderungen ist begraben unter diesem Gefühl des Versagens und der Furcht vor dem Ressentiment des anderen, und dies Gefühl nennen wir Schuld. Manche Menschen (und manche Religionen) sind sehr geschickt in der Erzeugung von Schuldgefühlen, und damit manipulieren sie den anderen, ihre Forderungen zu erfüllen. Wenn Sie sich also irgendwie schuldig fühlen oder Ärger und Schwierigkeiten mit jemandem haben, dann versuchen Sie, sich darüber auszusprechen, und ergründen und klären Sie die Forderungen, die Sie aneinander zu haben glauben.

Bitten Sie Ihre Familienmitglieder, die folgende Übung mitzumachen: für eine bestimmte Zeit (einen Tag oder einen Abend) solle jede Kommunikation in einer klar formulierten Forderung ausgesprochen werden. Spricht jemand in andrer Form, muß er korrigiert werden. Alles, was gesagt wird, soll eine Forderung sein, auch wenn es nur heißt: »Hör mir zu!« Eine solche Übung mag extrem und künstlich erscheinen, aber sie wird die Teilnehmer auf die gegenseitigen Forderungen hinweisen, die sie aneinander stellen. Sollte Ihnen dies zu extrem vorkommen, so lassen Sie die Frageform beiseite und setzen Sie fest, daß jeder Satz entweder eine Forderung oder eine »Ich«-Aussage sei. Die Übung kann auch dafür hilfreich sein, daß Sie Ihrer eignen Art auf die Spur kommen, wie Sie andre Menschen heimlich manipulieren und Forderungen an sie stellen. Sehen Sie zu, was Sie in der nächsten Übung entdecken können.

Du hast es; ich hätte es gern Setzen Sie sich paarweise einander gegenüber. Jedes Paar entscheidet, wer A sein soll und wer B...
Nehmen Sie jetzt wahr, auf welche Weise entschieden wurde, wer A und wer B sein solle. Hat einer von beiden die Verantwortung übernommen und entschieden? Wenn ja, hat er für sich selbst entschieden und gesagt: »Ich bin A« oder hat er für seinen Partner entschieden: »Du bist A«? Hat einer oder haben beide versucht, die Verantwortung zu umgehen und den Partner zur Entscheidung zu zwingen, indem er abwartete, die Achseln zuckte oder sagte: »Wer willst du sein?« Und so weiter. Diskutieren Sie die Lage kurz und überdenken Sie, wie diese kleine Szene Ihr Verhalten ausdrückt, wenn eine Entscheidung gefällt werden soll...
Ich bitte Sie, jetzt ein Spiel zu spielen, das den Namen hat: »Du hast es; ich hätte es gern.« Bitte stellen Sie beide sich vor, daß A etwas hat und behalten will, das aber B gar zu gern hätte. *Sprechen Sie bitte nicht* darüber, *was der erwünschte Gegenstand sein könnte,* sondern diskutieren Sie einfach so, als wüßten Sie es beide. Wenn Sie wollen, können Sie sich etwas Bestimmtes vorstellen, *aber sagen Sie dem Partner nicht, woran Sie denken.* B mag den Anfang machen und sagen: »Ich möchte es haben«, und A antwortet: »Ich will es dir aber nicht geben« und so weiter. Setzen Sie diesen Dialog vier oder fünf Minuten lang fort...
Tauschen Sie die Rollen, so daß B das hat, was A haben möchte. Spielen Sie auch diese Version vier bis fünf Minuten lang durch...
Schließen Sie die Augen und denken Sie mehrere Minuten lang darüber nach, was sich während des Zwiegesprächs ereignet hat. Was haben Sie in sich selbst und was am Partner wahrgenommen? Zum Beispiel: in welcher Form versuchte jeder von Ihnen, den Gegenstand zu bekommen? Haben Sie gefordert und gedroht, oder haben Sie versucht, den Partner zu bestechen oder ihm den Gegenstand abzuschwatzen? Haben Sie geklagt, gebeten oder dem anderen ein Gefühl der Schuld beigebracht? Haben Sie dem Partner »logisch« zu beweisen versucht, er brauche ja den Gegenstand gar nicht? Und wie haben Sie den Versuch

des Partners abgewehrt, das Erwünschte zu bekommen? Wie fühlten Sie sich in jeder der beiden Rollen? Haben Sie es genossen, das Ding zu verweigern, oder wollen Sie nachgeben, um dem Partner zu gefallen, und sei es auf eigne Kosten? Versuchen Sie, alle Einzelheiten des Wechselspiels wirklich wahrzunehmen ...

Öffnen Sie nun die Augen und diskutieren Sie all dieses mit Ihrem Partner. Versuchen Sie einige Minuten lang, alle Einzelheiten zur Sprache zu bringen.

Ich bitte Sie, sich bewußt zu machen, daß dies nicht einfach ein Spiel ist. Sondern hier werden sich manche charakteristische Züge zeigen, wie Sie mit Menschen umzugehen pflegen: wie Sie sich verhalten, wenn Sie etwas von einem anderen haben wollen oder umgekehrt. Vertiefen Sie sich einige Minuten lang schweigend in das, was Sie über sich selbst durch dies »Spiel« entdeckt haben. Zum Beispiel könnten Sie zu sich selbst sagen: »So bin ich. Ich will etwas von dir haben, und wenn du es behalten möchtest, versuche ich, dir ein Schuldgefühl beizubringen«, oder etwas andres, das Ihnen entspricht ... Tauschen Sie solche Beobachtungen mit Ihrem Partner abwechselnd und laut aus ...

Kommunikation ohne Worte Wenn ich mit andern Menschen in Verbindung trete, wird nur ein Teil dessen, was wir »senden«, durch Worte übertragen. Ein Großteil liegt im Ton meiner Stimme und andern nicht-verbalen Mitteilungen. Wenn ich richtig »funktioniere« und leicht anspreche, dann vereinigen sich all diese Mitteilungen und bilden ein reichhaltiges und klar verständliches Ganzes. Wenn ich mich freue und dem Ausdruck gebe, singt meine Stimme, mein Körper tanzt, und so wird das, was ich sage, bekräftigt und ausgeformt. Wenn ich mich aber kontrolliere und manipuliere, vereinigen sich die verschiedenen Mitteilungen nicht: ein Teil davon gerät in Widerspruch und Gegensatz zum andern Teil. Meine Bemühungen, mich unter Kontrolle zu halten, erreichen ihr Ziel niemals ganz, und so wird nur ein Teil meiner Äußerungen direkt und ehrlich, der andre Teil aber künstlich und gewaltsam sein. Wenn ich versuche, Kraft und Selbstvertrauen zur Schau zu stellen – die ich aber gar nicht habe –, werden meine Worte durch das Zittern meiner Stimme, durch rasche, unruhige Bewegungen meiner Augen und durch die starre, gespannte Haltung meines Körpers Lügen gestraft. Und so weiter ... Es ist nicht möglich, sich jeder Kommunikation zu entziehen. Das ist eine weithin nicht erkannte

Tatsache. In einer Sufi-Geschichte wird das deutlich; dort wird von einem Manne erzählt, der schreibt: »Ich habe dir einundsiebzig Briefe geschrieben und keine Antwort erhalten – das ist auch eine Antwort.«
Jede Mitteilung hat zwei Aspekte: (1) den Inhalt, vermittelt durch die tatsächliche Information, und (2) eine Feststellung über die Beziehung, die zwischen den beiden Personen besteht. Bitte bedenken Sie die folgende einfache Feststellung: »Das ganze Geschirr ist ungespült.« So könnte ein Ehemann in überheblichem Ton sagen, und das würde heißen: »Ich bin dir haushoch überlegen, du unfähige Schlampe«, oder in freundlichem Ton, und dann hieße es: »Ich werde dir gern beim Spülen helfen.« Eine Hausfrau könnte dieselbe Feststellung mit dunkler Stimme aussprechen, und das würde bedeuten: »Ich bin ganz erschöpft, bitte spüle doch du das Geschirr für mich«, oder in verletztem Ton: »Sieh doch, was du mir antust!«, oder im Ärger: »Potztausend, ich werde nicht mehr immerfort hinter dir drein aufräumen und sauber machen!« Endlos viele Möglichkeiten gibt es hier.
Gewöhnlich ist es leicht, sich über den tatsächlichen Inhalt einer Mitteilung zu einigen: entweder *ist* das Geschirr ungespült oder nicht. Viel schwieriger aber ist es, über die menschliche Beziehung zu einer Einigung zu kommen, die in der Mitteilung eben auch enthalten ist. Das liegt daran, daß hier etwas Verstecktes und Unklares mitspielt, und außerdem in der Tatsache, daß die Mitteilung meist Teil eines fortdauernden Kampfes um Manipulation und Steuerung ist. Eine Feststellung über menschliche Beziehungen enthält immer auch eine solche über gegenseitige Machtausübung: wer was für wen tun sollte. »Ich bin der Boß und du bist der Angestellte, und deshalb solltest du auf mich hören und die Sache auf meine Art erledigen, auch dann, wenn du mehr davon verstehst als ich.« »Du bist meine Frau, deshalb mußt du für mich kochen, auch wenn du krank bist und obwohl ich mehr Zeit und Kraft habe.« Wenn aber zwei Menschen offen und frei miteinander umgehen, wandelt sich auch ihre Beziehung zueinander. Es ist nicht möglich, darüber eine feste Definition abzugeben, aber das ist auch nicht erforderlich.
Wenn ein Mensch nicht bereit ist, sich in Worten direkt auszusprechen, oder wenn er seine Worte dazu mißbraucht, das Gemeinte zu verstekken, so vermitteln doch seine Stimme, seine Körperhaltung, seine Bewegungen oft eine ins einzelne gehende Aussage. Etwas Unausgesprochenes sucht andre Ausdrucksmöglichkeiten. Wir lernen gewandter mit

Worten zu lügen als mit unseren nicht-verbalen Ausdrucksmitteln. Wir können zwar in etwa lernen, mit der Stimme und mit dem Gesichtsausdruck zu lügen, aber diese nicht-verbalen Lügen sind meistens Karikaturen der Wirklichkeit, wie die begeisterten Fernseh-Reklamen für Desodorants. Unsre nicht-verbalen Äußerungen sind meist viel aufrichtiger als unsre Worte, und oft besteht eine weite Diskrepanz zwischen beiden. Vielleicht sagt ein Mann: »Ich würde dich gern näher kennenlernen«, aber seine Schultern lehnen sich zurück und seine Hände machen kleine Stoßbewegungen, als wollten sie sagen: »Geh doch weg!« Ein Mädchen sagt etwa: »Ich will dich nie mehr sehen!«, und dabei wiegen sich Schultern und Hüften zur Umarmung einladend.
Lächeln und Lachen können Ausdruck echter Liebe und Freude sein. Aber wenn das Lächeln sich zum Grinsen verzerrt und das Lachen nervös wird, dann werden ganz andre Mitteilungen »gesendet«. Viele Menschen können nicht einmal versuchen, tiefere Gefühle zu äußern, ohne sie gleichzeitig durch nervöses Gekicher auszulöschen, das besagt: »Ich meine es nicht ernst, ich empfinde gar nicht so.« Andere können mit niemandem reden, ohne die Distanz durch hochmütiges Lächeln zu wahren. Solches Lachen und Lächeln hat sich aus Kommunikation in Annulierung verwandelt. Dies sind einige Beispiele dafür, wie wir unsre gesprochenen Mitteilungen durch die nicht-verbalen aufheben und entwerten.

Nicht-verbale Annulierungen Setzen Sie sich einem Partner gegenüber und sehen Sie einander an. Bitte heben Sie alles, was Sie sagen, absichtlich durch eine nicht-verbale Entwertung wieder auf. Löschen Sie die Bedeutung des Gesagten aus durch eine Bewegung, einen Gesichtsausdruck, den Ton der Stimme, Gelächter oder ein andres nicht-verbales Verhalten. Bitte nehmen Sie dabei Ihr eignes Gefühl wahr und achten Sie genau darauf, was Sie und Ihr Partner tun, um die gesprochenen Mitteilungen aufzuheben. Üben Sie dies Verhalten im Wechsel etwa fünf Minuten lang ...
Dann bleiben Sie ein Weilchen still sitzen, um dies Erlebnis auf sich wirken zu lassen ... Auf welche Art sind Sie und ist Ihr Partner verfahren? ... Erkennen Sie in einer dieser Verhaltensweisen sich selbst wieder aus früheren Situationen? ... Wie war Ihnen während des Auslöschens eigner Mitteilungen zumute? Was haben Sie sonst noch beobachtet? ...
 Erzählen Sie einander, was Sie während dieser Übung erlebt haben ...

Wenn ich gleichzeitig mit Worten etwas sage und etwas andres mit meinem Körper ausdrücke, so bin ich geteilt zwischen meinen willkürlichen und unwillkürlichen Äußerungen. Die nicht-verbale Mitteilung ist gewöhnlich viel ehrlicher und weniger verzerrt durch Phantasie und Absicht, z. B. durch Hoffnungen, Wünsche, durch »ich sollte –« und so weiter. Gewöhnlich drückt eine nicht-verbale Mitteilung aus, was *ist,* während das Ausgesprochene das sagt, was *sein könnte,* was ich in der Phantasie beabsichtige, hoffe, zu tun versuche usw. Im gleichen Maße, als ich mit meinen Absichten in Fühlung stehe, stehe ich *außer* Fühlung mit der gegenwärtigen Wirklichkeit, und das drückt sich in meinen nicht-verbalen Mitteilungen aus. Mein Partner aber wird diese sehr wohl wahrnehmen, oder er wird, wenn er sie nicht wahrnimmt, doch auf sie reagieren. In letzterem Falle bin ich vielleicht sehr erstaunt, vielleicht verärgert und beleidigt, daß er auf meine Worte und Absichten so ganz beziehungslos reagiert.
Manchmal widerspricht die nicht-verbale Mitteilung gar nicht den gesprochenen Worten, aber sie fügt ihnen wichtige Informationen hinzu oder sie verändert die gesprochene Mitteilung auf sehr bezeichnende Weise. Ein Mann sagt etwa: »Ich würde Sie gern näher kennen lernen« und beugt sich dabei vor wie ein Fußballstürmer und macht kleine zupackende Handbewegungen. Hier verändern seine Haltung und seine Bewegungen den Sinn seiner Worte und zeigen an, *wie* er das Mädchen gern näher kennen lernen würde – wahrscheinlich durch Gewalt und Zupacken ohne Feingefühl und Fürsorge. Vielleicht ignorieren Sie diese nicht-verbalen Mitteilungen oder vielleicht reagieren Sie darauf ohne Wahrnehmung. Wenn Sie aber diese wichtigen Mitteilungen deutlicher wahrnehmen, können Sie sie ans Licht bringen, können die Kommunikation stärken und viel näher an die Lösung der wahren Probleme einer Beziehung herankommen. Man braucht kein »Lexikon« über Bewegungen und Gebärden, um zu verstehen, was nicht-verbal ausgedrückt wird. Nur die Wahrnehmung der eignen Bewegungen und deren Bedeutung ist dazu nötig, und das Feingefühl für den anderen Menschen. Die nächsten Übungen befassen sich mit solchen nicht-verbalen Äußerungen.

Der Körper im Spiegelbild Stellen Sie sich einem Menschen gegenüber, den Sie nicht gut kennen, und schauen Sie einander an. Sehen Sie sich unverwandt in die Augen ... Nun »frieren Sie sich ein« in der momentanen Körperhaltung und *bewegen Sie sich nicht!* Ein oder zwei Minuten lang nehmen Sie Ihre eigne Körperhaltung und die Ihres Partners wahr. Fangen Sie bei sich selber an. Nehmen Sie genau wahr, wie Sie stehen, wie Sie Ihren Kopf halten usw. Werden Sie sich Ihrer Position genau bewußt... wie fühlen Sie sich in ihr?... Inwiefern drückt sie Ihr gegenwärtiges Empfinden dieser Situation aus?... Jetzt betrachten Sie die körperliche Haltung Ihres Partners. Nehmen Sie wahr, wie er steht, wie er die Arme hält und den Kopf neigt usw. Was für einen Eindruck haben Sie von ihm, was drückt sein Körper über ihn und sein Befinden aus?...

Sie bleiben beide in Ihrer Position, als wären Sie gefroren, und erzählen einander, was jeder an seiner eignen Haltung wahrnimmt; identifizieren Sie sich mit ihr und übernehmen Sie die Verantwortung für das, was Sie tun. »Ich halte meine Arme eng verschränkt über der Brust und fühle mich hinter meinen Armen wie hinter einer Mauer beschützt«, oder dergleichen mehr...

Dann tauschen Sie Ihre Meinungen aus über das, was Sie an der Körperhaltung Ihres Partners wahrnehmen. Gehen Sie dabei ins einzelne und nehmen Sie wahr, was Sie tatsächlich *sehen,* und äußern Sie auch Ihre *Eindrücke und Vermutungen* über die Position Ihres Partners...

Bewegungen im Spiegelbild Tauen Sie auf und lockern Sie sich. Der Größere der beiden Partner möge bitte schweigend die Körperhaltung und die Bewegungen des Kleineren widerspiegeln. Schauen Sie dabei einander in die Augen. Ein Spiegel reflektiert sofort und genau, was sich vor ihm befindet. Wenn Ihr Partner den linken Fuß vorgestellt hat, dann stellen Sie als sein Spiegelbild den rechten Fuß vor. Wenn Ihr Partner seine Position ändert, dann ändern Sie die Ihre spiegelbildlich dementsprechend. Fangen Sie an: der Größere ist das Spiegelbild des Kleineren. Nehmen Sie bitte alle Einzelheiten der Körperhaltung Ihres Partners wahr und beobachten Sie dabei die eignen Empfindungen. Wie wirkt seine Haltung auf Sie?... Was drückt sie aus?... In welcher Situation würden Sie diese Haltung einnehmen, und was würden Sie in einer solchen Situation empfinden?...

Ich bitte den kleineren Partner, wahrzunehmen, was er empfindet, wenn er sieht, wie die eigne Haltung sich am Partner spiegelt. Beachten Sie, was Sie tun, wenn Sie dort etwas sehen, was Ihnen mißfällt...

Ändern Sie etwa Ihre Haltung sofort, um es zu verdecken? ... In diesem Falle machen Sie sich bitte klar, daß Sie mehr an Ihrer Erscheinung interessiert sind – nämlich, um das *Bild,* das Sie von sich haben, aufrechterhalten zu können –, als daran, wahrzunehmen, wie Sie wirklich *sind.* Sollten Sie beim Fortgang der Übung wieder etwas sehen, das Ihnen mißfällt, dann versuchen Sie, mehr davon zu gewahren, und anstatt es zuzudecken, übertreiben Sie es noch und fragen Sie sich, was diese Bewegung oder Haltung über Sie aussagt. Wenn Sie diese Übung »nur als Spiel« ansehen, büßen Sie eine gute Gelegenheit ein, aus Ihrer und Ihres Partners Haltung das wahrzunehmen und zu verstehen, was sich darin ausdrückt ...

Setzen Sie das Spiegelspiel fort und erzählen Sie einander gleichzeitig, was Sie wahrnehmen. Äußern Sie alle Einzelheiten ...

Tauschen Sie die Rollen, so daß nun der Kleinere die Haltung und die Bewegungen des Größeren spiegelt. Fangen Sie wieder schweigend an, und nach einer oder zwei Minuten erzählen Sie einander, was Sie wahrgenommen haben ...

Kauderwelsch im Spiegel Bitte richten Sie die Aufmerksamkeit darauf, was ohne Worte in Lauten ausgedrückt werden kann. Der Kleinere der beiden Partner möge Kauderwelsch reden, d. h. beliebige Laute von sich geben, die nicht Worte einer Ihnen bekannten Sprache sind. Der Größere möge dem Kauderwelsch sorgfältig zuhören, die Einzelheiten der Laute wahrnehmen und sie dann so schnell und so genau als möglich wiederholen. Warten Sie nicht, bis ein »Satz« beendet ist, sondern spiegeln Sie die Laute sofort wider, d. h. wiederholen Sie sie in gleicher Lautstärke, mit gleicher Stimme, mit gleichen Pausen usw. (Demonstrieren Sie es mit jemandem.) Üben Sie dies einige Minuten lang ...

Tauschen Sie die Rollen, so daß der Größere Kauderwelsch spricht, und der Kleinere sofort alle Laute zurückspiegelt ...

Nach einigen Minuten erzählen Sie einander, was Sie dabei empfanden, wie Ihnen zumute war, und was Sie wahrnahmen, als Sie das Kauderwelsch des Partners spiegelten und umgekehrt, als Sie dem Partner zuhörten, während er Ihr Kauderwelsch wiederholte. Was für Laute waren es, und was drücken sie aus? ...

Körper im Spiegelbild *Frieren Sie sich ein* und *bewegen Sie sich nicht!* Bleiben Sie genau in der Haltung, die Sie einnahmen, als ich das Wort »frieren« aussprach. Gewahren Sie rasch Ihre Position und was sie ausdrückt, und auch die Position Ihres Partners und was sie Ihnen auszudrücken scheint ...

Der Kleinere der beiden Partner möge bitte in der »eingefrorenen« Position bleiben, der Größere möge sie widerspiegeln. Kopieren Sie alle Einzelheiten und nehmen Sie wahr, wie Sie sich darin fühlen ... Schließen Sie kurz die Augen und fühlen Sie, wie sich Ihr Körper in der nachgeahmten Haltung befindet ... Was würden Sie selbst mit dieser Haltung ausdrücken? ... Bleiben Sie in der Position und teilen Sie dem Partner Ihre Wahrnehmung und Ihre Eindrücke mit. Sagen Sie ihm, was Sie an seiner Haltung beobachtet haben, als Sie sie nachahmten und nachfühlten, und finden Sie heraus, was Ihr Partner über sich selbst und über Sie wahrnimmt, während Sie sein Spiegelbild darstellen ...

Sprache im Spiegelbild Bitte spiegeln Sie nun die Sprache und den Gesichtsausdruck in derselben Art wider, wie Sie es beim Kauderwelsch getan haben. Der größere Partner soll etwas Beliebiges sagen, und der Kleinere soll das Gesagte sofort und so schnell und genau als möglich wiederholen, in gleicher Lautstärke, im gleichen Ton, mit den gleichen Pausen usw. Gleichzeitig sollen auch alle ausdrucksvollen Kopf- und Gesichtsbewegungen des Sprechers widergespiegelt werden. Versuchen Sie sozusagen ganz in den anderen hineinzuschlüpfen, und nehmen Sie wahr, auf welche Weise er sich ausdrückt ...

Nach einigen Minuten tauschen Sie die Rollen: der Kleinere möge sprechen, der Größere möge alles Gesagte, den Gesichtsausdruck und alle Bewegungen sofort widerspiegeln ... einige Minuten lang ...

Nehmen Sie sich etwa fünf Minuten Zeit, Ihre Erfahrungen auszutauschen. Was haben Sie in sich selbst und in Ihrem Partner entdeckt, als Sie Sprache und Gesichtsausdruck des anderen spiegelten? ...

Körper im Spiegelbild *Frieren Sie sich ein und bewegen Sie sich nicht!* Bleiben Sie genau in der Haltung, die Sie hatten, als Sie meine Aufforderung hörten. Gewahren Sie kurz Ihre Position und was sie ausdrückt, und auch des Partners Position und was sie auszudrücken scheint ...

 Jetzt bitte ich den größeren Partner, »eingefroren« stehen zu bleiben, während der Kleinere diese Position widerspiegelt ... und während Sie das tun, nehmen Sie wahr, wie sich Ihr Körper in dieser Stellung fühlt ... Schließen Sie kurz die Augen ... Was drückt diese Haltung aus? ... Bleiben Sie in der Position und teilen Sie dem Partner Ihre Wahrnehmung und Ihre Eindrücke mit. Erzählen Sie ihm, was Sie an seiner Haltung beobachtet haben, als Sie sie nachahmten und nachfühlten, und ergründen Sie, was Ihr Partner in sich selbst wahrnimmt, wenn er sich von Ihnen widergespiegelt sieht ...

Gleichzeitiges Widerspiegeln Tauen Sie sich auf. Ich bitte Sie, beide gleichzeitig die Positionen und Bewegungen des Partners widerzuspiegeln. Fangen Sie damit an, daß Sie die gleiche Stellung einnehmen. Bewegen Sie sich sehr langsam, so daß Sie nicht genau wissen, ob Sie den Partner oder er Sie spiegelt. Lassen Sie einen langsamen Tanz daraus werden – ein Zwiegespräch der Bewegung und ein Wechselspiel zwischen Ihnen ...

Nach etwa fünf Minuten setzen sich beide hin. Bitte besprechen Sie mindestens fünf Minuten lang rückblickend, was Sie durch diese Übungen entdeckt haben, und ziehen Sie die Summe aus dem, was jeder von sich selbst durch Körperhaltung, Bewegungen, Ton der Stimme usw. zum Ausdruck gebracht hat ...

Bitte ergründen Sie nun, wie solche nicht-verbalen Äußerungen andre Menschen erreichen. Auch wenn sie nicht wahrgenommen werden, haben diese Äußerungen oft eine starke Wirkung auf andere. Ein Mensch, dessen Depression sich in hängenden Schultern, gesenktem Kopf und Blick und in der tonlosen Stimme äußert, deprimiert gewöhnlich auch die, die um ihn sind. Was haben Sie gefühlt, und wie haben Sie auf Haltung und Bewegungen Ihres Partners reagiert? Zum Beispiel, wenn Ihr Partner gelegentlich die Hände in die Taschen steckte, sich abwandte und auf Distanz ging – wie reagierten Sie da? Wollten Sie es aufgeben, ihn kennen zu lernen, oder waren Sie entgegenkommend und versuchten Sie, ihm mehr Sicherheit und Wohlgefühl zu vermitteln? Nehmen Sie sich ein paar Minuten Zeit, einander zu sagen, wie Sie auf die nicht-verbalen Äußerungen Ihres Partners reagiert haben ...

Wenn Sie der nicht-verbalen Kommunikation mehr Aufmerksamkeit schenken, können Sie die Wahrnehmung darüber wiedergewinnen, was tatsächlich in anderen und in Ihnen selbst vor sich geht. In den meisten

Situationen versuchen die Menschen, Übereinstimmung und »Confluenz« zu erreichen. »Confluenz« bedeutet »Zusammenfließen«, so, wie zwei Flüsse sich zu einem einzigen Strom vereinigen. Wenn Sie und ich übereinstimmen, wenn unser Handeln ohne Konflikt »zusammenfließt«, so ist das sehr angenehm und wohltuend und kann auch sehr schön sein. Wenn ich mich allein und abgetrennt fühlte, anders als die anderen, und finde dann jemanden, mit dem ich übereinstimme, so kann dies Erlebnis überwältigend schön sein. Aber diese Übereinstimmung und Identität kann ich nur dann ganz wahrnehmen, wenn sie im Kontrast zur Verschiedenheit und Gegensätzlichkeit steht. Ebenso rasch, wie meine Erinnerung an den vorigen Zustand verblaßt, verliere ich die Wahrnehmung für das Kraftfeld der Eintracht zwischen uns und fange an, diese für selbstverständlich zu nehmen. Dann aber taucht das unvermeidliche Kraftfeld der Verschiedenheit und des Konflikts wieder in unsrer Wahrnehmung auf und scheint sehr ausgedehnt und wichtig zu sein, weil ich die Wahrnehmung und Wertschätzung unsrer Gemeinsamkeit verloren hatte. Dieser Vorgang spielt sich in den meisten Freundschaften, Liebesgeschichten und Ehen ab.

Mit den Verschiedenheiten und Unstimmigkeiten muß man umgehen können, aber die meisten Menschen versuchen, Einigung zu erreichen. Ist das unmöglich, werden sie danach trachten, durch Manipulation ihrer selbst oder des Partners den *Anschein* zu erwecken, als hätten sie sich geändert und die Einigung erreicht, so daß die Differenz verschwunden sei. Wenn aber diese Bemühungen fehlschlagen, wird die Verschiedenheit bekämpft – zurückgewiesen, weggestoßen, abgebaut und zerstört. Im besten Fall entsteht ein unguter Waffenstillstand, den man dann Toleranz nennt.

Confluenz ist Abwesenheit von Differenz, Konflikt ist Zurückweisung der Differenz. Das Akzeptieren der Verschiedenheit nennt man Kontakt, und der bringt eine dritte Alternative in die menschlichen Beziehungen. Kontakt heißt Anerkennung der Verschiedenheit: die Bereitschaft, Verschiedenheiten tiefer wahrzunehmen und sie zu ergründen, ohne den Versuch, sie zu ändern. Kontakt ist die Bereitschaft, sowohl das Kraftfeld der Verschiedenheit als auch das des Gleichseins wahrzunehmen. Wenn ich mit Ihnen vollen Kontakt haben möchte, brauche ich nicht unehrlich zu sein – weder mich selbst zu verfälschen, noch Sie zu manipulieren. Bitte ergründen Sie diese Gedankengänge durch Ihr Erleben in den folgenden Übungen.

Ressentiments Setzen Sie sich einem Menschen gegenüber, mit dem Sie Differenzen und Meinungsverschiedenheiten haben und schauen Sie ihn an. Stellen Sie auch einen physischen Kontakt her. Bitte wechseln Sie sich ab, einander Ihre Ressentiments mitzuteilen. Fangen Sie jeden Satz mit den Worten an: »Ich nehme dir übel, daß –« und äußern Sie klar und genau, was Sie am Partner auszusetzen haben. Sagen Sie immer abwechselnd jeder nur einen Satz, etwa fünf Minuten lang. Wenn Sie stecken bleiben, sprechen Sie nur die Anfangsworte: »Ich nehme dir übel, daß –« und warten Sie ab, was Ihnen einfällt.

Anerkennungen, Wertschätzungen Gehen Sie nun dazu über, in allen ausgesprochenen Sätzen das Wort »übelnehmen« auszustreichen und es durch »anerkennen« oder »schätzen« zu ersetzen. Sagen Sie die neuen Sätze auch wieder abwechselnd zueinander. Probieren Sie die Sätze an, ob die Größe paßt, wie man ein Hemd anprobiert, und machen Sie nach jedem Satz eine Pause, um Ihr Gefühl zu befragen. Ist in dem Satz, der nun mit »ich schätze« oder »ich anerkenne« beginnt, ein Körnlein Wahrheit? Zum Beispiel: einer meiner Sätze hat vielleicht so gelautet: »Ich nehme dir übel, daß du den Mund verziehst und mir ausweichst, wenn ich etwas sage, das dir mißfällt.« Wenn ich nun stattdessen sage: »Ich schätze es, daß du den Mund verziehst und mir ausweichst«, so wird mir vielleicht klar, daß ich das tatsächlich anerkenne, denn nun brauche ich seinem Ärger und seinem Mißfallen nicht direkt zu begegnen. Wenn Sie also irgendwo eine Anerkennung oder Zustimmung realisieren können, wiederholen Sie den Satz und fügen Sie einen zweiten Satz hinzu, der Ihre positive Reaktion erläutert.
Fast immer ist in dem, was Sie übelnehmen, auch etwas Anerkennenswertes enthalten. Wenn Sie dies entdecken und in den Vordergrund bringen können, wird Ihre Auffassung ausgewogener sein, und Sie werden beide Seiten einer schwierigen Situation viel besser wahrnehmen können. Wenn die positive Seite Ihrer Beurteilung recht stark ist, kann es sogar sein, daß Sie das Ihnen mißfällige Verhalten des Partners noch unterstützen, ohne sich dessen bewußt zu sein. Zum Beispiel: die Frau eines Alkoholikers möchte sich gerne jemandem überlegen fühlen und findet eine größere Befriedigung darin, einen hilflosen Alkoholiker zum Manne zu haben, als daß sie die damit verbundenen Unannehmlichkeiten ablehnt. Wenn der Mann nun aufhört zu trinken, nörgelt und spöttelt sie solange an ihm herum, bis er rückfällig wird und sie

sich ihm überlegen fühlen kann. Oder ein andres Beispiel: die meisten von uns lehnen es ab, daß die Eltern uns einen Rat geben oder sich in unsre Angelegenheiten mischen. Aber wir trauen unserm Urteil doch nicht so ganz und lassen die Eltern recht gern schwierige Entscheidungen für uns treffen. Und wenn dann die Entscheidung sich als falsch erweist, sind wir befriedigt, den Eltern die Schuld zuschieben zu können.

Oft liegt das Hauptproblem einfach in der Tatsache, daß kleinere Ressentiments nicht geäußert werden. Schon das Aussprechen von Ablehnung und Zustimmung kann einen oft zur Gelassenheit zurückführen oder die Verständnisbereitschaft des einen oder beider so weit öffnen, daß leicht eine Übereinstimmung gefunden werden kann. Wenn ein Ressentiment sehr stark ist und bestehen bleibt, ist es oft nützlich, es zuerst in der Phantasie in einem Selbst-Dialog zu formulieren und dann erst das Gespräch mit dem anderen zu suchen. Dann sieht man klarer und ist weniger im Konflikt mit sich selbst. Nun kann man sich dem anderen zuwenden und die Sache bereinigen. Es gibt noch mehr hilfreiche Möglichkeiten, dort zur Kommunikation zu kommen, wo problematische Felder der Unstimmigkeit und der Konflikte liegen.

Differenzen Sitzen Sie einander Auge in Auge gegenüber. Sagen Sie einander all das, worin Sie sich unterscheiden und wo Sie mit dem Partner nicht einverstanden sind. Sagen Sie auch, wie Sie die Differenzen *empfinden.* Bitte tadeln, rechtfertigen und streiten Sie nicht, sondern stellen Sie nur die zwischen Ihnen bestehenden Differenzen fest, so wie Sie sie sehen. Äußern Sie sich über die Unstimmigkeiten und auch über Ihre diesbezüglichen Gefühle so klar, genau und detailliert als möglich. Sprechen Sie mindestens fünf Minuten miteinander ...

Den Standpunkt des Partners feststellen Viele Schwierigkeiten werden nicht durch die tatsächlich zwischen zwei Menschen bestehenden Unstimmigkeiten verursacht, sondern durch eingebildete Differenzen, die aus Mißverständnissen entstehen. Bitte gehen Sie zu den wichtigsten Themen Ihrer Unstimmigkeiten zurück. Jeder von Ihnen möge bitte seine Auffassung von dem Standpunkt des *Partners* und dessen Gefühlen klar darlegen, bis *der Partner das Gefühl hat, von Ihnen verstanden worden zu sein.* Wenn er von Ihrer Erklärung nicht befriedigt ist, hören Sie ihm bitte sorgfältig zu, wenn er Ihnen seinen Standpunkt aufs neue erklärt. Danach wiederholen Sie mit Ihren Worten, was er gesagt hat, bis er befriedigt ist. Nehmen Sie sich etwa fünf Minuten dafür ...

Auf Gefühle reagieren Bitte sehen Sie zu, inwieweit Sie die Gefühle und das Erleben des Partners annehmen und darauf eingehen können, auch, wenn Sie noch immer nicht mit seinen Ansichten und Handlungen einverstanden sind, die aus seinem Erleben resultieren. Diese Gefühle und Erlebnisse sind Tatsachen, und wenn Sie sie annehmen, ergründen und Ihre Wahrnehmung für diese Tatsachen vertiefen können, werden Sie sehr viel gegenseitiges Verständnis gewinnen. Nehmen Sie sich nun Zeit, die Gefühle und das Erleben zu ergründen, die Ihren Meinungsverschiedenheiten zugrunde liegen. Sehen Sie zu, ob Sie wenigstens einige Aspekte vom Standpunkt Ihres Partners annehmen und dem Ausdruck geben können ...

Tauschen Sie Ihre Erfahrungen bei diesen Übungen aus. Was haben Sie in sich und in Ihrem Partner wahrgenommen? Sprechen Sie etwa fünf Minuten lang hierüber ...

Wenn Sie die Gefühle und das Erleben in Ihren Unstimmigkeiten wirklich ergründen, werden Sie oft finden, daß die wahre Schwierigkeit wenig mit dem zu tun hat, worüber Sie sich streiten. Eine Auseinandersetzung darüber, wo man den Urlaub verbringen solle, ist vielleicht nur ein Symptom für die Vermutung: »Wenn du mich lieb hättest, würdest du meinen Wunsch erfüllen«, und: »Wenn du mich respektiertest, würdest du meinen Wunsch erfüllen.« Die Ängste, die hinter diesen Vermutungen stehen, sind sich sehr ähnlich: »Ich fürchte, du liebst/respektierst mich nicht.« Die Gefühle unterhalb dieser Ängste können noch ähnlicher sein: Gefühle von Unzulänglichkeit, Leere, Einsamkeit usw. Auf dieser tieferen Ebene werden Sie oft entdecken, daß Sie und Ihr Partner tatsächlich sehr viel Gemeinsames haben. Die Unstimmigkeit an der Oberfläche ist vielleicht nichts als ein Ausdruck für die Verschiedenheit, mit der jeder von Ihnen die sehr ähnlichen Gefühle und Erlebnisse umgeht oder ihnen begegnet.

Keine Entscheidung über den Urlaubsort kann wirklich befriedigend ausfallen, bevor diese tieferen Ebenen des Erlebens erkannt, ausgedrückt und angehört wurden. Wenn ich mit meinem Erleben in Fühlung komme, es meinem Partner sage, und er mir wirklich zuhört, wird es mir wahrscheinlich nicht mehr so wichtig sein, wo wir unsern

Urlaub verbringen. Andrerseits bleiben manchmal bezeichnende und störende Differenzen zwischen uns bestehen, auch nach einer tieferen Ergründung. In solchem Fall können wir zum mindesten akzeptieren, daß die Differenzen da sind. Wir können aufhören, einander ändern zu wollen, um die Unstimmigkeiten auszuräumen, und können aufhören, einander zu tadeln, wenn solche Manipulationen zu keinem Ziel führen.

In der realen Welt der Kontakte und der Wahrnehmung gibt es manches liebe Mal Schmerz, Konflikt und andre Unzuträglichkeiten. Aber es gibt auch Freude, befriedigende Tätigkeit, Vergnügen und gegenseitige Teilnahme. Wenn ich mit dem, was meine eigne Realität und meine Umgebung mir anbietet, in Kontakt stehe und bleibe, kann ich mein Leben zu einem erfüllten Leben machen. Kehre ich mich aber von der Wirklichkeit ab, weil sie nicht vollkommen und ideal ist, dann vermehre ich meinen Schmerz durch Verwirrung und verliere das, was ich an Befriedigung und Freude habe. Verlust ohne Gewinn ist ein böser Handel.

IV. Für den Gruppenleiter oder Lehrer

Die in diesem Buch beschriebenen Methoden sind tüchtige Werkzeuge für Selbsterkenntnis und Ausdrucksvermögen. Jedes Werkzeug kann geschickt oder unbeholfen gehandhabt werden. Man kann es auch unbenutzt liegen lassen oder mißbrauchen. Ein Hammer kann als wertloser Gegenstand in seiner Schublade liegen oder er kann zum Nägel-Einschlagen benutzt werden. Man kann mit ihm aber auch danebenhauen, auf ein Brett oder auf den Daumen. Ich möchte eigens darauf hinweisen, in welcher Art diese Werkzeuge mißbraucht werden können.

Das Ziel all dieser Übungen ist, den Menschen zur Wiedergewinnung der eignen Wahrnehmung dessen zu verhelfen, was sie wirklich erleben, was *für ein Erlebnis es auch sein mag.* Wir erleben Erfreuliches in uns – Behagen, Freude, Liebe usw. – und manchmal relativ Unerfreuliches – Ärger, Kummer, Verwirrung usw. Was nun ein Mensch in sich entdecken mag – *sein Erleben muß respektiert werden.* Es gibt viele Arten, diesen Respekt zu versagen. Um nur einige zu nennen: *Aburteilen, behilflich sein wollen, Ratschläge geben* (»du solltest –«) und *erklären.*

Urteilen Manche Erlebnisse und Vorstellungen andrer kommen uns oft sonderbar vor, ungewöhnlich oder gar bizarr. Jedes Aburteilen, Verachten, höhnisches Lachen usw. ist eine Abwertung des Erlebens und wird den Betreffenden nicht ermutigen, seinen Regungen tiefer auf den Grund zu gehen. Der Gruppenleiter muß zugänglich genug sein, um das Erleben des anderen anzunehmen und anzuerkennen, so sonderbar es ihm auch vorkommen mag. Der Leiter muß auch imstande sein, das Urteilen der anderen Teilnehmer zu untersagen, ob es nun mit Worten oder anders ausgedrückt wird. Wenn jemand das versucht, können Sie als Leiter zweierlei tun: entweder darauf hinweisen, daß Urteilen keine Wahrnehmung ist, sondern ein Vorgang des Verstandes oder der Phantasie, oder Sie können in das *Erleben des Urteilenden* hineinleuchten und herausfinden, ob er vielleicht Angst hat oder Abscheu empfindet oder in schwierigen Fragen steckt, und daß dies *sein* berechtigtes Erleben ist. »Ich fühle mich unbehaglich« ist ein Erlebniszustand, während »du bist verdreht« ein Urteil ist. Wenn ich urteile und tadle, verurteile ich Sie, weil mir nicht wohl in meiner Haut ist.

Helfen wollen Eines der gebräuchlichsten und auch weithin akzeptiertes Mittel, das Erleben des anderen nicht zu respektieren, ist, ihn mit Hilfe zu überwältigen, wenn es ihm schlecht geht. Dies »Hilfreich-sein« mit Zuspruch, Scherzen, Gefälligkeiten hindert den Betreffenden daran, seinen Kummer und Ärger, seine Einsamkeit voll zu empfinden. Nur wenn er all dieses ganz durchlebt, kann er es akzeptieren, in den Erfahrungsschatz seines Lebens aufnehmen und zu einem vollständigen, integrierten menschlichen Wesen werden. Fast immer hilft der »Helfer« sich *selber,* wenn er andern Menschen hilft. Er eilt mit dem Verband herbei und unterbindet damit die Bekundung seiner *eignen* schmerzhaften Empfindungen. Außerdem überzeugt er sich und andre, daß er imstande ist zu helfen und selber keine Hilfe braucht. Fast jeder »Helfer« hat merkliche Gefühle der Hilflosigkeit, die zeitweise zurücktreten, wenn er anderen hilft. Das trifft für sehr viele Menschen zu, die in »Helferberufen« stehen: Lehrer, Psychologen und besonders Sozialarbeiter. Wenn Sie dies Symptom in sich bemerken, werden Sie dem auf den Grund gehen und Ihre eignen Empfindungen von Hilflosigkeit annehmen müssen, bevor Sie andern Menschen wirklich helfen können. Versuchen Sie, einen Phantasie-Dialog mit jemandem herzustellen, dem Sie helfen, und spielen Sie beide Rollen durch, um herauszufinden, wie Sie sich selber helfen, indem Sie dem anderen beistehen.

Weit verbreitet ist die Annahme, daß jemand, der in Schwierigkeiten steckt, schwach sei und Hilfe brauche. In gewissem Sinne stimmt das auch, weil er so viel von seiner Lebenskraft zur Manipulation seiner selbst und der Mitmenschen vertut, daß sehr wenig Energie für den direkten Verkehr mit der Umwelt übrig bleibt. Wenn Sie solch einem Menschen »helfen«, bestärken Sie ihn in der Selbsttäuschung, er brauche Ihre Hilfe, und verstärken seine Bemühung, Sie so zu manipulieren, daß Sie zu seiner Rettung antreten. Aber wenn Sie darauf bestehen, daß er mit seinem eignen Erleben in nähere Fühlung kommen müsse, kann er verstehen lernen, welch ungeheure Energien er damit verbraucht, sich und andre so weit zu bringen, daß sie ihm Beistand leisten. Indem er diese Energie in sich hineinnimmt, kann er lernen, sie direkt zur Selbsthilfe anzuwenden. Er kann begreifen, daß er manches selber zu tun vermag, wofür er früher andre Leute in Anspruch nahm.

Jeder Mensch hat eine Menge ungenutzten Potentials in sich. Die meisten sind viel fähiger, intelligenter, stärker, als sie selbst oder andre meinen. Ein Gutteil der Schwäche, Dummheit, Verdrehtheit in der Welt ist gar nicht real, sondern es wird so getan, als sei man schwach, dumm oder verdreht. Überlegen Sie doch, wieviel Kraft der hat, der den Schwachen spielt, so daß alle Welt ihm zu Hilfe eilt! Wie intelligent ist der, der den Dummen spielt, so daß nun andre für ihn denken und dann aber auch schuld sein müssen, wenn die Sache schief geht! Machen Sie sich klar, wieviel Gesundheit in dem verdrehten Gehabe steckt, durch das die Mitmenschen so drastisch manipuliert werden, das sich aber den Anschein gibt, unverständlich zu sein, so daß sein Träger nicht verantwortlich gemacht werden kann!

Wenn Sie sich anschicken, jemandem zu helfen, setzen Sie sich auch solchen Manipulationen aus. Wenn Sie aber die Verantwortung für sich übernehmen und das auch vom anderen verlangen, werden Sie gegen Manipulationen immun werden. Fritz Perls begann seine Seminare stets so, daß er sagte: »Wenn Sie verrückt werden oder Selbstmord begehen wollen, wenn Sie sich bessern, eine Kehrtwendung machen oder etwas erleben wollen, das Ihr Leben ändert – bitte sehr, das liegt bei Ihnen. Ich tu das Meine, bitte tun Sie das Ihre. Wer nicht bereit ist, die Verantwortung selber zu übernehmen, möge sich bitte nicht an diesem Seminar beteiligen.«

Viele Menschen versuchen, für andre verantwortlich zu sein, aber das ist einfach nicht möglich. Nur für mich und mein Tun kann ich es sein. Sogar, wenn ich die »Verantwortung« für ein kleines Kind übernehme, kann ich nur das verantworten, was *ich selbst* tue, nicht das, was das Kind tut. Sehr viel von diesem »Verantwortlichsein« für jemanden ist eine fadenscheinige Verkleidung für harte Forderungen, die man an ihn stellt, eine »Hingabe«, die später mit Zinseszins zurückgezahlt werden muß: »Nachdem ich das alles für dich getan habe, ist es doch wohl nicht zuviel verlangt, wenn –«

Der Weg, jemandem wirklich beizustehen, ist nicht, ihm zu irgendwelchen Taten zu verhelfen, sondern dazu, sein eignes Erleben genauer wahrzunehmen, seine Gefühle, sein Handeln, seine Phantasien, und darauf zu bestehen, daß er es tiefer erkennt und sich dafür verantwortlich weiß, gleichgültig, was für ein Erleben es ist. Oft wird das heißen, den Betreffenden darauf hinzuweisen, er verdränge ja sein Erleben, und dies nicht zuzulassen. Wenn jemand traurig ist, so muß er seine Traurigkeit ergründen und noch tiefer empfinden, bevor er sie annehmen und daran wachsen kann. Ist jemand ärgerlich, so muß er den Ärger richtig fühlen und ausdrücken, bevor er ihm Einlaß gewährt. Der einzige Weg hinaus geht *hindurch.*

»Du solltest –« Wenn Sie in einer Übung sagen oder irgendwie durchblicken lassen, daß ein Gruppenteilnehmer eine bestimmte Art des Erlebens haben »sollte«, so wird dies »Bild« sein Erleben verdunkeln. Der Versuch, die künstlichen »Sollte«-Forderungen der Gesellschaft durch neue, von Ihnen aufgestellte »Sollte«-Forderungen zu ersetzen, wird nur eines bewirken: die Schaffung einer zusätzlichen Schicht von Künstlichkeit und falschem Schein. Dann hat nämlich der Betreffende zwei solche Forderungen zu erfüllen, und die führen ihn nur noch weiter weg vom eignen Erleben und verstricken sein Leben noch tiefer in dieses »sollte«. So zum Beispiel kenne ich Gruppenleiter, die gesagt oder angedeutet haben, die Teilnehmer sollten Übungen mit körperlicher Berührung genießen. Nun, körperliche Berührung ist ein wesentliches menschliches Bedürfnis, und manche Menschen genießen solche Übungen tatsächlich und merken, wie wichtig sie sind. Aber andre Menschen empfinden Widerwillen oder Abscheu dabei, und das ist ihr berechtigtes Erlebnis.
Es gibt keine »alleinrichtige« oder »korrekte« Reaktion auf unsre Übungen. In diesem Buch steht nur ein einziges echtes »Du solltest« – und besonders in diesem Abschnitt –, und das heißt: »Du solltest in Fühlung mit dem eignen Erleben kommen, was dieses auch sein mag. Und das bedeutet, *du solltest sein, was du wirklich in diesem Augenblick bist*«. Wenn Sie etwas empfinden, dann empfinden Sie es; wenn Sie etwas ausklammern, dann machen Sie sich klar, daß Sie es ausklammern; lügen Sie, dann nehmen Sie die Tatsache wahr, daß Sie lügen; wenn Sie Vorstellungen nachhängen, dann realisieren Sie, daß Sie von einer Phantasie besessen sind.

Was auch Ihr Erleben sein mag, Sie müssen dort anfangen, wo Sie stehen, und die Reise der Selbsterforschung dort beginnen. Eine alte Geschichte beschreibt, wie nutzlos es ist, »irgendwo« zu starten. Ein Mann hat auf den windigen Straßen im Staate Vermont die Richtung verloren und fragt schließlich einen Bauern auf dem Feld: »Wie kann ich von hier aus nach New York gelangen?« Der Bauer kaut gedankenvoll auf einem Grashalm herum und sagt dann: »Mister, ich an Ihrer Stelle würde nicht von hier aus nach New York starten.« Auch wenn ich noch so verirrt und verwirrt bin, so ist doch mein eignes Erleben der Ausgangspunkt, von dem aus ich eben die Erfahrung des Verirrtseins machen kann. Es mag ein armseliger Startpunkt sein, aber er ist der einzige für mich.

Erklärungen Ursachen und Begründungen zu finden, zu interpretieren und zu erklären, sind weithin gewohnte Wege, das eigne Erleben zu »verstehen«. Aber tatsächlich sind es Wege, auf denen man das Erleben umgeht, und das mag der Grund für ihre Popularität sein. Erklären, interpretieren, rechtfertigen usw. sind lauter Betätigungen der Phantasie: *Erörterungen über* das Erleben, nicht *Ausdruck* des Erlebens. Sobald Sie anfangen, Ihr Erlebnis zu erklären, verlieren Sie den Kontakt mit dem Erlebnis selber und geraten in einen Dschungel von Warum, Weil, Wenn und Aber. Es steht bei Ihnen, sich im Dschungel zu verirren, aber ziehen Sie nicht andere in Ihren Morast mit hinein, indem Sie das, was den anderen passiert, interpretieren und erklären.

Ihre Interpretationen sind Ihre eignen Projektionen, ob sie nun »richtig« oder falsch sind. Und sogar, wenn sie richtig sind, haben sie keinerlei Bedeutung für das Erleben des anderen und können nur seine Wahrnehmung seiner selbst reduzieren. Dies ist, mit wenigen Ausnahmen, der Hauptfehler aller Gruppen, die Begegnung suchen. Ein großer Teil der Zeit wird mit allerlei Interpretationen, Meinungen, Beurteilungs- und Vermutungsspielen hingebracht. Oft wird eine ursprünglich sich ereignende Begegnung oder Wahrnehmung in solchen Interpretationen ertränkt und geht verloren. Es hilft einem Menschen mehr, mit dem eignen Erleben in Fühlung zu kommen und die Einzelheiten davon aufzuspüren, als nach »Gründen« zu suchen. »Wie fühlen Sie sich?« »Was erleben Sie?« »Was geht in Ihnen vor?« »Was empfinden Sie körperlich?« sind nützliche Fragen, die dem Menschen helfen, mit den Einzelheiten seines Erlebens in Fühlung zu kommen. Die ganze Einstellung dieses Buches weist auf die Wichtigkeit und den Wert des Erlebens und auf die Wahrnehmung dessen hin, was *ist.* Als Gruppenleiter können Sie nicht die Verantwortung für die Gruppe oder einen Teilnehmer tragen, wohl aber können Sie Ihr Möglichstes tun, um die Aufmerksamkeit der Teilnehmer auf die Wahrnehmung zu lenken und jede Störung auszuschalten. Es ist wertvoll, wenn Sie einige Erfahrung im Umgang mit Menschen mitbringen, so daß Sie einfühlend darauf reagieren können, was in ihnen und zwischen ihnen vor sich geht. Dann werden die Übungen, die Sie machen lassen, sehr fruchtbar sein. Wenn in der Gruppe gutes Einvernehmen herrscht, können Übungen mit körperlicher Berührung und körperlichem Gefühlsaudruck den Teilnehmern zur Unbefangenheit verhelfen. Ist aber die Gruppe sehr nervös, abwehrend oder uneins, so müssen Sie als Leiter dies akzeptieren und versuchen, diese Situation klärend und deutlich durchzuarbeiten.

Wenn eine Gruppe sehr furchtsam ist und Sie versuchen, sie durch eine Übung mit körperlicher Berührung zusammenzubringen, wird es entweder gar nicht gelingen oder Sie werden eine künstliche Gemeinsamkeit erreichen, die die Furcht zudeckt. In solch einer Gruppe herrschen am Anfang der Sitzung oft nervöses Gelächter, Gekicher, Teilnahmslosigkeit oder andre Symptome der Angst und des Ausweichens. Eine Möglichkeit, dem zu begegnen, ist die, diesen Gefühlen und den sie hervorrufenden Phantasien Ausdruck zu verschaffen. Eine andre Möglichkeit ist, eine Zeitlang schweigende Zurückhaltung zu üben und zu den Gefühlen und Empfindungen des physischen Erlebens Zugang zu suchen. Wenn z. B. bei einer Phantasie-Reise das Gekicher nicht aufhören will, bitte ich die Betreffenden, den Raum zu verlassen, weil sie sonst die andern Teilnehmer stören. Manche Leute sind gar nicht bereit, ihre Wahrnehmung zu erforschen, und dagegen habe ich solange nichts einzuwenden, als die Gruppe dadurch nicht beeinträchtigt wird.

Bei vielen unsrer Übungen ist eine Teilnehmerzahl von 14–16 die beste. So ist die Gruppe groß genug, möglichst verschiedene Menschen zu umfassen, und klein genug für vielseitige Kontaktaufnahme. Bei mehr als 18–20 Teilnehmern ist es wahrscheinlich, daß die Gruppe auseinanderfällt und daß die Kontakte flacher und diffuser werden. Sind es aber mehr als 20 Leute, sollten Sie sich viel Zeit für kleinere Untergruppen nehmen, so daß jeder einzelne Gelegenheit hat, direkten und gleichzeitigen Kontakt mit einigen wenigen zu suchen. Sie können mit einigen Zweier-Übungen anfangen, dann zu solchen mit 4 oder 6 oder 8 Teilnehmern übergehen und abschließend die ganze Gruppe zum Austausch der Erfahrungen und Diskussionen zusammennehmen. Dies ist besonders dann nützlich, wenn Sie anfangs die zwei Teilnehmer so zusammenstellen, daß die Partner einander kaum kennen oder einander nicht mögen oder gar ablehnen, oder auch, wenn Sie andre Methoden anwenden, zwei Leute zusammenzubringen, so daß die Wahrscheinlichkeit für bessere Kontakte zunimmt.

Ideal wäre es, wenn jeder Teilnehmer so viel Zeit für eine Übung zur Verfügung bekäme, als er haben möchte. Der Gruppenleiter kann nur hoffen, die passende Zeiteinteilung zu finden, so daß die meisten Teilnehmer genug oder sogar etwas mehr Zeit erhalten, als sie brauchen. Es ist unvermeidlich, daß manche von ihnen schon sehr rasch fertig sind und »nichts mehr zu tun« haben, während andre weit hinter den übrigen Teilnehmern zurückbleiben. Sie können sich auf dem laufenden halten, wie weit die Leute sind, und den Zeitplan danach einrichten. Gewöhnlich können Sie recht gut feststellen, was in den einzelnen Gruppen geschieht, indem Sie einen kurzen Blick auf die körperliche Haltung der Teilnehmer werfen und rasch auf die Laute horchen, die sie von sich geben. Die Zeitangaben dieses Buches sind nur Vorschläge. Die jeweilige Höhe der Teilnehmerzahl in der Gruppe bewirkt große Unterschiede, und manche Leute brauchen viel mehr Zeit als die anderen. Manchmal beansprucht ein Redner die Hälfte der ganzen zur Verfügung stehenden Zeit. Wenn Sie das merken, bitten Sie ihn, eine Weile nur noch im Telegrammstil zu sprechen. Sie können auch gegen Ende des Austausch-Gesprächs eine Vorwarnung geben: »Bitte beenden Sie die Diskussion in den nächsten paar Minuten.«

Manche Gruppen vertiefen sich so stark in eine Übung und erleben so viel, daß dann für die gegenseitige Mitteilung und Erörterung der Erlebnisse mehr Zeit erforderlich ist. Andre Gruppen dagegen sind verhältnismäßig inaktiv und haben nur wenig auszutauschen. Wenn Sie das beobachten, können Sie diese Gruppe bitten, die eigne Inaktivität zu ergründen und zum Ausdruck zu bringen. Wenn sie das befolgt, wird sie vielleicht doch etwas lebendiger werden. Vielleicht beobachten Sie bei gleichzeitig arbeitenden Gruppen, daß die eine langsamer vorankommt als die andre. Dann können Sie jede Gruppe einzeln kurz ansprechen und die langsamere bitten, sich etwas zu beeilen, und die raschere, sich Zeit für Einzelheiten zu lassen. Wenn eine Gruppe sehr früh fertig wird, können Sie ihr noch eine kurze zusätzliche Übung geben, bis auch die anderen so weit sind.

Bei der gleichzeitigen Arbeit mit mehreren Gruppen oder Paaren in einem Raum spielt auch die Frage eine Rolle, wie Sie am Ende der Aussprache die Aufmerksamkeit aller Teilnehmer erhalten können, um zur nächsten Übung weiter zu gehen. Die einfachste Art ist, in die Hände zu klatschen, aber die wird von vielen abgelehnt. Eine kleine Glocke ist hilfreich, sie erregt weniger Widerspruch. Sollten einige Teilnehmer auch gegen die Glocke sein, dann bitten Sie um bessere Vorschläge.

Die in diesem Buch beschriebenen Übungen haben eine Form, die ich sehr nützlich finde; sie sind so angeordnet, daß einander ähnliche Übungen in Abschnitte zusammengefaßt wurden, so daß Sie sie leicht finden können. Wenn Sie in einer Sitzung mehrere Übungen machen wollen, wählen Sie verschiedene Arten aus, so daß Sie die Teilnehmer in verschiedene Aspekte ihres Erlebens einführen. Sie können mit weniger bedrohlichen Übungen anfangen und schrittweise zu solchen übergehen, die mehr persönliches Risiko erfordern. Beginnen Sie mit einer stillen Zeit der Introversion und mit einer Phantasie, in der die Teilnehmer ihren privaten Bereich ohne Furcht vor Zurückweisung abschreiten können. Etwas später kann dann jeder entscheiden, wieviel davon er den anderen mitteilen möchte. Wichtig ist, daß Sie den Teilnehmern genügend Zeit lassen, ein Erleben zu verarbeiten, bevor Sie zu etwas anderem übergehen. Es gibt zahllose Variationen und Kombinationen bei diesen Übungen. Ich habe z. B. das Spiegelspiel als Zweier-Übung vorgeschlagen. Aber es kann auch nützlich sein, daß eine ganze Gruppe einen Einzelnen »spiegelt«, obwohl in diesem Fall jeweils nur eine Person sich gespiegelt sieht. Die meisten Phantasie-Reisen wurden als Gruppenarbeit vorgeschlagen, so daß die Teilnehmer ihre inneren Erlebnisse miteinander besprechen können. Aber die Phantasie selber kann natürlich auch paarweise oder von jemandem für sich allein gespielt werden.

Obwohl all diese Übungen für Erwachsene geschrieben sind, kann man die meisten auch mit Jugendlichen aller Altersstufen durchführen. In diesem Fall müssen die Anweisungen vereinfacht werden, um etwa mit Kindern in klaren Kontakt zu kommen. Manche Übungen werden mit

Kindern sogar besser gelingen: sie stehen mit dem eignen Erleben viel mehr in Fühlung als Erwachsene, sie nehmen deutlicher wahr, sind spontaner und weniger verlegen.

Die Übungen können in jedem Kurs mit Studenten oder in jeder Schulklasse genau so durchgeführt werden, wie sie hier beschrieben sind, oder auch als Einzelaktion, um den Kurs bzw. die Klasse zusammenzubringen und gute Kommunikation zu erzielen. Das Erreichen guter Kommunikation und das Durcharbeiten persönlicher Schwierigkeiten wird zu besserem Verständnis und besserer Haltung führen, *worum es sich auch handeln möge.* Am Anfang des Jahres kann man ein paar Tage mit einigen unsrer Übungen zubringen und im Laufe des Jahres alle paar Wochen weitere Übungen anfügen, um die gute Kommunikation aufrecht zu erhalten und weiter zu entwickeln. Die anfänglichen Übungstage werden sich reichlich bezahlt machen, weil sehr viel weniger Zeit mit Spaltungen, fruchtlosen Streitereien, Auseinandersetzungen und dem Nahkampf zwischen Schülern und Lehrern vergeudet wird.

Viele unsrer Übungen können auch als Lehrgegenstand des Kurses oder der Klasse integriert werden. Die Übungen, welche die grundsätzliche Wahrnehmungsfähigkeit betreffen, veranschaulichen die wissenschaftliche Methode der Beobachtung, der Aufstellung von Hypothesen und der Erforschung der Realität durch Übungen. Noch mehr Gelegenheit zur Anwendung der Übungen bietet sich in der Soziallehre und Staatsbürgerkunde. Das Durchspielen von Rollen in historischen Konflikten mag das Verständnis für geschichtliche Vorgänge wecken. Auch das Verständnis für Konflikte zwischen Gruppen und Individuen und die Erfahrung mit Methoden möglicher Konflikt-Lösungen können durch das Rollenspiel gefördert werden.

Anstatt *über* die verschiedenen Formen von Regierung und Verwaltung zu *sprechen,* können Sie die Schüler veranlassen, diese Formen selber darzustellen und sie so zu *erfahren.* Lassen Sie sie entdecken, wie die verschiedenen Arten sozialer Organisation sich auswirken, und lassen Sie sie den Unterschied realisieren zwischen der Demokratie, die Sie »predigen«, und der Tyrannis, die womöglich *Sie* durch Ihre Maßnahmen (in gutem Glauben oder auch nicht) in der Klasse oder im Kurs ausüben. Gewöhnlich wird viel Zeit damit zugebracht, sich über den Mechanismus der Demokratie zu verbreiten: über Wahlen, Legislaturperioden, Verwaltungsbereiche etc. Viel weniger Zeit wird dem fundamentalen Wesen der Demokratie gewidmet: daß nämlich jeder ein Mitspracherecht hat, und daß all die verschiedenen Gesichtspunkte respektiert werden müssen, weil sie zusammengehören, wenn durch offnen und vernünftigen Meinungsaustausch eine gewisse Lösung erarbeitet werden soll. Und für die *Ausübung* der Demokratie wird meist überhaupt keine Zeit erübrigt. Demokratie beruht auf der Idee der Kommunikation, nicht auf barer Gewalt, nicht auf Autorität und nicht auf Machtkampf. Jede Ihrer Bemühungen, die Kommunikation in Ihrem Kurs oder Ihrer Klasse zu stärken, wird Sie der Notwendigkeit entheben, Ordnung durch Autorität zu erzwingen, und wird die Studenten bzw. Schüler von der Notwendigkeit befreien, gegen diese Autorität zu rebellieren. Dann werden die Unterrichtsstunden ein Ort des Lernens und Zuhörens sein, nicht ein Ort der Auseinandersetzungen und des Antagonismus.

Übungen, die sich mit Ängstlichkeit, Befangenheit und solchen Phantasien befassen, die diese Symptome hervorrufen, sind sehr hilfreich zur Entwicklung einfachen Selbstvertrauens. Der Unterricht in Schauspiel- und Redekunst oder in andern Fächern, die ein öffentliches Auftreten zum Thema haben, kann bei Zuhilfenahme unsrer Übungen sehr viel produktiver und schöpferischer gestaltet werden.

Der Unterricht auf verschiedenen Gebieten der Kunst wird durch direkte Anwendung mancher Übungen so aufgelockert, daß die persönliche Aussage sich zum künstlerischen Ausdruck hin entfalten kann. Unsre Gesellschaft neigt dazu, die Kunst an ihrer technischen Tauglichkeit zu messen. Aber das Einfließenlassen von Gefühl und Bildhaftigkeit in die Ausdrucksmittel ist der ursprüngliche und fundamentale Vorgang künstlerischer Aussage. Er wird weithin freigesetzt, wenn Blick und Wahrnehmung sich auf die Schädlichkeit solcher Forderungen und Regeln richten, die das Ausdrucksvermögen lähmen.

Im Musikunterricht, wo gesungen wird und Instrumente gespielt werden, können Sie Klang- und Summ-Übungen machen lassen, um Spannung und Befangenheit zu mildern und die Quellen inneren Gefühls in den musikalischen Ausdruck und in die Komposition fließen zu lassen.

Für den schöpferischen Ausdruck beim Schreiben sind Phantasie-Reisen und manche andre unsrer Übungen ein ausgezeichneter Anreiz. Ich kenne einen Lehrer, der sogar im Unterricht für Maschinenschreiben mit seinen Schülern die Phantasie-Reise zum Rosenbusch machte, wobei sie die Arme gekreuzt auf der Schreibmaschine ruhen ließen. Dann ließ er die Schüler ihre Erlebnisse niederschreiben und zensierte die Blätter auf Grund der Tippfehler, wie jede andre Tipparbeit auch. So erhielt er »als Zugabe« ein sehr persönliches Bild von jedem seiner Schüler. Die mit der Rosenbusch-Phantasie zugebrachten zehn Minuten vermittelten ihm mehr Verständnis für das Wesen und Gefühlsleben der Schüler als ein ganzes Semester gemeinsamer Arbeit. Das neue Verständnis brachte spontane Wandlungen seines Verhaltens den Schülern gegenüber mit sich. Auch wenn Sie nur wenige unsrer Übungen – und vielleicht verkürzt – machen lassen, werden Sie schon definitive Ergebnisse erkennen können. Und je mehr Sie selber üben und sich mit dieser Art vertraut machen, desto klarer wird Ihre schöpferische Fähigkeit hervortreten, unsre Methode auf Ihre eigne Situation anzuwenden: Sie werden immer wieder darauf zurückkommen und auch neue Übungen erfinden.

Alles kann mit oder ohne Wahrnehmung ausgeführt werden, und unsre Übungen sind keine Ausnahme. Sie können jede Übung zu einem oberflächlichen Gesellschaftsspiel, das Spaß machen soll, degradieren. Sie können eine bittre Mühsal daraus machen und versuchen, widerspenstige Leute mit großem Ernst hineinzuzwingen. Wenn Sie sich ein Selbst-Erziehungs-Programm vorgenommen haben, können Sie die Übungen nacheinander absolvieren, wie ein Pfadfinder, der für seine Leistungen Verdienstmedaillen sammelt.

Aber wenn Sie die Übungen mit Wahrnehmungsvermögen durchführen, werden Sie immer mehr von Ihrem eignen Erleben und Verhalten erfahren, und diese Einstellung wird nach und nach ein integrierendes Element Ihres Handelns werden.

V. Phantasie-Reisen

Die Wirksamkeit der Phantasien dieses Abschnitts wird erhöht, wenn am Anfang der Übungen bestimmte Anweisungen gegeben werden: bequeme Körperhaltung, geschlossene Augen, gesammelte Aufmerksamkeit, die sich auf das innere Erleben richtet, Fühlungnahme mit körperlichen Empfindungen, mit dem Atmen usw. Es ist unmöglich, sich dem inneren Leben der Phantasie hinzugeben, wenn man angespannt und noch mit frischen Eindrücken und Gedanken aus der Außenwelt beschäftigt ist.

Die Phantasie-Reisen werden besonders wertvoll sein, wenn über sie sofort jemandem berichtet wird, und zwar *in der ersten Person Präsens, so, als würde alles eben erst geschehen.* Dies Erzählen vertieft das Gefühl der Identifikation mit dem Erleben der Phantasie und verhilft zu dem Wissen, daß es nicht »nur eine Phantasie« ist, sondern ein wichtiger Ausdruck des Selbst und der eignen Lebenssituation. Während Sie in der Gegenwartsform von Ihrem Erleben berichten, gewahren Sie oft wichtige Einzelheiten, die Sie während der Phantasie selbst nur ungenau wahrgenommen hatten. Außerdem kann ein Zuhörer Einzelheiten oder Aspekte wahrnehmen, die Sie übersehen oder ignorieren, er kann Auslassungen und Umgehungen feststellen, die Ihnen entgehen. So wird es möglich, die Phantasie genauer zu erforschen und das wahrzunehmen, was nicht beachtet, vermieden oder verdrängt wird.

Ein weiterer Wert der sofortigen Mitteilung liegt in der direkten Kommunikation mit einem anderen Menschen. Während Sie ihm über Ihre Gefühle und Erlebnisse in der Phantasie-Existenz berichten, werden Sie oft merken, daß Sie hier viel ehrlicher und persönlicher sprechen, als es Ihnen sonst in der Unterhaltung mit anderen möglich ist. Sie werden oft eine Menge über sich selbst und Ihre Existenz aufdecken und können erfahren, wie andre Menschen auf Ihre Ehrlichkeit reagieren. Es ist wertvoll, sich selbst genauer wahrzunehmen, und es ist auch

wichtig, die eigne Wahrnehmung einem Gegenüber mitzuteilen, so daß das eigne Leben in aufrichtigem Kontakt mit anderen Menschen verbunden wird.
Diese Phantasie-Reisen mögen wie Wiederholungen erscheinen – besonders dann, wenn Sie sie nur rasch durchlesen, ohne sie zu erleben. In einem gewissen Sinne sind es Wiederholungen. Alle benutzen die gleichen Mittel: Projektion in eine Phantasie-Situation und dann Re-Identifikation durch Rollenspiel und Dialog. Gleichzeitig aber bewirken die verschiedenen Anordnungen *doch* einen Unterschied. Sie werden in den verschiedenen Phantasie-Situationen neue Entdeckungen machen. Und Sie werden entdecken, daß manche Ihrer wichtigsten Gefühle und Themen immer wieder auftauchen, trotz der verschiedenen Anordnungen. Hierin liegt eine weitere Bestätigung der Tatsache, daß Ihr Erleben innerhalb der Phantasie eine reale Äußerung Ihrer Existenz ist: wie Sie tatsächlich leben und fühlen und »funktionieren«.
Diese Phantasien sind am lebendigsten, wenn Sie sich – in bequemer Körperlage und bei geschlossenen Augen – die Anweisungen von jemandem vorlesen lassen, langsam und mit Pausen. So wird Ihre Aufmerksamkeit nicht geteilt zwischen der Hingabe an die Phantasie und der Aufgabe, die Anweisungen zu lesen. Sollten Sie aber eine Phantasie-Reise allein durchführen wollen, so rate ich, die Anweisungen ein oder zweimal durchzulesen, so daß Sie sich die allgemeine Struktur der Phantasie einprägen. Dann schließen Sie die Augen und begeben sich auf die Reise, aber ohne große Sorgen, ob Sie die Anweisungen genau befolgen. Es ist nichts Magisches darin, und nichts Sakrales. Ich habe die Anweisungen so genau aufgeschrieben, um Ihnen zu zeigen, was Sie mit Hilfe der Werkzeuge der Identifikation, des Rollenspiels und des Dialogs in der Phantasie entdecken können. Nachdem Sie eine Reihe von Erfahrungen mit dem Potential dieser Methode gemacht haben, können Sie Ihre eignen Phantasie-Reisen durchführen und auf eigne Faust mit dem arbeiten, was Ihnen darin begegnet.
Unmittelbar nach der ersten Phantasie wurde eine wörtliche Niederschrift von den Reaktionen einer kleinen Gruppe und meinen Kommentaren angefertigt.

Baumstumpf, Hütte, Fluß Bitte stellen Sie sich vor, Sie seien ein Baumstumpf in den Bergen. *Werden* Sie jetzt zum Baumstumpf.

Schauen Sie sich selbst und Ihre Umgebung an... Lassen Sie sich Zeit, in das Gefühl hineinzukommen, Sie seien ein Baumstumpf... Es wäre hilfreich, sich selbst zu beschreiben. Was für eine Art Baumstumpf sind Sie?... Was für eine Gestalt haben Sie?... Was für eine Rinde, was für Wurzeln haben Sie?... Wie ist Ihre Existenz als Baumstumpf?... Was widerfährt Ihnen?...

In nächster Nähe des Baumstumpfes steht eine Hütte. Bitte werden Sie zur Hütte. Bitte erleben Sie das Aroma des Erlebnisses, die Hütte zu sein... Was sind die charakteristischen Züge?... Erforschen Sie Ihre Existenz als Hütte... Was haben Sie in sich?... Was geschieht Ihnen von außen?... Nehmen Sie sich Zeit, mit all dem in Fühlung zu kommen...

Neben der Hütte fließt ein Fluß. Werden Sie dieser Fluß. Was für ein Leben führen Sie als ein solcher?... Was für eine Art Fluß sind Sie?... Wie fühlen Sie sich, was für Erfahrungen machen Sie als Fluß?... Wie ist Ihre Umgebung?... Bitte sprechen Sie nun als Fluß zur Hütte. Was sagen Sie ihr?... Sprechen Sie mit ihr und stellen Sie sich vor, daß sie Ihnen antwortet, so daß Sie einen Dialog, eine Unterhaltung führen... Was sagen Sie, was antwortet die Hütte?... Jetzt seien Sie die Hütte und setzen Sie das Zwiegespräch fort... Was haben Sie dem Fluß zu sagen?... (Sie können auch Dialoge zwischen dem Baumstumpf und der Hütte oder zwischen dem Baumstumpf und dem Fluß veranstalten.)

Jetzt verabschieden Sie sich von den Bergen, von der Hütte, vom Fluß, dem Baumstumpf und kehren Sie zu diesem Zimmer und zu Ihrer hiesigen Existenz zurück... Wenn Sie wollen, öffnen Sie die Augen...

Ich bitte nun jeden Teilnehmer, seine Erlebnisse als Baumstumpf, als Hütte, als Fluß auszudrücken, und bitte in der ersten Person Präsens: »Ich bin –«, »Als Baumstumpf bin ich alt und gespalten – ich bin bis zum Boden abgesägt, Eichhörnchen sitzen auf mir und knacken Nüsse«, oder dergleichen mehr... Bitte lesen Sie die Antworten und die folgenden Aussprachen nicht, bevor Sie die Phantasie-Reise selber gemacht haben.

Antworten und Kommentare René: (lebhaft) Das hat mir aber gefallen! Es war herrlich. Ich bin ein sehr hoher Baumstumpf, hoch und dünn. Ich wurde abgesägt, aber sehr hoch oben, und Zweige wuchsen

auf mir, wachsen auf mir, und Blätter kommen heraus, und ich weiß, ich selbst werde wachsen, sehr hoch werde ich wachsen und bald ein sehr hoher Baum sein.
Jetzt bin ich eine Hütte. In mir liegt ein schöner Teppich, ein warmer, orangefarbener Teppich, ich habe warme Möbel und ich möchte – manchmal in mir – fühlt sich die Hütte leer und einsam, und ich hab's lieber, wenn viele Menschen bei mir sind, nette Leute in der Hütte. Manchmal mag ich den Lärm von Kindern, aber gewöhnlich ist mir das Geräusch lieber, wenn Freunde in mir sind. Und ich bin ein Fluß, der anfangs eine sehr starke Strömung hat, dann aber werde ich sanfter und bleibe hier, und ich möchte gern an diesem Ort bleiben. Ich möchte nicht immer nur laufen und weiterlaufen. Ich möchte nicht so ein langer Fluß sein und immer weiter fließen. Ich möchte bei dieser Hütte bleiben, und ich bin sehr warm. Anfangs war ich kalt, aber das mochte ich nicht und ich spüre, daß ich warm sein möchte, und alle Leute, die in der Hütte sind, sollen kommen und die Wärme des Wassers genießen. Und ich fand es schön – o, ich finde es *wirklich* schön.
Gruppenleiter (L): Führten Sie auch ein Gespräch mit –
René: O ja, wissen Sie, und ich habe gesagt – der Fluß hat gesagt: »Ich bin warm und möchte hier bleiben«, und die Hütte sagte: »Hier bin ich gern, es ist warm, und ich bin voll von Menschen.« Es war eine sehr schöne Reise.

Abby: (schnell) Ich bin ein kurzer, dicker, abgesägter Baumstumpf, zu Kohle verbrannt, aus irgend einem Grunde war ich im Feuer und bin ganz schwarz. Und ich habe Augen, und die Augen gucken rundum, und ich sehe eine Hütte. Ich bin eine Blockhütte, ganz –
L.: Gibt es noch mehr über den Baumstumpf zu sagen?
Abby: Nein, da ist – nein.
L.: Wie fühlten Sie sich als Baumstumpf?
Abby: Ich wollte dort wegkommen.
L.: Sie wollten wohl kein Baumstumpf sein?
Abby: Mir war, als wäre ich dort drin und wollte einfach raus, und diese Augen guckten überall herum, sahen alles und wollten einen Ausweg finden, wegzukommen, es war ein *gräßlicher* Ort, so eingesperrt. Und dann sah ich diese Hütte, und das war eine riesige Erleichterung, und in dem Augenblick, als ich das hörte, sprang ich auf und rannte hinüber und wurde die Hütte, und ich bin aus sehr groben

Balken, aus sehr grobem Holz, sehr ländlich, und auf dem Boden liegen Bärenfelle. Und auf meiner linken Seite habe ich einen Kamin, und es ist sehr warm. Und Leute sind in mir, das habe ich gern. Ich mag nicht, wenn sie weggehen. (Kurzes Lachen)

Dann wurde ich der Fluß, und das gefällt mir, weil ich sehr schnell fließe. Ich habe das Gefühl der Bewegung gern, aber man ist einsam als Fluß, weil keine Menschen da sind. Hin und wieder angelt jemand in mir und sticht mich mit diesen Haken. Manchmal springt jemand in ein Boot, und ich finde, das ist grausam, aber ich fließe ja rasch. Auch wenn ich nicht recht weiß, wohin ich fließe, ist es doch hübsch, so rasch zu fließen.

Dann spreche ich mit der Hütte und sage: »Ha, ha, du mußt dort stehen bleiben und ich fließe, ha, ha ha. Weißt du, du mußt dort allein stehen bleiben, und ich darf einfach irgendwohin gehen.« Und die Hütte antwortet, ich antworte: »Ja, aber sieh doch all die Leute, die ich hier habe, und die sich beim warmen Feuer unterhalten, sie sind glücklich, und all dies habe ich in mir. Es ist besser, hier zu sein.« Und der Fluß sagt: »Ja, aber die Leute werden weggehen, und du wirst einsam sein und kannst nirgends hingehen.«

L.: Ich bin neugierig – Sie sagten, Ihr Kamin sei auf der linken Seite der Hütte. Was ist rechts?

Abby: Ich weiß nicht, nichts.

L.: Machen Sie die Augen zu und schauen Sie hin.

Abby: O – nach vorne zu, rechts, ist eine Küche und ein Spültisch. Und als Hütte würde ich sagen: »Ja, und ich habe Wasser in mir, auch das, welches in den Spültisch fließt.« Aber dort rechts ist nichts, bis man nach vorne zur Küche kommt.

L.: Was für ein Gefühl haben Sie für die rechte Seite?

Abby: Sehr anders. Die linke Seite ist mir näher. /L.: Ja./ Abby: (kurzes Lachen): Hat das etwas zu bedeuten? Heißt das, ich sei ein Linksradikaler? (Gelächter) Ach, das ist ja komisch, weil – ha, das ist erstaunlich, denn als Sie vorhin sagten, wir sollten unsern Körper wahrnehmen, störte mich meine linke Kontaktlinse und mein linkes Bein juckte und – ja! /L.: Sie nahmen Ihre linke Seite wahr, nicht die rechte./ Abby: Ja, ich nahm meine linke Seite wahr. Was bedeutet das? /L.: Es bedeutet, daß Sie mit Ihrer rechten Seite nicht in Fühlung sind./ (Gelächter) Abby: Ist das alles? /L.: Nun, wahrscheinlich steckt mehr dahinter, ich weiß nicht, was es ist. Aber Sie können es entdecken, indem Sie entweder Ihre Blockhütte genauer erforschen oder indem Sie mit Ihrer rechten Seite in Fühlung kommen./

George: Nun, ich bin ein sehr großer Baumstumpf – ich stehe sehr hoch oben und überschaue ein Tal. Ich bin weit überm Boden abgesägt. Ich bin sehr beunruhigt – meine Wurzeln sind lang und hängen außen und versuchen, in den Fels einzudringen. Es ist sehr schwer, dieser Baumstumpf zu sein, denn ich weiß nicht, ob die Wurzeln meine Arme oder meine Beine sind, die außen am Fels hängen. Und ich bin nicht sicher, ob ich nicht am Fels hinunterrutschen werde, und eigentlich möchte ich wirklich weg vom Berg. Ich möchte nicht dieser Baumstumpf sein, der hier festsitzt.
Und als Hütte habe ich ziemliche Schwierigkeiten mit meiner Bauart. Stehe ich auf allen vier Beinen oder liege ich am Boden und bin eine gemütliche Hütte? Aber nun nichts mehr darüber.
Und als Fluß – da weiß ich nicht, ob ich ein Fluß bin, ein Etwas, das von hier oben weit hinunter zum Ozean fließt, oder ob ich nur ein Teil vom Fluß bin, oder ob ich Wasser im Fluß bin – und die Hütte und der Baum sagen mir immerfort: du bist ein Glückspilz, daß du bald das Meer sehen wirst. Aber das ist mir noch gar nicht so sicher. Und parallel zu all diesem geht immer die Unsicherheit, wie bin ich eigentlich, wer bin ich, wie bin ich?

Jean: Ich bin ein Baumstumpf und bin – ich bin in einem Wald. Ich merke, daß der ganze Wald abgebrannt war, und ich war auch abgebrannt und denke immer, daß ich das nicht mag. All dieses hab ich in mir – ich denke, das bin ich nicht – und dann sage ich: nein, das bin ich wirklich, wissen Sie, ein abgebrannter Wald. Ich habe keine besondren Gefühle im Blick auf mich selbst als Baumstumpf, ich versuche es, und nun bin ich eine Hütte und kann keine Hütte sein, ich kann es wirklich nicht – uh – ich versuche, es zu denken, aber es kommt nichts. Balken habe ich, ich bin eine Blockhütte. Als Sie »Hütte« sagten, fiel mir als erstes ein, daß ich eine Blockhütte bin, aber ich konnte nichts damit anfangen. Ich konnte nicht darin sein, ich konnte es nicht selbst sein, und konnte es nicht fühlen.
L.: Sie sprechen in der Vergangenheitsform. Bitte erzählen Sie es in der Gegenwart.
Jean: Und dann werde ich ein Fluß, und das bin ich gern. Ich war richtig

glücklich als Fluß. Ich hatte Fische in mir, und Wild kam, und ein Bär kam und wollte trinken. Sie waren meine Gäste. /L.: Bitte Gegenwartsform./ Ich fühle mich ganz frei als Fluß und versuchte, mit der Hütte zu sprechen, aber damit war es nichts. Ich konnte nicht mit ihr sprechen. Ich wußte nichts von der Hütte. /L.: Sie fühlen sich wohl als Fluß./ Jean: Ja. /L.: In die andern Gestalten konnten Sie nicht hinein./ Jean: Nein. /L.: Sie gingen immer wieder in die Vergangenheitsform. Damit legen Sie Distanz zwischen sich und Ihr Erleben. Da gibt es für Sie noch viel zu entdecken./ Jean: (scherzend) Eine Hütte. /L.: Ihr Hütte-Sein und Ihr Baumstumpf-Sein./

Mary: (leise) Ich bin ein kurzer Baumstumpf und ringsum sind Bäume. Sie sehen auf mich herunter, und ich sehe ein kleines Stück Himmel dort oben irgendwo. Und ich habe überhaupt gar keine Gefühle. Ich empfinde gar nichts, wenn ich ein Baumstumpf oder eine Hütte oder ein Fluß sein soll. Nichts fühle ich, rein gar nichts. Ich werde nicht lange ein Baumstumpf sein.

Und wenn ich eine Hütte werde, ist es gar nicht schön, weil ich leer bin, und ich habe viele Fenster, aber ohne Vorhänge oder sonst was. Keine Möbel.

Ich denke, am liebsten bin ich ein Fluß, weil ich sprudle, und es sind ein paar Kieselsteine in mir, und die sind schließlich besser, als nichts in mir zu haben. Wir können nicht miteinander sprechen, es gibt überhaupt keinen Dialog zwischen meinem Fluß und meiner Hütte. So, das wär's.

L.: Gut. Sie sagen, Sie hätten keine Gefühle, aber doch sagten Sie, Sie seien gern ein Fluß, und es sei nicht schön gewesen, eine Hütte zu sein.

Mary: Nun, ich habe irgendein ungutes Gefühl, wenn ich dran denke, jetzt, wo es vorüber ist.

L.: Also hatten Sie doch gewisse Gefühle dabei.

Mary: Ja, aber nicht, während ich die Hütte war.

L.: Sie wollten nicht die Hütte sein – später.

Mary: Ich glaube nicht.

L.: Können Sie Näheres sagen?

Mary: Ich glaube, ich mag es nicht, leer zu sein und keine Vorhänge zu haben und nichts. All diese Fenster, und jeder kann mich sehen. (Kurzes Lachen)

L.: Und als Sie der Baumstumpf waren, schauten all die andern Bäume auf Sie herunter.

Virginia: (nachdenklich) Ich bin ein alter, grauer, wettergewohnter Baumstumpf. Da stimmt was nicht, denn ich kann meine eignen Runzeln sehen, und die Dunkelheit, wo früher der Wald stand. Ich stehe auf einem Berggipfel, und es sind keine andren Bäume um mich herum. Aber trotz meines Alters kommt aus mir ein sehr grüner, kräftiger Trieb mit einer Art von grünen Blättern, die ich auf mir sehen kann, und das zeigt, daß ich ein sehr gesunder Baumstumpf bin. In meiner Phantasie nehme ich viele Berggipfel wahr und hellen blauen Himmel und habe eine herrliche Aussicht. Und ich denke: warum wohl habe ich in meinem Alter, in preisgegebener Lage solch einen gesund aussehenden Trieb? Nun, es ist eben so, und fragen tu ich ohnehin nicht gerne.

Nun also gehe ich zur Hütte über und sehe eine sehr neue Hütte und sehe ihre hervorstehenden Kanten, wo die Balken abgesägt wurden, und man hat sie mit einer Art Lack bestrichen, der sie glänzen und ganz wie neu aussehen läßt. Und ich sehe gar keine Leute in der Hütte. Vielleicht kommen Tiere hierher, aber sie ist sehr neu und sehr kahl und sie – /L.: Sagen Sie bitte »ich« statt »sie«./ Ich bin sehr neu und sehr kahl und es sind keine beschützenden Bäume um mich, aber vielleicht brauche ich die gar nicht so sehr.

Ich gehe jetzt zum Fluß über. Ich bin ein äußerst glücklicher Fluß. Ich fühle, das Wesen des Im-Fluß-Seins ist das Wesen all der Übungen. Ich *hüpfe* in die Luft und ich *schäume* gegen die Felsen, und dann schwinge ich mich bedächtig in die sanften kleinen Strudel und schlängle mich her und hin. Viele Tiere kommen zu mir und Menschen. Manchmal bin ich so breit wie ein russischer Fluß mit vielen Kindern, und manchmal bin ich schmal, und Leute angeln in mir.

Nun rufe ich die Hütte: »Warum bist du nicht so frei und unternehmend wie ich? Und sitzest einfach so da?« Und die Hütte antwortet: »Ich weiß nicht, wofür ich gebaut bin, und ich bin sehr neu, aber ich werde meinen Weg auf meine Weise schon finden.« Als Hütte sehnte ich mich nicht, der Strom zu sein. Und der Strom war mit sich zufrieden.

L.: Gut. Haben Sie aus all diesem irgend etwas für sich herausgefunden?

Virginia: Ja, eine Spaltung, was mich betrifft. Und die sah ich auch in anderen Menschen. Ich habe eine linke – ich weiß nicht, was das bedeutet, aber ich habe eine Linkshändigkeit und eine Rechtshändigkeit. Meine Hütte sehe ich hier zu meiner Linken und meinen Fluß hier zur Rechten. Das merkte ich, als festgestellt wurde, daß Abbys Kamin auf der linken Seite war. Ich dachte: »Und wo ist der meine?« Ich sehe das Gegeneinander – das Stabile und Wurzelhafte der Hütte und die ausgesprochene Freiheit des Flusses. Und ich sehe in meiner Hütte – und das interessiert mich – die Einsamkeit, das Neue, das Nichtwissen, wohin. Keine Menschen im Haus, und dagegen die fröhliche Menge der Menschen am Fluß – das zeigt eine Spaltung.

L.: René, bei Ihrer Reise gab es keine Spaltung.

René: Eine Spaltung? L: Ja, Virginia sagt, Hütte und Fluß seien bei ihr ganz verschieden. Und Sie fühlten sich in allen drei Gestalten immer dieselbe. Stimmt das? /René: Ja./ L: Da war Wärme, Kraft und Freude, und es geschah immer etwas, einerlei, um welche Verwandlungen ich Sie auch bat.

Mary: Ich konnte nur einen kleinen Teil sehen, einen kleinen Teil meiner Hütte, von mir selbst als Hütte, innen. Und ich weiß nicht, ob es links oder rechts war. Das wurde gar nicht deutlich, aber irgendwie war es doch zu einer Seite geneigt, aber ich weiß nicht, zu welcher. Ich glaube, nach links (Handbewegung), weil hier die Wand war und dort war alles andre, aber ich konnte nur diesen Teil sehen. /L.: Also ein klein wenig von der linken Seite./ Mary: Damals war mir nicht klar, daß es die linke Seite war, aber jetzt, wo ich es bedenke, meine ich, es muß die linke gewesen sein.

L.: Und was sehen Sie dort links?

Mary: Eigentlich nicht viel – all diese Fenster! (lacht nervös) Ich kann diese Hütte gar nicht leiden! (lacht) Und ich werde sie vielleicht niemals *vergessen*, oder – sie ist sehr bedeutsam für mich – jedermann sieht in mich hinein, und der kahle Raum – das mag ich nicht. Ich möchte am liebsten der Fluß sein, da fühle ich mich am wohlsten.

L.: Die meisten Menschen mögen den Fluß. Er hat Freiheit und Spontaneität. Er hüpft und springt und so weiter.

Mary: Als Fluß kann man tun, was man will.

René: Ich habe es bedacht, und ich fühle es jetzt genau: wenn ich diese Übung vor einem Monat hätte machen sollen, wäre ich ein andrer Baumstumpf gewesen.

Jean: Warst du ein hoher Baumstumpf?
René: (nachdrücklich) Ich war groß, und ich sah diese *grünen* Blätter und ich – wissen Sie, ich *fühle* diese grünen Blätter. Wissen Sie, sie kommen heraus und wachsen und nichts kann sie aufhalten.
L.: Hören Sie die »grünen Blätter« in Renés Stimme? (mehrere Teilnehmer bejahen)
René: Jaaaa! Da sind sie! Meine Träume sind genau so.
L.: Gut. Zwei grundlegende Gedanken stehen hinter dem allem. Der eine: wenn Sie locker lassen und einfach Sie selbst sind und in Fühlung mit sich selbst, dann ist alles lebendig da. Sie können sich selbst finden, wenn Sie nur bei sich bleiben und lauschen. Der andre Gedanke ist: daß wir »Ich« sagen müssen, um uns mit unserm eignen Erleben zu identifizieren. Identifizieren mit unsrer Phantasie, mit unsrer physischen Existenz, mit unsren Gefühlen. Immer, wenn Sie »Ich« sagen, kommen Sie ein wenig näher, ein wenig mehr in Fühlung mit sich selbst. Deshalb bitte ich Sie, sich mit Ihrer Phantasie zu identifizieren, während Sie in ihr sind und auch, wenn Sie darüber berichten. Ich meine damit nicht jenes Ich, das sagt: »Ich bin eine patente Persönlichkeit und mache alles so viel besser als andere« – dies wäre die »Ich-Reise«, das Vergleichsspiel, das Sie von sich selbst entfernt. Sondern ich meine einfach, daß Sie sich mit Ihrem Erleben identifizieren. »So habe ich es erlebt, diese Gedanken denke ich, diese Gefühle empfinde ich, dies tue ich.« »Ich bin eine leere Hütte und viele Menschen gucken herein«, oder »Ich bin ein alter verfallender Baumstumpf, der einen sehr gesund wachsenden Trieb hat«, und solches Erleben mehr.
Hier gibt es kein »richtig« oder »falsch«, es *ist* einfach das Erleben. Die Gesellschaft oder die Eltern mögen sagen: »Das ist richtig, das ist falsch, du solltest dies und nicht jenes sein«, und wenn wir das befolgen, verlieren wir die Fühlung mit dem, was wir *sind*. Die Identifikation mit der Phantasie ist ein Weg, den Kontakt mit sich selbst, wie wir jetzt eben sind, zurückzugewinnen. Zu andrer Zeit mag Ihr Erleben ganz anders aussehen. Und wenn Sie über Ihr Erleben in der Phantasie sprechen, kommt es sehr klar zum Ausdruck, daß *Sie es sind,* besonders für gewisse Menschen. Wenn Sie sich mit Ihrer Phantasie identifizieren, ist diese nicht mehr »nur eine Phantasie«, sondern ein Ausdruck Ihrer *selbst.* Vielleicht ist es schwer für Sie, dies zu realisieren, besonders, wenn Ihr Erlebnis unerfreulich ist. Aber als die andern Teilnehmer ihren Phantasien Ausdruck gaben, haben sicherlich einige von Ihnen

verstanden, daß dieser Mensch wirklich sich selbst ausdrückt.

René: Ja, ich glaube tatsächlich, auf diese Weise einige Menschen kennen gelernt zu haben.

L.: Wenn wir uns jemandem vorstellen, ist das, was wir da sagen, zumeist unnötiges Gerede. Wir nennen »Rang und Namen und Seriennummer« – was wir von Beruf sind, wieviele Kinder wir haben und so weiter. Wenn Sie aber eine kleine Phantasiereise dieser Art machen und sich mit ihr identifizieren, stellen Sie sich dem anderen *wirklich* vor. Sie fangen an, mit dem in Fühlung zu kommen, was in Ihnen wirklich vorgeht. Ich bitte Sie ja nur einfach, ein Baumstumpf zu werden, und beobachte die Vielfalt dessen, was die verschiedenen Menschen entdekken, wenn sie meiner Bitte nachkommen. Für viele bringt dies Erlebnis das Gefühl hervor, ein abgesägter Baum zu sein, das Gefühl verlorenen oder reduzierten Potentials. Aber in dieser Gruppe haben wir nun zwei Beispiele von Baumstümpfen, die voller Leben sind und voll kräftigen Wachstums. Was Sie in Ihrem Baumstumpf finden, sind so sehr Sie selbst, daß diese Übung ein vorzüglicher Weg ist, zu entdecken, was in Ihnen vorgeht, oder *zumindest* ein Weg, der zeigt, daß Sie *nicht* damit in Fühlung sind. Einige unsrer Teilnehmer hier hatten Schwierigkeiten in der Fühlungnahme mit ihrer Phantasie. Jean, Ihnen fiel es schwer, Baumstumpf und Hütte zu sein; Sie fühlten wenig und hatten keinen Dialog zwischen Hütte und Strom. Mary, Sie hatten nur ein wenig Fühlung mit der linken Seite Ihrer Hütte, und andre hatten Kontakt unterschiedlichen Grades mit verschiedenen Teilen ihrer Phantasie.

Die meisten empfinden eine gewisse Diskrepanz zwischen rechts und links. Gewöhnlich hat die linke Seite es mit Charakterzügen zu tun, die unsre Kultur als weiblich bezeichnet: Sensibilität, Empfänglichkeit, Hereinnahme, Wärme – so war Abbys Kamin auf ihrer linken Seite. Die Rechte hat es meist mit »männlichen« Eigenschaften zu tun: Aktivität, Kraft, Aggression, Hinausstreben usw. Einige unsrer weiblichen Teilnehmer hier waren viel mehr in Fühlung mit ihrer linken Seite, mit den weiblichen Aspekten ihrer Persönlichkeit, und hatten so gut wie keine Fühlung mit ihrer rechten Seite. Bei Männern ist es meist umgekehrt. Aber um eine volle Persönlichkeit zu sein, müssen Sie in gutem Kontakt mit beiden Aspekten stehen, so daß Sie beides sein können: offen und empfänglich für die Welt *und* tatkräftig in der Welt.

Ich möchte noch eines sagen: wenn Sie in Ihrem Phantasie-Erleben
 Unerfreulichem begegnen, dann bedeutet das nicht, daß Sie ein Leben

lang daran hängen bleiben müßten. Sondern es heißt, daß Sie es mit irgend etwas Ungutem zu tun haben, das durchgearbeitet und voll erlebt werden will. Gewöhnlich aber *vermeiden* wir das Unangenehme und außerdem *weichen wir der Tatsache aus, daß wir ihm aus dem Wege gehen.* Dies ist der Vorgang der *Verdrängung.* So stoßen wir die Probleme von uns: wir geben uns mit schmerzhaften Erlebnissen nicht ab und führen unser Leben fortgesetzt außerhalb der Wahrnehmung. Was wir hier in der Gruppe treiben, ist genau das Gegenteil von Verdrängung: *Identifikation.* Und Sie können immer noch mehr auf eigne Faust entdecken. Sie können zu derselben Hütte zurückgehen, oder zu Ihrem Baumstumpf, und mehr über Ihr Leben herausfinden. Wenn Sie bereit sind, einer aufkommenden Unerfreulichkeit standzuhalten, sich mit ihr wirklich zu identifizieren und in Fühlung mit ihr zu kommen, dann wird der tote, gespaltene und verbrannte Baumstumpf anfangen zu treiben und zu wachsen, und Sie werden in Ihrem Leben mehr Bewegung und Energie empfinden.

Gedanken Nehmen Sie alle Gedanken, Worte oder Bilder wahr, die Ihnen durch den Sinn gehen... Stellen Sie sich vor, Sie seien in einem geräumigen Zimmer, das zwei breite Türen in einander gegenüberliegenden Wänden hat. Stellen Sie sich vor, daß Ihre Gedanken und Bilder durch die eine Tür in diesen Raum hereinkommen und durch die andre Tür hinausgehen. Nehmen Sie einfach wahr, wie sie hereinkommen, eine Weile stehen bleiben und dann hinausgehen... Was für Gedanken und Bilder sind es?... Was tun sie, solange sie im Raum bleiben?... Wie kommen sie, wie gehen sie?... Eilen sie vorbei oder bleiben sie eine Zeitlang da, so daß Sie sie deutlich sehen können?...

Jetzt gewahren Sie, was geschieht, wenn Sie die Ausgangstür zumachen... Öffnen Sie sie wieder... Schließen Sie jetzt die *Eingangs*tür und achten Sie darauf, was geschieht... Öffnen Sie die Tür wieder... Jetzt schließen Sie beide Türen gleichzeitig und sperren Sie einige Gedanken mit sich selbst zusammen ein... Erforschen Sie sie so sorgfältig als möglich. Wie sind sie, was tun sie? Wie benehmen sie sich?... Was für Empfindungen haben Sie diesen Gedanken gegenüber, und wie reagieren die Gedanken auf Sie?... Sprechen Sie jetzt mit ihnen... und lassen Sie sie Ihnen antworten... Was sagen Sie, und was antworten die Gedanken?...

Jetzt seien Sie selbst die Gedanken und setzen Sie den Dialog fort... Wie ist Ihnen zumute, was tun Sie, was sagen Sie zu sich selbst?... Jetzt sind Sie wieder Sie selber und setzen den Dialog fort. Gewahren Sie die Beziehung zwischen sich und den Gedanken und erwähnen Sie das Wahrgenommene im Dialog. Zum Beispiel: wenn Sie sich frustriert fühlen, sagen Sie zu den Gedanken: »Ihr frustriert mich«, und sehen Sie zu, was Sie voneinander erfahren können...

Ressentiment – Sympathie Denken Sie an jemanden, den Sie ablehnen, an jemanden, der Sie langweilt und stört, oder an jemanden, mit dem Sie Schwierigkeiten haben. Stellen Sie sich vor, dieser Mensch stehe Ihnen gegenüber und schaue Sie an. Betrachten Sie ihn genau. Was für Kleider trägt er?... Wie sieht sein Gesicht aus, und wie blickt er Sie an?... Und nun sprechen Sie Ihre Antipathie ihm gegenüber direkt aus: »Bob, ich kann es nicht leiden, wenn du –« und seien Sie sehr genau und sagen Sie, was Sie gegen ihn haben. Versuchen Sie, das Gefühl direkter Kommunikation mit ihm zu bekommen... Nehmen Sie sich Zeit und zählen Sie alles auf, was Sie auszusetzen haben... Jetzt gehen Sie derselben Aufzählung nach, streichen Sie das Wort »aussetzen« oder »ablehnen« und sagen Sie stattdessen »ich finde sympathisch« oder »ich kann es gut leiden, daß du –« Wenn Sie alles aufgezählt haben, machen Sie eine Pause, so, als probierten Sie ein Hemd an. Achten Sie auf Ihr Gefühl, wenn Sie die Sätze aussprechen, ob irgendeine Realisation aufsteigt. Zum Beispiel, wenn meine Ablehnung heißt: »Ich kann deine Schwäche nicht leiden, weil ich allerlei für dich tun muß«, so kann es jetzt heißen: »Ich finde an dir deine Schwäche sympathisch, sie gibt mir vergleichsweise das Gefühl von Kraft und Tüchtigkeit.« Lassen Sie sich hierfür ein paar Minuten Zeit und sehen Sie zu, ob Sie einige Sympathie oder Anerkennung für das vorher Abgelehnte entdecken können...

Schwäche – Kraft Schließen Sie die Augen und richten Sie die Aufmerksamkeit nach innen... Nehmen Sie mit Ihrer physischen Existenz Fühlung auf... Leiten Sie zwischen Schwäche und Kraft ein stilles Gespräch ein. Fangen Sie so an, daß Sie die Schwäche sind, die direkt zur Kraft spricht. Sie können z. B. sagen: »Ich bin so schwach, und du bist so stark, du kannst so vieles fertigbringen« usw. Nehmen

Sie wahr, was Sie körperlich empfinden, wenn Sie so sprechen... Nennen Sie Einzelheiten, worin Ihre Schwäche besteht, worin der andere stark ist...
Tauschen Sie die Rollen: seien Sie die Kraft, die der Schwäche antwortet... Was sagen Sie, und wie sagen Sie es?... Wie fühlen Sie sich in dieser Rolle?... Was empfinden Sie gegenüber der Schwäche?... Erzählen Sie ihr, welchen Vorteil es für Sie hat, stark zu sein...
Tauschen Sie die Rollen und seien Sie wieder die Schwäche... Was antworten Sie der Stärke... und wie fühlen Sie sich dabei?... Erzählen Sie der Kraft, welchen Vorteil es für Sie hat, schwach zu sein... Sprechen Sie über die Macht, die in der Schwäche liegt... über alle Vorteile, die Sie durch Ihre Schwäche haben, z. B. wie Sie andre Leute manipulieren können, so daß sie Ihnen helfen usw.... Geben Sie eine genaue Beschreibung der Einzelheiten im Blick auf die Macht, die in Ihrer Schwäche liegt...
Jetzt sind Sie wieder die Kraft und antworten der Schwäche... Sprechen Sie über die Schwäche, die in Ihrer Kraft liegt, über die Nachteile, die das Starksein mit sich bringt: wie die anderen sich auf Sie stützen und von Ihrer Energie zehren usw. Beschreiben Sie im einzelnen die Schwäche Ihrer Kraft...
Antworten Sie hierauf in der Rolle der Schwäche... Wie ist Ihnen zumute und was sagen Sie?... Setzen Sie das Gespräch fort, tauschen Sie die Rollen nach Bedarf und sehen Sie zu, was Sie entdecken können...
(Diese Art des inneren Dialogs kann ungeheuer nützlich sein, um Gegensätzlichkeiten im Inneren *eines* Menschen aufzuzeigen und zu klären. Dasselbe gilt auch für jede komplementäre Beziehung zwischen *zwei* Menschen, zwei Rollen, Qualitäten oder Aspekten. Besonders hilfreich aber ist ein solcher Dialog zwischen *Gruppen*, die im Konflikt miteinander stehen: Lehrer-Schüler, Farbige-Weiße, Ordnungshüter-Hippies usw. All unsre menschlichen Beziehungen sind von den *Bildern* bestimmt, die wir voneinander haben. Wenn Sie sich über die selbstgemachten Bilder klar werden und zu ihrer Aufhellung und Reduktion bereit sind, werden Sie nach und nach die wirklichen Menschen hinter den Bildern erkennen und auf diese Partner reagieren statt auf die Bilder, die Sie von ihnen hatten. Diese Übung kann auch so durchgeführt werden, daß zwei Personen als Opponenten einander gegenübertreten und immer wieder die Rollen tauschen. Einige Beispiele hierfür

werden im Abschnitt »Übungen zu zweit« gegeben. Weitere produktive Gegenüberstellungen sind: Ehepaare, Eltern-Kind, Vorausplaner-spontan Lebende, fremdartig-gewohnt, Helfer-Hilflose, Ehrliche-Unehrliche, Arbeitgeber-Arbeitnehmer, Saubere-Schlampige, männlich-weiblich, verantwortlich-verantwortungslos, Geist-Körper, stumpf-gewitzt usw. Fassen Sie ins Auge, womit Sie im Leben Schwierigkeiten haben, und reduzieren Sie diese Schwierigkeit auf eine bestimmte Person, ein Verhalten oder eine Qualität. Dann stellen Sie sich *das Gegenteil* zu diesem Menschen, diesem Verhalten, dieser Qualität vor und veranstalten Sie einen Dialog zwischen den Opponenten. Wenn Sie sich richtig in diesen Dialog einbringen, werden Sie die Symmetrie und Ähnlichkeit entdecken, die unterhalb der zutageliegenden Gegensätzlichkeit besteht. Das obige Beispiel zeigt, daß Kraft in der Schwäche und Schwäche in der Kraft liegt, und auch, daß beide Seiten mit verschiedenen Mitteln das gleiche erreichen: Macht über den Gegenspieler auszuüben.)

Umkehrung der Kommunikation Richten Sie Ihre Aufmerksamkeit auf meine Worte, die in meinem Gehirn entstehen, von mir ausgesprochen werden, durch die Luft zu Ihrem Ohr dringen, zu Ihrem Gehirn gehen, wo sie von Ihnen verstanden werden ... Nun *kehren Sie diesen Vorgang um.* Stellen Sie sich vor, daß in diesem Augenblick meine Worte in Ihrem Gehirn entstehen ... zu Ihrem Ohr gelangen ... Ihr Ohr verlassen ... durch die Luft in meinen Mund ... und weiter zu meinem Gehirn dringen, wo ich sie verstehe ... Bleiben Sie eine Weile bei der Umkehrung ... und kehren Sie zu sich zurück ...

Umkehrung eines Baumes Stellen Sie sich einen Baum vor und geben Sie acht, wie er sich im Lauf eines Jahres verändert. Stellen Sie sich das Wasser und die Bodensubstanzen vor, die im Frühling in die Wurzeln dringen, durch den Stamm bis in die Zweige aufsteigen ... wie Knospen entstehen, Blätter und Triebe wachsen ... beobachten Sie, wie die Blätter im Sommerwind wachsen und reifen, wie sie älter und farbiger werden, wenn der Herbst naht ... Dann fallen die Blätter ab, sie welken und modern und werden im Lauf des Winters zu einem Bestandteil des Bodens ... sie werden von den Wurzeln wieder aufgenommen, wenn der Baum im Frühling zum Leben erwacht ...

Kehren Sie diesen Kreislauf um und stellen Sie sich die alten trocknen Blätter auf dem Boden vor, wie sie in die Zweige aufsteigen ... grüner und grüner werden, dann werden sie von den Zweigen aufgenommen ... sie wandern durch den Stamm zu den Wurzeln hinunter ... hinein in den Boden zu den modernden Blättern ... Führen Sie diese Umkehrung eine Weile durch ...

Identifizieren Sie sich mit dem umgekehrten Baum, der sich mit den umgekehrten Jahreszeiten verändert ... bitte fühlen sie, wie Ihre Blätter in Ihrem Oberkörper absorbiert werden und bis zu Ihren Wurzeln hinunterwandern, wo sie in den Boden hineingelangen ... Nehmen Sie wahr, wie Sie sich als umgekehrten Baum empfinden. Setzen Sie das Baumsein fort, aber kehren Sie den Zyklus zum Normalen um ... Fühlen sie, wie Ihre Wurzeln die Feuchtigkeit des Bodens trinken ... wie die Feuchtigkeit durch den Stamm zu Ihren Zweigen aufsteigt ... bleiben Sie eine Zeitlang dabei und gewahren Sie, wie Sie sich als Baum empfinden ...

Umkehrung der vorherrschenden Charakterzüge Denken Sie sich zwei oder drei Eigenschaftswörter, mit denen Sie sich selbst am treffendsten beschreiben würden, drei Wörter, die am besten aussagen, was Sie von Ihrer Person halten ... Nehmen Sie sich Zeit zur Auswahl ... Jetzt denken Sie sich das Gegenteil dieser Wörter ... Werden Sie zu einer Person, die diese gegenteiligen Eigenschaften hat ... Beschreiben Sie sich ... wie sind Sie ... wie fühlen Sie sich dabei? ... Wie läuft Ihr Leben ab? ... Was ist Ihnen an dieser Rolle angenehm, was unangenehm? ... Lassen Sie sich Zeit, in richtige Fühlung mit der Tatsache zu kommen, daß Sie diese Art von Mensch sind ... Werden Sie nun wieder Sie selbst und vergleichen Sie Ihre Erlebnisse in beiden Rollen ...

Eine Statue, die Sie selbst darstellt Stellen Sie sich vor, Sie seien in einem sehr dunklen Gebäude. Sie können noch gar nichts sehen, aber Sie wissen, es ist eine Art Museum oder Galerie für Skulpturen. Unmittelbar vor Ihnen steht eine Skulptur, die Ihnen genau nachgebildet ist. Sie kann realistisch oder abstrakt sein, in jedem Falle drückt sie Ihr eigentliches Wesen aus. Schauen Sie in die Dunkelheit hinein, und wenn es nun langsam heller wird, können Sie erkennen, wie die Statue aussieht. Es wird immer heller und Sie sehen immer mehr ... Wie sind Gestalt und Form? ... Wie groß ist die Skulptur, und aus welchem

Material? ... Sie sehen sie immer deutlicher und entdecken Einzelheiten ... Gehen Sie um die Skulptur herum und schauen Sie sie aus verschiedenen Blickwinkeln an. Gehen Sie nahe heran und berühren Sie sie mit den Händen ... Wie fühlt sie sich an? ...
Bitte *werden* Sie jetzt die Statue. Stellen Sie sich's vor und ändern Sie Körperhaltung und Position, um sich der Statue anzugleichen ... Wie ist Ihnen zumute? ... Wie sehen Sie aus? ... Beschreiben Sie sich selbst als Statue: »Ich bin –«. Wie ist nun Ihre Existenz? ... Was begegnet Ihnen und wie empfinden Sie dies Geschehen? ...
Bringen Sie die Statue in Ihrer Vorstellung zum Leben ... Was tun Sie als lebendige Skulptur und wie gestaltet sich Ihr Leben? ... Lassen Sie sich Zeit, mehr darüber zu erfahren ...
Nun werden Sie wieder Sie selbst und schauen sich die Skulptur an ... Erscheint sie Ihnen jetzt irgendwie verändert? ... Hat sich etwas gewandelt? ... Was empfinden Sie gegenüber der Skulptur? ... Bereiten Sie sich langsam auf den Abschied von ihr vor ... Sagen Sie ihr jetzt Lebewohl, kehren Sie zu Ihrer Existenz in diesem Raum zurück und nehmen Sie in Ruhe in sich hinein, was Sie gerade erlebt haben ...
Nach einer oder zwei Minuten werde ich Sie bitten, die Augen zu öffnen und zur Gruppe zurückzukehren. Ich bitte alle Teilnehmer, körperlich zur Statue zu werden und dann von Ihrer Existenz als solcher zu berichten – nehmen Sie die Körperhaltung Ihrer Skulptur an und erzählen Sie uns alle Einzelheiten von Ihrem Erleben und auch davon, was Sie tun, wenn Sie die Skulptur zum Leben bringen ...
Öffnen Sie die Augen und kommen Sie zur Gruppe zurück ... Wer will den Anfang machen? ...

Ein Phantasie-Gefährte Suchen Sie sich einen ruhigen Ort, wo Sie mindestens zehn oder fünfzehn Minuten mit sich allein sein können. Sitzen Sie ruhig da, schauen Sie sich um und lassen Sie sich Zeit, mit Ihrer nächsten Umgebung in Fühlung zu kommen. Auch wenn es ein vertrauter Ort ist, nehmen Sie richtigen Kontakt auf und versuchen Sie, ihn noch besser kennen zu lernen ...
Schließen Sie die Augen und nehmen Sie wahr, was innen im Körper geschieht ... Nehmen Sie engen Kontakt auf mit Ihren körperlichen Empfindungen und Gefühlen und mit diesem Erleben dort drinnen ...
Stellen Sie sich vor, es sei ein Mensch bei Ihnen, und lernen Sie diesen

Phantasie-Gefährten nach und nach kennen ... Was für Kleider trägt er? Wie ist er gebaut, was für eine Haltung nimmt er ein? ... Was sagt er durch Haltung, Bewegung und Gesichtsausdruck über sich aus? ... Wie ist ihm zumute? ... Fragen Sie ihn, horchen Sie hin und warten Sie auf seine Antworten ... Erzählen Sie ihm, was für ein Gefühl Sie ihm gegenüber haben, und fragen Sie, was er Ihnen gegenüber empfindet ... Lassen Sie sich Zeit, mehr von dem Gefährten zu erforschen und herauszufinden, was Sie von ihm lernen können ...
Tauschen Sie die Rollen ... Wie fühlen Sie sich als der andre? Wie ist Ihre Körperhaltung, wie sind Ihre Bewegungen?
Bringen Sie den Körper in die Position, die Ihnen in der Rolle des Gefährten entspricht ... Wie behagt Ihnen diese Lage? ... Fangen Sie an, sich ein wenig zu bewegen, und empfinden Sie genauer, wie es ist, der andre zu sein. Was für eine Person sind Sie, was tun Sie, und wie kommen Sie mit andern Menschen zurecht? ... Gehen Sie herum ... Bleiben Sie noch eine Weile in der Rolle des Gefährten und öffnen Sie langsam die Augen ... Vertiefen Sie sich in die Rolle, der andre zu sein.

Motorrad Stellen Sie sich vor, Sie seien ein Motorrad ... Was für ein Fabrikat ist es? ... Wie leben Sie als Motorrad? ... Wo verbringen Sie Ihre Zeit, und wie ist es dort? ... Wo sind Sie zuhause und wohin fahren Sie? ... Erforschen Sie möglichst alle Einzelheiten als diese Existenz ...
Starten Sie irgendwohin ... Wie starten Sie, und was für Geräusche produzieren Sie beim Fahren? ... Wie ist die Umgebung, wie ist die Fahrbahn unter Ihren Rädern? Nehmen Sie wahr, wie Sie funktionieren, und was Ihre Räder empfinden, wenn Sie den Grund berühren ... Wohin geht die Fahrt? ... Schauen Sie sich um: wer ist Ihr Fahrer? ... Wie sieht er aus? ... Was empfinden Sie ihm gegenüber? ... Was für eine Beziehung haben Sie zu ihm? ... Lassen Sie Ihre Phantasie sich eine Zeitlang entfalten und suchen Sie Fühlung mit der Existenz als Motorrad, mit allen Einzelheiten ...
(Sie können auch ein Zwiegespräch mit dem Fahrer veranstalten.)

Spiegel Stellen Sie sich vor, Sie seien in einem sehr dunklen Raum. Sie können noch nichts sehen, aber vor Ihnen steht ein großer Spiegel. Es wird heller im Raum, und bald werden Sie Ihr Spiegelbild sehen können. Es mag sehr verschieden sein von dem Bild, das Sie gewöhnlich sehen, vielleicht aber auch nicht. Schauen Sie in die Dunkelheit hinein und lassen Sie das Spiegelbild bei zunehmendem Licht deutlicher hervortreten... Vielleicht werden Sie es sehr klar sehen können... Wie sieht es aus?... Was fällt Ihnen am meisten auf?... Wie ist die Körperhaltung?... Wie bewegt es sich?... Wie ist der Gesichtsausdruck?... Was für ein Gefühl oder Gehabe drückt das Bild aus?... Was empfinden Sie ihm gegenüber?...

Jetzt reden Sie das Bild leise an und stellen Sie sich vor, es könne antworten... Was sagen Sie, und was antwortet das Bild?... Was empfinden Sie beim Sprechen?...

Tauschen Sie die Rollen und *werden* Sie das Spiegelbild. Wie sind Sie, wie fühlen Sie sich?... Was sagen Sie als Bild zu Ihrem Gegenüber, wenn Sie das Gespräch fortsetzen?... Besprechen Sie miteinander die Beziehung zwischen beiden... Versuchen Sie, mehr von sich als Spiegelbild zu erfahren... Tauschen Sie die Rollen, wann Sie mögen, aber setzen Sie das Gespräch und die Beziehung fort...

Jetzt werden Sie wieder Sie selbst und schauen Sie das Spiegelbild an. Was empfinden Sie ihm gegenüber?... Sind Ihre Empfindungen jetzt anders als vor dem Rollentausch?... Haben Sie dem Spiegelbild noch etwas zu sagen, bevor Sie sich verabschieden?... Sagen Sie langsam Lebewohl und kehren Sie zu Ihrer Existenz in diesem Zimmer zurück. Beschäftigen Sie sich eine Zeitlang im stillen mit Ihrem Erlebnis.

Verlassener Laden und Tauschgeschäft Bitte stellen Sie sich vor, daß Sie bei Nacht im Regen durch eine Stadt wandern. Sie sind warm angezogen. Sie sehen, wie sich die Straßenlampen auf dem regennassen Pflaster spiegeln... Gehen Sie weiter und schauen Sie sich Ihre Stadt an... Was sehen Sie?... Was geschieht in Ihrer Stadt?... Wie ist Ihnen zumute?...

Sie sehen eine kleine, sonst unbeachtete Nebenstraße. Gehen Sie dort entlang, und bald werden Sie einen alten, verlassenen Laden sehen... Das Schaufenster ist trüb, schmutzig, regennaß, aber wenn Sie näher hinschauen, erkennen Sie durchs Fenster ein paar Umrisse... Was ist wohl dies liegengebliebene Ding im Schaufenster?... Gehen Sie näher heran, um es zu erkennen... Wischen Sie ein wenig Nässe von der Scheibe und betrachten Sie es... Was ist es?... Erkennen Sie Einzelheiten?...

Stellen Sie sich vor, Sie selbst seien das Ding im verlassenen Laden... Wie ist Ihre Existenz als das verlassene Objekt?... Warum wurden Sie hier liegen gelassen?...
Jetzt sind Sie wieder Sie selbst und betrachten durch die Scheibe das vergessene Ding genauer... Erkennen Sie jetzt irgend etwas, das Ihnen vorhin entgangen war?... Verabschieden sie sich vom Schaufenster und seiner Auslage und gehen Sie weiter durch die Straßen... Schauen Sie sich in Ihrer Stadt um...
Vor Ihnen ist jetzt noch eine seltsame, kleine Seitenstraße. Sie gehen dort entlang und sehen ein Schaufenster, in dem unglaublich viele verschiedene Dinge liegen, alte, neue, sehr altertümliche. Einiges davon ist Kram, andres aber wertvoll, und Sie hätten nie erwartet, all diese Dinge im selben Fenster beieinander zu sehen... Wie Sie so vor dem überladenen Fenster stehen, kommt ein freundlicher, kleiner alter Mann aus der Tür und lädt Sie ein, hereinzukommen. Es sei kein gewöhnliches Geschäft, denn so klein es auch sei, so enthalte es doch *alles, was es auf der Welt gibt.* Jeder, der den Weg hierher finde, könne sich ein Ding auswählen und mitnehmen, aber nur *ein* Ding. Sie können es nicht kaufen und es auch nicht verkaufen. Aber davon abgesehen, können Sie nehmen, was Sie wollen – lassen Sie sich Zeit, anzusehen, was es im Laden alles gibt. Allerlei Winkel und Nebenräume sind da, voll von Dingen, die Sie vielleicht gerne hätten... Sie werden sich entscheiden müssen, was von all dem Sie gerne mitnehmen würden... Wenn Sie sich entschlossen haben, betrachten Sie das Ding genauer, sehen Sie es sorgfältig in allen Einzelheiten an... Betasten Sie es, nehmen Sie es in die Hand, riechen Sie daran... Was meinen Sie dazu?...
Als Sie den Laden verlassen wollen, spricht der Inhaber wieder mit Ihnen und sagt: »Du kannst, wie versprochen, dies Ding haben, aber unter einer Bedingung: du mußt mir etwas im Tausch dafür geben. Es kann durchaus *irgend etwas* aus deinem Besitz sein und du brauchst es nicht jetzt bei dir zu haben, aber etwas muß es sein.« Was also wollen Sie dem alten Mann geben?... Nehmen Sie sich Zeit für die Entscheidung... Sagen Sie ihm, was es sein wird... Dann gehen Sie zur Tür hinaus und werfen Sie Ihrer Stadt einen letzten Blick zu... Verabschieden Sie sich von ihr... Kehren Sie in dies Zimmer zurück und bringen Sie das her, was Sie aus dem Laden mitgenommen haben...
Jetzt *werden* Sie dies Ding, das Sie im Laden gefunden haben... Was

sind Sie? ... Was für Eigenschaften haben Sie? ... Wie ist Ihr Leben, was begegnet Ihnen? ... Was für eine Funktion haben Sie, wofür kann man Sie brauchen? ... Versuchen Sie, wirklich in alle Einzelheiten einzudringen, die Sie als dies Ding erleben ... Jetzt werden Sie wieder Sie selbst und schauen den Gegenstand nochmals an ... Können Sie ihn jetzt besser verstehen? ... Verabschieden Sie sich langsam von ihm, legen Sie ihn irgendwo in Ihrer Erinnerung ab ... und ruhen Sie sich nun ein wenig aus.
(Eine solche Phantasie mit einer Stadt ist für Sie besonders nützlich an einem Ort, wo lauter Straßenverkehr herrscht. Dieser Lärm würde manche Phantasie unterbrechen oder in sie eindringen, aber *diese* Phantasie wird er beleben, weil er zum Wesen der Stadt gehört, und zum Bestandteil des Phantasie-Erlebens werden, ohne es zu stören. Die folgende Phantasie ist ein weiteres Beispiel dafür, wie Geräusche einbezogen und genutzt werden können, die sonst eine Phantasie stören würden.)

Unterwasser-Höhle (Ich habe drei Alternativen für den Mittelteil der Phantasie geschrieben. Jede Alternative beginnt und endet in gleicher Weise. Benutzen Sie nur eine davon.)
(Anfang) Stellen Sie sich vor, daß Sie in einem tropischen Meer nahe der Küste dem Tauchersport nachgehen (auf einem andern Planeten). Horchen Sie auf alle Geräusche und schauen Sie sich um, woher sie dort in Ihrer Unterwasserwelt kommen ... Schwimmen Sie herum und entdecken Sie diese Welt ... Wie ist Ihnen zumute, was sehen Sie? ... Was fühlen Sie mit Ihren Händen, mit Ihrer Haut? ... Erforschen Sie das Erleben, ein Taucher zu sein ...
(Erste Alternative) Vor Ihnen können Sie eine Höhle erkennen. Sie schwimmen hin. Die Höhle ist sehr groß und tief. Im Hintergrund ist irgend etwas verborgen, aber es ist dämmrig dort, und Sie können kaum erkennen, was es ist. Erforschen Sie die Höhle langsam und sehen Sie zu, was Sie dort hinten entdecken können ... Wenn Sie etwas finden, betrachten Sie es sorgfältig – was ist es denn? ... Was empfinden Sie dabei? ... Sprechen Sie mit dem Ding und stellen Sie sich vor, es antworte Ihnen ... Was sagen Sie, was ist die Antwort? ... Sagen Sie dem Ding, was Sie ihm gegenüber empfinden ... Jetzt tauschen Sie die Rollen ... Sie sind jetzt das Ding in der Höhle und
 setzen die Unterhaltung fort ... Wie fühlen Sie sich als dies Ding? ...

Sehen Sie sich den Taucher an, der mit Ihnen in der Höhle ist ... Was empfinden Sie ihm gegenüber, und was sagen Sie ihm? ... Was geht während des Gesprächs sonst noch zwischen Ihnen vor? ... Tauschen Sie die Rollen nach Wunsch und setzen Sie den Dialog und die Beziehung fort ...

(Zweite Alternative) Was erregt Ihre Aufmerksamkeit am meisten von all dem, was Sie in der Unterwasserwelt sehen? ... Welcher Gegenstand ist es? ... Schwimmen Sie hin und erforschen Sie ihn. Was interessiert Sie daran? ... Betrachten Sie den Gegenstand genau ... Berühren Sie ihn, wenn möglich – wie fühlt er sich an? ... Schwimmen Sie um ihn herum, so daß Sie ihn von verschiedenen Gesichtswinkeln aus sehen können ... Reden Sie mit ihm, sagen Sie ihm, was Ihre Aufmerksamkeit erregt hat, was Sie daran interessiert, und stellen Sie sich vor, daß er antworten kann ... Was sagt er? ... Tauschen Sie die Rollen, seien Sie jetzt der Gegenstand und führen Sie eine Unterhaltung mit dem Taucher ... Was für ein Gegenstand sind Sie, was empfinden Sie? ... Was haben Sie dem Taucher zu sagen? ... Was ereignet sich sonst noch im Verlauf des Gesprächs? ... Tauschen Sie die Rollen nach Wunsch, halten Sie die Beziehung fest und sprechen Sie eine Zeitlang miteinander ...

(Dritte Alternative) Schauen Sie in Ihrer Unterwasser-Welt weit nach links hinaus, dann werden Sie fern und undeutlich etwas sehen, das sich auf Sie zubewegt ... Wenn es näher kommt, werden Sie es immer klarer erkennen können ... Jetzt schauen Sie nach rechts, dort werden Sie etwas anderes sehen, das auch auf Sie zukommt. Zuerst ist es auch undeutlich, aber wenn es näher kommt, wird es klarer erkennbar. Beobachten Sie beide Objekte. Wenn sie näher kommen, können Sie deutlicher erkennen, was sie sind und wie sie sich bewegen ... Vielleicht werden sie sich gerade vor Ihnen treffen, und wenn das der Fall ist, nehmen Sie wahr, wie das geschieht, und in welche Beziehung die beiden Objekte zueinander treten ... Verwandeln Sie sich jetzt in das von links gekommene Objekt ... Was sind Sie nun, und wie fühlen Sie sich als dies Ding? In welcher Beziehung stehen Sie zu dem von rechts Gekommenen? Sprechen Sie jetzt zu diesem ... Was sagen Sie? ... Was antwortet das andre Ding? ... Worin sind die beiden verschieden? ... Wie empfinden Sie diese Verschiedenheiten? ... Jetzt werden Sie der andre Gegenstand und setzen Sie das Gespräch fort. Wie sind Sie jetzt, wie fühlen Sie sich? ... Was empfinden Sie dem linken Objekt gegen-

über? ... Was sagen Sie ihm? ... Tauschen Sie die Rollen, wann Sie mögen, und führen Sie den Dialog weiter ...
(Ende) Werden Sie jetzt der Taucher, der Sie vorher waren, und nehmen Sie Abschied von Ihrer Unterwasser-Welt ... Tun Sie noch einen Rundblick ... und kehren Sie zu Ihrer Existenz in diesem Zimmer zurück ...

Meeresstrand Bitte stellen Sie sich vor, Sie seien irgendwo am Meeresstrand. Wie sieht es dort aus? ... Gehen Sie ein wenig herum ... Wie ist das Ufer, auf dem Sie entlanggehen? ... Bücken Sie sich, berühren Sie den Sand, spüren Sie das Salzwasser ... Gehen Sie weiter ... Was hat die Flut ans Ufer gebracht? ... Was riechen Sie? ... Wie ist das Wetter? ... Gefällt es Ihnen hier? ... Erforschen Sie den Strand und entdecken Sie allerlei neues ...
Jetzt schauen Sie auf den Ozean hinaus ... Wie kommt er Ihnen vor? ... Schauen Sie die Küste entlang, dann wieder geradeaus aufs Wasser. Ganz weit draußen ist etwas, das mit den Wellen auf Sie zukommt. Zuerst werden Sie nicht sicher sein, was es ist und wie groß es ist, aber nach und nach, wenn es näher kommt, werden Sie sehen, was es ist ... Beobachten Sie es genau – vielleicht kommt es auf den Strand ... Wenn ja, gehen Sie hin und untersuchen Sie es vorsichtig, und erforschen Sie es, so gut Sie können. Betrachten Sie es von allen Seiten, was ist es? ... Berühren Sie es, wie fühlt es sich an? ... Können Sie irgend etwas über seine Vergangenheit vermuten, und darüber, wodurch es hier angespült wurde? ... Was empfinden Sie dem Gegenstand gegenüber? ...
Bitte werden Sie jetzt selber dieser Gegenstand. Was für ein Ding sind Sie? ... Was für Eigenschaften haben Sie? ... Beschreiben Sie sich ganz leise: »Ich bin –«. Was für Umstände haben Sie an diese Küste gebracht? ... Lassen Sie sich Zeit für das Erlebnis, dies Objekt zu sein ...
Werden Sie wieder Sie selbst und schauen Sie den Gegenstand an ... Sehen Sie etwas, das Ihnen vorher nicht aufgefallen war? ... Was empfinden Sie jetzt dem Ding gegenüber? ... Sehen Sie sich Ihren Meeresstrand noch einmal an – hat sich irgend etwas verändert? ... Nehmen Sie Abschied vom Strand und von dem, was dort angespült wurde, und kehren Sie hierher zurück. Verarbeiten Sie Ihr Erlebnis noch eine Zeitlang ...

Dunkler Raum Stellen sie sich vor, Sie seien an einem Ende eines großen, dunklen Raumes. Er ist völlig dunkel, aber allmählich kommt Ihnen ein Gefühl dafür, was für ein Raum es ist... Bücken Sie sich, um den Fußboden zu befühlen, strecken Sie sich, um die Decke zu erreichen, tasten Sie nach einer Wand... Was für ein Fußboden ist es, was für eine Wand?... Und was für ein Raum?... Jetzt hören Sie ganz entfernt, daß sich etwas am andern Ende des Raumes bewegt... Sie horchen genau hin, das Geräusch wird deutlicher, und Sie können sich vielleicht denken, woher es kommt... Während Sie so horchen, wird es heller im Raum, so daß Sie nach und nach sehen können, woher das Geräusch kommt... Wenn Sie es sehen, fassen Sie es genau ins Auge... Was ist es denn?... Versuchen Sie, Einzelheiten zu erkennen... Vielleicht können Sie es recht deutlich sehen, auch einzelnes, das Sie anfangs nicht sahen... Was tut dies Ding?... Was empfinden Sie?... Tauschen Sie die Rollen und seien Sie jetzt dies Objekt. Identifizieren Sie sich mit ihm und werden Sie es... Wie ist nun Ihre Existenz?... Was tun Sie, was sind Ihre Eigenschaften?... Wie fühlen Sie sich als dies sich bewegende Ding?... Was erleben Sie?... Sprechen Sie zu sich selber... Wie reagieren Sie auf sich selbst?... Was sagen Sie als dies Ding zu sich selbst, und was antworten Sie sich selbst?... Was geht sonst noch vor sich während dieser Unterhaltung?...
Werden Sie wieder Sie selber und setzen Sie Dialog und Beziehung fort... Wie ist Ihnen in sich selbst jetzt zumute?... Was empfinden Sie gegenüber dem sich bewegenden Objekt?... Sehen Sie es sich genau an – stellen Sie irgendeine Veränderung fest? Irgend etwas neues, das Sie vorher nicht gesehen hatten?...
Sagen Sie langsam Lebewohl zu dem Raum und zu dem, was Sie darin gefunden haben, und kehren Sie in dies Zimmer und zu Ihrer hiesigen Existenz zurück... Lassen Sie sich Zeit, das Erlebnis zu verarbeiten. Was empfinden Sie gegenüber jenem Raum und dem, was Sie dort fanden?... Wie war Ihr Gefühl beim Abschied?...

Weiser Mann Stellen Sie sich vor, Sie gingen bei Nacht einen Bergpfad hinauf. Der Vollmond scheint hell, so daß Sie den Pfad und auch recht viel von der Umgebung erkennen können... Wie ist der Weg?... Was sehen Sie um sich herum?... Was empfinden Sie, während Sie so bergan steigen?... Vor Ihnen ist ein kleiner Seitenweg, der höher hinauf zu einer Höhle führt. Hier wohnt ein sehr weiser

Mann, der Ihnen auf jede Frage antworten kann. Gehen Sie den Seitenweg hinauf zur Höhle... Beachten Sie, wie die Umgebung sich ändert, wenn Sie näher zur Höhle kommen...

Vor der Höhle brennt ein kleines Holzfeuer, und Sie können im Schein der tanzenden Flamme den stillen, weisen Mann undeutlich erkennen... Gehen Sie hinauf, legen Sie Holz nach und setzen Sie sich still hin... Das Feuer brennt heller, und nun können Sie den Mann deutlicher sehen. Lassen Sie sich Zeit, ihn wirklich wahrzunehmen – seine Kleider, seine Gestalt, sein Gesicht, seine Augen...

Richten Sie eine Frage an ihn, die Ihnen wichtig ist, und während Sie sprechen, geben Sie acht, wie der Weise auf das reagiert, was Sie sagen. Vielleicht antwortet er mit einer Bewegung oder mit seinem Gesichtsausdruck, vielleicht spricht er aber auch oder zeigt Ihnen etwas... In welcher Art antworten Sie?...

Jetzt sind Sie selbst der weise Mann... Wie ist Ihre Existenz als solcher?... Wie gestaltet sich Ihr Leben?... Wie begegnen Sie dem Besucher, der Sie fragt? Was empfinden Sie ihm gegenüber?... Wie reagieren Sie auf seine Frage – mit Worten, Gesten oder mit einer Tat?...

Tauschen Sie wieder die Rollen und setzen Sie den Dialog fort. Verstehen Sie, was der Weise Ihnen sagt?... Haben Sie sonst noch Fragen an ihn?... Was empfinden Sie ihm gegenüber?...

Setzen Sie das Gespräch fort – Sie jetzt wieder in der Rolle des Mannes. Was können Sie dem Besucher sonst noch sagen?...

Sie sind Sie selbst. Bald werden Sie sich vom weisen Mann verabschieden müssen... Sagen Sie ihm vorher noch irgend etwas... Gerade, während Sie Abschied nehmen, wendet der Mann sich um und greift in einen alten Lederbeutel, um etwas ganz Besonderes zu suchen, das er Ihnen schenken möchte... Er zieht es hervor und gibt es Ihnen mit nach Hause... Sehen Sie sich das Geschenk an... Was empfinden Sie jetzt gegenüber dem alten Mann?... Sagen Sie es ihm und nehmen Sie Abschied...

Wenden Sie sich ab und gehen Sie den Bergpfad hinunter. Das Geschenk haben Sie bei sich... Achten Sie gut auf den Weg, damit Sie ihn später einmal erkennen, wenn Sie den weisen Mann wieder besuchen wollen... Nehmen Sie die Umgebung genau wahr. Wie ist Ihnen zumute?...

 Halten Sie die Augen geschlossen und bringen Sie das Geschenk mit,

wenn Sie in dies Zimmer zurückkehren ... Betrachten Sie das Geschenk genau ... Was hat der weise Mann Ihnen mitgegeben? ... Betasten ... beriechen Sie es ... drehen Sie es vorsichtig um und betrachten Sie es sorgfältig ...
Jetzt werden Sie selber das Geschenk. Identifizieren Sie sich mit ihm und beschreiben Sie sich. Wie kommen Sie sich jetzt vor? ... Was für Eigenschaften haben Sie? ... Was tun Sie, oder in welcher Art kann man Sie gebrauchen und schätzen? ...
Kehren Sie zu sich selbst zurück und betrachten Sie das Geschenk; vielleicht entdecken Sie etwas neues daran? Etwa eine Veränderung, oder etwas, das Ihnen vorhin nicht aufgefallen war? ... Legen Sie das Geschenk sorgsam an einen Platz in Ihrem Gedächtnis und verabschieden Sie sich einstweilen davon ...

Die Suche Stellen Sie sich vor: Sie suchen etwas, das für Sie sehr wichtig ist. Vielleicht haben Sie eine Idee davon, was es sein mag, vielleicht aber auch nicht. In jedem Fall aber wissen Sie, daß das, was Sie suchen, von großer Wichtigkeit für Sie ist, und daß Ihr Leben irgendwie unvollständig bleiben muß, bis Sie das Gesuchte gefunden haben. Wo sind Sie, wenn Sie nun zu suchen anfangen? Wohin gehen Sie? ... Wie suchen Sie? ... Was begegnet Ihnen? ... Achten Sie auf Hindernisse und Verzögerungen auf Ihrem Weg ... Nehmen Sie wahr, wie Sie den Hindernissen entgegentreten und wie Sie damit umgehen ... Was für Alternativen probieren Sie aus? ... Setzen Sie die Suche eine Zeitlang fort. Was für Möglichkeiten finden Sie, dem Ziel näher zu kommen? ... Während des Suchens verändert sich vielleicht die Art und Weise Ihres Suchens. Was finden Sie, wenn Sie nicht nachlassen? ... Auch wenn Sie Ihr Ziel noch nicht erreicht haben, entdecken Sie vielleicht mehr darüber, was Sie suchen. Vielleicht sehen Sie es sogar schon in der Ferne, auch wenn noch irgend etwas Sie hindert, es zu erreichen. Wie auch immer Ihre Situation sein mag, versuchen Sie, den Gegenstand Ihres Suchens näher zu ermitteln. Ob Sie das Gesuchte nun schon gefunden haben oder es nur sehen oder sich nur vorstellen können, was es ist – erforschen Sie es sorgfältig ... und nehmen Sie Ihre Gefühle wahr, die Sie dem Objekt gegenüber haben ... Was ist eigentlich Ihr Ziel? ... Was würden Sie gewinnen, wenn Sie es erreichten? ... Ist es das Ziel selbst, das Sie haben wollen, oder ist es ein *Mittel*, etwas *anderes* zu bekommen, das Sie gern hätten? ... Wenn das Gesuchte mit

Ihnen reden könnte, was würde es sagen?... Und was würden Sie antworten?... Unterhalten Sie sich eine Zeitlang mit ihm und versuchen Sie, mehr darüber zu erfahren...
Kehren Sie zu sich selbst in diesen Raum zurück und verarbeiten Sie das Erlebte eine Zeitlang...

Verrückt Schließen Sie die Augen und richten Sie die Aufmerksamkeit nach innen. Stellen Sie sich vor, daß Sie verrückt werden. In Ihrer Phantasie werden Sie völlig krank. Versuchen Sie zu entdecken, was das für Sie heißt... Was für Dinge tun Sie in diesem Zustand?... Wo sind Sie?... Was empfinden Sie?... Nehmen Sie sich für Einzelheiten Zeit und kommen Sie mit dem Erleben des Verrücktseins in Fühlung... Wie sind Ihre Beziehungen zu anderen Menschen?... Wie reagieren diese Menschen auf Ihre Verrücktheit?... Welche Nachteile und welche Vorteile bringt Ihnen das Verrücktsein?... Ergründen Sie das genauer...
Jetzt aber werden Sie das genaue Gegenteil von einem verrückten Menschen. Stellen Sie sich das Gegenteil von dem vor, was das Verrücktsein für Sie bedeutet hat. Zum Beispiel: wenn Sie als Verrückter die Kontrolle über sich ganz verloren hatten, gewinnen Sie jetzt völlige Selbstbeherrschung, und machen Sie sich das klar... Erforschen Sie gründlich, was Sie als Gegenstück zum Verrücktsein erleben... Was tun Sie jetzt?... Wie sind jetzt Ihre Beziehungen zu andern Menschen?... Und wie reagieren die anderen jetzt auf Sie?...
Vertiefen Sie sich in dies Gegenspiel...

Links-Rechts-Person Jemand steht rechts hinter Ihnen. Schauen Sie über Ihre rechte Schulter, um zu sehen, wer dort ist, und merken Sie sich alle Einzelheiten von diesem Menschen. Was für Kleider trägt er?... Wie sieht er aus?... Was drücken Gesichtsausdruck und Körperhaltung aus?... Was beobachten Sie sonst noch an ihm?...
Es steht aber auch einer links hinter Ihnen. Drehen Sie den Kopf nach links und schauen Sie, wer dort ist. Was für Kleider hat er an, wie sieht er aus?... Wie sind Haltung und Gesichtsausdruck?... Was sehen Sie sonst noch an ihm?...
Lassen Sie die beiden vortreten und aufeinander zugehen, bis sie sich vor Ihnen treffen... Beobachten Sie den Gang und das Verhalten

beider... Was tun sie, wie ist die Beziehung zwischen ihnen, was sagt einer zum andern? Nehmen Sie alle Einzelheiten wahr, was zwischen den beiden vor sich geht...

Jetzt werden Sie der Mensch zu Ihrer Rechten. Wie ist Ihnen zumute?... Was empfinden Sie?... Was sagen Sie zu der anderen Person?... Was empfinden Sie ihr gegenüber?...

Wechseln Sie den Standort und seien Sie im Dialog der andre... Wie fühlen Sie sich als der Linke?... Was sagen Sie zum anderen?... Was empfinden Sie ihm gegenüber?... Bleiben Sie im Gespräch... Tauschen Sie die Rollen zwischen den beiden, so oft Sie wollen. Halten Sie die Beziehung aufrecht und sehen Sie zu, was Sie noch über sich als Rechter oder Linker herausfinden können...

Werden Sie Sie selber und schauen Sie sich die beiden an... Haben Sie etwas voneinander gelernt?... Ist die Beziehung zwischen ihnen jetzt anders als vorher? Verabschieden Sie sich von ihnen und kehren Sie hierher zurück...

Andre Möglichkeiten Es gibt unzählige Möglichkeiten für Phantasie-Reisen. Bei der Auswahl folgt man am besten der eignen Eingebung aus dem Augenblick. Bringen Sie sich ganz ein, indem Sie sich mit der Wahrnehmung des »Eben-Jetzt« identifizieren. Kürzlich sah ich, wie mein zweijähriger Sohn sich abmühte, die Haustür zu öffnen, ohne die riesige Zeitung fahren zu lassen, die er mit sich schleppte. Ich dachte: »Wenn dies jetzt eine Momentaufnahme wäre, die ich zehn Jahre später anschaue?« Während ich mir vorstellte, daß der gegenwärtige Moment um zehn Jahre zurückläge, kam ich in Fühlung mit Empfindungen von Wärme und Fürsorge für meinen Sohn, an denen ich in diesem Augenblick vorbeigegangen war.

Im folgenden gebe ich kurze Vorschläge für Phantasie-Reisen, die Sie entwickeln und durch Identifikation und Dialog selber erleben können. Wenn Sie nur »auf die Reise gehen« oder nur darüber nachdenken oder Ihre Phantasie analysieren, vergeuden Sie Ihre Zeit. Eine Phantasie wird nur dann fruchtbar, wenn Sie sie erleben und in Ihrer Wahrnehmung aufbewahren, und sich das Erlebte als Teil Ihrer selbst in der Gegenwart aneignen.

Gehen Sie zu irgendeinem früheren Jahr Ihres Lebens zurück, das Ihnen gerade einfällt, und ergründen Sie, wie es für Sie wäre, jetzt so alt zu sein, wie Sie damals waren. Wenn Sie sich hierin richtig vertieft haben, veranstalten Sie einen Dialog mit sich selbst auf diesen beiden Altersstufen: heute und damals. Was für einen Vorteil hätte es für Sie, so alt zu sein wie damals? – Rufen Sie sich Ihre früheste deutliche Erinnerung ins Gedächtnis zurück. Können Sie sich von dort aus an noch frühere Ereignisse erinnern? Wenn ja, beleben Sie sie und ergründen Sie, was Sie dort investiert haben.

Sie räumen einen Dachboden oder einen unbenutzten Vorratsraum aus in einem Hause, das Sie früher bewohnt haben. Der Raum ist voll von alten Dingen, die Sie jetzt neu entdecken, und die früher einmal wichtig für Sie waren. Sie finden ein altes Fotoalbum. Betrachten Sie die Bilder und vertiefen Sie sich darin. Gehen Sie bis zur Kindheit zurück. In Ihrem jetzigen Leben vermissen Sie etwas, das Sie in der Kindheit zurückgelassen haben. Gehen Sie zurück, finden Sie es dort auf und sehen Sie zu, ob Sie es in Ihr heutiges Leben aufnehmen können.

Sie sitzen still am Flußufer. Nehmen Sie wahr, was sich dort ereignet und was der Fluß Ihnen zubringt.

Sie befinden sich in einem Tal. Erforschen Sie Ihr Tal und was dort geschieht. Blicken Sie auf und sehen Sie etwas, das von weit her auf Sie zukommt. Es kommt näher. Begegnen Sie ihm und entdecken Sie, was es ist.

Sie sind in einem dämmrigen, rauchigen Raum, und hinter dem Rauch ist etwas, das große Wichtigkeit für Sie hat. Der Rauch weicht langsam, Sie werden nun besser sehen können, was es ist. Ergründen Sie das und gehen Sie ihm entgegen.

Sie schauen auf einen leeren Bildschirm; gleich wird eine Darstellung Ihres Inneren dort erscheinen. Geben Sie sich dem hin und verwandeln Sie sich in dies Bild.

Ihr Inneres ist wie eine große Truhe, die viele kleine Fächer hat. Stellen Sie sich vor, daß Sie den Deckel aufmachen und hineinschauen. Was für Dinge und Vorkommnisse entdecken Sie?

Es ist dunkle Nacht, und Sie fliehen vor etwas oder vor jemandem. Was oder wer ist es, von dem Sie verfolgt werden? Wenden Sie sich um, schauen Sie es oder ihn an, indem Sie eine Beziehung aufnehmen oder einen Dialog beginnen oder sich mit dem Wesen identifizieren.

Sie haben eben eine Notlandung auf einem andern Planeten gemacht, den Sie nun erforschen. Sie finden einen Eingeborenen. Gehen Sie ihm entgegen, und dann tauschen Sie mit ihm die Rollen.

 Sie sind in der Garderobe eines Theaters oder einer Oper. Sehen Sie sich die Gewänder und deren Zubehör an und wählen Sie etwas zum Anziehen für sich aus. Ziehen Sie es an, geben Sie sich einen neuen Namen, identifizieren Sie sich mit der neuen Existenz und ergründen Sie sie. Was für Vorteile bringt sie Ihnen, und was können Sie jetzt hinter sich lassen?

Sie sind in einem langen Gang. An seinem Ende befindet sich eine verschlossene Tür. Finden Sie den Schlüssel und öffnen Sie die Tür. Was ist dahinter? Verwandeln Sie sich in das Gefundene.

Sie und Ihre Familie picknicken an einem ländlichen Ort. Stellen Sie sich vor, daß jedes Familienglied, auch Sie selbst, sich in irgendein Tier verwandelt. In welche Beziehung treten Sie zueinander?

Stellen Sie sich ein männliches und ein weibliches Tier vor. Tun Sie beide in ein Gehege und beobachten Sie, wie sie einander begegnen. Identifizieren Sie sich mit dem einen und dann mit dem anderen Tier, wenn die beiden in eine Beziehung treten.

Denken Sie an jemanden, den Sie hassen, und stellen Sie sich vor, daß Sie beide in Tiere verwandelt werden. Wie reagieren Sie aufeinander und was können Sie voneinander lernen?

Erfinden Sie ein Tier, in das Sie sich gerne verwandeln würden, werden Sie dies Tier und ergründen Sie Ihre Existenz als solches. Inwiefern sind Sie nun einzigartig?

VI. Zu zweit

Die meisten Übungen dieses Abschnittes wurden für Zweiergruppen geschrieben. Die beiden Teilnehmer sollen einander gegenüber sitzen. Es ist sehr wichtig, daß die Partner sich in die Augen schauen – nicht sich anstarren, sondern eben einander sehen. Wenn sie außerdem noch bereit sind, irgendeinen körperlichen Kontakt herzustellen, so würde das die Einfühlung vertiefen und die Wahrscheinlichkeit erhöhen, daß Sie über sich und den Partner und die gegenseitige Beziehung mehr erfahren. Nach jeder Übung sollten mindestens einige Minuten damit verbracht werden, die Erlebnisse und Entdeckungen auszutauschen.

Wenn Sie die Übungen mit immer demselben Partner machen, können Sie ihre Beziehung vertiefen und erweitern, indem Sie die verschiedenen Aspekte Ihres Erlebens ergründen und diese Eindrücke immer wieder neu vertiefen. Andrerseits wird Ihre Erfahrungsbreite bedeutend zunehmen, wenn Sie die Übungen mit verschiedenen Personen durchführen. Denn Ihre jeweiligen Partner werden verschieden reagieren, und aus diesen Verschiedenheiten können Sie sehr vieles lernen, was Ihnen im ersteren Fall entginge. Auch Sie selbst werden auf die jeweiligen Partner verschieden reagieren. Manche Aspekte Ihrer selbst können nur in der Begegnung mit immer neuen Personen sichtbar werden.

Machen Sie einige Übungen mit einem Partner Ihres Geschlechts, andre mit einem des anderen Geschlechts. Wenn Sie den Partner jedesmal wechseln, werden Sie nicht die Zeit haben, mit einem jeden von ihnen zu einer wesentlichen Kommunikation zu gelangen. Am besten ist es, wenn Sie einige Übungen mit einer Person machen und einige mit mehreren anderen, so daß Sie die vielerlei sich bietenden Möglichkeiten der Begegnung erfahren.

Der nächste Abschnitt bringt eine Reihe von Zweier-Übungen, die für Ehepaare besonders nützlich sind oder für Paare, die sich seit längerer

Zeit kennen und in einer dauernden Beziehung zueinander stehen. Aber manche dieser Übungen können auch von Leuten gemacht werden, die nicht »Paare« sind.

»Es ist mir klar ersichtlich« – »Ich stelle mir vor –« Sehen Sie einander ständig an. Teilen Sie dem Partner Ihre Wahrnehmung von einem Augenblick zum andern mit. Beginnen Sie jeden Satz mit den Worten: »Es ist mir klar ersichtlich, daß –« und fügen Sie eine momentane Wahrnehmung an. Es kann etwas Äußeres sein, das Sie dem Partner zeigen können und das er dann auch feststellt, oder eine eigene Erfahrung in Ihrem Inneren, die er nicht sieht. Machen Sie einander darauf aufmerksam, wenn das, was Sie sagen, eine Phantasie ist, z. B. eine Imagination, was demnächst geschehen werde, oder eine Vermutung darüber, was Ihr Partner denke – also keine Wahrnehmung einer gegenwärtigen Realität. Führen Sie diese Aussagen etwa fünf Minuten lang weiter ...

Nun bitte ich Sie, die Aufmerksamkeit von einem Augenblick zum andern auf Ihre Phantasien und Vermutungen zu richten. Beginnen Sie jeden Satz so: »Ich stelle mir vor, daß –« und fügen Sie eine Impression oder eine Vermutung hinzu, die Ihnen gerade einfällt. Dies soll die Aussage über ein Innewerden sein, nicht über eine Wahrnehmung von etwas Äußerem. Bleiben Sie etwa fünf Minuten dabei ...

Nun vergleichen Sie bitte Ihre Aussage über die Wahrnehmung mit der über Ihre Phantasie. Was empfinden Sie, was gewahren Sie bei dem Vergleich? Welche Aussage fiel Ihnen leichter? Verweilen Sie länger bei einer Phantasie oder bei einer Realität? Besprechen Sie Ihre Erfahrungen mit dem Partner ...

Bitte bringen Sie jetzt Phantasie und Realität zusammen. Machen Sie zuerst eine Beobachtung, die mit den Worten beginnt: »Es ist mir ersichtlich –« und fügen Sie sofort einen Eindruck hinzu, der auf der Beobachtung beruht. Z. B.: »Es ist ersichtlich, daß deine Hände über der Brust verschränkt sind, und ich stelle mir vor, daß du nervös und in Abwehr bist.« Diese Verbindung von Wahrnehmung und Phantasie üben Sie bitte in den nächsten fünf Minuten ...

Besprechen Sie Ihre Wahrnehmung hierüber und Ihre Beobachtung an sich selbst und an Ihrem Partner ...

Dies ist eine sehr wichtige und grundsätzliche Übung. Die Fähigkeit, Wahrnehmung von Phantasie zu unterscheiden und die beiden im

Augenblick zusammen zu bringen, ist das Fundament für alle in diesem Buch vorgeschlagenen Übungen. Wiederholen Sie diese Grundübung, so oft Sie fünf Minuten freie Zeit haben.

Umgang mit Vorstellungen Schauen Sie einander fortwährend an und stellen Sie sich vor, was der Partner gerade jetzt fühlt und erlebt... Meinen Sie, er fühle sich wohl oder er sei nervös, erschreckt oder zuversichtlich oder dergleichen?

Teilen Sie dem Partner Ihre Vermutungen über seine Gefühle mit. Fangen Sie jeden Satz mit den Worten an: »Ich vermute, daß du –« und beenden Sie ihn mit einer Ihrer Vermutungen. Diskutieren Sie noch nicht darüber, drücken Sie sie nur aus. Wenn das geschehen ist, sitzen Sie still und schauen Sie einander an...

Erinnern Sie sich nun, was Sie vermutet hatten. Anstatt zu sagen: »Ich stelle mir vor, daß du das oder jenes empfindest«, sagen Sie jetzt: »Ich möchte erreichen, daß du – empfindest«, und sagen Sie diesen Satz. Achten Sie auf Ihr Gefühl, wenn Sie ihn aussprechen. Wiederholen Sie den Satz und ergänzen Sie ihn mit ein paar Worten, die Ihnen einfallen. Danach tauschen Sie in den nächsten paar Minuten Ihre Erfahrungen aus.

In der nächsten Runde sagen Sie wieder Sätze zueinander, die mit: »Ich meine, daß du –« anfangen und mit einer Ihrer Annahmen über das Gefühl des Partners enden. Nach etwa drei Minuten *identifizieren* Sie sich mit dieser Annahme und sagen: »Ich bin –« Z. B. wenn Sie vorhin sagten: »Ich meine, du seiest verspannt und nervös«, dann sagen Sie jetzt: »*Ich bin* verspannt und nervös.« Vertiefen Sie sich in diesen Satz und achten Sie auf Ihr Gefühl, dann wiederholen Sie ihn und fügen Sie noch ein paar spontane Worte hinzu. Wenn Sie beide solche Sätze gesagt haben, tauschen Sie Ihre Eindrücke aus...

Während Sie einander anschauen, stellen Sie sich allerlei vor, was Ihr Partner, wenn er Sie ansieht, denken mag, aber nicht ausspricht... Was hat er vermutlich an Ihnen beobachtet und nicht ausgesprochen, und warum verschweigt er es wohl?... Was vermeidet er, indem er die Dinge, die er sieht, nicht ausdrückt?...

Jetzt sagen Sie dem Partner Ihre Meinung darüber, welche Dinge er sähe und verschweige, und sagen Sie ihm auch, was für einen Grund für dies Verschweigen Sie sich vorstellen. Finden Sie heraus, ob er die Dinge schon beobachtet hatte, bevor Sie sie erwähnten...

Zählen Sie nun die Dinge auf, die der Partner nach Ihrer Meinung beobachtet hatte, und sagen Sie bei jedem Mal: »Ich möchte, daß du mein – siehst.« Nach einer kleinen Pause der Besinnung auf Ihr Gefühl beim Aussprechen dieses Satzes wiederholen und ergänzen Sie ihn ganz spontan.
Erzählen Sie einander, was Sie entdeckt haben...
Jetzt stellen Sie sich vor, was Ihr Partner an Ihnen auszusetzen habe... Womit irritieren Sie ihn, nach Ihrer Meinung?... Denken Sie sich aus, was er an Ihnen nicht mögen oder ablehnen könne...
Sprechen Sie ihm gegenüber diese Vermutungen aus. Fangen Sie jeden Satz so an: »Ich meine, du lehnst an mir – ab.« Wenn Sie beide sich so geäußert haben, vergleichen Sie Ihre Vermutungen mit der Realität und stellen Sie fest, ob sie zutreffend waren oder nicht.

Unterhaltung rücklings Mit einem Partner gleicher Größe und Gestalt setzen Sie sich Rücken an Rücken. Schließen Sie die Augen und lehnen Sie sich zurück. Sitzen Sie zuerst ganz still und nehmen Sie das Körpergefühl auf... Nun richten Sie die Wahrnehmung auf den Rücken: er möge sich ein wenig bewegen und die Beziehung zum Rücken des Partners suchen, wie zu einer stillen Unterhaltung. Diese Übung mag Ihnen albern vorkommen, aber wenn Sie sie zu einem »albernen Spiel« machen, geht Ihnen die Möglichkeit verloren, darin etwas zu entdecken. Wie fühlt sich der Rücken des Partners an, wie bewegt er sich?... Was empfinden Sie bei *Ihrer* Bewegung?... Suchen Sie noch nach andern Möglichkeiten der gemeinsamen Bewegung. Erhalten Sie die Beziehung aufrecht und bringen Sie nach und nach auch den Kopf, die Arme und Hände mit ins Spiel... Lassen Sie die Bewegung in einen Tanz münden, der das ausdrückt, was zwischen den Partnern vor sich geht...
Leise und ganz langsam nehmen Sie Abschied voneinander und beugen sich etwas vor... In einer kleinen Pause verarbeiten Sie das Erlebte und werden sich über das Gefühl klar, nun wieder allein zu sein... Drehen Sie sich um, sehen Sie den Partner an und erzählen Sie einander, was Sie während dieser Unterhaltung zwischen zwei Rücken erlebt haben...

»Ich bin –« – »Ich tue so, als ob –« Sehen Sie einander unverwandt an. Der Kleinere von Ihnen solle sich etwa drei Minuten lang in seinen

charakteristischen Zügen beschreiben. Beginnen Sie jeden Satz so: »Ich bin –« und zählen Sie auf, was für Sie charakteristisch ist, während der Partner still zuhört...
Nun soll der Größere von Ihnen sich auch selbst beschreiben und der Partner still zuhören...
Der erste möge nun alles Gesagte wiederholen, aber anstatt zu sagen: »Ich *bin* –« sagt er jetzt: »Ich gebe vor –« oder »Ich tue so, als ob –«. Nach jedem Satz machen Sie eine Pause, um das Ausgesprochene abzuwägen und das eigene Gefühl wahrzunehmen. Inwieweit sind es eher Beschreibungen dessen, was Sie *zu sein vorgeben*, als dessen, was Sie *sind*? Wiederholen Sie den einen oder anderen Satz und fügen Sie spontan einige Worte hinzu. Wenn Sie zu Ende sind, ist Ihr Partner an der Reihe, sich in gleicher Weise zu beschreiben...
Tauschen Sie Ihre Erfahrungen aus...

Unbewohnte Insel Setzen Sie sich jemandem gegenüber, den Sie gerne näher kennen lernen würden, und schauen Sie einander schweigend an – wirklich einander anschauen... Merken Sie sich die Einzelheiten des Gesichts Ihnen gegenüber... Gewahren Sie seine Augen... die Nase... den Mund... das Kinn... die Kiefer... die Wangen... die Ohren... das Haar... die Stirn... und kehren Sie zu den Augen zurück. Schließen Sie die Augen und nehmen Sie den Partner als ein Bild mit sich... Sehen Sie dies Bild an, ob es vollständig ist... Wo ist es undeutlich?... Öffnen Sie die Augen und sehen Sie das Gesicht des Partners an, die Züge, die Ihnen undeutlich geblieben waren... Sehen Sie es genau an, so daß Sie das Bild vervollständigen können...
Schließen Sie wieder die Augen, nehmen Sie das Bild mit sich... Und gehen Sie jetzt zusammen zu einer verlassenen Insel. Sie und das Bild sind jetzt allein auf der unbewohnten Insel... Schauen Sie sich um... wie ist es dort?... Wie ist der Ozean und das Wetter?... Wie fühlen Sie sich dort?... Was unternehmen Sie?... Was tut Ihr Partner?... Wie ist Ihre Beziehung zu ihm, was begegnet Ihnen?... Sehen Sie zu, was sich entwickelt...
Machen Sie sich bereit, die menschenleere Insel zu verlassen... Wollen Sie noch irgend etwas tun, bevor Sie weggehen?... Tun Sie es... Werfen Sie noch einen Blick rundum... Verabschieden Sie sich... Kehren Sie zu Ihrer Existenz in diesem Raum zurück und überdenken
 Sie kurz das Erlebte... Nach einer Minute werde ich Sie bitten, die

Augen zu öffnen und zu Ihrem Partner zurückzukehren. Sehen Sie sich an und berichten Sie einander über Ihre Erlebnisse auf Ihrer verlassenen Insel, und zwar in der ersten Person Präsens, so, als geschähe alles eben jetzt.

Kauderwelsch Setzen Sie sich mit jemandem zusammen, mit dem Sie Schwierigkeiten haben. Sehen Sie einander still an ... Bitte drücken Sie sich nun in Kauderwelsch aus, in irgendwelchen Lauten oder Geräuschen, die zu keiner Ihnen bekannten Sprache gehören. Wenn Sie Kauderwelsch reden, können Sie Ihren Empfindungen vollständigen Ausdruck geben, ohne durch Ursachen, Begründungen, Rechtfertigungen, Auseinandersetzungen behindert zu sein. Nehmen Sie all das wahr, was Sie an dieser Person ablehnen und nicht mögen, aber auch das, was Sie an ihr gern haben, was Sie interessiert oder erregt. Wenn Sie mit Ihren Empfindungen in Fühlung gekommen sind, lassen Sie sie in die unsinnigen Laute des Kauderwelsch einfließen. Nehmen Sie wahr, wie Sie und Ihr Partner sich ausdrücken und in welcher Beziehung Sie bei dieser Unterhaltung zueinander stehen. Setzen Sie sie einige Minuten lang fort ...
Nun ist es genug. Bleiben Sie still sitzen und bedenken Sie, was Sie erlebt haben ... Wie hat jeder von Ihnen sich ausgedrückt? ... Haben Sie im Verlauf der Unterhaltung irgendwelche Veränderungen im Kauderwelsch und in Ihrer Beziehung zueinander festgestellt? ... Wie fühlten Sie sich bei diesem Gespräch? ... Erzählen Sie dem Partner wenigstens mit ein paar Worten, was Sie im Kauderwelsch gesagt haben ...

Öffnen Der Größere von beiden möge die Augen schließen und seinen Körper, schweigend, in eine möglichst zusammengefaltete Stellung bringen ... Nehmen Sie wahr, wie Sie sich darin befinden ... Nach einer Weile werde ich Ihren Partner bitten, Sie sehr langsam und vorsichtig zu »öffnen«, so, als würde er eine Blüte auseinanderfalten, bis Sie für die Umwelt geöffnet sind. Nehmen Sie Ihr Gefühl wahr, wenn er das tut. Auch er, der Sie auseinanderfaltet, möge bitte wahrnehmen, wie Ihnen dabei zumute ist ...
Nun wird der kleinere Partner die entsprechende zusammengefaltete Stellung einnehmen und vom anderen behutsam »geöffnet« werden. Alles vollzieht sich wie vorher mit genauer Wahrnehmung der Gefühle ... Berichten Sie einander über dies Erlebnis ...

Nachzeichnen des Gesichts Der kleinere Partner sitzt mit geschlossenen Augen still da. Der andere betrachtet dessen Gesicht und merkt sich die Züge in allen Einzelheiten... Ohne zu sprechen und *ohne das Gesicht zu berühren,* gleiten Ihre Finger über die Gesichtszüge, so, als machten Sie eine Skizze von ihm... Achten Sie darauf, welche Gesichtshälfte *weniger* dominant zu sein scheint... Setzen Sie die nachzeichnende Bewegung auf dieser »schwächeren« Seite fort. Danach streichen Sie mit den Fingern sehr sanft über diese Gesichtshälfte. Stellen Sie sich vor, daß die Berührung Ihrer Finger die Züge herausarbeitet und zum Leben bringt... Langsam ziehen Sie die Hand zurück und lassen Ihrem Partner Zeit, das Erlebnis in sich aufzunehmen...

Wechseln Sie die Rolle, ohne zu sprechen, und wiederholen Sie den ganzen Vorgang.

Nun erzählen Sie dem Partner, was Sie während des Nachzeichnens erlebt und in seinem Gesicht gesehen haben, und beschreiben Sie, was die eine Gesichtshälfte Ihnen weniger dominant erscheinen läßt. Sagen Sie ihm auch, was Sie empfanden, als er die »schwächere« Seite Ihres Gesichts nachzeichnete... Lassen Sie sich etwa fünf Minuten Zeit für diese Aussprache.

Telegramm Sitzen Sie sich gegenüber und schauen Sie einander an. Sagen Sie in der nächsten Minute dem Partner, was Sie an sich und an ihm wahrnehmen...

Drücken Sie die Wahrnehmung in einzelnen Worten oder in Schlagworten aus... (1 Minute)

Nur noch einzelne Worte... (1 Minute)

Keine Worte mehr, nur Laute... (1 Minute)

Nur Kauderwelsch... (1 Minute)

Wieder Laute... (1 Minute)

Einzelne Worte... (1 Minute)

Schlagworte oder Kurz-Sätze... (1 Minute)

Vollständige Sätze... (1 Minute)

In den nächsten fünf Minuten teilen Sie einander Ihre Wahrnehmung mit, wie Sie die verschiedenartigen Ausdrucksweisen empfunden haben...

Das, was fehlt Sitzen Sie schweigend Auge in Auge einander gegenüber. Versuchen Sie wahrzunehmen, was Ihnen am Partner fehlt... Was für Qualitäten oder Fähigkeiten besitzt er nicht?... Fehlen ihm Wärme, Selbstvertrauen, Zorn, Güte? Was scheint zu fehlen?...
Sagen Sie ihm, was Sie vermissen und was Sie daran bewegt, und diskutieren Sie ein paar Minuten darüber...

Was kommt als nächstes? Stellen Sie Vermutungen an, was ich Ihnen als nächste Aufgabe sagen werde. Stellen Sie sich die Einzelheiten vor... Sagen Sie dem Partner, was Sie nach Ihrer Meinung von mir zu erwarten haben...
Und dann tun Sie beide das, was ich Ihnen, wie Sie meinen, aufgegeben hätte. Sehen Sie zu, was Sie daraus lernen können...

Dialog der Hände Schauen Sie einander schweigend an... Heben Sie die Hände etwa in Augenhöhe und berühren Sie die Hände des Partners... Richten Sie die Aufmerksamkeit auf die Hände, während Sie einander weiterhin in die Augen sehen, und lassen Sie die Hände in angenehmer Art eine Beziehung zum Partner aufnehmen. Lassen Sie Augen und Hände in den nächsten drei oder vier Minuten sich still unterhalten...
Ganz, ganz langsam bringen Sie die Unterhaltung zu Ende, nehmen Sie mit Händen und Augen voneinander Abschied... Schließen Sie die Augen und bleiben Sie eine Weile still bei sich selbst...
Dann kehren Sie zum Partner zurück und erzählen Sie ihm kurz, was Sie bei Unterhaltung und Abschied empfunden haben...

Geheimnisse Schließen Sie die Augen und denken Sie drei Geheimnisse über sich selbst aus, die Sie dem Partner *zu allerletzt* mitteilen würden. Diese drei Dinge könnten nach Ihrer Meinung die Beziehung zu ihm zerstören. Lassen Sie sich Zeit, die drei Geheimnisse auszuwählen... Nehmen Sie wahr, was während dieses Auswählens in Ihnen vorging. An welche Dinge dachten Sie, und welche haben Sie verworfen? Stellen Sie sich vor, daß Sie die Geheimnisse im stillen dem Partner mitteilen, und denken Sie sich auch seine Antwort aus... Was für eine Katastrophe erwarten Sie? Was wäre das Schlimmste, das geschehen könnte?... Öffnen Sie die Augen und sagen Sie dem Partner

– *ohne ihm den Inhalt des Geheimnisses mitzuteilen* –, was für eine Antwort Sie von ihm erwarten, wenn Sie den folgenden Satz – für jedes Geheimnis einen Satz – beenden würden: »Wenn ich dir mein Geheimnis mitteilte, so würdest du –«

Jetzt sagen Sie ihm, was für einen *Vorteil* Sie davon haben, die Geheimnisse zu verschweigen. Achten Sie bei diesen Worten auf Ihr Gefühl und auf Ihre Art zu sprechen. Stellen Sie nur Tatsachen fest, oder entschuldigen Sie sich, prahlen Sie oder reizen Sie ihn? . . .

Danach sagen Sie dem Partner, was für *Nachteile* Ihnen das Verschweigen bringt. Was verlieren Sie, wenn Sie diese Dinge geheim halten? Nehmen Sie wieder Ihr Gefühl wahr und die Art, wie Sie sprechen . . .

Jetzt *prahlen* Sie mit den Geheimnissen und mit Ihrer Geschicklichkeit, sie zu bewahren . . .

Denken Sie im stillen darüber nach, wie Geheimnisse die Beziehung zwischen Ihnen trüben . . . Was zum Beispiel empfinden Sie, wenn Ihr Partner vor Ihnen Geheimnisse hat? . . . Wie wird der Partner durch Ihre Geheimnisse manipuliert, und wie erzeugen sie Abstand und Mißtrauen? . . .

Sagen Sie einander, wie Ihre Geheimnisse die Beziehung zwischen Ihnen verdunkeln. Wenn Sie das Risiko nicht scheuen, das eine oder andre Ihrer Geheimnisse aufzudecken, dann tun Sie es und sehen Sie zu, wie Ihr Partner in der Realität reagiert. Vergleichen Sie diese Reaktion mit Ihrer Erwartung einer Katastrophe . . .

Gut – Böse Setzen Sie sich mit jemandem zusammen, den Sie gerne näher kennen lernen würden, und entscheiden Sie rasch, wer A und wer B sein soll . . .

A soll »böse« sein und B »gut«. Erzählen Sie einander allerlei von sich selbst, wie Sie leben und was Sie zu tun pflegen. Z. B. »Ich bin gehorsam, ich putze immer meine Schuhe ab, bevor ich ins Haus komme, nie werde ich wütend, niemals tue ich die abscheulichen Dinge, die du tust.« Beobachten Sie Ihre und Ihres Partners Stimme, besonders den Ton der Stimme, die Stockungen, die Lautstärke, die Ausdrucksfähigkeit . . .

Nach etwa fünf Minuten ist A der »Gute«, B der oder die »Böse«.

Nach weiteren fünf Minuten schweigen Sie und besinnen Sie sich. Wie war Ihnen in jeder der beiden Rollen zumute? . . . Welche Rolle fiel

Ihnen leichter?... Wie reagierten Sie auf die Gegenrolle Ihres Partners?... Haben Sie dabei etwas über sich selbst entdeckt?... Was antwortet Ihr Partner auf diese selben Fragen?... Was ist Ihnen an seinen Äußerungen besonders aufgefallen?... Sprechen Sie mit ihm über Ihr Erleben und über den Eindruck, den Sie voneinander hatten...
(Es gibt vielerlei Polaritäten und feste Gegebenheiten, denen Gegensätze innewohnen, die aber in dieser Art produktiv erlebt werden können: Eltern – Kind, Weiße – Farbige, Helfer – Hilfloser, Lehrer – Schüler, Arbeitgeber – Arbeitnehmer, Ehemann – Ehefrau, stark – schwach, gefühlsbetont – gefühlsarm, Herr – Knecht, gesund – verdreht, ehrlich – unehrlich usw. Man kann die Übung auch mit verbundenen Augen machen lassen, damit die Teilnehmer mehr auf den Ton der Stimme achten usw. Manche Leute drücken sich offener aus, wenn ihre Augen verbunden sind, aber nicht alle.)

»Du solltest –« A möge jetzt Sätze formulieren, die mit dem Wort: »Ich sollte –« anfangen, und B möge nach jedem Satz ein klares, festes »Nein« zur Antwort geben. Sagen Sie bitte sonst nichts. Sprechen Sie etwa vier Minuten lang so miteinander und nehmen Sie wahr, was Sie dabei erleben...
Jetzt formuliert B ähnliche Sätze, die alle mit »Ich sollte« anfangen, und A antwortet mit einem klaren, festen »Nein«. Nach vier Minuten gewahren Sie wieder Ihr Empfinden...
Tauschen Sie Ihre Erlebnisse aus. Was haben Sie aus dem »Sollen« und dem »Nein« gelernt? Wie empfanden Sie beides?...

Lehrer – Schüler Schließen Sie die Augen und denken Sie an einen Ihrer Schüler. (Wenn Sie Schüler oder Student sind, denken Sie an einen Ihrer Lehrer.) Sehen Sie ihn klar vor sich. Einer von beiden möge jetzt die Rolle des Schülers übernehmen (er soll der Schüler *werden*!) und sich laut äußern, so, als spräche er zum Lehrer. Als dieser Schüler oder Student erzählen Sie von sich selbst, von Ihrem Leben und Tun und auch von Ihrem Verhältnis zum Lehrer. Ihr Partner möge bitte nur zuhören. Er hört mit Leib und Seele und Geist zu. Als zuhörender Lehrer achten Sie bitte auf Ihre Reaktion im Blick auf das, was dieser »Schüler« sagt...
Nach etwa vier Minuten verwandelt sich der Zuhörer in seinen Schüler,

der dem Lehrer von seinem Leben, seinen Gefühlen und seiner Beziehung zum Lehrer erzählt. Der Partner hört nur zu. Auch dies dauert etwa vier Minuten.
In den nächsten fünf Minuten besprechen Sie nun die Wahrnehmung Ihrer Empfindungen und Eindrücke darüber, was der »Schüler« gesagt und wie er es gesagt hat. Was wurde Ihnen durch diese Übung über die Empfindungen und Reaktionen Ihres Schülers klar? ... Wieviel davon können Sie als Ihre *eigenen* Gefühle und Erfahrungen wiedererkennen? ...
(Diese Übung kann von jedem anderen Gegensatz-Paar durchgeführt werden: Ehemann – Ehefrau, Eltern – Kind, Arbeitgeber – Arbeitnehmer usw.)

Eltern-Geplauder Setzen Sie sich zu zweit hin und stellen Sie sich vor, Sie seien Ihre Eltern (wer will der Vater, wer die Mutter sein?), die sich nun über ihr Kind – über Sie – unterhalten. Mit andern Worten, Sie sprechen über sich selbst so, wie Ihr Vater oder Ihre Mutter über Sie sprechen würde. Wenigstens fünf Minuten lang unterhalten Sie sich über Ihr Kind – was es aus seinem Leben gemacht hat, was Sie davon halten, wie weit es Ihren Erwartungen entsprochen hat, wie es im Vergleich mit Ihren andern Kindern abschneidet, und was Ihnen sonst noch einfällt ...
In den nächsten fünf Minuten diskutieren Sie darüber, was Sie durch diese Übung entdeckt haben. Was empfanden Sie dabei? Was beobachteten Sie an dem Vater (oder der Mutter) Ihres Partners, und was entdeckten Sie über Ihre eigenen Eltern und sich selbst? ...
Wiederholen Sie die Übung in der Rolle des andern Elternteils ...

Ergänzen von Sätzen (Erster Vorschlag) Gleich werde ich den ersten Teil eines Satzes sagen und Sie bitten, ihn mit dem *ersten* Wort, das Ihnen einfällt, im stillen zu ergänzen. (Oder ergänzen Sie jeden Satz dreimal so rasch als möglich.) Dann sprechen sie den vollständigen Satz laut zum Partner aus und diskutieren Sie hierüber – einige Minuten lang.
Ergänzen Sie den folgenden Satz: »Wenn du mich wirklich kennen würdest –« und sagen Sie einander, wie Sie ihn ergänzt haben. Diskutieren Sie ihn ... (Es gibt eine Reihe unvollständiger Sätze, die benutzt
 werden können, um die Begegnung von Paaren oder kleinen Gruppen

zu erleichtern. Nur ein Satz oder zwei sollten gleichzeitig benutzt werden, am besten zwischen zwei anderen Übungen, oder auch, wenn der betreffende Satz zu einem Zeitpunkt besonders geeignet ist, in dem sich eine Beziehung zwischen zwei Leuten anzubahnen scheint. Untenstehend einige Vorschläge:)

»Ich weiche dir aus, indem ich –«
»Ich versuche, dir den Eindruck zu vermitteln, daß –«
»Ich werde nicht –«
»Ich habe dich in der Hand durch –«
»Was ich jetzt verschweige, ist –«
»Ich tue so, als ob –«
»Um mir einen Gefallen zu tun, würde ich –«
»Ich weigere mich, zu –«
»Mich regt dein – auf«
»Ich fürchte, du wirst meinen, ich sei –«
»Ich würde dir gern – geben«
»Wenn ich dir sagen würde, was ich jetzt empfinde«
»Wenn ich jetzt impulsiv handeln könnte –«
»Ich sabotiere deine Beziehung durch –«
»Ich vermeide –«
»Es ist mir klar, daß –«
»Wenn ich gegen dich jetzt ehrlich wäre, würde ich sagen –«
»Was ich von dir erwarte, ist –«
»Wenn ich verrückt wäre, würde ich –«
»Ich gestatte dir –«
»Jetzt aber bin ich –«
»Ich möchte, daß du –«
»Ich befürchte jetzt, daß –«
»Wenn mir die Galle überläuft, deinetwegen –«
»Tu das ja nicht –«
»Ich könnte dir einen Schreck einjagen –«
»Ich möchte dir mitteilen, daß –«
»Wenn ich dich anrühre –«
»Ich erwarte, daß du –«
»Ich möchte dir einen Gefallen tun, indem ich –«
»Ich halte dich mir vom Leibe, indem ich –«
»Ich würde mich dir ja gerne zu erkennen geben, wenn –«
»In den nächsten paar Minuten erwarte ich, daß –«

»Ich weigre mich, hinzunehmen, daß –«
»Ich wiederhole –«
(Zweiter Vorschlag) Setzen Sie sich zu zweit einander gegenüber und schauen Sie sich an. Entscheiden Sie rasch, wer A und wer B sein will. In den nächsten vier Minuten möge A seinen Partner fragen: »Was gibst du vor?« und B möge mit einem vollständigen Satz antworten, der mit: »Ich gebe vor –« anfängt, etwa: »Ich gebe vor, mehr Selbstvertrauen zu haben, als es der Fall ist.« A sagt: »Danke«, und wiederholt die Frage: »Was gibst du vor?« Sagen Sie sonst *nichts* und erörtern Sie nicht, was Sie tun.
In den nächsten vier Minuten ist B der Frager. »Was gibst du vor?«, und A antwortet: »Ich gebe vor –« Machen Sie so weiter ...
Besprechen Sie Ihre Erlebnisse ...
(Am Anfang einer Übung können diese Vervollständigungen der Sätze mehr oder weniger produktiv und/oder bedrohlich gestaltet werden – je nach der Wahl des Partners (aus der Gruppe), mit dem die Zweier-Übung gemacht werden soll. Suchen Sie einen Partner, den Sie mögen, nicht mögen, der Ihnen fern oder nahe steht, dem Sie trauen oder mißtrauen, den Sie fürchten, der Anziehungskraft hat, usw.) Hier noch einige Vorschläge für Sätze, die sich für diese Übung eignen.
»In welcher Art weichst du mir aus?«
»Was befürchtest du von mir?«
»Was lehnst du an mir ab?«
»Worin übst du Macht über mich aus?«
»Was verschweigst du mir?«
»Was hättest du gern, das ich tun soll?«
»Wie hältst du mich dir fern?«
»Was siehst du, wenn du mich anschaust?«

»Ich bin nicht –« Schauen Sie Ihren Partner an und nehmen Sie auch einen physischen Kontakt auf ... Bitte ergänzen Sie beide abwechselnd den Satz »Ich bin nicht –« durch ein Wort, das Ihnen eben gerade einfällt. Sagen Sie immer wieder: »Ich bin nicht –« mit immer neuen kleinen Einfällen. Zählen Sie auf, was alles Sie nicht sind. Und wenn Sie stecken bleiben, dann wiederholen Sie nur den Anfang: »Ich bin nicht –«
Hören Sie auf zu sprechen und bedenken Sie im stillen, was Sie und Ihr Partner gesagt haben ... Lassen Sie eine Art Fazit aus der Aufzählung

entstehen und legen Sie es dem Partner vor. Wenn er etwas ausläßt, und Sie wissen es noch, dann erinnern Sie ihn daran, damit er es einfügen kann...

Jetzt wiederholen Sie die Aufzählung, aber lassen Sie das Wort »nicht« weg, und geben Sie ein Beispiel dazu. Zuerst sagten Sie etwa: »Ich bin nicht grausam«, jetzt aber sagen Sie: »Ich bin grausam«, und als Beispiel für Ihre Grausamkeit fügen Sie hinzu: »Wenn meine Frau einen Fehler macht, lasse ich sie fühlen, sie sei dumm und ungeschickt.« Setzen Sie den Dialog fünf Minuten lang fort...

Blindgang In der Regel hängen wir so sehr von der Fähigkeit zu sehen ab, daß wir unsre andern Sinne hintanstellen: das Hören, Betasten, Riechen und unsre körperlichen Empfindungen. Bitte gehen Sie zu zweit auf einen schweigenden »Blindgang«, so daß Sie mit Ihren andern Sinnen mehr Fühlung gewinnen. Einer von Ihnen beiden legt eine Augenbinde an (wenn keine vorhanden ist, genügen auch die geschlossenen Augen), und der Partner führt ihn ca. 20 Minuten lang herum. Entscheiden Sie selbst, wer anfangen will...

Die Aufgabe des Führers ist, dem »Blinden« eine möglichst große Anzahl von Erlebnissen des Berührens, Riechens, Hörens zu vermitteln. Er muß den »Blinden« an Hindernissen vorbeiführen, ihn vor möglichen Gefahren beschützen und auch vor dem, was ihn erschrecken oder ihm unangenehm sein könnte. Halten Sie bei diesem Gang die Hände so (wird gezeigt): der Führer hält die Hand, als würde er ein kurzes, dickes Trinkglas umfassen, und der »Blinde« hängt seine Hand so hinein, daß seine Fingerspitzen die Mitte der Handfläche des Führers berühren. Dies ist eine sehr flexible Art, sich an der Hand zu halten, und doch kann der Führer den »Blinden« leicht unterstützen, wenn dieser stolpern oder das Gleichgewicht verlieren sollte.

Bitte schweigen Sie beide und halten Sie die Verbindung nur durch die Kraft und Richtung Ihrer Handbewegungen. Führen Sie den Partner langsam über Stufen und Hindernisse und gebrauchen Sie Ihre freie Hand, die Richtung, in die Sie ihn führen wollen, dadurch anzuzeigen, daß Sie seine freie Hand oder seinen Kopf berühren. Wenn Sie zu einem großen Objekt, z. B. zu einem Baumstumpf kommen, legen Sie beide Hände des »Blinden« darauf und warten Sie still, bis er ihn ganz befühlt hat, bevor Sie ihn zu etwas andrem führen. Lassen Sie ihm genug Zeit, das, womit er Kontakt aufgenommen hat, ganz zu erspü-

ren. Nehmen Sie wahr, ob und wie stark er zögert, und drängen oder stoßen Sie ihn niemals. Wenn Sie anfangs langsam gehen, wird er Vertrauen gewinnen und sich an seine Situation besser gewöhnen.
Führen Sie den »Blinden« zu möglichst vielen – natürlichen und eigens hergestellten – Objekten, um ihm ein weitreichendes sensorisches Erleben zu ermöglichen. Von Zeit zu Zeit lassen Sie ihn während des Ganges auch einen andern Menschen berühren. Ein heiteres Erlebnis ist, einen sanften Grashang hinunterzurollen, wenn ein solcher in erreichbarer Nähe ist. Mit der Zeit wird das Marschtempo schneller, und *wenn beide* einverstanden sind, versuchen Sie es mit einem kleinen Lauf. Dies ist ein erfreuliches Erlebnis, aber *nur*, wenn *beide* es sich zutrauen. Sie werden es stets spüren, wenn der Blinde Widerstand leistet, sei es durch ein Handzeichen, sei es durch Körperbewegungen. *Zwingen Sie ihn keinesfalls, etwas zu tun, was er nicht tun will,* auch dann nicht, wenn *Sie überzeugt sind, es sei harmlos.*
Noch irgendwelche Fragen? ... Gut. Einer von Ihnen legt sich jetzt die Augenbinde an, und Sie machen sich auf den Weg. Erinnern Sie sich: unterwegs kein Gespräch ...
(Machen Sie diese Übung bei gutem Wetter im Freien. Wenn Sie aber in der Stadt sind oder das Wetter schlecht ist, machen Sie die Übung *»Gegenstände blind erkennen«* aus dem Kapitel VIII »Gruppentraining«)

Der persönliche Bereich Stehen Sie dem Partner schweigend gegenüber und schauen Sie ihn an. Sprechen Sie erst, wenn ich Sie dazu auffordere. Heben Sie die Hände ein wenig und legen Sie Handflächen und Fingerspitzen an die des Partners, so daß sich die Hände leise aneinander drücken. Sehen Sie einander in die Augen und nehmen Sie die Beziehung zum Partner durch die Hände auf. Fangen Sie an, Hände und Finger zu bewegen und sehen Sie zu, wieviel Sie dadurch von Ihrem Partner erfahren können ... Geben Sie besonders acht, was Sie in Ihren Händen empfinden und was Sie in denen des Partners wahrnehmen ... Experimentieren Sie ein wenig mit den Händen ... Was drücken die Bewegungen des Partners aus? ... Beginnen Sie mit seinen Händen ein leises Spiel ... dann einen Tanz ... Wer von Ihnen ist aktiver beim Beginn der Bewegungen und beim Erforschen der Beziehung? ... Was können Sie sonst noch durch den Hand-Dialog über Ihren Partner erfahren? ...

Nun erforschen Sie Umfang und Gestalt seines persönlichen Umkreises, d. h. des Raumes, der seinen Körper umgibt, und in den der Partner Sie nicht hereinlassen mag. Bewegen Sie die Hände auf allerlei Weise und sehen Sie zu, wie weit er Sie an sich herankommen läßt... Was für ein Gefühl haben Sie, wenn Sie sich in seinen persönlichen Bereich hineintasten?... Wie weit wollen Sie gehen, und wie weit tastet sich der Partner in Ihren persönlichen Bereich hinein?... Nehmen Sie wahr, wenn Ihr Partner Ihren Bewegungen Widerstand leistet oder, sei es noch so leise, sich zurückzieht. Was empfinden Sie, wenn er nahe an Ihren persönlichen Raum herankommt?... Wie nahe wollen Sie ihn kommen lassen? Welchen Umfang und welche Gestalt hat dieser Raum?...

Gleich werde ich den Anfang eines Satzes aussprechen. Bitte beenden Sie ihn mit dem erstbesten Wort, das Ihnen einfällt, und sagen Sie dies Wort dem Partner, und zwar laut. »Wenn ich dich nahe an mich heranlasse –«

Schließen Sie jetzt die Augen, setzen Sie den stillen Dialog der Hände noch eine Weile länger fort und sehen Sie zu, was Sie sonst noch daraus voneinander erfahren können... Halten Sie die Augen geschlossen und lösen Sie sehr langsam den Kontakt... Nehmen Sie die Hände zu sich zurück und bleiben Sie ein Weilchen alleine stehen...

Öffnen Sie nun die Augen, setzen Sie sich zusammen mit dem Partner hin und tauschen Sie Ihre Erfahrungen aus. Erzählen Sie dem Partner, was Sie gefühlt und wahrgenommen haben: von ihm, von sich selbst, von den beiden persönlichen Bereichen und von der Wechselwirkung, die Sie aufeinander ausübten. Bleiben Sie etwa fünf Minuten bei dieser Aussprache.

Ja-Nein-Drücken Tun Sie sich mit jemandem zusammen, der etwa gleich groß und gleich kräftig ist wie Sie. (Oder mit jemandem, gegen den Sie Widerstand empfinden, oder mit dem Sie sich zanken oder im Wettstreit stehen.) Stehen Sie einander gegenüber und legen Sie die Hände flach gegen die des Partners, ohne die Finger ineinander zu falten. Gleich werde ich Sie bitten, sich in die Augen zu sehen und die Hände gegeneinander zu drücken. Einer von Ihnen soll »Ja, ja, ja« rufen, der andre »Nein, nein, nein«... Gleichzeitig drücken Sie gegen die Hände des Partners, so stark Sie nur können. Nach einer Minute tauschen Sie die Wörter Ja und Nein, und drücken Sie wieder gegen die

Hände ... Irgendwelche Fragen? ... Fangen Sie an ...
Halt, nun halt. Bitte bedenken Sie im stillen und nehmen Sie wahr, ob Sie stärker stießen, als Sie »Ja!« oder als Sie »Nein!« riefen, oder war da kein Unterschied? ... Haben Sie wirklich so stark wie möglich gedrückt, oder haben Sie sich zurückgehalten, um den Partner zu schonen oder um ihn vor dem »Verlieren« zu bewahren? ... Haben Sie im Verhalten des Partners einen Unterschied beobachtet, wenn er »Ja!« bzw. »Nein!« rief? ... Sollten Sie bei sich selbst einen Unterschied festgestellt haben, dann denken Sie darüber nach, ob es eine Bedeutung in Ihrem Leben haben könnte. Zum Beispiel, wenn Sie beim »Nein«-Rufen stärker gegen die Hände des Partners stießen, könnte es bedeuten, daß Sie sich meist in Opposition zu irgend etwas einbringen, nicht in eine Bejahung – worum es sich auch handeln mag. Teilen Sie einander Ihre Erfahrungen mit und diskutieren Sie darüber ...
Nun stehen Sie sich wieder gegenüber und legen Sie die Hände flach gegen die des Partners, ohne die Finger zu verschränken. Gleich werde ich Sie bitten, einander in die Augen zu sehen und mit dem Drücken anzufangen. Rufen Sie sich bei jedem Stoß und bei jedem Ausatmen ein kurzes Wort oder einen sehr kurzen Satz zu und nehmen Sie Ihr Gefühl wahr. Rufen Sie jedes beliebige Wort, das Ihre Wahrnehmung des Augenblicks ausdrückt. Drücken Sie einige Minuten lang so stark, wie es Ihnen möglich ist ...
Gut. Nun ruhen Sie sich still aus und werden Sie sich Ihrer Wahrnehmung der letzten paar Minuten bewußt ... Was haben Sie erlebt, als Sie gegen die Hände des Partners stießen? ... Besprechen Sie dies in den nächsten Minuten ...

VII. Paare

Die Übungen dieses Abschnitts sind besonders für Ehepaare hilfreich oder sonst für zwei Menschen, die in einer dauernden Beziehung stehen und einen guten Teil ihrer Zeit zusammen verbringen. Ehepaare können auch von den Übungen des vorhergehenden Kapitels einen Gewinn haben. Besonders die »Ablehnen-Schätzen«-Übung kann sehr sinnvoll für zwei Menschen sein, die ihre Beziehung zueinander erforschen wollen.

Sich begegnen Setzen Sie sich und schauen Sie einander an. Stellen Sie sich vor, Sie seien eben erst zusammengetroffen und hätten sich niemals vorher gesehen. Versuchen Sie, einander so zu sehen, wie Sie in diesem Augenblick sind. Bitte werden Sie miteinander bekannt und nehmen Sie wahr, wie Sie dabei vorgehen – worüber Sie sprechen, und was Sie sonst tun, um diesen neuen Menschen ein wenig zu »entdekken«. Lassen Sie sich etwa zehn Minuten Zeit dafür ...
Nun erzählen Sie einander, was Sie dabei beobachtet haben. In welcher Weise haben Sie versucht, den anderen kennenzulernen, und inwieweit sind Sie einander wirklich begegnet und haben aufrichtigen Kontakt aufgenommen? Wieviel hat jeder von sich und seinen Gefühlen aufgedeckt, und wieviel davon verborgen gehalten? Wer übernahm den aktiven Part beim Kennenlernen? In den nächsten fünf Minuten erörtern Sie bitte alle Einzelheiten dessen, was in jenen zehn Minuten zwischen Ihnen vor sich ging ...

Sprichwörter Setzen Sie sich still hin und sehen Sie einander an ... Das erstbeste Sprichwort, das Ihnen einfällt, sagen Sie jetzt dem Partner ... Aber da ich Sie bitten möchte, eine Übung mit demselben

Sprichwort zu machen, einigen Sie sich jetzt rasch, welches der beiden Sprichwörter dazu genommen werden soll.

Besprechen Sie, was geschah, als Sie die Entscheidung trafen. Wie haben Sie entschieden, wer hatte dabei den aktiven Part, und was meinen Sie zu der Entscheidung? Einer von Ihnen kann z. B. die Achseln gezuckt und die Entscheidung dem Partner überlassen haben, war aber dann ablehnend, als dieser nicht *sein* Sprichwort wählte. Versuchen Sie, die genaue Abfolge der Handlungsweise und der Ereignisse wahrzunehmen, die zu der Entscheidung führten...

Nun nehmen Sie sich Zeit, darüber zu diskutieren, inwieweit dies ein Beispiel für die Art und Weise ist, wie Sie beide oft zu Entscheidungen gelangen. Beleuchtet dies kleine Ereignis das Grundmuster Ihrer Wechselwirkung aufeinander?

Schließen Sie jetzt die Augen und bedenken Sie das gewählte Sprichwort... Sagen Sie es sich selbst mehrmals mit verschiedener Betonung vor. Dann bringen Sie sich selbst ein, indem Sie den Inhalt des Sprichworts direkt erleben. Wenn das Sprichwort z. B. heißt: »Ein rollender Stein setzt kein Moos an«, verwandeln Sie sich in den rollenden Stein und sehen Sie zu, was Sie dabei erleben. Wie fühlen Sie sich als Stein, und wie rollen Sie dahin? Würden Sie gerne eine Weile anhalten und Moos ansetzen? Oder haben Sie Freude am Dahinrollen und hassen Moos? Lassen Sie sich Zeit, dessen gewahr zu werden, wie *Sie* das Sprichwort erleben...

Öffnen Sie die Augen und erzählen Sie dem Partner in allen Einzelheiten, was das Sprichwort – anhand Ihres Erlebens – für Sie bedeutet. Wenn Sie sich beide darüber ausgesprochen haben, machen Sie einander auf die Verschiedenheit dessen aufmerksam, was dasselbe Sprichwort für einen jeden von Ihnen aussagt. Dann tauschen Sie sich darüber aus, wie diese Verschiedenheiten in Ihrer Beziehung und im gemeinsamen Leben sichtbar werden...

Schließen Sie wieder die Augen und denken Sie an das andre Sprichwort, das Sie vorhin nicht gewählt hatten... Wiederholen Sie es im stillen mehrmals in verschiedenen Abwandlungen und lassen Sie sich Zeit, sich damit zu identifizieren und zu sehen, wie Sie es erleben...

Öffnen Sie die Augen und sagen Sie dem Partner, was dies zweite Sprichwort für Sie bedeutet. Nehmen Sie auch hier die Verschiedenheiten wahr und besprechen Sie, wie sie sich in Ihrer Beziehung widerspiegeln...

Annahmen Sehen Sie einander in die Augen und sagen Sie abwechselnd Sätze, die mit den Worten: »Ich nehme an, daß du –« beginnen. Diskutieren Sie nicht über die Annahmen und sagen Sie in den nächsten fünf Minuten nichts andres als solche Sätze. Wiederholen Sie diese paar Worte, wenn Sie stecken bleiben, und achten Sie darauf, was Ihnen dazu einfällt...
Sagen Sie einander, was Sie hierbei erlebt haben, und erörtern Sie Ihre Annahmen. Was haben Sie dabei entdeckt? Inwieweit war sich jeder von Ihnen dieser Annahmen schon bewußt?... In welchen Annahmen hatten Sie sich geirrt? Sprechen Sie sich darüber aus...
(Eine nützliche Variante heißt: »Ich nehme an, du weißt –«)

Anerkennung Oft nehmen wir so ohne weiteres an, der andere wüßte ja, daß wir ihn schätzen und anerkennen. Wir halten es für selbstverständlich, er wisse schon, wenn wir befriedigt und erfreut sind, und daher nehmen wir uns nicht die Mühe, unsre Anerkennung direkt auszusprechen. Aber: auch wenn ich weiß, daß Sie mich schätzen, möchte ich es doch auch hin und wieder hören.
Bitte sprechen Sie jetzt abwechselnd aus, was Sie aneinander schätzen. Fangen Sie jeden Satz mit den Worten an: »Ich schätze an dir, daß du –« und zählen Sie es genau und im einzelnen auf. Bringen Sie Beispiele, um sicher zu sein, daß der Partner genau versteht, was Sie an ihm schätzen. Wenn Ihnen nichts mehr einfällt, wiederholen Sie einfach die Worte: »Ich schätze an dir, daß du –« und warten Sie ein wenig ab...
Nach etwa fünf Minuten sagen Sie einander, was Sie empfanden, als Sie die Anerkennung empfingen oder aussprachen, und was Sie dabei wahrgenommen haben...

Indirektes »Nein« Einer von Ihnen bittet um etwas, wovon er weiß, daß der Partner es ihm nicht geben will. Bitten Sie mehrmals darum. Der Partner möge jedesmal ablehnen, *ohne direkt »nein« zu sagen.* Nehmen Sie wahr, auf *welche Art* Sie der Bitte ausweichen...
Nach etwa vier Minuten werden die Rollen gewechselt: der Bittende wird jetzt wiederholt gebeten und lehnt jedesmal ab, ohne direkt »nein« zu sagen... Nach weiteren vier Minuten stellen Sie beide fest, was Sie von der eigenen und der Art des Partners erfahren haben, das »Nein« indirekt auszudrücken...

Rollentausch Bitte wechseln Sie die Rollen und nehmen Sie den Platz des Partners ein. Sie *sprechen so, als seien Sie der Partner,* und drücken »Ihre« Gefühle über die gegenseitige Beziehung aus und darüber, was in ihr nicht stimmt. Zum Beispiel sagt der Ehemann in der Rolle seiner Frau: »Ich ärgere mich gehörig, wenn du müde nach Hause kommst und gleich nach dem Essen einschläfst – es ist ja, als wäre ich überhaupt nicht mit dir verheiratet.« Geben Sie all Ihren Irritationen Ausdruck, Ihrem Widerwillen und Ärger und Ihrem Unglücklichsein. Versuchen Sie, wirklich Ihr Partner zu sein, übernehmen Sie sein Erleben, beurteilen Sie die Dinge unter seinem Gesichtswinkel und äußern Sie sich von seinem Standpunkt aus...
Nach einer Weile besprechen Sie Ihre Erfahrungen in den nächsten zehn Minuten.

Kränken und Gekränktsein Ich bitte jeden von Ihnen, zu sagen, wodurch Sie sich verletzt fühlen. Sehen Sie den Partner an und sagen Sie abwechselnd am Anfang eines jeden Satzes: »Ich bin gekränkt, weil du –« Zählen Sie vielerlei auf. Wiederholen Sie jenen Satz, bis Ihnen wieder etwas einfällt. Nehmen Sie dabei immer Ihre Haltung und den Ton Ihrer Stimme wahr...
Machen Sie nun aus jeder der vorhin aufgezählten Kränkungen eine Anschuldigung. Statt zu sagen: »Ich bin gekränkt –« sagen Sie jetzt: »Du hast mich gekränkt, indem du oder als du –« Nehmen Sie Ihr Gefühl, Ihre Haltung und den Ton Ihrer Stimme wahr, während Sie die neuen Sätze aussprechen...
Jetzt sollen Sie den Ärger ausdrücken und den Wunsch, sich zu rächen, der hinter diesen Anschuldigungen steht. Statt zu sagen: »Du hast mich gekränkt –« sagen Sie jetzt: »Ich möchte dich kränken, weil du –« Und wieder achten Sie auf Körperhaltung, Stimme und Gefühl, wenn Sie so sprechen...
Teilen Sie Ihrem Partner mit, was Sie erleben...
Immer, wenn jemand sagt, er sei »verletzt« oder »gekränkt«, können Sie das Wort »nachtragend« dafür einsetzen. Gekränktsein birgt in sich den Wunsch, sich zu rächen und dem anderen auch eine Kränkung zuzufügen. Statt den Ärger offen auszusprechen, prangert der Betreffende die Ungerechtigkeit an, die ihm angetan wurde, so daß der andere sich nun schuldig fühlt und es gut zu machen sucht. Die Falschheit, die im Gekränktsein liegt, kann leicht entlarvt werden, wenn man

den Betreffenden fragt, an welcher Stelle seines Körpers er sich denn verletzt fühle. Er wird vergeblich suchen. Wenn er mit seinen körperlichen Empfindungen wirklich in Fühlung kommt, wird er nur den schwelenden Ärger entdecken.

Erwartungen Gestehen Sie sich abwechselnd und gegenseitig die Erwartungen ein, die Sie hegen. Beginnen Sie *jeden* Satz mit: »Ich erwarte, daß du –« Sagen Sie nicht etwa: »Ich erwarte, daß du mir Gefälligkeiten erweist«, sondern seien Sie sehr genau und eingehend und sagen Sie dem Partner, was Sie von ihm erwarten und was er tun solle, um Sie zufrieden zu stellen. Antworten Sie einander nicht und diskutieren Sie nicht darüber, ob die Erwartungen berechtigt seien, sondern sagen Sie sie einfach frei heraus. Bleiben Sie etwa fünf Minuten dabei. Wiederholen Sie den Satzanfang immer wieder, bis Ihnen etwas neues einfällt... Nun bedenken Sie im stillen, was in den letzten fünf Minuten vor sich ging, und ziehen Sie die Summe dessen, was Sie voneinander erwarten... Nach einer Minute tauschen Sie diese Summierungen aus und klären eventuelle Mißverständnisse oder Unstimmigkeiten über den Inhalt der Erwartungen auf. Diskutieren Sie *nicht* über deren Berechtigung. Legen Sie aber darauf Wert, daß Sie die gegenseitigen Erwartungen klar verstehen. Denn bevor Sie sich über eine Sache vernünftig unterhalten können, müssen Sie vereinbaren, was der Gegenstand der Aussprache ist. Machen Sie so weiter...
Wenn Sie sich nun darüber klar geworden sind, was sie voneinander erwarten, lassen Sie sich etwa zehn Minuten Zeit und drücken Sie Ihr Gefühl aus, das Sie dabei haben. Welche Ihrer eignen Erwartungen sind für Sie wirklich wichtig? Welche Erwartungen Ihres Partners werden Sie gern und willig, welche nur widerstrebend erfüllen? Verwirren Sie einander nicht durch Begründungen und Rationalisierungen, durch Tadeln und Urteilen usw. Legen Sie nur einfach Ihre Position dar: was Sie bei den gegenseitigen Erwartungen empfinden. Weiter...
Jetzt diskutieren Sie etwa fünf bis zehn Minuten lang in beliebiger Form über diese Erwartungen. Beachten Sie Ihr Gefühl und stellen Sie die Wahrnehmung dessen, was zwischen Ihnen vorgeht, zur Diskussion. Wenn Sie angespannt sind und das Gefühl haben, Ihr Partner klage oder bedrohe Sie, dann sagen Sie ihm das. Je mehr Sie von Ihrer Wahrnehmung äußern, desto mehr tragen Sie zur Klärung des Geschehens bei. Weiter...

Machen Sie eine Pause und denken Sie still darüber nach, was während dieser Diskussion vor sich gegangen ist. Haben Sie begonnen, Ihre Beziehung und auch Ihre Forderungen zu klären, oder war es eine Art von Vorwurfsspiel: »Sieh her, was du mir antust«, »Du bist an allem schuld« und so weiter? ... In welcher Weise haben Sie aufrichtigen und direkten Kontakt gefunden? ... Und wie haben Sie versucht, sich den Erwartungen des Partners zu entziehen und Ihre eignen durchzusetzen? Diskutieren Sie etwa fünf Minuten hierüber ...
Sagen Sie einander abwechselnd, worin der Partner Ihren Erwartungen nicht entspricht. Seien Sie darin sehr genau und eingehend. Nennen Sie ihm ein Beispiel, worin er Sie enttäuscht. Dann aber hören Sie ihm auch zu, wenn er Ihnen nachweist, worin Sie seinen Erwartungen nicht entsprechen ...

Forderung – Boshafte Antwort Wandeln Sie jede Erwartung in eine Forderung um und halten Sie sie abwechselnd einander vor. Drücken Sie sich so klar und bestimmt aus, als erteilten Sie Befehle. Wenn Sie eine Forderung ausgesprochen haben, möge der Partner eine sehr boshafte Antwort geben. Boshaftigkeit ist eine heimtückische Art der Vergeltung. Zum Beispiel, wenn die Forderung heißt: »Halte die Küche sauber«, könnte die boshafte Antwort lauten: »Nein, das werde ich gerade nicht tun, um dich zu ärgern«, oder »Gut, ich werde beim Geschirrspülen ordentlich Krach machen, während du fernsiehst« oder »Ich werde so lange sauber machen, daß du die Kinder ins Bett bringen mußt.« Lassen Sie locker und vertiefen Sie sich in solche boshafte Antwort. In den nächsten fünf Minuten werfen Sie sich derartige Forderungen und Repliken hin. Danach diskutieren Sie – auch wieder in fünf Minuten –, was Sie dabei wahrgenommen und entdeckt haben. Wie weit konnten Sie sich die Boshaftigkeit zu eigen machen und sie genießen? War es nur ein »Spiel«, oder lag doch auch ein Ausdruck Ihrer gegenseitigen Vergeltungsschläge darin? ...
Jetzt aber verdeutlichen Sie die Vergeltung. Sagen Sie einander, wie Sie die Forderungen des Partners sabotieren. Sagen Sie es sehr genau, wie Sie sich seinen Forderungen entziehen, und beschreiben Sie exakt, wie Sie seine Wünsche, Absichten und Unternehmungen oft frustrieren. Beginnen Sie jeden Satz mit den Worten: »Ich sabotiere dich, indem –« und geben Sie Beispiele.
 Sagen Sie dem Partner, wie Sie einander mit Forderungen gefangen

halten, die der andere nicht erfüllen will. Gehen Sie in allen Einzelheiten zu diesem toten Punkt: der eine stellt fortgesetzt seine Forderungen, der andere weigert sich, ihnen nachzukommen. Äußern Sie sich in den nächsten fünf Minuten genau darüber, wie Sie beide festgefahren sind ...

Sehen Sie einander an und nehmen Sie physischen Kontakt auf. Sagen Sie beide folgendes: »Im jetzigen Augenblick kann ich wahrscheinlich nicht anders sein, als ich bin«, und sofort anschließend: »Im jetzigen Augenblick kannst du wahrscheinlich nicht anders sein, als du bist.«

Lassen Sie sich Zeit, einander zu sagen, was Sie bei dieser Übung erlebt haben.

Lebens-Konzept Früher oder später lernen Sie die Kunst, mit Schwierigkeiten fertig zu werden und bringen eine Art Lebens-Skript hervor. Wie ein Drehbuch beim Fernsehen oder Film ist es ein ritualisiertes Programm, ein Schema von Rollen, Absichten, Bildern und Forderungen, das Ihre Handlungsweise lenkt und sozusagen das vorschreibt, was in Ihrem Leben geschehen wird. Eine Frau entfaltet vielleicht ein Lebens-Skript, das sie als »hilflos« kennzeichnet, so daß sie einen Helfer bzw. einen Retter braucht. Ein anderes Lebenskonzept schreibt vielleicht vor, daß jeder Versuch einer mitmenschlichen Annäherung in Enttäuschung ende, so daß der Betreffende in seiner sicheren Isolation verbleiben kann. Ich bitte nun einen oder eine von Ihnen beiden, in etwa fünf Minuten dem Partner sein (oder ihr) Lebenskonzept zu beschreiben. Beginnen Sie mit den Worten: »Mein Lebens-Skript schreibt vor –« und erzählen Sie möglichst vollständig vom gegenwärtigen Stand Ihres Konzepts. Diskutieren Sie nicht darüber, sondern stellen Sie es nur im einzelnen dar. Nach Ihnen ist Ihr Partner an der Reihe, fünf Minuten lang sein Lebens-Skript darzulegen.

Unterhalten Sie sich eine Weile über Ihre beiden Konzepte, sagen Sie, wie Sie sie empfinden und was Sie voneinander erfahren haben ...

Zwei Menschen nehmen eine Beziehung auf, weil jeder vom anderen einen Nutzen haben kann. Ich bitte Sie nun, einander abwechselnd zu sagen, was für einen Gewinn diese Partnerschaft Ihnen bringt. In welcher Beziehung Sie auch immer zueinander stehen mögen – ob Sie Ehepartner, Freunde oder ein Liebespaar sind –, was gewinnen Sie durch diese Beziehung? Beginnen Sie jeden Satz mit den Worten: »Dadurch, daß ich deine Frau (dein Mann, dein Freund usw.) bin,

gewinne ich –«, und begründen Sie es im einzelnen. Wiederholen Sie einfach den unvollständigen Satz, bis Sie wieder etwas neues anfügen können ...
Nach etwa fünf Minuten teilen Sie einander mit, was für Gefühle Sie bei dieser Übung bewegt und was Sie wahrgenommen haben ...

Konzept der Beziehungen Jede Beziehung bringt bald unausgesprochene Regeln und Voraussetzungen hervor: was erlaubt, was zu unterlassen ist, und wer was zu tun hat. Eine Beziehung entfaltet sich, weil die Lebenskonzepte der Partner zusammenpassen, und daraus entsteht die Neigung, ein gemeinsames Konzept zu entwickeln, welches die Rollen der Partner festlegt und vorschreibt, was innerhalb der Beziehung geschehen wird. Jede Rolle verlangt bestimmte Verhaltensweisen vom Partner. Einen Ehemann ohne Frau gibt es nicht, eine Mutter nicht ohne Kinder usw. Bitte sagen Sie nun einander, was Ihre eigne Rolle in der Beziehung vom Partner verlangt. Beginnen Sie jeden Satz so: »Damit ich eine gute Ehefrau (oder Ehemann, Freund usw.) sein kann, mußt du –« Sprechen Sie sich in den Einzelheiten aus, was Ihre Rollen voneinander verlangen. Lassen Sie sich etwa fünf Minuten Zeit dafür.
In den nächsten fünf oder zehn Minuten sagen Sie einander, was Sie empfunden und über Ihr Verhältnis wahrgenommen haben. Versuchen Sie, noch mehr Klarheit zu gewinnen. Sollten Sie noch weitere »Grundregeln« finden, diskutieren Sie auch darüber ...

Kontakt durch Namen Sie sitzen sich schweigend gegenüber. Der Größere von Ihnen versucht nun, dadurch Kontakt herzustellen, daß er den Namen des Partners nennt. Solange der Partner noch keinen Kontakt fühlt, schüttelt er den Kopf, und dann versuchen Sie, seinen Namen in andrer Weise auszusprechen, bis Sie ihn endlich erreichen. Achten Sie dabei auf Ihr Gefühl und registrieren Sie, durch welche Art der Namensnennung Sie ihn nicht erreichen konnten. Sobald der Partner Kontakt bekommen hat, nickt er mit dem Kopf. Machen Sie eine kleine Pause, damit beide wahrnehmen können, welche Art der Namensnennung erfolgreich war. Danach ist der Partner an der Reihe, Ihren Namen so auszusprechen, daß er Sie erreicht. Sagen Sie nur die Namen, sonst kein Wort ...
 Erzählen Sie einander, was Sie während dieser Übung wahrgenommen

haben. Wodurch haben Sie einander zu erreichen gesucht, und wie war Ihnen dabei zumute? Welche Versuche, den Namen zu nennen, haben Sie gemacht, welche waren erfolgreich, welche nicht? Wodurch hat der Partner Sie erreicht: durch Forderung, Freundlichkeit, Bitten? Tauschen Sie Ihre Erlebnisse einige Minuten lang aus...

Bedürfnisse, Wünsche, Entbehrungen Bitte sprechen Sie sich abwechselnd darüber aus, was Sie voneinander brauchen. Sagen Sie es dem Partner ganz genau. Sagen Sie Sätze, die mit »Ich brauche« anfangen, und zählen Sie in etwa fünf Minuten alles auf, was Ihnen einfällt.

Jetzt wiederholen Sie abwechselnd die aufgezählten Dinge, aber ersetzen Sie das Wort »ich brauche« durch »ich will – haben«. Nehmen Sie das Gefühl wahr, das Sie beim Aussprechen der neuen Sätze haben. Liegt hier ein wirkliches Bedürfnis vor, so daß Sie ohne das Betreffende nicht leben können und es daher haben müssen? Oder ist es ein Wunsch nach etwas, das Sie zwar sehr gerne hätten, das aber nicht lebensnotwendig ist? Ist dies »Bedürfnis« wirklich etwas, das Ihnen die Unbequemlichkeit ersparen würde, etwas für sich selbst zu tun? Wiederholen Sie: »Ich will – haben« und setzen Sie sofort das erstbeste Wort ein, das Ihnen einfällt...

Das Wort »Haben-wollen« hat zwei Grundbedeutungen: *wünschen* und *entbehren.* Bitte wiederholen Sie die Aufzählung der Wünsche und Bedürfnisse und drücken Sie das Gefühl eines *Mangels oder Fehlens* aus, das hinter dem Wunsch oder dem Bedürfnis liegt. Z. B. wenn mein Wunsch heißt: »Ich möchte, daß du meine Haushaltsführung anerkennst«, dann würde der Mangel heißen: »Ich entbehre das Gefühl deines Vertrauens in meine Haushaltsführung«, oder vielleicht: »Mir fehlt das Vertrauen zu meiner eignen Arbeit.« Versuchen Sie, ganz aufrichtig zu sprechen und die Verantwortung für Ihr eignes Gefühl der Entbehrung auf sich zu nehmen...

Tauschen Sie Ihre Empfindungen aus und diskutieren Sie fünf oder zehn Minuten lang darüber, was diese Übung an den Tag gebracht hat.

Ja-Nein-Dialog In den nächsten vier Minuten halten Sie die Verbindung zueinander nur durch die Worte »Ja« und »Nein« aufrecht, und schauen Sie sich an. Während dieser Kommunikation verändern

Sie nur den Ton der Stimme, das Tempo, die Lautstärke und die Modulation, wenn Sie die beiden Worte aussprechen. Nehmen Sie wahr, was Sie einander mitteilen und wie die Verbindung sich gestaltet ...
In den folgenden fünf Minuten besprechen Sie, was Sie erlebt und was Sie bei diesem Austausch über sich und Ihre Beziehung ausgesagt haben ...
Statt »Ja« und »Nein« benutzen Sie die Wörter »Ich« und »Du«, sonst nichts. Auch jetzt verändern sich nur der Ton der Stimme, die Lautstärke, das Tempo und die Modulation. Nach vier Minuten sprechen Sie sich, wie vorher, aus.

Gestalt-Spruch Ein Spruch von Fritz Perls lautet:

Ich tu das Meine,
du tust das Deine,
ich lebe nicht auf dieser Welt,
um deinen Erwartungen zu entsprechen,
und du bist nicht auf der Welt,
um die meinen zu erfüllen.
Du bist du, und ich bin ich,
und wenn wir uns zufällig begegnen,
so ist das schön.
Wenn nicht, läßt sich's nicht ändern.

Jeder von Ihnen möge diesen Spruch zu seinem Partner langsam sagen, während Sie sich anschauen und physischen Kontakt haben. Nehmen Sie wahr, was Sie dabei erleben ...
Geben Sie den Spruch mit Ihren eignen Worten wieder und sagen Sie dem Partner, was er für Sie bedeutet ...
Wiederholen Sie, was der Spruch Ihnen persönlich sagt, aber gehen Sie jetzt darüber hinaus und erklären Sie im einzelnen, was er nach Ihrer Meinung für Sie beide und für Ihre Beziehung bedeutet. Seien Sie sehr genau und nennen Sie Einzelheiten: was »das Meine« und »das Deine« des Spruches ist, und welche Erwartungen ein Mensch dem anderen Menschen nicht erfüllen kann und soll ...
Lassen Sie sich Zeit, einander mitzuteilen, was Sie hier erlebt haben. Inwieweit stimmen Sie mit dem Spruch überein, und inwieweit können Sie wirklich damit leben? ...

VIII. Gruppentraining

Dieser Abschnitt enthält eine große Auswahl von Anweisungen für das Gruppentraining: praktische Beispiele für Übungen verbaler und nichtverbaler Art, für Rollenspiel und Phantasien mit der dazugehörigen Identifikation, für körperliche Übungen, in denen es sich um Vertrauen zu den Teilnehmern handelt, z. B. beim Schaukeln, in der Massage usw. Außerdem sind es Anweisungen, die uns zur deutlicheren Wahrnehmung unsrer selbst verhelfen können, allerdings nur dann, wenn Sie bereit sind, die Übungen selbst zu machen, sich Zeit zu lassen, sie in sich aufzunehmen, über Ihre Erlebnisse nachzusinnen und sie schließlich den anderen mitzuteilen.

Probe und Lampenfieber Halten Sie die Augen geschlossen. Nach etwa drei Minuten werde ich einen von Ihnen auffordern, aufzustehen und den Teilnehmern Ihrer Gruppe, die Ihnen fremd sind, von sich zu erzählen, aufrichtig und einigermaßen genau ... Bitte stellen Sie sich in dieser kurzen Ihnen verbleibenden Zeit vor, Sie seien der Aufgerufene und Sie hätten jetzt noch die Möglichkeit, zu entscheiden und im stillen sich vorzusagen, was Sie der Gruppe mitteilen wollen ... Stellen Sie sich vor, Sie stünden vor der Gruppe und sähen all die Leute vor sich ... Was werden Sie über sich sagen? ... Nehmen Sie Ihren Körper wahr – was geht da drinnen vor sich? ... Spannung, Nervosität, Aufregung? ...

Bleiben Sie mit diesen physischen Empfindungen in Fühlung und geben Sie acht, welche Wandlung sich dort vollzieht, wenn ich Ihnen nun mitteile, daß ich Sie *nicht* aufrufen werde, vor der Gruppe zu stehen und über sich zu berichten ... Nehmen Sie wahr, was jetzt im Körper geschieht ...

Gut. Öffnen Sie die Augen. Ich möchte jetzt einiges sagen, das Ihnen zum Verständnis dieser Übung helfen kann. Absichtlich habe ich Sie mit einer Situation erschreckt, die in der *Zukunft* liegt. Ich forderte Sie auf, in die Zukunft hinein zu springen und sich bereit zu machen, vor der Gruppe über sich selbst auszusagen. Ihre Energie und Erregung steigerten sich angesichts dieser Herausforderung, Sie spürten die körperlichen Symptome: schnelleren Herzschlag, Muskelspannung oder Zittern. Wäre die Situation jetzt schon gegeben, so könnte all die Erregung in die Ausführung der gestellten Aufgabe fließen: Ihr Körper würde sich bewegen, Sie würden sprechen, die Hände rühren usw. Da aber die Herausforderung die Zukunft betrifft, hat Ihre Erregung sozusagen »nichts zu tun«, daher rammt sie sich ein, und Sie erleben das, was man Ängstigung oder Lampenfieber nennt. Dasselbe spielt sich ab, wenn zwar das Geforderte schon gegenwärtig ist und vor Ihnen steht, Sie aber den Absprung nicht wagen und deshalb immer noch die Zukunft proben. Die meisten von Ihnen proben wahrscheinlich nicht nur die Ausführung der Aufgabe, sondern imaginieren zusätzlich allerlei Möglichkeiten des Mißlingens und dessen furchtbare Folgen. Während Sie sich über diese schrecklichen, aber nur in der Imagination existierenden Konsequenzen auf- und erregen, verlieren Sie die Aufgabe selber aus den Augen und rufen womöglich dadurch den befürchteten Mißerfolg herbei. Bitte realisieren Sie, daß diese Art von Schwierigkeiten auftritt, wenn Sie das Jetzt der Realität verlassen und in eine imaginierte Zukunft hineinspringen, die nicht existiert.

Folgende Geschichte beweist die Kraftvergeudung, die bei solcher Zukunftsphantasie eintritt. Ein junger Mann hat mit einem netten Mädchen eine Verabredung für den Abend getroffen. Es ist Mittagszeit, und morgen früh steht ihm ein sehr wichtiges Examen bevor, für das er lernen müßte. Was geschieht nun? Den ganzen Nachmittag ist er so mit den Gedanken an die abendliche Verabredung beschäftigt, daß er sich nicht aufs Lernen konzentrieren kann. Und das abendliche Zusammensein kann er nicht genießen, weil er sich wegen der bevorstehenden Prüfung von morgen früh Sorgen macht. Erkennen Sie sich vielleicht selbst in dieser Geschichte? Jede Vorwegnahme der Zukunft reduziert den Kontakt mit dem, was jetzt eben gegeben ist, und kann sogar die Gegenwart völlig auslöschen. Dasselbe geschieht, wenn man sich in Erinnerungen verstrickt oder über die Vergangenheit nachdenkt. Fast jedes Erinnern ist eine fruchtlose Betätigung der Phantasie: man sonnt sich in sentimentalem Wiederholungsspiel, man sinnt über Ereignisse nach, die wunschgemäß hätten anders laufen sollen, man zählt Möglichkeiten auf, wie man hätte anders handeln können usw. Nichts von alledem kann Ihnen von irgendeinem Nutzen sein, vielmehr wird ein Großteil Ihrer Lebenskraft in diesen Phantasien gebunden, so daß Sie *jetzt* nichts erleben oder tun können.

Vorführung einer Identifikation (Zuerst: nehmen Sie ein Stück Papier in die Hand oder einen Pappbecher, falten Sie ihn etwas zusammen oder reißen Sie ein Stück von dem Papier ab oder markieren Sie irgendwie Papier oder Becher.)
Richten Sie Ihre Aufmerksamkeit auf das Papier in meiner Hand und rufen Sie mir kurze Beschreibungen darüber zu: ein oder zwei Worte oder einen kurzen Satz. (Lassen Sie sich Zeit, möglichst viele Antworten zu finden: beschädigt, weiß, wird gehalten, flexibel, dünn, scharf, markiert usw.)
Sie werden merken, daß die Teilnehmer ganz verschiedene Eigenschaften meines Bechers (oder Papiers) bemerkt haben, obwohl alle denselben Gegenstand anschauten. Hätte ich diese Übung mit jedem von Ihnen einzeln gemacht, so hätte jeder nur wenige Eigenschaften von den vielen, die die Gruppe nannte, bemerkt. Manche Teilnehmer hätten gewisse Einzelheiten überhaupt nicht wahrgenommen, die für andre augenfällig und bezeichnend waren. Die Tatsache, daß Ihnen gerade diese anderen Aspekte auffallen, ist kein Unglück. Was Sie in der Welt bemerken, ist nicht einfach das, was in ihr existiert, sondern ist immer irgendwie damit verknüpft, wer Sie sind und was für Sie derzeit wichtig ist. Auch Ihr Gedächtnis arbeitet selektiv, Ihrem Leben und Ihren Interessen entsprechend. Die meisten von Ihnen haben jetzt schon einige Bezeichnungen unsres Objekts vergessen, die erst vor wenigen Augenblicken genannt wurden.
Bitte rufen Sie jetzt die Bezeichnungen ins Gedächtnis zurück, die Ihnen zuerst einfallen, und bedenken Sie, in welchem Zusammenhang sie mit Ihrem Leben stehen könnten ... Wenn Sie fanden, das Papier sei dünn und scharf, sehen Sie zu, ob Dünnsein und Schärfe irgendeine besondre Bedeutung für Sie haben. Sind Sie dünn oder wären Sie es gern? Sind Sie scharf oder fürchten Sie die Schärfe andrer Menschen? ... Richten Sie Ihr Augenmerk besonders auf Ihre eignen Aussagen oder erinnern Sie sich ihrer besonders klar ... Schließen Sie die Augen und versuchen Sie, sich selbst mit eben diesen Eigenschaften

zu beschreiben. Wenn Sie bemerkt hatten, dem Papier oder dem Becher fehle ein Stück, versuchen Sie zu sagen: »Mir fehlt ein Stück«, und nehmen Sie Ihr Gefühl wahr, wenn Sie dies aussprechen. Sollten Sie ein Stück Wahrheit daran finden, dann halten Sie dem Erleben stand und versuchen Sie, herauszufinden, was in Ihnen »fehlt«. Lassen Sie sich Zeit dafür...

Hat jemand von Ihnen durch diese Übung etwas entdeckt? Hat Ihr Gefühl bei dem Versuch, sich mit den Kennzeichnungen des Objekts zu identifizieren, angesprochen? Wenn jemand bereit wäre, sich darüber zu äußern, würde ich es gerne hören...

Jetzt seien Sie alle still und wiederholen Sie diese Identifikation. Schauen Sie dies Papier in meiner Hand an und stellen Sie sich vor, Sie selbst *seien* dies Stück Papier. Sagen Sie leise zu sich selbst: »Ich werde gehalten... ich bin weiß... bin beschrieben... bin zusammengefaltet... an mir fehlt ein Stück...« *Werden* Sie wirklich dies Stück Papier... (Nach 15 Sekunden – oder, wenn jemand schon vorher in dies Erlebnis hineingetaucht ist, zerknittern Sie plötzlich das Papier in Ihrer Hand.) Was geschieht nun? Stehen Sie zu Ihrem Erleben und Ihrem Gefühl, wie immer es auch sein mag... drücken Sie sich bitte kurz darüber aus, was in Ihnen vorging, als ich diese Übung vorschrieb...

Ich verspreche, diesen garstigen Trick mit Ihnen nicht zu wiederholen. Dieses eine Mal habe ich es getan, weil ich keinen besseren Weg weiß, zu zeigen, wie der Vorgang der Identifikation Sie mit Ihren Empfindungen in Fühlung bringt. Aber in diesem Falle habe ich die Situation manipuliert, indem ich darüber entschied, womit Sie sich identifizieren sollten, und wann das Papier zu zerknittern sei. Die Sie überkommenden Gefühle sind Reaktionen mir gegenüber und darauf, was ich getan habe. Wenn Sie sich mit einem Objekt Ihrer eignen Wahl identifizieren oder mit Ihrer eignen Phantasie oder mit einem Gegenstand Ihres Traumes, der zerknittert wird, dann können Sie die Wahrnehmung *Ihrer eignen* vergrabenen Gefühle zurückgewinnen. Aber sogar in dieser manipulierten Situation können Sie etwas über sich erfahren, nämlich, wie Sie reagieren, wenn ich Sie »zerknittere«. Fühlten Sie sich nur zerknittert, oder empfanden Sie Ärger und Rachelust? Bitte erinnern Sie sich genau an diese Situation und überlegen Sie, inwiefern dies Erlebnis für Sie charakteristisch sein mag: wie Sie auf Ungerechtigkeiten oder Kränkungen zu reagieren pflegen...

Diese Übung zeigt auch, wie leicht wir uns bei einer Identifikation mit Dingen oder Ereignissen, die außerhalb unsrer selbst liegen, verlieren können. Wenn ich das *Papier* zerknittere, reagieren Sie so, als wären *Sie* zerknittert worden. Wenn Sie sich mit der Fahne Ihres Landes identifizieren, werden Sie empört sein, sobald jemand den Versuch macht, sie zu verbrennen. Sie reagieren, als würden Sie selbst verbrannt und nicht das Stück farbigen Stoffes. Und bei ernsthafter Identifikation mit Ihrer Arbeit reagieren Sie möglicherweise mit einer suizidalen Depression, wenn diese Arbeit ein Ende hat, so, als sei Ihr Leben zu Ende. Sobald Sie aber Ihre Phantasien durcharbeiten und sich gründlich mit dem eignen Wahrnehmen und Erleben identifizieren, werden Sie imstande sein, auf wirkliches Unrecht oder wirkliche Verletzungen angemessen zu reagieren, und immun sein gegen eingebildete Kränkungen und imaginierte Gefahren, die bei den meisten Menschen eine so große Rolle spielen.

Gruppenbildung Es ist am besten, gleichviel männliche und weibliche Teilnehmer in einer Gruppe zusammenzufassen, weil so deren verschiedene Gesichtspunkte am klarsten zur Geltung kommen. Manchmal ist es gut, wenn in einer Gruppe Menschen zusammen sind, die sich so wenig als möglich kennen, damit sie sich miteinander bekannt und vertraut machen. Zu andrer Zeit ist es wertvoll, Menschen zusammenzubringen, die sich schon mögen oder auch ablehnen, so daß sie diese Beziehungen klarer erkennen können. Wenn irgend möglich, nutzen Sie den Vorgang der Gruppenbildung selbst als Ausgangspunkt für eine Vertiefung des Wahrnehmens. Hier seien einige Möglichkeiten genannt:

Stellen Sie Gruppen von *genau* fünf Personen zusammen, möglichst zwei bzw. drei weibliche bzw. männliche Personen. Nehmen Sie wahr, wie Sie und die anderen sich dabei verhalten und was Sie dabei empfinden. Sobald Sie Ihre Fünfer-Gruppe gebildet haben, setzen Sie sich im Kreis herum und sprechen Sie erst, wenn ich Sie dazu auffordere . . .

Jetzt sagen Sie einander, welche Einzelheiten Sie wahrnahmen, als die Gruppe sich bildete. Welche Rolle übernahmen Sie selbst bei diesem Vorgang? Waren Sie aktiv oder warteten Sie, bis Sie gewählt wurden? Wer übernahm am meisten Verantwortung für die Gruppenbildung, indem er etwa Wünsche oder eine Bevorzugung äußerte oder Ratschläge gab? Wie entschied die Gruppe, wer ausscheiden solle, wenn zu viele da waren? Tauschen Sie etwa fünf Minuten lang Ihre Beobachtungen über den Vorgang der Gruppenbildung aus...

Wenn fünf Gruppen gebildet werden sollen, bitte ich fünf Teilnehmer (immer der Gruppenzahl entsprechend), sich freiwillig als Gruppen-Erste zu melden. Sie haben kein andres »Amt«, als nur den Prozeß in Gang zu bringen, daß jeder Teilnehmer in einer Gruppe unterkommt. Diejenigen, die dazu bereit sind, bitte ich, sich hier an die Wand zu stellen, während die anderen alle zur Mitte des Raumes gehen...
Bitte nehmen Sie während der Gruppenbildung wahr, was vor sich geht, und was Sie dabei empfinden. Jeder der fünf Gruppenersten wählt jetzt jemanden des andern Geschlechts, den er gern in seiner Gruppe hätte, und bittet den Betreffenden bzw. die Betreffende, sich an seine Seite zu stellen...
Jetzt sollen *die eben Ausgewählten* ihrerseits eine Person des andern Geschlechts wählen, die sie gern in ihrer Gruppe hätten, und sollen diese Person bitten, sich neben sie zu stellen...
Wenn alle in eine der fünf (oder mehr) Gruppen hineingewählt sind, setzen Sie sich in kleinen Kreisen zusammen. Einer nach dem andern erzählt nun dem, den er gewählt hat, was ihn dazu bewog, den Betreffenden in seine Gruppe zu holen. Reden Sie den Gewählten direkt an und sprechen Sie laut genug, so daß alle in Ihrer Gruppe Sie hören können. Wenn jeder an der Reihe war, sagen Sie noch, wie Ihnen während des Auswählens zumute war – als Sie darauf warteten, gerufen zu werden, als es dann geschah, und schließlich was Sie empfanden, als Sie den nächsten in die Gruppe rufen sollten. Lassen Sie sich für diese Aussprache drei bis vier Minuten Zeit.
(Hier tauchen oft starke Angstgefühle auf, unerwünscht zu sein, übergangen zu werden. Es erwachen Erinnerungen an die Jugendzeit, wo man etwa als letzter zu einer Turnerriege geholt wurde usw.)

Tun Sie sich mit einem Partner des andern Geschlechts zusammen, den Sie nicht gut kennen, aber gerne näher kennenlernen würden...
(Machen Sie zuerst einige Übungen »zu zweit«, etwa Spiegeln, einige Satz-Ergänzungen oder »Du hast es; ich hätte es gern« usw.)
Nun setzen Sie sich mit einem andern Paar oder zwei Paaren zusammen und bilden Sie eine Vierer- bzw. Sechsergruppe... Jeder
 möge nun der Reihe nach seinen Partner der Gruppe folgendermaßen

vorstellen: schauen Sie Ihren Partner fortwährend an und erzählen Sie ihm, was alles Sie bisher an ihm wahrgenommen haben, was Sie selbst beobachtet haben, was er zum Ausdruck gebracht hat, und was Sie ihm gegenüber empfinden usw. Reden Sie den Partner direkt an und sprechen Sie laut genug, so daß alle Gruppenteilnehmer Sie hören. Jeder soll wenigstens zwei bis drei Minuten Zeit dafür haben. Noch irgendwelche Fragen? Gut. Fangen Sie an...

Einander vorstellen Eine vorzügliche Möglichkeit, die Gruppenteilnehmer einander vorzustellen, ist die, mit einer kurzen Phantasie-Reise anzufangen, z. B. mit »Rosenbusch«, »Motorrad« »Statue, die Sie selbst darstellt«, und dann jeden zu bitten, sein Erlebnis genau und in der ersten Person Präsens zu beschreiben.

Ich schlage vor, daß Sie sich zuerst paarweise kennenlernen und danach Ihren Partner der Gruppe vorstellen. (Machen Sie zuerst eine oder zwei Übungen »zu zweit«, z. B. »Es ist mir klar ersichtlich –« – »Ich stelle mir vor –« oder »Du hast es; ich hätte es gern«.)

Bitte stellen Sie nun der Gruppe Ihren Partner vor, indem Sie sagen, was Sie in den letzten paar Minuten an ihm wahrgenommen haben. Schauen Sie den Partner an und sprechen Sie direkt mit ihm, laut genug, so daß die ganze Gruppe Sie hören kann. Sagen Sie ihm, was Sie an ihm wahrgenommen haben und wie Sie ihm gegenüber empfinden. Jeder möge sich mindestens zwei Minuten Zeit dafür nehmen. Noch irgendwelche Fragen?... Fangen Sie an...

Ich bitte jeden von Ihnen, sich einzeln in die Mitte des Kreises zu stellen und in ca. drei Minuten sich selbst vorzustellen, indem Sie Ihren momentanen Wahrnehmungen Ausdruck geben. Reden Sie jemanden an. Die übrigen Gruppenteilnehmer mögen bitte diesen Wahrnehmungen folgen und gleichzeitig beachten, wie der Sprecher sich durch Haltung, Bewegungen, Ton der Stimme ausdrückt.

(Demonstrieren Sie dies, stellen Sie sich in die Mitte und reden Sie jemanden aus der Gruppe direkt an.)

Jetzt stellen Sie sich selbst vor, indem Sie zu jedem Teilnehmer hingehen und die Verbindung nur durch Nennung Ihres Namens aufnehmen. Sie gebrauchen sonst kein andres Wort, aber es gibt ja viele andre Ausdrucksmöglichkeiten, z. B. Lautstärke und Modulation der Stimme, Wiederholungen Ihres Namens usw. Sehen Sie dem Gegenüber in die Augen. Achten Sie dabei auch auf Ihre körperlichen Empfindungen. Nehmen Sie während des Sprechens wahr, was Ihre Stimme aussagt, und geben Sie acht, wie die anderen sich ausdrücken, wenn sie sich durch Namensnennung vorstellen ...

(Wiederholen Sie diese Übung und fügen Sie Ihrem Namen nur die Wörter »ja«, »nein« oder »vielleicht« hinzu.)

Schließen Sie die Augen und nehmen Sie Fühlung mit Ihrer physischen Existenz auf ... Gewahren Sie Ihren Körper genau, Ihre Sinneseindrükke ... Nun wiederholen Sie im stillen Ihren Vornamen immer wieder. Hören Sie sich selber dabei zu und achten Sie darauf, was für Gefühle und Bilder erscheinen ... Sehen Sie zu, ob Sie Ihren Namen sehen können und welche Veränderungen sich ereignen, wenn Sie ihn wiederholen ... Nehmen Sie wahr, was Sie fühlen, wenn Sie Ihren Namen immer neu nennen, und folgen Sie den Gefühlen und Bildern, die in Ihre Wahrnehmung aufsteigen ...

Nach einigen Minuten sagen Sie der Gruppe Ihren Namen und erzählen Sie Ihre Erlebnisse in der ersten Person Präsens ...

(Sie können diese Übung auch mit dem Namen einer andern Person machen, etwa eines Gruppenteilnehmers oder eines Menschen, der in Ihrem Leben eine besondere Rolle spielt.)

Ich möchte, daß wir unsre Namen voneinander erfahren. Ich werde meinen Namen nennen, und nach kurzer Pause soll mein rechter Nachbar den seinen deutlich nennen, dann der nächste, und jeder soll außerdem die Namen wiederholen, die schon genannt wurden. Sollte Ihnen ein Name entfallen sein, so fragen Sie den betreffenden Gruppenteilnehmer danach, wiederholen Sie, was er sagt, und fahren Sie fort. Achten Sie darauf, daß Sie nicht einfach eine Reihe von Lauten nachsprechen, sondern stellen Sie die Verbindung zwischen dem Namen und seinem Träger her. Manchmal ist hierbei eine Umkehrung der Reihenfolge hilfreich: anstatt den ersten Teilnehmer zuerst zu nennen, fangen Sie die Reihe vom letzten an und gehen bis zum ersten zurück ...

(Namen sind eine Art äußerer, kulturbedingter Etiketten, aber viele Menschen finden erst Kontakt, wenn sie den Namen des anderen wissen. Namen können auch Unklarheiten beseitigen darüber, wer zu wem spricht.)

Den Gruppenleiter wählen Schauen Sie sich im stillen Ihre Gruppe an. Ich bitte jede Gruppe, daß sie sich, *ohne zu sprechen,* einen

Leiter wählt. Er soll verantwortlich dafür sein, daß die Teilnehmer meine Anweisungen befolgen. Nehmen Sie sich ein bis zwei Minuten Zeit, den Leiter zu bestimmen, aber *ohne ein Wort zu sprechen* ...
Wenn alle Gruppen so weit sind, bitte ich Sie, wahrzunehmen, *wie* dieser Leiter gewählt wurde. Diskutieren Sie einige Minuten lang über die Reihenfolge der Ereignisse, an deren Ende seine Wahl stand. Stellen Sie fest, welche Person aus Ihrer Gruppe sich am aktivsten an der Wahl beteiligte ...
Dieser Mensch hatte nämlich die tatsächliche Führungsrolle in der gegebenen Situation, und deshalb ist er von nun an der offizielle Leiter Ihrer Gruppe.

Geben und Empfangen von Komplimenten Bilden Sie Gruppen von sechs bis acht Teilnehmern und setzen Sie sich in einen Kreis, in dessen Mitte so viel Platz bleibt, daß sich eine Person dort bequem niederlassen kann ...
In dieser Übung sollen Sie sich im Mitteilen üben, was Sie an den Teilnehmern Ihrer Gruppe schätzen, und Ihr Gefühl wahrnehmen, wenn Sie die Bekundungen der Sympathie und Wertschätzung empfangen oder sie selbst ausdrücken. Jeweils eine Person soll schweigend in der Mitte sitzen. (Später werde ich Ihnen Gelegenheit zu Diskussion und Feedback geben.) Der linke Nachbar der Person, die jetzt zur Mitte gegangen ist, fängt an. Er sagt dem, der in der Mitte sitzt, drei oder vier Komplimente. Dabei sollen Sie aber nicht unwahrhaftig sein: drei oder vier Nettigkeiten lassen sich immer finden, auch an Ihrem ärgsten Feind. Seien Sie so oberflächlich oder so tiefgründig, wie Sie wollen, aber bleiben Sie ehrlich und sagen nur das aus, was Sie wirklich an dem Betreffenden schätzen. Schauen Sie den Teilnehmer, der in der Mitte sitzt, richtig an, reden Sie ihn an und seien Sie *genau und detailliert.* Sagen Sie nicht »ich mag dich« oder »mir gefällt dein Haar«. Sondern sagen Sie genau, was Ihnen an diesem Menschen oder an seinem Haar gefällt. Z. B.: »Ich schätze die Art, wie du zuhörst, wenn jemand etwas sagt. Beim Zuhören lächelst du, und dein Kopf neigt sich ein wenig nach rechts. Ich habe das Gefühl, daß du mir wirklich zuhörst, und das gefällt mir an dir.«
Wenn der erste Sprecher drei oder vier nette Dinge ausgesprochen hat, sagt sein linker Nachbar auch drei oder vier Nettigkeiten dem, der in der Mitte sitzt, und so geht es weiter, bis jeder im Kreise etwas gesagt

hat. Dann kehrt der eine aus der Mitte an seinen Platz zurück, und sein linker Nachbar setzt sich ins Zentrum. Wenn alle dran waren, sitzen sie noch möglichst nahe beieinander und tauschen ihre Erlebnisse aus. Holen Sie nach, was Sie vielleicht vorhin noch hätten sagen wollen. Manche, besonders der, der als letzter in der Mitte saß, werden keine Möglichkeit gehabt haben, darauf zu reagieren, was die anderen über sie gesagt haben.

Bitte achten Sie besonders auf Ihre körperlichen Empfindungen. Ist es für Sie leicht und erfreulich, Ihrer Sympathie Ausdruck zu geben, oder ist es Ihnen sehr lästig, so daß Sie es lieber vermeiden möchten, direkten Kontakt zu der anderen Person aufzunehmen? Können Sie das, was die anderen zu Ihnen sagen, wirklich annehmen und sich daran freuen, oder fühlen Sie sich dabei unbehaglich und würden am liebsten den Komplimenten ausweichen, sie abtun oder zurückweisen? ... Noch irgendwelche Fragen? ... Ich brauche in jeder Gruppe einen Freiwilligen, der sich als erster in die Mitte setzt ... Gut. Fangen Sie an ...

(Eine Menge guter Gefühle und viel Vertrauen kann sich durch diese Übung entwickeln, wenn Sie Ihre Wahrnehmung wach halten. Lassen Sie sich nicht in unbestimmte Bekundungen des Lobes, in gängige Komplimente und Versicherungen abgleiten. Solche »gut gemeinten« Äußerungen mögen zeitweilig Wohlgefühle bei denen hervorrufen, die derlei Phantasie-Feststellungen Glauben schenken, aber es wird sich nichts Wirkliches ereignen. Wenn Sie Zeit haben, setzen Sie die nächstfolgende Übung gleich an.)

Nicht-verbale Mitteilung (Diese Übung ist besonders hilfreich für Menschen, die schon vorher einigen Kontakt miteinander hatten, und insbesondre dann, wenn sie der vorausgegangenen Übung unmittelbar folgt.)

Bilden Sie Gruppen von sechs bis acht Personen und stellen Sie sich in Kreisen auf. Ein Teilnehmer stellt sich in die Mitte und schaut den an, der eben noch sein linker Nachbar war. Dabei nimmt er kurz sein eignes Gefühl wahr, das er dem Nachbar entgegenbringt. Dieses Gefühl soll er nun, nicht-verbal, durch irgendeinen körperlichen Kontakt ausdrücken. Danach geht er zum nächsten Teilnehmer, tut dasselbe und geht reihum, bis er zu seinem alten Platz zurückgekehrt ist. Nun tritt sein linker Nachbar zur Mitte, wiederholt Rundgang und Berührung und geht an seinen Platz usw. Wenn alle Teilnehmer das ausgeführt haben, setzen sie sich im Kreise hin und tauschen ihre Erfahrungen aus. Sagen Sie auch das, was Sie vorhin nicht sagen konnten.

Während Sie in der Mitte sind, versuchen Sie, Ihr Gefühl jedem Teilnehmer gegenüber wirklich wahrzunehmen und es in die nicht-verbale Mitteilung einfließen zu lassen. Gehen Sie nicht einfach nur im Kreise herum, jeden umarmend oder jedem die Hand schüttelnd, sondern differenzieren Sie Ihre Bewegungen und nehmen Sie sie wahr. Vielleicht würden Sie den oder jenen wirklich gern umarmen, den anderen am liebsten beiseite schieben, den nächsten kaum berühren usw.

Wenn Sie im Kreise mit den anderen stehen, beachten Sie die Besonderheiten der Bewegungen, des Zögerns usw. dessen, der in der Mitte ist. Nehmen Sie nicht nur wahr, *was* er tut, sondern auch, *wie* er es tut, wenn er sich nicht-verbal mitteilt. Bewegt er sich ruhig oder ruckartig, spontan oder kontrolliert usw.? Noch Fragen? ... Ich brauche für jede Gruppe einen Freiwilligen, der zur Mitte geht und den Anfang macht ... Gut. Beginnen Sie ...

Drei Wünsche Jeder denkt sich im stillen drei Wünsche aus, die jetzt gleich in der Gruppe erfüllt werden könnten ...

Einer nach dem andern spricht jetzt seine Wünsche aus und erfüllt sie sich möglichst sofort. Wenn Sie dazu einen oder mehrere Partner brauchen, respektieren Sie deren Gefühle, wenn sie etwa nicht mitmachen wollen. Wenn Sie alle Ihre Wünsche ausgesprochen und die Erfüllung erreicht haben, diskutieren Sie fünf bis zehn Minuten lang darüber ...

Ich hoffe, die meisten von Ihnen sehen ein, daß viele der Impulse und Wünsche, die Sie sonst unterdrücken und verhindern, sehr wohl ausgeführt werden könnten. Die Verhaltensweise, die Ihnen möglich und für Sie oft anregend und aufbauend wäre, hat einen *viel* weiterreichenden Radius, als Sie gewöhnlich meinen und sich gestatten. Gesundes Funktionieren erfordert Gemeinschaft im Geben und Nehmen im gegenseitigen Einverständnis darüber, was Sie und die Mitmenschen auszutauschen haben. Unsre Furcht vor Zurückweisung verhindert den Ausdruck vieler sehr positiver und aufbauender Impulse und schließlich auch recht harmloser Anregungen.

Bitte versuchen Sie jetzt, den Radius Ihres Verhaltens, den Sie sich gestatten, auszudehnen. Jeder Teilnehmer denkt sich drei Wünsche, an die er schon vorher gedacht, die er aber dank eigner Zensur aus irgendeinem Grunde nicht ausgesprochen hatte ...

Jeder soll jetzt, der Reihe nach, diese zensierten Wünsche der Gruppe mitteilen und zusehen, ob sie erfüllbar sind. Danach diskutieren Sie darüber. Fangen Sie an ...

Anlegen und Weitergeben einer Maske (Gruppen von 5–7 Personen sitzen im Kreise) Das Spiel heißt »Masken weitergeben«. Einer von Ihnen wendet sich zum rechten Nachbarn und setzt eine »Maske« auf, d. h. Sie geben Ihrem Gesicht einen fixierten Ausdruck und halten ihn solange fest, bis der rechte Nachbar ihn nachgeahmt hat. Der Nachbar seinerseits hält die von Ihnen übernommene Maske fest und dreht den Kopf rasch nach rechts. Aber noch bevor er seinen rechten Nachbarn anschaut, muß er *eine neue und andre Maske* aufsetzen. Planen Sie nicht voraus, was für eine Maske Sie sich schaffen werden, sondern drehen Sie nur den Kopf nach rechts und sehen Sie zu, was geschieht. (Wird gezeigt) Nun kopiert der rechte Nachbar seinerseits die Maske, die er sieht, dreht den Kopf nach rechts und setzt in diesem Moment eine neue, eigne auf. So geht es rund im Kreise, mehrere Minuten lang. Sprechen Sie nicht und nehmen Sie nicht die Hände zur Hilfe, sondern erschaffen Sie Ihre Maske nur mit den Gesichtsmuskeln. Noch irgendwelche Fragen? ... Fangen Sie an ...
Ändern Sie jetzt die Richtung. Geben Sie die Maske, einige Minuten lang, nach links weiter ...
Nun sitzen Sie mit geschlossenen Augen still und nehmen das Erlebte in sich auf ... Erinnern Sie sich der Masken, die Sie kreiert hatten ... Waren sie unter sich verschieden? ... Drückten sie dieselben Gefühle oder Verhaltensweisen aus? ... Hat diese Tatsache irgendeine Bedeutung für Sie? ... Was sagen die Masken über Sie aus? ...
Denken Sie jetzt über die anderen Teilnehmer nach. Wie sahen deren Masken aus? Was besagten sie über ihre Träger? ... Öffnen Sie jetzt die Augen und schauen Sie schweigend die anderen an ... Lassen Sie sich Zeit, sich der Masken und der möglichen Aussagen zu erinnern ...
In einer Minute werde ich jeden von Ihnen bitten, die Wahrnehmung *Ihrer eignen* Masken und deren Bedeutung in Worte zu fassen. Wenn alle sich dazu geäußert haben, fügen Sie bitte noch hinzu, was Sie an den Masken der Gruppenmitglieder beobachtet haben. Lassen Sie sich fünf bis zehn Minuten Zeit dazu ...
Schließen Sie die Augen und legen Sie diejenige von Ihren Masken an, die für Sie am charakteristischsten ist ... Halten Sie sie eine Zeitlang

auf dem Gesicht fest und nehmen Sie deutlich wahr, was sie über Sie aussagt... Und nun *werden* Sie dies Ausgesagte. Ist die Maske wütend, so werden Sie wütend, ist sie dumm, so werden Sie dumm, und nehmen Sie dabei wahr, was Sie empfinden... Drücken Sie dies Gefühl durch kleine Laute aus... Achten Sie darauf, ob Ihre Aufmerksamkeit zu den andern Lauten im Raum hinüberwandert oder ob Sie sich diesen anschließen wollen. Wenn das der Fall ist, führen Sie Ihre Aufmerksamkeit zu den eignen Gefühlen und zu den eignen die Gefühle ausdrückenden Tönen zurück. Lassen Sie Ihre Laute etwas stärker werden. Gleich werde ich Sie auffordern, die Augen zu öffnen und mit den Gruppenteilnehmern in Verbindung zu treten. Lassen Sie die Maske auf dem Gesicht und geben Sie weiterhin Laute von sich. Bleiben Sie in Fühlung mit Ihrem Gesicht, wenn Sie nun die Augen öffnen und sich für einige Minuten der Gruppe zuwenden...
Tauschen Sie kurz Ihre Erfahrungen aus...
(Dies ist eine lebendige und sehr aktivierende Übung, bei den meisten sehr beliebt. *In demselben Maße, als die Masken spontan kreiert werden,* drücken sie die wichtigsten Empfindungen und Verhaltensweisen ihres Trägers aus, die er vielleicht vorher niemals wahrgenommen hatte. Sie können diese Übung auch so machen, daß Sie nicht eine Maske, sondern etwas anderes weitergeben, z. B. Kauderwelsch, Tierlaute, Grunzen, Schreien, Lachen, Summen, Handbewegungen, Händedruck oder andre Arten physischen Kontakts.)

Roboter – Dorfdepp Jeder steht auf und lockert sich ein wenig durch Herumgehen.
Gleich werde ich Sie auffordern, ein Roboter zu werden: eine Maschine in Menschengestalt, die sich starr und mechanisch bewegt. Roboter sprechen nicht, sie geben nur maschinelle Laute von sich: knirschen, surren, klicken, rasseln usw. Fangen Sie mit solchen Geräuschen und mit mechanischen Bewegungen an und stellen Sie fest, was für eine Art Roboter Sie sind. Jetzt bewegen Sie sich im Raum, suchen physischen Kontakt mit den andern Robotern und nehmen Beziehungen zu diesen auf. Wie fühlen Sie sich dabei?...
Gut. Halt. Ein Roboter wird von einer mechanischen Antriebskraft völlig und starr *über*-kontrolliert. Jetzt werden Sie bitte zu einem Dorfdepp. Der ist ein *unter*-kontrollierter Mensch, dessen Verstand fast gar nicht funktioniert. Ich möchte *nicht,* daß Sie sich über einen geistig

Behinderten lustig machen, sondern daß Sie *erleben*, wie es ist, unterkontrolliert zu sein. Idioten haben keine Worte zur Verfügung, nur allerlei unzusammenhängende Laute, Grunzen usw. Geben Sie nun solche Laute von sich, dazu fahrige, schlurfende Bewegungen und nehmen Sie die Rolle des Idioten an. Seien Sie einige Minuten lang der Dorfdepp, der herumgeht, körperlichen Kontakt und Beziehung zu den andern Idioten sucht. Nehmen Sie Ihre Gefühle dabei wahr ...
Tun Sie sich mit einem der Idioten zusammen und eröffnen Sie einen nicht-verbalen Dialog durch Laute und Bewegungen. Geben Sie acht, was zwischen Ihnen und dem Partner vor sich geht ...
Nun halt. Werden Sie zu Robotern und setzen Sie den Dialog mit dem Partner einige Minuten lang fort. Vergleichen Sie Ihre Gefühle während der beiden Situationen ...
Jetzt sind es wieder zwei Idioten, die sich unterhalten ...
Setzen Sie sich mit dem Partner zusammen und besprechen Sie mit ihm Ihre Erlebnisse. Wie fühlten Sie sich in jeder der beiden Rollen, wie drückten Sie sich darin aus, was haben Sie am Partner beobachtet? ... Bleiben Sie etwa fünf Minuten im Gespräch ...

Dialog der Hände Tun Sie sich paarweise, wenn möglich mit einem Partner des andern Geschlechts zusammen, den Sie nicht gut kennen, aber gerne näher kennen lernen würden ... Suchen Sie sich gemeinsam ein zweites Paar, das Sie beide gerne kennen lernen würden, und bilden Sie eine Vierergruppe. Kommen Sie überein, daß Sie alle vier daran interessiert und gewillt sind, eine Weile beisammen zu bleiben und einander näher kennen zu lernen ... (Sollte die Teilnehmerzahl nicht glatt aufgehen, bilden Sie Gruppen von sechs, fünf oder drei Leuten.) Stellen Sie sich im Kreise auf, und so, daß Sie den beiden Personen möglichst nahe sind, die Sie kennen lernen wollen ... Nun setzen Sie sich, schweigend, bequem in kleinen Kreisen zusammen, so daß die Hände frei sind und die Ellenbogen sich leicht berühren ...
Nehmen Sie Fühlung mit dem Kreis auf und halten Sie die Augen geschlossen. Achten Sie darauf, was inseits Ihrer Haut vor sich geht ... Nehmen Sie Ihren Atem wahr ... jede Spannung, jedes Unbehagen ... versuchen Sie, es sich bequemer zu machen ... Bringen Sie Ihre Hände zusammen, als wären sie einander fremd, und lassen Sie sie einander entdecken ... Wie geschieht dies? ... Wie fühlen die Hände sich an? ...
 Wie bewegen sie sich zueinander? ... Nun lassen Sie sie beieinander zur

Ruhe kommen... Behalten Sie Fühlung mit dem, was in Ihrem Körper vor sich geht...

Nach einer oder zwei Minuten werde ich Sie auffordern, die Hände zu Ihren Nachbarn rechts und links auszustrecken und deren Hände zu suchen. Nehmen Sie wahr, was Sie in diesen kurzen zwei Minuten erleben, in denen Sie die Gegenwart verlassen und die Zukunft vorausnehmen... Gewahren Sie die Gedanken, Bilder und Phantasien, die in Ihnen auftauchen, und die Reaktion Ihres Körpers auf diese Bilder und Phantasien über die Zukunft... Sehen Sie jetzt aber zu, wie weit Sie zur Gegenwart dadurch zurückfinden können, daß Sie Ihr Augenmerk ausschließlich auf Ihre körperliche Funktion richten – auf die Gefühle von Erregung oder Spannung usw....

Strecken Sie nun die Hände langsam aus und berühren Sie die der beiden Nachbarn. Begrüßen Sie sie mit den Händen und lernen Sie sie vorsichtig kennen... Währenddessen realisieren Sie, wie die Gedanken und Phantasien in Ihrem Kopf sich zwischen Sie und Ihre Empfindungen schieben... Geben Sie acht, wie das, was Sie in den Händen fühlen, verblaßt und verschwindet, wenn Sie den Worten und Bildern im Kopf Aufmerksamkeit schenken... Und merken Sie, daß auch das Umgekehrte sich ereignet: wenn Sie die Aufmerksamkeit auf die Hände und deren Kontakt mit den nachbarlichen Händen richten, treten die Worte und Bilder in Ihrem Kopf zurück... Deshalb versuchen Sie, die Hände, die Sie berühren, wirklich kennen zu lernen. Wie sind sie?... Wie fühlen sie sich an?... Wie bewegen sie sich?... Wenn diese Hände Menschen wären, wie würden Sie sie beschreiben?...

Versuchen Sie jetzt, verschiedene Empfindungen und Verhaltensweisen mit den Händen auszudrücken. Gleichzeitig achten Sie darauf, wie die nachbarlichen Hände dieselben Gefühle zum Ausdruck bringen.

Zuerst drücken Sie Ausgelassenheit aus...
dann Seien Sie fürsorglich und zärtlich...
dann drücken Sie den Willen aus, zu herrschen...
dann seien Sie unterwürfig und bittend...
dann lebhaft und aktiv...
dann leblos und passiv...
jetzt drücken Sie Arroganz aus...
nun seien Sie schüchtern...
seien Sie nicht grob, wenn Sie Ärger ausdrücken...
seien Sie liebevoll...

drücken Sie Verwirrung aus ...
drücken Sie Freude und Beglückung aus ...
seien Sie traurig und niedergedrückt ...
seien Sie abweisend ...
zeigen Sie sich zum Annehmen bereit ...

Nun haben Sie ein »Vokabular« und können eine Konversation mit den Händen veranstalten. Sehen Sie zu, ob Sie Ihren gegenseitigen Gefühlen Ausdruck zu geben imstande sind, und was zwischen Ihnen vorgeht ... zum Beispiel, ist Ihre Beziehung besonders von Fürsorge und vom Bedürfnis nach Kommunikation bestimmt, oder mehr ein Wettstreit um Dominanz? ... Ist der eine Partner mehr aktiv, der andre unterwürfig und zurückhaltend? ... Würden Sie wünschen, der Partner wäre anders? Sehen Sie zu, wie weit Sie die Kommunikation mit den Händen zustande bringen ...

Sehr, sehr langsam verabschieden Sie sich und ziehen Ihre Hände zurück ... Nehmen Sie Ihr Gefühl wahr, nun wieder allein zu sein ... Nehmen Sie im stillen in sich hinein, was Sie eben erlebt haben ...

Nach einer Minute werde ich Sie bitten, die Augen zu öffnen und einander zu erzählen, was Sie über sich und den Partner durch diese Übung entdeckt haben. Erzählen Sie es jemandem, in der ersten Person Präsens, z. B.: »Ich bin nicht sehr aktiv, ich fühle deine rauhe Haut und bin überrascht, daß du so sanft und zärtlich sein kannst« ... Öffnen Sie die Augen und tauschen Sie etwa zehn Minuten lang Ihre Erfahrungen aus ...

Ich hoffe, Sie haben gespürt, wie stark ein Mensch sich durch die Hände mitteilen kann. Manche von uns haben nicht viel physischen Kontakt mit andern Menschen, und das trennt uns von ihnen und verhindert die Aufnahme einer Beziehung. Abgesehen von Ritualen, z. B. dem Handgeben, berühren wir die anderen nur in Zorn oder Liebe.

Manche kennen die körperliche Berührung so wenig, daß sie sich physisch an den anderen hängen, sobald sie miteinander vertraut werden, und oft ertränken sie einander in sexueller Hingabe. Aber ich möchte Ihnen klarmachen, daß es viele andere Möglichkeiten gibt, den Partner körperliche Nähe spüren zu lassen.

Wir lernen, zu lügen und uns hinter Worten zu verbergen, aber in der Berührung offenbart sich meist das, was wir wirklich fühlen. Wenn Sie die Art und Weise deutlicher wahrnehmen, wie Sie und andere einander berühren, können Sie über Ihre wahren Beziehungen sehr viel erfahren. Auch Ihre Wahrnehmung der alltäglichen Dinge, die Sie berühren, wird dadurch lebendiger.

Manche Teilnehmer haben gegen diese Übung eingewendet, es falle ihnen schwer, gleichzeitig mit den Händen von zwei verschiedenen Menschen zu tun zu haben. Das stimmt sicherlich, aber ein wertvoller Vorzug dieser Sachlage ist der, daß Sie wahrnehmen, wie verschieden zwei Menschen sich ausdrücken. Jetzt aber sollen Sie Gelegenheit haben, mit nur einer Person den Dialog der Hände durchzuführen.

Tun Sie sich mit einem Partner Ihrer Gruppe zusammen und setzen Sie sich mit geschlossenen Augen ihm gegenüber. Sitzen Sie ein Weilchen schweigend da und stimmen Sie sich auf Ihr inneres Geschehen ein ... Legen Sie Ihre eigenen Hände zusammen, damit sie sich befreunden ... dann strecken sie sie zum Partner aus und befühlen Sie seine Hände, um sie kennen zu lernen ... Was drücken sie aus? ... Sind die beiden Hände des Partners verschieden, und wodurch? ... Was empfinden Sie? ... Und wie drücken Sie dies durch Ihre Hände aus? ... Bitte versuchen Sie abwechselnd, mit den Händen zu »sprechen« und »zuzuhören«. Einer von Ihnen hält seine Hände ganz still, und der andere läßt die seinen »sprechen« ... und dann umgekehrt ... So geht ein Gespräch hin und her ... Nun stellen Sie Forderungen an diese Hände ... Was würden Sie sich an ihnen anders wünschen? ...

Versuchen Sie, miteinander zu spielen. Stellen Sie sich vor, einer von Ihnen sei eine Schreibmaschine und der andere tippe auf ihr ... Dann spielen Sie Verstecken und Suchen ... erfinden Sie selbst Spiele ... Nehmen Sie wahr, was sich aus diesem Dialog entwickelt und was Sie dabei empfinden ...

In wenigen Minuten werde ich Sie auffordern, sich von den Händen zu verabschieden. Bis dahin setzen Sie den Dialog fort und versuchen Sie, so klar als möglich auszudrücken, was Sie an den Händen des Partners und dem, was sie ausdrücken, empfinden ... Sehr, sehr langsam bringen Sie die Unterhaltung zu Ende und verabschieden Sie sich von den Händen ... Nehmen Sie langsam Ihre Hände zu sich zurück und nehmen Sie schweigend wahr, was Sie jetzt empfinden, wo Sie wieder allein mit sich sind ...

Öffnen Sie die Augen und besprechen Sie ein paar Minuten lang mit dem Partner, was Sie erlebt haben. Sprechen Sie direkt in der ersten Person Präsens ...

Tun Sie sich nun mit einem neuen Partner zusammen und wiederholen Sie die letzte Übung …

Übertreibung oder das Gegenteil Die Gruppe möge jetzt jedem Teilnehmer folgende Anweisung geben: er soll etwas, das er gewöhnlich zu tun pflegt, angeben, übertreiben oder das Gegenteil darstellen, sei es ausdrücklich oder im Ton der Stimme. Solch eine Anweisung hilft dem Menschen, sich selbst deutlicher wahrzunehmen. Zum Beispiel: wenn jemand sich immerfort entschuldigt oder rechtfertigt, heißt die Anweisung, er solle jeden Satz mit »Ich entschuldige mich, daß –« beginnen (dies ist sein gewöhnliches Verhalten), oder er soll das Verhalten übertreiben, indem er kniefällig bittet, oder er wird angewiesen, alles, was er sagt, zu einer Prahlerei und einem Selbstlob zu machen (dies ist das Gegenteil der Entschuldigung). Richten Sie die Aufmerksamkeit jeweils nur auf einen Teilnehmer, machen Sie rasch einige Vorschläge für Übertreibung oder ihr Gegenteil und kommen Sie in der Gruppe überein, was jeder Teilnehmer zu äußern habe. Achten Sie aber darauf, daß dem Betreffenden das Geforderte hier und jetzt in dieser Situation zugemutet werden kann, und daß er genau versteht, um was es sich bei ihm handelt …
Wenn nun jeder sein Thema hat – Übertreibung oder das Gegenteil – führen Sie in den nächsten zehn Minuten nacheinander die Aufgaben aus. Geben Sie Ihrem Erleben des Jetzt und Hier so weiten Raum als möglich. Sorgen Sie dafür, daß die Teilnehmer dem nachkommen, was die Gruppe jedem aufgetragen hat, und helfen Sie, wo es nötig ist, dem Gedächtnis des einen oder anderen auf. Nehmen Sie wahr, wie die Anweisung, die Sie selbst bekommen haben, auf Ihr Tun einwirkt und was Sie dabei empfinden. Achten Sie auch darauf, wie die andern Teilnehmer durch ihre Anweisungen beeinflußt sind. Drücken Sie sich darüber aus, so weit Ihre Instruktion es erlaubt …
Jetzt enden die Anweisungen. Lassen Sie sich einige Minuten Zeit, auch das von Ihrem Erleben auszusprechen, wozu Sie vorher keine Gelegenheit hatten.

Die Rolle und ihr Gegenteil Die Gruppe verteilt jetzt Rollen nach Maßgabe der Eignung eines jeden Teilnehmers. Richten Sie die Aufmerksamkeit jeweils auf einen und machen Sie Vorschläge für eine Rolle, die das aussagen soll, was Sie an dieser Person besonders beeindruckt. Machen Sie sich klar, daß es für jede Rolle *viele* Möglichkeiten gibt. Wenn Sie dem Betreffenden die seine zugeteilt haben, gehen Sie noch ins einzelne und Spezielle. Zum Beispiel: wenn Sie sich für die Rolle einer Krankenschwester entschieden haben, beschreiben Sie den besondren Charakter dieser Spezies: ist sie streng, hart, humorlos oder vergnügt, jung, zu Späßen aufgelegt? Einigen Sie sich nun auf einen einfachen, der Rolle entsprechenden Satz, den die betreffende Person zu sagen hat. Zum Beispiel könnte er für die Krankenschwester heißen: »Kopf hoch, das tut nicht weh, gleich wird es Ihnen besser gehen.« Wenn den Teilnehmern Rolle und Satz zugeteilt sind, versichern Sie sich noch, ob jeder verstanden hat, wer er ist und was er sagen soll...

In den nächsten acht Minuten wollen wir einer nach dem andern unsre Rollen durchspielen. Schlüpfen Sie wirklich hinein und nehmen Sie in der der Rolle angemessenen Weise Beziehung zu den andern Teilnehmern auf. Ergänzen Sie den Ihnen zugeteilten Satz jeweils mit einigen Worten, die Ihnen dazu einfallen. Gut. Fangen Sie an...

Nun halt. Nehmen Sie das Erlebte in sich auf... Wie war Ihnen in der Rolle zumute? Was haben Sie an sich und den anderen beobachtet?... Besprechen Sie es in den nächsten fünf Minuten...

Nun machen Sie sich klar, was das genaue Gegenteil Ihrer Rolle und des dazu gehörenden Satzes sein könnte. Zum Beispiel ist das Gegenteil einer jungen, heiteren Krankenschwester (»Kopf hoch, das tut nicht weh, bald wird es Ihnen besser gehen«) der alte, stöhnende Patient: »Ach, wie das weh tut, und ich werde lange hier liegen müssen.« Vielleicht bitten Sie die anderen Teilnehmer, Ihnen behilflich zu sein, das genaue Gegenteil zu Ihrer Rolle zu finden...

In den nächsten acht Minuten spielen wir alle die gegenteiligen Rollen durch. Bringen Sie sich ganz ein und nehmen Sie in dieser Rolle die Beziehung zu den Gruppenteilnehmern auf. Fügen Sie Ihrem Gegenteil-Satz hinzu, was Sie mögen...

Halt. Wie fühlten Sie sich in der gegenteiligen Rolle, und was nahmen Sie darin wahr?... Welche Rolle fiel Ihnen leichter, die originale oder ihr Gegenteil?... Was haben Sie an den anderen beobachtet?... Tauschen Sie in den nächsten fünf oder zehn Minuten Ihre Erfahrungen und Beobachtungen an sich und anderen aus...

Nun schlüpfen Sie abwechselnd hin und her: von der originalen Rolle ins Gegenteil und umgekehrt. Im Kontakt mit den anderen spielen Sie die eine Rolle etwa zwanzig Sekunden lang und gehen dann rasch

zum Gegenteil über. Dies führen Sie etwa acht Minuten lang durch… Besprechen Sie Ihre Erlebnisse…
(Diese Übung ist auch dann sehr nützlich, wenn jeder Teilnehmer sich seine Rolle selber aussucht und sie nicht von der Gruppe zugeteilt bekommt.)

Berührung des Gesichts Tun Sie sich mit einem Partner des andern Geschlechts zusammen, den Sie nicht gut kennen, aber gerne besser kennen lernen würden… halten Sie sich an den Händen, damit die andern Teilnehmer sehen, wer zusammengehört… Wenn Sie einen Partner desselben Geschlechts haben müssen, entscheiden Sie rasch, wer der »Mann« und wer die »Frau« sein soll, damit es bei den späteren Anweisungen keine Verwirrung gibt. Nun suchen Sie sich ein zweites Paar, mit dem Sie gern zusammen wären, und bilden Sie eine Vierergruppe… Wenn Sie ein gleichgeschlechtliches Paar sind, suchen Sie sich für Ihre Gruppe *nicht* ein ebensolches. Nun suchen Sie sich eine zweite Vierergruppe, so daß Sie acht Personen sind. (Mit den vielleicht übrig Gebliebenen bilden Sie Sechser- oder Zehnergruppen, eventuell lösen Sie eine Achtergruppe zu diesem Zweck auf.) Setzen Sie sich in Kreisen hin und schauen Sie einander an…
Alle Frauen schließen die Augen und halten sie geschlossen, bis ich ihnen sage, daß sie wieder zu öffnen sind. Die Männer stehen auf und gehen schweigend an der Außenseite des Kreises herum… dann setzen sie sich innerhalb des Kreises hin, jeder vor eine der Frauen, aber schweigend und ohne ein Geräusch zu machen, so daß die Frau nicht erraten kann, wer er ist. Jeder Mann sieht die vor ihm sitzende Frau genau an und merkt sich die Einzelheiten ihres Gesichts… Dann streckt er vorsichtig die Hände aus und berührt ihr Gesicht, er streichelt es… Lassen Sie sich Zeit dazu…
Langsam und allmählich ziehen Sie die Hände zu sich zurück, sitzen Sie noch still eine Weile da… Die Frauen halten ihre Augen geschlossen, während nun die Männer aufstehen und außerhalb des Kreises herumgehen, bis sie zum Sitzplatz gegenüber ihrer ursprünglichen Partnerin zurückkehren… Nun öffnen die Frauen die Augen und sprechen sich über das Erlebnis des Gestreicheltwerdens aus. Reden Sie dabei die Gruppe als ganze an und versuchen Sie nicht zu erraten, wer Sie gestreichelt hat– dazu wird später Gelegenheit sein. Sagen Sie, wie
 Ihnen zumute war und wie Sie die Sie berührenden Finger empfunden

haben. Waren die Hände zutraulich oder zögernd, war die Berührung leicht oder heftig usw.? Sprechen Sie sich fünf Minuten lang über dies alles aus... Sie haben noch einige Minuten Zeit übrig...

Nun schließen die Frauen wieder ihre Augen, die Männer gehen wieder schweigend um den Kreis herum und setzen sich diesmal einer anderen Frau gegenüber... Wieder schauen sie das Gesicht in allen Einzelheiten an... strecken die Hände aus und streicheln das Gesicht...

Nehmen Sie langsam Ihre Hände zu sich zurück und bleiben Sie noch ein wenig sitzen. Die Frauen lassen die Augen geschlossen, die Männer stehen auf und gehen um den Kreis herum bis zu ihrem Sitzplatz gegenüber der ursprünglichen Partnerin. Ich bitte die Frauen, nun die Augen zu öffnen und sich über ihr Erleben bei diesem zweiten Mal auszusprechen. Welche Unterschiede stellen Sie fest? Fünf oder zehn Minuten und etwas mehr haben Sie dafür...

(Nun wiederholen Sie die obigen Anweisungen, aber diesmal schließen die Männer die Augen, und die *Frauen* gehen schweigend um den Kreis herum usw. Ganz am Schluß der Übung können Sie die Teilnehmer erraten lassen, wer wen gestreichelt hat, wenn sie das wollen. Es ist sehr wichtig, diese Tatsache bis zum Ende geheim zu halten, denn viele Teilnehmer werden viel weniger über ihr Erleben aussagen, wenn sie wissen, wer sie gestreichelt hat.)

Ein Tier Setzen Sie sich bequem hin und schließen Sie die Augen. Stellen Sie sich vor, Sie seien in einem dunklen Raum, an dessen andrem Ende eine dunkle Filmleinwand hängt. Langsam und allmählich wird das Licht auf der Leinwand heller, und Sie werden das Bild eines Tieres erkennen können, das Sie darstellt... Bei heller werdendem Licht sehen Sie sich das Bild sehr genau an... Was für ein Tier ist es?... Wie sieht es aus?... Was für eine Gestalt hat es, wie verhält es sich?... Was hat es vor?... Fällt Ihnen etwas besonderes oder ungewöhnliches an diesem Tier auf?... Sehen Sie es genau an und achten Sie auf Einzelheiten... Gehen Sie näher heran, um mehr zu erkennen...

Nun verwandeln Sie sich in dieses Tier und identifizieren Sie sich mit ihm... Wie ist nun Ihre Existenz?... Beschreiben Sie sich selbst. Sagen Sie leise zu sich: »Ich bin –«, »Ich habe –«. Was empfinden Sie körperlich bei dieser Verwandlung?... Sehen Sie sich um, wie ist die Umgebung?... Wie kommen Sie damit zurecht?...

Schließen Sie die Augen, halten Sie sie geschlossen und nehmen Sie die

Körperhaltung ein, die Ihnen als diesem Tier zukommt. Welche Haltung wäre die Ihre, wenn Sie dies Tier sein könnten? ... Was haben Sie vor als Tier? ... Bleiben Sie stehen, aber machen Sie kleine Bewegungen, die dieses Tier machen würde ... Geben Sie dem Gefühl nach, das Tier wirklich zu sein ... Geben Sie kleine Laute von sich, die dieses Tier von sich geben würde ... Was für Laute sind es? ... Lassen Sie sie stärker werden ... Gehen Sie herum ... und lassen Sie sich hören ... Gleich werde ich Sie auffordern, die Augen zu öffnen und einige Minuten lang mit den anderen Tieren körperliche Berührung zu suchen. Wie fühlen Sie sich dabei, wie bewegen Sie sich, wie ist Ihr Verhältnis zu den andern Tieren? Gut. Öffnen Sie die Augen und nehmen Sie Kontakt auf ...

Sitzen Sie eine Weile still und bedenken Sie Ihre Existenz als Tier. Versuchen Sie nicht, sie zu analysieren, sondern nehmen Sie sie nur in sich auf ... Was erkennen Sie in diesem Erlebnis wieder? ... Sehen Sie irgendeine Verbindung zwischen diesem Erlebnis und Ihrem Alltagsleben? ...

Setzen Sie sich nun in Gruppen zu fünf oder sechs Personen zusammen und erzählen Sie einander von Ihrem Tiersein, Ihrer Umgebung und Ihrem Kontakt zu den andern Tieren. Sprechen Sie in der ersten Person Präsens, als geschähe alles eben jetzt. Zum Beispiel: »Ich bin eine schwarze Angorakatze, sehr zurückhaltend und mit mir selbst zufrieden, und habe ein rotes Halsband« oder was Sie eben erlebt haben. Nehmen Sie die Körperhaltung des Tieres an und verwandeln Sie sich ganz in den nächsten zehn Minuten ...

Schließen Sie die Augen ... werden Sie wieder Ihr Tier ... nehmen Sie seine Haltung an ... und machen Sie wieder seine Bewegungen und seine Laute nach ... Gleich werde ich Sie bitten, die Augen zu öffnen und diesmal *nur* mit den Tieren Ihrer eignen Gruppe in Kontakt zu treten. Gut. Öffnen Sie die Augen und wenden Sie sich den andern Tieren zu ...

Jetzt diskutieren Sie über *die Art* Ihres Kontakts ... Waren Sie aktiv, passiv, aggressiv, liebevoll? Mit welchen Tieren nahmen Sie Beziehung auf, welche vermieden Sie, und wie war Ihnen bei diesem Zusammenspiel zumute? ...

Setzen Sie sich hin und versuchen Sie, noch tiefer in Ihr Erleben des Tierseins hineinzulauschen ... Sagen Sie im stillen zu sich selbst: »Ich bin eine Katze. Ich lebe im Schutz eines Hauses und vermeide das

Zusammentreffen mit großen Tieren.« Unterhalten Sie sich darüber, inwieweit die Vorstellung des Tierseins ein Ausdruck Ihrer Persönlichkeit ist, wie Sie handeln und sich gegenüber anderen verhalten. Können Sie erkennen, ob die Vorstellung Ihrer Gruppenteilnehmer wenigstens etwas über diese Partner aussagt? Lassen Sie sich fünf Minuten Zeit...

Schließen Sie die Augen und werden Sie wieder Ihr Tier... nehmen Sie seine Körperhaltung ein... Welche Gestalt hat Ihr Körper, wie fühlen Sie sich darin?... Wie spielt sich Ihr Leben ab?... Wo sind Sie, wie ist die Umgebung?...

Jetzt stellen Sie sich vor, Sie seien in irgendeinem Gehege, das Ihre Freiheit einengt... Erforschen Sie es... Welcher Art ist es? Aus welchem Material?... Sehen Sie es sich genau an... berühren Sie es, prüfen Sie es, bis Sie genau wissen, woran Sie sind... gehen Sie rund herum, untersuchen Sie alle Teile des Geheges... Gäbe es eine Möglichkeit, zu entkommen?... Wie ist Ihnen zumute?... Was ist außerhalb der Umzäunung? Wenn Sie es nicht sehen können, stellen Sie sich die Umgebung vor... Wovon sind Sie durch die Umzäunung getrennt?...

Imaginieren Sie ein Gespräch mit dem Gehege: Sie reden es an und es antwortet... Was sagen Sie, wie ist die Antwort?... Tauschen Sie die Rollen. Sprechen Sie jetzt als das Gehege zum Tier... Was für ein Gehege sind Sie?... Wie fühlen Sie sich als solches?... Was sagen Sie dem Tier?... Tauschen Sie die Rollen und spielen Sie beide Seiten... Nehmen Sie die Art der Beziehung zwischen dem Gehege und dem Tier wahr... Was geht zwischen den beiden vor sich?...

Jetzt sind Sie wieder das Tier und durchforschen das Gehege solange, bis Sie einen Ausweg finden... Wie gelangen Sie hinaus?... Wenn Sie entkommen sind, untersuchen Sie, was es heißt, außerhalb der Umzäunung zu sein... Wie fühlen Sie sich nun?... Wie ist die Umgebung?... Wie ist Ihr Leben jetzt, was tun Sie? Was begegnet Ihnen?... Vergleichen Sie Ihre neue Lage mit der Existenz innerhalb des Geheges... Sprechen Sie jetzt mit der Umzäunung und sehen Sie zu, was sie antwortet... Setzen Sie den Dialog eine Zeitlang fort... Gehen Sie noch einmal ins Gehege zurück, nur um sich darin umzusehen... Was erleben Sie bei dieser Rückkehr?... Welche Situation würden Sie vorziehen: innen oder außen zu sein?...

Verabschieden Sie sich allmählich vom Gehege... Halten Sie die

Augen geschlossen, und wenn Sie dazu bereit sind, kehren Sie in dies Zimmer und zu Ihrem eignen Körper zurück... Überdenken Sie Ihr Erlebnis... Nach einer Minute werde ich Sie auffordern, die Augen zu öffnen und sich mit der Gruppe über Ihre Existenz als eingesperrtes Tier auszusprechen, und zwar wieder in der ersten Person Präsens, als geschähe alles in diesem Augenblick... Gut. Öffnen Sie die Augen und lassen Sie sich etwa zehn Minuten Zeit für den Austausch der Erfahrungen...

Überlegen Sie wieder, in welchem Maße das Erleben in der Vorstellung des Eingesperrtseins etwas Wichtiges über Ihr Leben aussagt, und worin Sie eingeengt sind... In den nächsten Minuten sagen Sie einander, wie Sie erkennen, daß diese Phantasie etwas über Ihre Existenz, über Ihre Lebenssituation aussagt...

Gegenstände blind erkennen Sitzen Sie in engem, lückenlosem Kreis und legen Sie Augenbinden an. Sprechen Sie überhaupt nicht. Seien Sie während dieser Übung so still als möglich. (Verdunkeln Sie das Licht oder machen Sie es aus, damit niemand zum Herausgucken verleitet wird.) Ich werde jedem von Ihnen einen Gegenstand in die Hand geben, den Sie mit allen Sinnen, außer mit den Augen, untersuchen sollen. Wir benutzen die Augen in so starkem Maße, daß wir unsre anderen Sinne ausschalten und fast vergessen, wie sie zu gebrauchen sind. Oft benutzen wir das Sehvermögen nicht um zu »sehen«, sondern um auszulassen, was vor Augen ist. Ich blicke auf, sehe einen Baum, ordne ihn ein, »lege ihn ab« und schaue weg. Meist nehme ich mir nicht die Zeit, ihn richtig anzusehen und Kontakt zu suchen, um seine Besonderheiten wahrzunehmen, z. B., wie er sich von andern Bäumen unterscheidet. (Fangen Sie an, die Gegenstände auszuteilen; Vorschläge finden Sie am Ende dieser Anweisungen.) Jeder von Ihnen bekommt einen Gegenstand in die Hand. Untersuchen Sie ihn genau: befühlen, beriechen, drücken und belauschen Sie ihn, legen Sie ihn an die Wange usw. Bedenken Sie, ob diese Untersuchung Ihnen wichtig ist, oder ob Sie lieber gleich herausbringen wollen, »was das für ein Ding ist«. Selbst wenn Sie ihn als wohlbekanntes Objekt erkennen, sehen Sie zu, was Sie noch an ihm entdecken könnten. Auch wenn Sie ihn schon oft in der Hand hatten, sind Sie vielleicht doch für die Möglichkeit offen, etwas neues an ihm zu finden, das Sie noch nie bemerkt hatten. Stellen Sie sich vor, Sie seien ein kleines Kind, für das alles neu und interessant ist.

Nun hat jeder sein Objekt und dazu eine Minute Zeit, es zu untersuchen...

Jetzt geben Sie das Objekt an Ihren rechten Nachbarn weiter und erforschen Sie eine Minute lang den neuen Gegenstand...

(Wiederholen Sie die Anweisung »bitte nach rechts weitergeben« jede Minute. Merken Sie sich einen bestimmten Gegenstand, so daß Sie wissen, wann der Kreis durchlaufen ist.)

Legen Sie Ihren Gegenstand hinter sich, sitzen Sie still und nehmen Sie Ihr Körpergefühl wahr, besonders achten Sie auf Ihre Hände... Wie fühlen sich die Hände nach all diesen Erkundungen?... Mit der linken Hand untersuchen Sie jetzt Ihre Rechte, so als wäre sie ein neues, erstaunliches Objekt... dann tut Ihre Rechte dasselbe... Worin unterscheiden sich Ihre Hände?...

Nach einer Minute werde ich Sie auffordern, die Hände nach beiden Seiten auszustrecken und die nachbarlichen Hände zu entdecken. Was für ein Gefühl und welche Vorstellung haben Sie in diesem kurzen Moment, wie es sein wird, diese Anweisung auszuführen? Bitte realisieren Sie, daß dies eine Vermutung ist, eine Voraussage *über* ein künftiges Erlebnis. Sie können nicht *wissen,* wie die Zukunft sein wird, und wenn Sie an Ihrer Voraussage hängen bleiben, so wird es Sie am Erleben der eintretenden Situation selbst hindern...

Strecken Sie die Hände nach beiden Seiten aus und entdecken Sie die nachbarlichen Hände... Wie sind sie?... Versuchen Sie, Ihr Nachdenken und Urteilen zurückzustellen, und nehmen Sie einfach nur die Empfindungen in den Händen wahr... Sind die anderen Hände aktiv oder schlaff, grob oder sanft, schwer oder schmächtig?... Spielen Sie mit ihnen... Dann nehmen Sie einen stillen Kontakt auf, um diesen Händen zu erzählen, was Sie ihnen gegenüber empfinden... Langsam verabschieden Sie sich und nehmen Ihre Hände zu sich zurück... nehmen Sie wahr, was für ein Gefühl darin lebt...

Halten Sie die Augen geschlossen, stehen Sie auf und halten Sie die Hände vor sich ausgestreckt. Gehen Sie im Kreise herum, bis Sie jemandem begegnen. Nun legen Sie die vier Hände ineinander und erforschen Sie sie gegenseitig. Ich werde denen, die niemandem begegnen, helfen, einen Partner zu finden. Lassen Sie sich Zeit, die Hände kennen zu lernen... Spielen Sie miteinander, eröffnen Sie eine Unterhaltung... Schweigend gewahren Sie, was Sie den Händen gegenüber empfinden... Ohne zu sprechen, nehmen Sie Abschied und gehen Sie weiter, bis Sie jemand anderem begegnen, den Sie kennen lernen können...

Tun Sie sich paarweise zusammen und lernen Sie nicht nur die Hände, sondern auch die Unterarme des Partners kennen... Entdecken Sie, wie die Hände und die Arme sind... verabschieden Sie sich... und gehen Sie noch weiter...

Wenn Sie wieder einen Partner gefunden haben, erkunden Sie seine Hände, die Unter- und auch die Oberarme... dann nehmen Sie Abschied und gehen Sie schweigend zum nächsten Partner weiter...

Beim nächsten mal erforschen Sie die Hände... die Arme... und nun auch die Schultern und den Nacken... Berühren Sie *nicht die Kehle,* denn manche sind da sehr empfindlich... Wie ist dieser Mensch?... Verabschieden Sie sich mit den Händen... und gehen Sie weiter...

Sie begegnen jemandem und ertasten seine Hände... die Arme... die Schultern... den Nacken... nun auch das Haar, den Kopf... und das Gesicht. Seien Sie sehr vorsichtig, besonders rund um Mund und Augen... Wie ist dies Gesicht?... Fassen Sie sich an den Händen und geben Sie Ihren Gefühlen Ausdruck... Dann verabschieden Sie sich mit den Händen und... gehen weiter... Aber jetzt suchen Sie keinen Partner mehr, sondern bleiben Sie ruhig stehen und gehen Sie zum eignen Gefühl zurück. Was erleben Sie physisch, jetzt, nachdem Sie die andern Teilnehmer berührt haben und von diesen berührt wurden?...

Manche Menschen lehnen diese Art von Übung ab, weil sie befürchten, daß solche Berührungen direkt zur sexuellen Erregung führen könnten. Meine Absicht zielt genau auf das Gegenteil: ich möchte Ihnen klar machen, daß es zwischen totaler Isolation und totaler körperlicher Vereinigung noch viele Möglichkeiten gibt, und diese können Sie entdecken, wenn Sie die Berührungsübungen so durchführen, als hätten Sie ein Kind oder ein Tier vor sich. Die meisten Menschen brauchen und wünschen sich einigen physischen Kontakt. Wenn Sie Ihr Dasein durch das Erleben körperlicher Berührung bereichern, wird das sexuelle Bedürfnis wahrscheinlich sehr viel weniger stark sein, das so viele Peinlichkeiten und Komplikationen mit sich bringt...

Nehmen Sie die Augenbinden ab, bilden Sie rasch Fünfer- oder Sechsergruppen, männliche und weibliche Teilnehmer möglichst in gleicher Zahl, und teilen Sie sich Ihre Erfahrungen mit...

 (*Geeignete Objekte für sensorische Übungen:* vor allem wählen Sie

Gegenstände, die ein Berühren, Beriechen und Behorchen usw. herausfordern und nichts, das andre Sinneseindrücke ersticken könnte. Zum Beispiel, wenn Sie eine geschnittene Zwiebel nehmen, wird niemand mehr etwas anderes riechen können; wählen Sie eine starke Glocke, so wird keiner mehr das Knistern eines Seidenstoffes oder das Rauschen der Blätter hören. Selbstverständlich geben Sie den Teilnehmern auch nichts Giftiges in die Hand, nichts Gefährliches, Unsauberes oder Widerliches, oder ein so zerbrechliches Ding, daß es bald unbrauchbar würde. Hier zähle ich einiges auf, das ich zweckdienlich fand: eine kleine Glocke, ein Stückchen Zedernholz oder Treibholz, ein wenig Sämischleder, ein Stück Samt oder Seide, eine Kugel, einen kleinen Kiefern- oder Tannenzweig, eine Epheuranke, einen Schößling Rosmarin oder ein andres Kraut, eine Zitrone, eine Rose oder andre Blumen, einen Keramiktopf, ein Kästchen samt Inhalt, ein Stückchen Pelz oder weichen Teppichstoff, einen interessanten Stein, einen gebleichten Knochen, einen leeren Zweig, einen Apfel, einen Zweig mit trocknen Samenkapseln, die leise klappern, einen blanken Schuh, einen Tannenzapfen, ein Stück Baumrinde, eine schöne Muschel.)

Das Ende der Welt Legen Sie die Augenbinden an, die ich Ihnen gebe... Bitte stellen Sie sich nun vor, Sie seien durch die Explosion einer Atombombe blind geworden. Sie befinden sich in einem unterirdischen Bunker und wissen, daß die Lüftungsanlage nach etwa zwanzig Minuten ausfallen muß, und daß Sie alle dann sterben werden. Es gibt *keinerlei Möglichkeit, hier herauszukommen.* Sie haben noch zwanzig Minuten zu leben, Sie haben nur noch diesen Raum, die Dinge, die um Sie sind, und diese Menschen hier. Bitte nehmen Sie Ihre Gefühle wahr. Wie nutzen Sie die letzten zwanzig Minuten Ihres Lebens? Was tun Sie in dieser Zeit? Ich werde Ihnen sagen, wenn die Zeit um ist...

Gut. Die Zeit ist um. Sie alle sind tot... Bitte ermessen Sie, was das heißt. Erinnern Sie sich, was Sie in den letzten zwanzig Minuten gefühlt und getan haben... Stellen Sie sich mit vier oder fünf anderen zusammen, ohne die Augenbinden abzunehmen... jetzt nehmen Sie sie ab und erzählen Sie einander, in der ersten Person Präsens, was Sie erlebt haben... Lassen Sie sich etwa zehn Minuten Zeit dazu...

Bitte denken Sie darüber nach, wieviel Sie von Ihrem Leben fortwährend aufschieben und für eine spätere Zeit beiseite legen, die vielleicht niemals kommt. Warum warten Sie damit bis an das Ende Ihres

Lebens? Können Sie es sich denn leisten, zu warten? Erörtern Sie einige Minuten lang mit der Gruppe dies Thema ...
(Sie können die Augenbinden auch nur verteilen, die Leute auffordern, sie anzulegen und zwanzig Minuten lang zu tragen, und dann abwarten, was geschieht ... Oder Sie können die Situation etwas zuspitzen, indem Sie jedes Sprechen untersagen usw.)

Ausmessen des Raumes Alle stehen auf und gehen schweigend im Raum herum ... Suchen Sie sich den Platz im Raum, an dem Sie sich am wohlsten fühlen. Nehmen Sie auch wahr, was Sie empfinden, wenn Sie zu den anderen hin- oder von ihnen weggehen ... Mit wem wären Sie lieber, mit wem weniger gern zusammen? ...
Setzen Sie sich an einen Platz, wo Sie gern bleiben würden. Wenn andere sich auch dorthin setzen, wollen Sie vielleicht den Platz wechseln, so daß Sie weiter weg von diesem Partner und näher bei jenem wären. Wechseln Sie den Platz so lange, bis Sie den angenehmsten gefunden haben. Sprechen Sie nicht und versuchen Sie nicht, jemanden zu veranlassen, seinen Platz zu wechseln ...
Wenn alle Teilnehmer zur Ruhe gekommen sind, befragen Sie Ihr Gefühl, wie Sie sich an Ihrem Platz befinden. Nehmen Sie Ihre Umgebung wahr und das, was Ihr Wohlbehagen verursacht ... Wie könnten Sie es sich noch bequemer machen? ...
Schauen Sie sich um – wo haben die Teilnehmer sich hingesetzt? Wer sitzt in der Mitte des Raumes, wer an den Wänden? Was für Gruppen und Grüppchen bemerken Sie? Und worin unterscheiden sie sich voneinander? ... Wer hat sich abgesondert? Nehmen Sie sich Zeit, zu erkennen, was in diesen Zusammenstellungen zum Ausdruck kommt ...
Bleiben Sie, wo Sie sind. Jeder Teilnehmer soll nun sagen, wie es ihm am selbstgewählten Platz gefällt. Seien Sie bei der Beschreibung genau: was macht Ihren Platz so angenehm für Sie? ...
Bleiben Sie immer noch, wo Sie sind, und besprechen Sie in der Gruppe, was Sie empfanden, als Sie im Raum herumgingen und sich dann gerade hierher setzten ... (Eine vereinfachte Version dieser Übung ist, die Teilnehmer aufzufordern, herumzugehen und an einer Wand oder an zwei oder an allen vier Wänden stehen zu bleiben. Sie können jederzeit den Standort wechseln, bis sie ganz befriedigt sind. Diese Übung ist von Nutzen, um die Polarisation oder die Tendenz zur Aufteilung in der Gruppe festzustellen.)

Sich zu Hause fühlen (Diese Übung ist besonders nützlich für eine Gruppe, die seit einiger Zeit sich immer in demselben Raum getroffen hat.)
Nehmen Sie im stillen wahr, wo Sie sitzen und wie es Ihnen dort gefällt... Was macht diesen Sitzplatz so anziehend, daß Sie ihn anderen Möglichkeiten vorziehen?... Können Sie wahrnehmen, was für eine Bedeutung er für Sie hat?... Schauen Sie sich im Raum um: welcher Platz ist dem Ihren am *unähnlichsten*?... Nun bitte ich jeden Teilnehmer, schweigend zu diesem unähnlichen Sitzplatz umzuziehen, oder doch möglichst nahe an ihn heran – für den Fall, daß auch ein andrer Partner dort zu sitzen wünscht... Im stillen nehmen Sie Ihr Gefühl am neuen Ort wahr... Wie ist es dort?... Was gefällt Ihnen dort nicht, was für gute Seiten finden Sie aber doch?... Vergleichen Sie Ihre Empfindungen beiden Plätzen gegenüber... Können Sie sich über die Vorzüge Ihres Lieblingsplatzes jetzt besser äußern?...
Bleiben Sie einstweilen, wo Sie sind, und sagen Sie uns, worin die Sitze verschieden sind, und warum Sie sich hier anders fühlen als dort...
Kehren Sie zum Lieblingsplatz zurück und nehmen Sie aufs neue Ihr Gefühl wahr... Können Sie jetzt über die Besonderheit dieses Sitzes mehr sagen?...
Jeder Teilnehmer möge sagen, was er jetzt beim Vergleich beider Sitzplätze empfindet. Können Sie jetzt dem zuvor Gesagten etwas hinzufügen?...

Kontakte Jeder Teilnehmer steht auf und geht schweigend langsam im Raum umher... Sprechen Sie nicht. Nehmen Sie wahr, wie Sie sich dabei fühlen... Nehmen Sie wahr, zu wem Sie sich hingezogen fühlen und von wem Sie lieber Abstand halten möchten... Fangen Sie im Gehen an, zu den Leuten der Gruppe *den* physischen Kontakt zu suchen, der Ihnen am meisten behagt...
Bitte gewinnen und behalten Sie – schweigend – mit *einer* Person im Raum körperlichen Kontakt... Diese beiden sollen zusammen bleiben, aber jeder tritt mit noch einer anderen Person in Verbindung... und danach zusätzlich mit beliebig vielen, dort, wo es Ihnen möglich und wünschenswert ist... Solange Sie mit diesen Leuten zusammen bleiben, können Sie Standort und Gruppierung nach Wunsch verändern... Nun schauen Sie sich in der Gruppe um und nehmen Sie wahr, in welcher Verbindung die Leute der Gruppe miteinander stehen... Wie-

viele Kontakte hat jeder Teilnehmer gefunden? ... Wer von Ihnen sieht befriedigt, wer verlegen oder gespannt aus? Hat jemand so viele Verbindungen aufzunehmen versucht, daß er ganz auseinandergezogen wirkt und keine Gestalt mehr hat? ... Wer ist in der Mitte, und wer steht abseits mit nur den zwei anfangs vorgeschlagenen Kontaktpersonen? ...
Bleiben Sie beieinander. Jeder beschreibt, der Reihe nach, seine Wahrnehmung über seine Verbindungen und wie er sich darin befindet. Dann denken Sie darüber nach, inwiefern dies Zusammenspiel ein Ausdruck Ihrer menschlichen Kontakte im Alltagsleben ist. Besprechen Sie alles, was Ihnen zu diesem Erlebnis noch einfällt ...

Telegramm In den nächsten fünf Minuten beschränken Sie Ihre Äußerungen auf ein Wort oder zwei. Nehmen Sie Ihr Gefühl wahr und achten Sie auf die Interaktion in der Gruppe, wenn die Wortflut zu einem Rinnsal wird und Sie ein oder zwei Worte wählen müssen, um sich verständlich zu machen ...

Schulter-Massage Jeder Teilnehmer soll sich hinter einen Partner stellen, dem er etwas Gutes tun möchte ... Vielleicht können Sie einen Kreis bilden, so daß jeder den Rücken des anderen sieht. Nun setzen Sie sich schweigend im Kreise eng zusammen und massieren und reiben Rücken, Schultern und Nacken Ihres Vordermannes. Schließen Sie die Augen und sprechen Sie nicht. Die Verbindung zum Vordermann halten Sie mit den Händen, die nach rückwärts durch Laute. Versuchen Sie es mit verschiedenen Massage-Arten und horchen Sie auf die Laute Ihres Vordermannes, die Ihnen mitteilen, an welchen Stellen er massiert sein will und welcher Strich ihm am meisten behagt. Sie selbst geben ebenfalls Laute von sich, damit Ihr Hintermann weiß, was Ihnen am wohlsten tut. Setzen Sie dies fünf Minuten lang fort ...
Ohne zu sprechen, drehen Sie sich in die andre Richtung des Kreises um und massieren jetzt den, der bisher hinter Ihnen saß und Sie massierte. Fünf Minuten lang bleiben Sie in Kontakt zum neuen Vordermann mit Ihren Händen, und nach rückwärts durch Ihre Laute ...
Nun unterhalten Sie sich mit beiden Nachbarn und tauschen Sie Ihre Erfahrungen über Massieren und Massiertwerden aus. Worin unterschieden sich Ihre Massagen, und wie gut war die Kommunikation mit beiden Partnern, usw.? ...

Unterwasser-Organismus (Gruppen zu möglichst 6–10 Teilnehmern) Sitzen Sie mit geschlossenen Augen im Kreis und nehmen Sie Fühlung mit Ihrem Körper auf ... Sehr langsam strecken Sie die Hände aus, um die Hände beider Nachbarn zu berühren. Stellen Sie sich vor, Sie seien eine einzelne Zelle, die sich langsam auf andre Zellen zubewegt, um einen Unterwasser-Organismus zu bilden. Ohne den Kontakt zu unterbrechen, stehen Sie auf und bilden einen Kreis, der sich verengt, je stärker Ihr Kontakt mit den beiden Nachbarn wird. Berühren Sie deren Hände und Arme ... allmählich befühlen Sie auch die Oberarme und Schultern der Nachbarn, dann bewegen Sie Ihre Arme langsam quer über die beiden Rücken und treffen dort auf die Arme, die von den anderen Seiten Ihrer Nachbarn herüberreichen ... Vielleicht stehen Sie nun Seite an Seite verbunden nicht nur mit denen, die Ihnen am nächsten sind, sondern auch mit den übernächsten im Kreis ... Stellen Sie sich vor, daß sich dieser Unterwasser-Organismus im flachen Meer befindet und leise von den Wellen bewegt wird ... Sie fühlen, wie die sanften Wellen Sie vor und zurück schwingen lassen ... und das Sonnenlicht filtert durch das flache Wasser über Ihnen ... Fangen Sie an, leise miteinander zu summen und bringen Sie das Summen zusammen, wie Sie Ihre Körper in diesen einen Organismus zusammengebracht haben. Bleiben Sie noch einige Minuten so beieinander ...

Das Herz aus Händen gebildet Stehen Sie im Kreise, schließen Sie die Augen und nehmen Sie Fühlung mit Ihrer physischen Existenz auf ... Nehmen Sie wahr, was in Ihnen vor sich geht ... Nun strecken Sie sich nach beiden Seiten aus und berühren Sie mit Ihren Händen die Hände und Arme Ihrer Nachbarn ... befühlen Sie sie genau ... wie sind sie? ... Worin ähneln sie den Ihren und worin sind sie von ihnen verschieden? ... Erforschen Sie sie weiterhin, und sehr allmählich bewegen Sie alle Hände zur Mitte des Kreises hin. Stellen Sie sich vor, daß all die verschiedenen Hände mit all ihren verschiedenen Eigenschaften sich langsam in der Kreismitte zusammenfügen und ein großes Herz bilden, das in langsamem Rhythmus schlägt ... Wenn die Hände in der Mitte zusammenkommen, lassen Sie das Herz sich ganz langsam zusammenziehen ... und sich dann wieder ausdehnen ... Stellen Sie sich vor, Ihre Arme seien Adern, die das Blut zum Herzen hin und vom Herzen weg befördern. Das Blut ernährt Sie und bindet alle Leiber zusammen ... Geben Sie allmählich die Kontrolle über Ihre Hände auf und lassen Sie sie nur noch ein Teil dieses schlagenden Herzens sein... Wenn Ihnen das gelingt, wird das Herz allmählich immer ruhiger und regelmäßiger schlagen und anfangen, ein eignes Leben zu führen... Konzentrieren Sie sich auf das schlagende Herz und achten Sie darauf, wie der Rhythmus sich von Zeit zu Zeit aus sich selbst ändert... Nehmen Sie weiterhin die Gefühle in Ihren Armen und Händen wahr, öffnen Sie *sehr* allmählich die Augen und schauen Sie sich das schlagende Herz und seine Arterien an... schauen Sie schweigend auf die Gesichter der Gruppenteilnehmer, nur eine Minute lang, und dann vertiefen Sie sich wieder in das Schlagen und Pumpen dieses Herzens, das Sie verbindet und ernährt...

Die Gruppenmaschine Bilden Sie Gruppen aus drei bis fünf Leuten und *schweigen Sie.* Gleich werde ich jede Gruppe bitten, zusammenzutreten und eine Maschine zu werden. Jede Person soll nun *Töne* von sich geben, *Bewegungen* machen und *physischen Kontakt* mit wenigstens zwei Teilnehmern suchen. Übertreiben Sie ein wenig und genießen Sie es. Sprechen Sie nicht, planen Sie nichts und denken Sie immer an die drei wesentlichen Merkmale: *Töne, Bewegungen* und *physischen Kontakt* mit mindestens zwei Gruppengenossen. Schließen Sie sich für etwa vier Minuten zu einer Waschmaschine zusammen...
Nun halt, schließen Sie die Augen für eine Minute und nehmen Sie ihre physische Existenz wahr... Was geht inseits vor?... Wie fühlen Sie sich?... Nehmen Sie wahr, *wie* Sie sich selbst ausdrücken, und *wie* Sie mit den andern »Maschinenteilen« in Kontakt sind. In welchem Maß wollten Sie die Maschine planen und organisieren? In welchem Maß fühlten Sie sich befangen, ungemütlich und unfähig, sich zu lockern? Wie verhielten sich die Teilnehmer Ihrer Gruppe beim Zusammenfügen der Maschine? Trugen sie mit viel Energie und Vitalität dazu bei oder zögerten sie, waren sie irgendwie gelähmt? Wer beteiligte sich am lebhaftesten, wer am wenigsten?... Öffnen Sie die Augen und teilen Sie einander die Erfahrungen mit, Ihre Gefühle und Ihre Beobachtungen an sich und den anderen, tun Sie das fünf oder zehn Minuten lang...
Nachdem Sie so über Ihr Gefühl von Befangenheit gesprochen haben, bitte ich Sie, jetzt eine andre Maschine zu werden, und zwar wieder ohne zu sprechen, ohne zu planen, nur mit Lauten, Bewegungen und physischem Kontakt. Vielleicht können Sie sich jetzt besser lockern und in die Arbeit der Maschine einschalten. Achten Sie dabei auf Ihr

Empfinden und auf den Kontakt mit den anderen. Für die nächsten vier Minuten werden Sie ein Auto...

Halt... schließen Sie die Augen und horchen Sie in sich hinein... Was geht im Körper vor, wie fühlen Sie sich jetzt?... Nehmen Sie Ihr Erlebnis der letzten paar Minuten in sich hinein und fragen Sie sich, ob es etwas über Sie selbst ausgedrückt hat. Welcher Autoteil waren Sie, was für Geräusche und Bewegungen machten Sie, und wie war Ihnen dabei zumute?... Wie kamen Sie mit den andern Autoteilen zurecht? Ging es lebhaft oder ruhig zu, mit oder ohne Konflikte usw.?... Wie empfanden Sie die Kontakte, mit wem fielen sie Ihnen am leichtesten, mit wem am schwersten?... Beachten Sie die Einzelheiten dieser Zusammenarbeit und besprechen Sie sie fünf bis zehn Minuten lang mit den anderen...

Nun werden Sie zu einer Maschine Ihrer Wahl und äußern Sie sich wieder nur durch Laute, Bewegungen und physischen Kontakt miteinander. Sprechen und planen Sie nichts. Wenn Sie von einer Maschine genug haben, verwandeln Sie sich in den Teil einer Maschine, die Ihnen mehr liegt. Nehmen Sie dabei immer wahr, wie Sie sich selbst ausdrükken, und wie Sie mit den anderen in Verbindung stehen. Seien Sie sechs Minuten lang eine Maschine Ihrer Wahl. Los...

Halt. Schließen Sie die Augen und verarbeiten Sie das Erlebte. Sinnen Sie darüber nach, wie Sie sich ausgedrückt haben, und dann besprechen Sie miteinander, ob Sie nun mehr über sich, über die Gruppenleute und das Zusammenwirken entdecken konnten...

(Weitere Maschinen wären: Druckerpresse, Schreibmaschine, Flugzeug, Motormäher, oder andre, die viele bewegliche Teile haben. Eine dem Wesen nach gleiche Übung wäre, aus der Gruppe *ein Tier* zusammenzusetzen: Octopus, Elefant, Hund, Pferd, Affe oder sonst ein Tier, das viele Möglichkeiten für Aktivität und Bewegung bietet.)

Ein Kreis des Vertrauens Bilden Sie Siebener-Gruppen (7 ist ideal, 8 oder 9 sind auch recht), nach Möglichkeit männliche und weibliche Teilnehmer in etwa gleicher Zahl... Stellen Sie sich im Kreis auf, die Kleineren gleichmäßig im Kreise verteilt... Einer stellt sich mit gekreuzten Armen in die Mitte... die anderen gehen auf ihn zu und halten ihn ein Weilchen mit den Händen fest. (Führen Sie das Folgende mit einer Gruppe vor.) Den in der Mitte Stehenden bitte ich, die Augen zu schließen, den Körper gerade zu halten und die Fußgelenke zu lockern. Er wird nach einer Seite sich schwingen, und der, der dort steht, wird ihn auffangen. Nun läßt er sich von den im Kreise Stehenden herumreichen... der Kreis vergrößert sich langsam, Sie reichen den Mittleren immer weiter... Sie verkleinern den Kreis wieder ganz langsam... und zum Schluß halten Sie den in der Mitte nur noch mit den Händen fest und summen leise dazu. (Sie können ihn zum Schluß auch hochheben und schaukeln, vergleichen Sie hierzu die nächste Übung.) Bevor Sie anfangen, möchte ich noch einige sehr wichtige Punkte erwähnen:

Der Grundgedanke ist, dem Partner in der Mitte ein Erlebnis von Vertrauen zu vermitteln: er muß Ihnen zutrauen, daß Sie ihn nicht fallen lassen, und Sie müssen vertrauenswürdig genug sein, um ihm das Gefühl einer angenehmen und sicheren Situation zu verschaffen.

Seien Sie nicht *grob* und werfen Sie den Partner nicht umher. Auch wenn Sie den Kreis beträchtlich erweitern, können Sie doch sanft und freundlich bleiben. Wenn Sie das Gefühl haben, es wird dem Partner zu bunt, verkleinern Sie den Kreis... *Lachen und sprechen Sie nicht.* Versuchen Sie, die Übung in völliger Stille durchzuführen, so daß der Partner sein Erlebnis ohne Ablenkung wahrnehmen kann.

Jeder von Ihnen sollte den einen Fuß vor- und den andern Fuß weit nach hinten stellen. So können Sie ein ziemlich hohes Gewicht auffangen, auch wenn Sie nicht kräftig sind. Wenn Sie sich näher zur Mitte stellen, haben Sie weniger Gewicht aufzufangen. Wenn Sie also klein sind und der Partner in der Mitte groß ist, stellen Sie sich näher zu ihm hin und halten Sie den Kreis kleiner. Wenn jemand einen schwachen Rücken hat, sollte er entweder ganz nahe zur Mitte stehen oder an dieser Übung nicht teilnehmen.

Achten Sie auf die Füße des Partners in der Mitte. Beim Herumgereichtwerden kann es sein, daß seine Füße ausrutschen. In diesem Falle rücken Sie mit dem Kreis so weit nach, daß seine Füße wieder in die Mitte kommen. Beachten Sie dies, denn sonst könnten Sie plötzlich mehr Gewicht zu tragen bekommen, als Sie erwarteten. Ist das Gewicht zu groß für Sie, so lassen Sie den Partner zu Boden sinken, aber ganz langsam und sanft.

Der Partner in der Mitte sollte sich möglichst ganz entspannen und dabei doch den Körper immer ganz gerade halten. Beugen Sie nicht die Knie, knicken Sie nicht in den Hüften ab. Ihre Füße sollen flach auf dem Boden stehen, und die Fußgelenke ganz locker sein. Wenn der

Partner in der Mitte verkrampft wirkt, seien Sie sehr langsam und sanft, und ermutigen Sie ihn, mehr Vertrauen zu haben. Noch Fragen? ...
Gut. Fangen Sie mit sanftem Festhalten an ... Langsam reichen Sie den Partner weiter im Kreise herum ... und lassen den Kreis allmählich größer werden ... geben Sie den Partner weiter ... verkleinern Sie den Kreis ... nun halten Sie den Partner nur noch fest und summen Sie alle zusammen. (Oder heben Sie ihn hoch und schaukeln Sie ihn, dazu siehe die folgende Übung.) ... Jetzt geht ein andrer Teilnehmer zur Mitte, die Übung fängt neu an. (Wiederholen Sie die Anweisungen immer aufs neue, um die Gruppe daran zu erinnern, und auch, um die Zeiteinteilung der verschiedenen Gruppen abzustimmen.)
Setzen Sie sich zusammen und erzählen Sie einander etwa zehn Minuten lang, wie es war, als Sie herumgereicht wurden, und auch, was Sie alle aneinander beobachtet haben. Waren Sie entspannt? Waren die Gruppenleute fürsorglich oder kamen Sie sich vor, als würden Sie wie ein Sack auf einen Lastwagen geladen? (Wenn weniger Teilnehmer da sind oder Sie die Übung mit Vierergruppen machen wollen, schlage ich noch eine Vertrauensübung vor: ein Teilnehmer steht mit geschlossenen Augen da, ein andrer Teilnehmer steht oder hockt direkt hinter ihm, und rechts und links von diesem stehen oder hocken zwei weitere Teilnehmer. Der Partner mit den geschlossenen Augen neigt sich nach hinten und fällt, die drei hinter ihm fangen ihn mit ihren Händen und Armen auf und halten seinen Rücken und die Schultern fest. Seien Sie anfangs vorsichtig, besonders mit ängstlichen Menschen – lassen Sie den Betreffenden nicht zu tief fallen, bevor Sie ihn auffangen. Wenn Sie es sich zutrauen, können Sie ihn fast zu Boden fallen lassen.)

Aufheben und Schaukeln Bilden Sie Siebener-Gruppen (oder Achter oder Neuner), stellen Sie sich schweigend im Kreise auf. Kein Sprechen bitte, kein Lachen. Einer, der sich aufheben oder schaukeln lassen will, geht in die Mitte, kreuzt die Arme vor der Brust und schließt die Augen ... Ein kleiner Teilnehmer stellt sich dicht hinter ihn, er hat zwei stärkere zu beiden Seiten. (Demonstrieren Sie dies mit einer Gruppe.) Alle gehen zur Mitte, legen die Hände sanft auf den Partner und halten ihn ein Weilchen fest.
Der in der Mitte soll sich möglichst entspannen und doch seinen Körper gerade halten ... Nun kippen Sie ihn sanft hintüber, bis er liegt, und

schieben Sie die Hände unter ihn, bis er horizontal auf Ihren Händen und Armen ruht. Der kleine Teilnehmer hinter ihm wird den Kopf halten, die beiden anderen unterstützen Brust und Rücken, die übrigen seine Hüften und die Beine. Versuchen Sie, seine Lage möglichst bequem zu machen, halten Sie seinen Körper ganz gerade und waagerecht, lassen Sie keinen Körperteil herunterhängen und baumeln. Nun fangen Sie an, ihn zu schaukeln, vor und zurück oder in kleinem Kreis herum, ohne daß Sie von der Stelle gehen, wie man ein Baby schaukelt. Summen Sie dazu, schaukeln Sie ihn eine Weile...

Wenn der Betreffende nicht zu groß und zu schwer ist, heben Sie ihn auf, bis er über den Köpfen nur auf Ihren Händen ruht, und schaukeln Sie ihn dort oben, ganz kurz nur... Lassen Sie ihn ganz langsam zum Boden herab, und achten Sie immer auf seine waagerechte Lage. Während Sie ihn sinken lassen, werden die Schaukelbewegungen immer kleiner und hören ganz auf, so daß der Körper nicht am Boden schleift. Kurz bevor er den Boden erreicht, ziehen Sie Ihre Hände ein wenig zurück. Man kann den Körper so sanft niederlegen, daß der Geschaukelte kaum merkt, wann er den Boden berührt. Ziehen Sie die Hände völlig zurück und verhalten Sie sich ganz still, so daß der Partner das Erlebnis ausklingen lassen und die Augen öffnen kann, wann er will...

(Diese Übung kann zu dem sehr schönen Erlebnis führen, von Fürsorge umgeben zu sein, vorausgesetzt, daß die Teilnehmer sehr vorsichtig und freundlich sind. Besonders bewegend kann dies Erlebnis für Menschen sein, die einsam sind und sich ausgeschlossen fühlen. Sie können auch damit beginnen, daß der Liegende vom Boden aufgehoben wird, aber das macht etwas mehr Arbeit, und es kostet Mühe, die Hände unter den Körper zu schieben.)

Rücken-Massage in Gruppen (Gruppen von 8–10, oder auch von 6–7) Ein Teilnehmer legt sich bequem auf den Bauch, winkelt die Ellbogen an und legt die Hände neben den Kopf. Der Gruppenleiter kniet sich zum Kopf, 3–4 Leute knien an jeder Seite des Liegenden. Die ganze Massage wird schweigend ausgeführt. Der Leiter koordiniert sie durch Bewegungen seiner Hände und seines Kopfes. Den Anordnungen des Leiters entsprechend versucht jeder Teilnehmer *in gleicher Weise und mit gleicher Kraft* zu massieren. Massieren Sie den ganzen Körper, auch Kopf, Finger und Füße, alles, was Ihnen erreichbar ist, so daß kein

 Körperteil ausgelassen wird. Die Massage besteht aus mehreren Phasen zu je 20 Sekunden, mit Pausen von je 10 Sekunden, damit der, der massiert wird, seinen Körper in Ruhe wahrnehmen kann. Jede Phase soll nur eine Berührungsart umfassen – Reiben und Klatschen mit den Handflächen usw. und soll sehr leicht anfangen, anschwellen und langsam abflauen, so daß keine Plötzlichkeiten den Kontakt unterbrechen. Die anfänglichen Phasen sollen im ganzen kräftiger, die späteren Phasen sanfter verlaufen, und enden soll die Massage ganz leicht, etwa mit einem Druck der aufgelegten Hände auf eine oder zwei Stellen am Rückgrat entlang. Ich schlage hier eine gute Reihenfolge vor (mit Demonstration):

1. Klatschen: mit den Handflächen,
2. Hacken: mit den Kanten der Hände,
3. Klopfen: mit den Fingerspitzen,
4. Kneten: stellen Sie die Fingerspitzen im Kreise auf, fügen Sie sie rasch zusammen und ziehen Sie sie hoch,
5. Spazierengehen: der Daumen und ein bis zwei Finger machen kleine Schritte auf dem Rücken,
6. Reiben: mit den Handflächen kleine Kreise beschreiben,
7. Drücken: die Handflächen leicht andrücken, langsam den Druck verstärken, nachlassen; dies nur einmal machen,
8. Streichen: mit den Fingerspitzen leicht hin und her streichen,
9. Drücken: mit allen fünf Fingerspitzen drücken, Finger nacheinander abheben, anfangend mit dem kleinen Finger,
10. Nur der Gruppenleiter setzt beide Zeigefinger im Abstand von ca. 30 cm irgendwo auf das Rückgrat und verstärkt abwechselnd den Druck beider Finger. Nur ein- oder zweimal abwechseln, dann zuerst den schwächeren Finger abheben, danach den andern, ganz langsam wegziehen.

Warten Sie still, bis der Massierte sein Erlebnis verarbeitet hat...

Die oben genannte Abfolge kann variiert werden. Sie können reiben: mit Handflächen, Fingern, Knöcheln, dem Handgelenk. Sie können kneten: mit Handflächen zwischen Daumen und Fingern, streichen mit den Handflächen usw.

Sehr wichtig ist, daß *alle gleichzeitig das gleiche auf möglichst die gleiche Art* ausführen, und daß alle *gleichzeitig anfangen und aufhö-*

ren. Andernfalls wird der Empfänger der Massage ein sonderbares, dissonantes Gefühl statt eines angenehmen haben. Achten Sie auf die andern Teilnehmer und schließen Sie sich ihnen an. Der Gruppenleiter kann vor jeder Phase durch Handbewegungen, schweigend, anzeigen, was geschehen soll. Noch Fragen? ... Gut. Fangen Sie an ...

Geheimnisse Wir bewahren Geheimnisse, weil wir uns vorstellen, es könnte unangenehme Folgen haben, wenn wir aufrichtig und offen sprächen: die anderen würden uns nicht mehr mögen, uns ausnutzen, unangenehm berührt sein, uns ablehnen usw. Die folgende Übung gibt Ihnen die Möglichkeit, solche schlimme Erwartungen auf ihre Realität hin zu testen, ohne dabei Konsequenzen fürchten zu müssen. Bitte schreiben Sie anonym ein paar Ihrer Geheimnisse auf diese Zettel (teilen Sie solche aus), und dann werden Sie feststellen, wie andre Leute darauf reagieren, ohne daß sie wissen, wer der Schreiber ist. Außerdem bekommen Sie einen Begriff davon, was andre Leute vor Ihnen geheim halten. Schließen Sie die Augen und denken Sie an zwei oder drei geheime Dinge über sich selbst, die Sie keinesfalls den Gruppenteilnehmern sagen würden. Was fiele Ihnen am schwersten auszusprechen, und welche Information über sich selbst wäre nach Ihrer Meinung am meisten geeignet, die Beziehung zu den Teilnehmern zu zerstören? ...

Schreiben Sie jetzt Ihre Geheimnisse auf die Zettel, klar und kurz, so daß jeder Leser genau weiß, was Sie meinen. Zum Beispiel schreiben Sie nicht nur: »Ich fürchte mich vor den Leuten«, sondern nennen Sie diese Leute und was Sie von ihnen befürchten, etwa: »Ich fürchte mich vor starken Männern, die mir körperlich weh tun könnten.« *Bitte seien Sie aufrichtig.* Entweder Sie schreiben ein wirklich für Sie wichtiges Geheimnis hin oder Sie schreiben, daß Sie sich nicht äußern wollen ...

Falten Sie die beschriebenen Zettel zweimal zusammen, legen Sie sie mitten auf den Fußboden auf einen Haufen und mischen Sie die Zettel ein wenig durcheinander, dann gehen Sie auf die Plätze zurück ...

Nun holt jeder Teilnehmer einen Zettel und setzt sich wieder hin ...

Einer aus Ihrem Kreis macht den Anfang und liest den Zettel, den er gezogen hat, so vor, *als wäre es sein eigner, von ihm geschriebener.* Er, und jeder Teilnehmer nach ihm, fängt mit den Worten an: »Mein Geheimnis ist –« und stellt sich dabei vor, er sei wirklich der Schreiber dieses Zettels. Versuchen Sie, noch etwas mehr über sich in der Rolle

des *Schreibers* und über *sein Geheimnis* auszusagen ... Auch wenn das Geheimnis für Sie nicht wichtig ist, so war es doch für einen andern Menschen wichtig – bitte respektieren Sie das. Nachdem also die erste Person »ihr« Geheimnis vorgelesen hat, drücken sich die Gruppenteilnehmer über ihre Gefühle dieser Person gegenüber aus, und zwar äußern sie *nur ihr Gefühl,* ihre spontane Reaktion auf das Gehörte – etwa so: »Ich bin überrascht«, »Das lehne ich ab«, »Es ist mir einerlei, wenn du sowas tust«, oder dergleichen. Sollte dieses oder jenes Geheimnis auch für Sie zutreffen, und sollten Sie bereit sein, das zuzugeben, so sagen Sie es bitte. Wenn jeder seine Reaktion geäußert hat, liest der nächste seinen Zettel vor, so, als wäre das Geschriebene sein eignes Geheimnis, und wieder geben die Teilnehmer ihrer Reaktion Ausdruck. Noch Fragen? Gut. Fangen Sie an ...
Nun diskutieren Sie etwa zehn Minuten lang über Ihre Erfahrungen, Ihre Entdeckungen, ganz nach Wunsch. Wie war Ihnen zumute, als ein andrer Mensch Ihr Geheimnis vorlas und die Gruppenteilnehmer sich dazu äußerten? Und was empfanden Sie, als Sie die Geheimnisse der anderen erfuhren? ...
(Damit die Teilnehmer mit ihren Katastrophen-Erwartungen und *dem* Teil ihres Selbst, der die Geheimnisse bewahren will, in Fühlung kommen, fordern Sie sie auf, an das eine oder andre Geheimnis zu denken, das sie andern Leuten nicht mitteilen würden ... und dann sollen sie in die Rolle dieser »andern Leute« oder der »Gesellschaft« schlüpfen und als solche leise mit sich selber reden ... Diese »Leute« äußern jetzt ihre Reaktion auf die Geheimnisse, zuerst stumm, dann wispernd und murmelnd ... Lassen Sie die Worte jetzt immer lauter werden ... nehmen Sie wahr, was Sie in beiden Rollen sagen ... und nun tauschen Sie die Erfahrungen aus – vgl. die Geheimnis-Übung im Kapitel »Zu zweit« und die dort vorgeschlagenen andren Möglichkeiten.)
(Mit einer Gruppe, in der schon Vertrauen und Wärme herrschen, kann folgende direktere Version derselben Übung gemacht werden: Sie setzen sich mit geschlossenen Augen schweigend in engem Kreis zusammen und halten sich an den Händen. Nach einer Weile spricht jeder, der dazu bereit ist, etwas aus, das er bisher aus Furcht geheim gehalten hat. Dann werden die Augen geöffnet, und jeder äußert seine Reaktion auf das Gehörte.)

Imaginierter Ton Ich halte hier einen großen Klumpen von imaginiertem Ton in den Händen. Er kann zu etwas *völlig Beliebigem* geformt, gerollt, auseinandergezogen, gedehnt, flachgedrückt werden. (Pantomime) Ich gebe den Ton einem Teilnehmer: er soll ihn mit den Fingern befühlen und dann in einigen Minuten etwas daraus formen. Nehmen Sie die Bewegungen Ihrer Hände wahr, und was aus diesen Bewegungen entsteht. Wenn es fertig ist, geben Sie den Ton einem Gruppenteilnehmer dem Sie ihn geben wollen, und dieser formt etwas anderes daraus. Er gibt den Ton auch weiter, bis alle mindestens einmal an der Reihe waren. Während der ganzen Übung sprechen Sie bitte überhaupt nicht, sondern beobachten und horchen Sie nur. Noch Fragen?... Gut. Hier haben Sie den Ton (Pantomime), fangen Sie an...

Bedenken Sie im stillen, was Sie an sich und den anderen wahrgenommen haben. Was empfanden Sie, als Sie den Ton bekamen und modellierten? Waren Sie zuerst befangen, oder konnten Sie den Ton und Ihre Handbewegungen wirklich ins Gefühl bekommen? Dachten und planten Sie etwas Bestimmtes während der Arbeit, oder konnten Sie sich lockern und dem Geschehen seinen Lauf lassen? Wem wollten Sie ihr »Werk« schenken? Was nahmen Sie bei den anderen wahr, als sie modellierten, und wie gefielen Ihnen die »Arbeiten«? Wie vollzog sich der schöpferische Vorgang bei jedem Teilnehmer, wie waren sein Stil, seine Technik? Hat der eine den Ton vielleicht sorgsam in die Hände genommen, der andere rasch, unachtsam, und hat irgend etwas zusammengewurschtelt? Und was ging zwischen zwei Teilnehmern vor, wenn einer dem anderen sein »Werk« schenkte – war eine Beziehung erkennbar? War das Überreichte ein Geschenk, ein Wegwurf, eine Rakete? Und die Empfänger? Freuten sie sich über die Gabe, oder zerdrückten sie sie und fingen gleich an, etwas andres daraus zu formen? Bekamen manche Teilnehmer mehrere Geschenke, gingen andre leer aus? Denken Sie bitte über all solche Einzelheiten nach, die sich ereigneten, und besprechen Sie sie in den nächsten zehn Minuten...

Bildhauer Wählen Sie sich einen Partner und bleiben Sie beieinander stehen, bis jeder den seinen gefunden hat. Der Größere eines jeden Paares soll nun ein Bildhauer, der Kleinere der Ton sein. Der Bildhauer
 läßt sich Zeit, den Partner anzuschauen und ihn wirklich wahrzuneh-

men: wie er sich hält, wie er den Kopf neigt usw... Fangen Sie an, *ohne zu planen*, seine Haltung zu ändern, vorsichtig, und nun übertreiben Sie das, was Sie an ihm sehen: wenn Sie bemerken, daß der Partner den Kopf nach hinten biegt, biegen Sie seinen Kopf weiter nach hinten. Führen Sie Ihre Hände so, als modellierten Sie eine Ton- oder Wachsfigur. Der Partner, der modelliert wird, möge bitte wahrnehmen, was er während des Prozesses empfindet... Verändern Sie die Position Ihrer Statue so lange, bis Sie mit dem Ergebnis zufrieden sind, dann treten Sie etwas zurück und betrachten Sie es: wie ist die Figur geworden, was drückt sie aus?...

Nun aber schauen Sie sie nochmals an und formen Sie aus Ihrem eignen Körper eine genaue Kopie Ihres »Werkes«. Nehmen Sie dann dieses Gebilde in sich auf und gehen Sie Ihrem Gefühl nach, was es ausdrückt...

Tauschen Sie die Rollen, so daß der kleinere Partner der Bildhauer wird. Sehen Sie den Größeren eine Weile an und nehmen Sie ihn genau wahr. Ohne voraus zu planen, fangen Sie vorsichtig an, ihn zu modellieren... und tun das so lange, bis Sie mit Ihrem »Werk« zufrieden sind... Dann treten Sie einen Schritt zurück. Sehen Sie die Figur an, was sie ausdrückt, und dann machen Sie aus sich ein genaues Abbild von ihr. Vertiefen Sie beide sich in das Gefühl, diese Figur zu sein.

In den nächsten fünf Minuten besprechen Sie Ihr Erlebnis mit dem Partner: was haben Sie während der Übung in sich und in ihm entdeckt?...

(Wenn alle Figuren fertig sind, können Sie sie in Beziehung zueinander setzen, in eine Skulpturengruppe oder ein lebendes Bild.)

Gedränge (Am besten in großen Gruppen von wenigstens 10 Personen) Schließen Sie die Augen und stehen Sie auf... Gewahren Sie das Alleinsein... wie fühlen Sie sich körperlich?... Sobald Sie spüren, daß Gedanken oder Bilder in Ihnen aufsteigen, kehren Sie zur physischen Existenz zurück... Halten Sie die Arme am Körper und gehen Sie langsam zur Mitte des Raumes... Beachten Sie Ihr Gefühl, wenn Sie sich nun den andern Teilnehmern nähern. Was für Vorstellungen tauchen auf, und wie ist Ihnen dabei zumute?... Halten Sie die Augen geschlossen. Sobald Sie mit den anderen in der Mitte zusammentreffen, nehmen Sie leisen Kontakt auf, so, als wären Sie ein Schwarm von Wachteln, die im Winter Wärme suchen... Vorsichtig und langsam schlängeln Sie sich durch all die Leute und nehmen Ihr Gefühl dabei wahr ... Wenn Sie am Rande des Menschengewühls angekommen sind, bleiben Sie kurz stehen, gewahren sich selbst, drehen sich um und bahnen sich Ihren Weg zurück in die Gruppe hinein ... Lassen Sie sich Zeit, dies Erleben wirklich wahrzunehmen ...

Kreis der Nachahmer (Wenigstens 10 Teilnehmer) Jeder nimmt eine für ihn bequeme Haltung ein und sucht sich einen Partner aus dem Viertel der Gruppe zu seiner Rechten. Es kommt nicht darauf an, wen Sie wählen, und niemand braucht es zu wissen ... Wenn ich »los« sage, fangen Sie an, diesen Gewählten nachzuahmen: seine Haltung, seinen Gesichtsausdruck, seine Bewegungen und Laute. In den nächsten paar Minuten imitieren Sie alles, was der Partner tut. Gut. Fangen Sie an ...

(Diese Übung hat keinen besonderen Tiefgang. Manche Leute sind vom Ergebnis überrascht. Die Übung macht Spaß und belebt, wenn die Teilnehmer längere Zeit still gesessen sind oder wenn die Gruppe inaktiv ist. Versuchen Sie's.)

Die Natur des Menschen Diskutieren Sie etwa fünf Minuten lang über die Natur des Menschen: machen Sie Aussagen über die menschliche Grundstruktur. Stellen Sie keine Fragen und halten Sie sich nicht mit Urteilen darüber auf, wer »Recht habe« oder was die »Grundstruktur des Menschen« wirklich sei, sondern tauschen Sie Ihre Gedanken und Meinungen aus, und nehmen Sie die Gefühle und Ansichten der anderen ernst. Begründen Sie Ihre Ideen über die Grundnatur des Menschen im einzelnen, so daß die anderen genau verstehen, was Sie meinen. Es wäre von Vorteil, wenn Sie mit dem Satz anfingen: »Die Menschheit ist im Grunde –« und Ihre Anschauung mit Beweisen und Beispielen genau darlegten. Noch Fragen? ... Gut. Fangen Sie an ...

Bedenken Sie im stillen die Diskussion ... Ziehen Sie das Fazit Ihrer eignen Ansichten über die Grundnatur des Menschen ... Sehen Sie sich nun in der Gruppe um und ziehen Sie das Fazit aus den Meinungen der Teilnehmer. Was denken diese Leute über die Natur des Menschen? ... Nun bitte ich Sie, die vorhin gemachten Feststellungen genau zu *wiederholen,* aber anstatt zu sagen: »Die Menschen sind im Grunde –« sagen Sie jetzt: »*Ich bin* im Grunde –« Identifizieren Sie sich auch mit all Ihren Beweisen und Beispielen. Wenn Sie vorhin behaupteten: »Der Mensch ist seiner Natur nach kriegerisch gesonnen. Denken Sie doch an all die Kriege und Konflikte in der Geschichte«, so sagen Sie jetzt: »*Ich bin* im Grunde kriegerisch gesonnen. Denken Sie doch an die Kriege und Konflikte in *meiner* Geschichte«, und achten Sie auf Ihr Gefühl, wenn Sie das sagen. Können Sie sich wirklich damit identifizieren und zugeben: »Ja, das trifft auf mich zu«, oder nicht?... Und was empfinden Sie, wenn die andern Teilnehmer ihre abgeänderten Aussagen vorbringen? Können Sie in dem, was die anderen von sich sagen, die Wahrheit erkennen? Versuchen Sie es jetzt mit dieser Identifikation, und wenn alle an der Reihe waren, tauschen Sie Ihre Eindrücke aus...

IX. Bild, Bewegung und Klang

Jahrtausende hindurch war der Vorgang künstlerischen Schaffens auf verschiedenen Gebieten ein Mittel der Selbstaussage des Menschen. Durch vertiefte Wahrnehmung des schöpferischen *Prozesses* können wir die Ausdrucksmöglichkeit deutlicher erkennen und klären. So wird Energie freigesetzt, Entwicklung und Wachstum wird in uns gefördert und wir können realisieren, daß ein jeder Lebensbereich der Mutterboden für Wachstum, Schöpferkraft und Selbstaussage werden kann.

Zeichnen mit beiden Händen (Material: ein großes Sortiment von Ölkreiden für 8–10 Personen und viele Bogen gutes, weißes Zeichenpapier, einen Normalbogen für jeden Teilnehmer. Natürlich kann man auch andre Materialien benutzen. Ölkreiden sind billig, viel schöner als Farbstifte und im Gebrauch sauberer als Wasser- oder Ölfarben. Die großen Ölkreide-Sortimente haben eine reiche Auswahl an Farben, die eine Fülle von Möglichkeiten für künstlerische Selbstaussage bieten.)
Jeder Teilnehmer holt sich, schweigend, aus dem Sortiment zuerst mit der rechten Hand, dann mit der Linken, je eine Ölkreide heraus, die ihn am meisten lockt. Machen Sie auf einem Stückchen Papier einen Probestrich, um zu sehen, ob es die richtigen Farben für Sie sind. Dann holen Sie einen Bogen Zeichenpapier und ziehen Sie sich an einen Platz zurück, wo Sie still und für sich sein können und genug Raum haben, so daß Sie nicht durch die anderen abgelenkt werden. Mit dem Zeichnen fangen Sie bitte erst an, wenn ich Sie dazu auffordere...
Nehmen Sie in jede Hand eine Ölkreide, halten Sie sie gut sichtbar vor sich hin und schauen Sie die beiden Farben eine Zeitlang an... Schließen Sie die Augen, behalten Sie die Farben wie Bilder in sich und geben Sie acht, was die Farben jetzt tun. Wenn Ihnen das nicht gleich gelingt, schauen Sie die Farben noch einmal gründlich an, dann

schließen Sie die Augen wieder und nehmen Sie die beiden Farben in Ihre innere Bilderwelt auf... Was geschieht?... Vielleicht bewegen sich die Farben im Raum, fügen sich zu abstrakten Bildern zusammen, oder vielleicht entstehen Abbildungen erkennbarer Dinge. Lassen Sie das alles geschehen, nehmen Sie nur gewahr...

In einer Minute werde ich Sie auffordern, die Augen zu öffnen und schweigend mit den beiden Farben auf dem Papier zu zeichnen: vielleicht etwas von dem, was Sie vorhin bei geschlossenen Augen vor sich sahen, vielleicht etwas, das eben jetzt in Ihnen aufsteigt. Zeichnen Sie mit beiden Händen, abwechselnd oder gleichzeitig, wie Sie wollen. Dabei gewahren Sie den *Vorgang* des Zeichnens und Hervorbringens. Wie fühlt sich die Ölkreide an, wie erscheinen die Farben auf dem weißen Papier, wie bewegt sich jede Hand, und wie begegnen sich die beiden Farben? Beobachten Sie, ob sich irgendwelche Forderungen im Sinne von: »Jetzt solltest du aber...« einstellen – wenn ja, schicken Sie sie fort. Vermeiden Sie möglichst auch alle Zielvorstellungen; nehmen Sie einfach nur wahr, was beim Zeichnen geschieht – was für Wünsche haben die Farben, wie befinden sich Ihre Hände dabei? Lassen Sie sich vom Material und vom Vorgang des Zeichnens führen und lenken. Gut. Öffnen Sie die Augen und zeichnen Sie etwa eine Viertelstunde lang, ganz still, ohne zu sprechen...

Jetzt besprechen Sie Ihre Erlebnisse mit der Gruppe. Halten Sie Ihre Zeichnung so, daß die anderen sie sehen können. Geben Sie an, welche Farbe zur linken Hand und welche zur rechten Hand gehört. Beschreiben Sie Ihre Wahrnehmung des schöpferischen Vorganges: wie die Hände sich bewegten, wie die Farben sich zueinander verhielten, und was Sie empfanden, als die Farben Formen und Bilder auf der Fläche des Papiers hervorbrachten. (Demonstrieren Sie es anhand Ihrer eignen Zeichnung, z. B.: »Rot gehört zu meiner rechten Hand, Purpur zur Linken. Ich merkte sofort, daß ich nicht mit beiden Händen gleichzeitig zeichnen wollte, so ließ ich sie abwechseln. Anfangs war Rot viel aktiver, es stürzte sich förmlich aufs Papier und nahm dann auch fast die ganze Fläche ein, und Purpur mußte sich verteidigen, etwa: ›Laß mir doch mein Revier!‹ Ich fand auch gleich heraus, daß das Purpur das Rot leicht zudecken konnte, daß es aber für Rot schwerer war, das Purpur zuzudecken. Ich machte ein Bündel purpurner Striche und füllte die Zwischenräume mit Rot aus. Aber dann machte Purpur die Grenze dicht, so daß Rot nicht mehr herein konnte. Gegen Ende fing ich an, die Farben mehr zu mischen, und das machte mir Spaß.« Nun versuchen Sie, Ihre Wahrnehmung des Zeichenvorganges zu beschreiben...

Wenn alle das getan haben, bedenken Sie es in der Stille... Inwieweit drücken Ihre beiden Hände und deren beide Farben zwei Seiten Ihrer Persönlichkeit aus, und wie verhalten sich die beiden Seiten zueinander?... Bleiben die Farben auf dem Papier getrennt oder wirken sie zusammen? Oder sind sie im Konflikt?... Was drücken die Farben selber aus?... In welchem Maße können Sie erkennen, daß dieser schöpferische Vorgang etwas über Ihr eigenes »Funktionieren« aussagt?... Was stellen Sie an den Zeichnungen der anderen fest? Können Sie erkennen, wie die Farben zusammenspielen, und finden Sie, daß die Farben das bestätigen, was jeder Teilnehmer über den Prozeß seines künstlerischen Tuns gesagt hatte?... Was für Unterschiede oder Ähnlichkeiten stellen Sie zwischen all den Zeichnungen fest?... Realisieren Sie bitte, daß jeder Mensch selber am besten über den eignen künstlerischen Vorgang Bescheid weiß, und daß Kommentare und Beobachtungen anderer nur dann von Nutzen sind, wenn sie frei und mit leichter Hand angeboten werden, ohne den Anspruch, richtiger zu sein. Lassen Sie sich etwa fünf oder zehn Minuten Zeit, Ihre Beobachtungen auszutauschen und zu diskutieren...

Sich selbst zeichnen Gehen Sie schweigend zu dem Kasten, in dem die Ölkreiden liegen, und nehmen Sie einige Farben heraus, mit denen Sie gern zeichnen würden. Wenn Sie können, nehmen Sie sich Zeit und lassen Sie sich ruhig von den Farben wählen. Machen Sie kleine Probezeichen auf ein Papier, damit Sie sicher sind, die richtigen Farben zu haben. Dann nehmen Sie einen Bogen Papier und setzen sich abseits, wo Sie still für sich sein können, und wo genug Raum ist, so daß Sie nicht durch andre Teilnehmer abgelenkt werden. Fangen Sie erst an zu zeichnen, wenn ich Sie dazu auffordere. Schließen Sie die Augen, nehmen Sie mit Ihrem Körper und seinen Empfindungen Fühlung auf, und werden Sie gewahr, was in Ihnen geschieht... Lassen Sie Bilder aufsteigen, die irgendwie Ihr Inneres und Ihr Lebensgefühl ausdrükken... Diese Bilder können abstrakte Formen haben oder etwas sein, das Sie wiedererkennen – in jedem Fall spiegeln sie das wider, wie Sie wirklich sind... Lassen Sie den Bildern etwas Zeit, sich zu entwikkeln...

In einer Minute werde ich Sie bitten, die Augen zu öffnen und eine Zeichnung zu machen, die in den gewählten Farben ein Ausdruck Ihrer selbst ist. Wenn Sie meinen, Sie sollten andre Farben haben, holen Sie sich leise, was Sie brauchen. Richten Sie nun die Aufmerksamkeit auf den Vorgang des Zeichnens und auf das Gefühl schöpferischen Tuns. Lassen Sie alle Absicht aus dem Spiel, nehmen Sie nur wahr, wie die Hände sich bewegen und wie die Farbe auf dem Papier erscheint. Überlassen Sie dem Material und dem Prozeß des Zeichnens die Führung, so daß Farben und Hände über den nächsten Schritt entscheiden. Lassen Sie Linien und Striche gehen, so weit sie wollen, lassen Sie sie stehen bleiben und die Richtung ändern, wann sie wollen usw. Öffnen Sie nun die Augen und machen Sie in der nächsten Viertelstunde eine Zeichnung, die Sie selbst darstellt...

Halten Sie Ihre Zeichnung so, daß die anderen sie sehen können, und beschreiben Sie sie in der *ersten Person Präsens so, als beschrieben Sie sich selbst.* Zum Beispiel: »Ich habe eine Menge Linien, die kreuz und quer laufen, und sehe recht verwirrt und unklar aus. Auf der rechten Seite habe ich harte, zackige, zornige rote Linien, die mein friedliches Blau und Grün zerschneiden« usw. Sprechen Sie auch über Ihre Wahrnehmung des schöpferischen Vorganges und über Ihr Erleben bei dieser Selbstdarstellung. Zum Beispiel: »Zuerst hatte ich nur diese harten roten Striche und viel leeren Raum, den ich nicht mochte. Als ich ihn dann zu füllen versuchte, wurde ich ganz verwirrt und kam durcheinander, deshalb machte ich diesen Klecks von friedlichem Blau und Grün« usw. Nehmen Sie auch Ihr Gefühl und Ihre Beobachtungen wahr, wenn Sie sich so beschreiben. Jeder hat einige Minuten Zeit, seine Zeichnung in der ersten Person Präsens zu erläutern...

Wenn alle Teilnehmer sich ausgesprochen haben, bedenken Sie im stillen das Erlebte... Was haben Sie durch die zeichnerische Selbstaussage über sich und die anderen entdeckt?... Was für Ähnlichkeiten und Verschiedenheiten kamen in den Zeichnungen zutage?... Tauschen Sie in weiteren zehn Minuten Ihre Beobachtungen hierüber aus und stellen Sie sie zur Diskussion...

(Eine Variation der zeichnerischen Selbstdarstellung: Jeder wählt drei Farben, die ihm besonders zusagen, und drei Farben, die er nicht mag. Er soll in seiner Zeichnung unbedingt all diese sechs Farben verwenden. Sie können aber die Teilnehmer auch auffordern, zuerst eine Selbstdarstellung mit den geliebten Farben und danach eine mit den ungeliebten

Farben zu zeichnen. Die Teilnehmer sollen beide Zeichnungen und den schöpferischen Vorgang ihrer Entstehung beschreiben und die Zeichnungen vergleichen. Die Verwendung der ungeliebten Farben ist gewöhnlich recht frustrierend, kann aber auch besonders ausdrucksstark und aufschlußreich sein.)
(Sie können auch einen Teil Ihrer selbst zeichnen, den Sie mögen oder nicht mögen, oder ein Gefühl, das Ihnen Schwierigkeiten macht. Oder Sie zeichnen eine für Ihr Leben wichtige Person: den Ehepartner, Vater oder Mutter, das Kind, den Vorgesetzten, den Liebhaber usw., oder eine Macht, die auf Ihr Leben einwirkt: Sorgen, Krankheit, das Böse, das Gute, Alter, Autorität usw. Eine zeichnerische Darstellung Ihrer ganzen Familie kann ein Gutteil Ihres Gefühls ihr gegenüber aufdekken.)

Dialog im Zeichnen Jeder Teilnehmer holt sich aus dem Kasten, in dem die Ölkreiden liegen, eine Farbe, die einen wichtigen Aspekt seiner selbst ausdrückt... Schweigend suchen Sie sich einen Partner, der eine andre Farbe gewählt hat. Jedes Paar nimmt einen Bogen Papier und setzt sich einander gegenüber hin, das Papier liegt zwischen ihnen... Halten Sie die Kreide in der Hand, mit der Sie sonst nicht schreiben. Ich werde Sie nun auffordern, schweigend und gleichzeitig zu zeichnen. Aber teilen Sie das Papier nicht auf, machen Sie nicht getrennte Zeichnungen, planen Sie nicht, diskutieren Sie nicht, besprechen Sie nicht, was Sie zusammen zeichnen wollen. Sondern fangen Sie einfach an, langsam, und richten Sie die Aufmerksamkeit auf den Prozeß des Zeichnens und auf Ihr Gefühl bei der partnerschaftlichen Zusammenarbeit. Lassen Sie Wahrnehmung und Gefühl in diesen Vorgang einfließen. Sie können gleichzeitig oder abwechselnd zeichnen, sogar die Hand Ihres Partners – mit seinem Einverständnis – vorsichtig beiseite schieben und kurze Zeit mit seiner Farbe zeichnen, wenn er es zuläßt. Fangen Sie nun an und lassen Sie in der nächsten Viertelstunde die Zusammenarbeit mit dem Partner sich entwickeln...
Erzählen Sie einander, was Sie bei diesem wortlosen Dialog erlebt, wahrgenommen und gefühlt haben. Inwieweit drücken dies Zeichnen und der ganze Vorgang die Art der Beziehung aus, die zwischen den Partnern besteht? Sprechen Sie etwa fünf Minuten darüber...
(Man kann an dieser Übung auch drei oder mehr Personen oder eine ganze Familie beteiligen. Diese Art des Zeichnens drückt sehr viel über

das Grundmuster einer Beziehung aus und über das, was innerhalb einer Familie vor sich geht.)

Improvisationen (Viele normal große Bogen billigen Papiers sind hierzu erforderlich.)

Jeder Teilnehmer sucht sich mehrere Ölkreiden in verschiedenen Farben aus, die ihm gefallen, nimmt 10 oder 15 Bogen Papier mit und setzt sich irgendwo hin. Sie sollen nun verschiedene Möglichkeiten ausprobieren, wie Sie die Farben aufs Papier bringen können, und gleichzeitig Ihre gefühlsmäßigen Reaktionen auf diese Verschiedenheiten wahrnehmen. Welche Möglichkeiten liegen Ihnen mehr, welche sind weniger befriedigend? Stellen Sie sich vor, die Farbe in Ihrer Hand sei ein fliegender Vogel, und bewegen Sie die Hand, als stieße sie wie ein solcher herab und setze ein flüchtiges Farbzeichen auf das Papier ... Nehmen Sie jetzt eine andre Farbe zur Hand und stellen Sie sich vor, die Farbe sei eine Ameise, die ihre Spur aufs Papier setzt ... Wenn die Fläche gefüllt ist, legen Sie das Papier beiseite und nehmen ein neues leeres Blatt. Bei jeder Ausdrucksmöglichkeit nehmen Sie eine neue Farbe ... Jetzt stellen Sie sich vor, die Kreide sei eine Peitsche ... ein Bulldog, eine Planierraupe ... eine massierende Hand ... ein Motorrad ... ein Pferd ... eine Klapperschlange ... ein Messer ... eine Katzenzunge ... denken Sie sich neue Variationen aus: etwas sich Bewegendes, das seine Farbe auf dem Papier hinterläßt ...

Nun nehmen Sie ein neues Blatt Papier und zeichnen Sie in den nächsten paar Minuten die Imaginationen hin, die Ihnen *am besten* gefallen haben, und gewahren Sie dabei Ihr Gefühl ...

Auf ein frisches Blatt zeichnen Sie die Imaginationen, die Sie *am wenigsten* ansprachen, und nehmen auch hier Ihr Empfinden wahr ...

Dann setzen Sie sich hin und betrachten still diese beiden letzten Blätter. Nehmen Sie wahr, warum und wodurch Sie von den verschiedenen Möglichkeiten, die Farbe aufs Papier zu bringen, angezogen bzw. abgestoßen wurden ... Bewegten sich Ihre Hände in beiden Fällen verschieden, wie reagierte Ihr Gefühl beidemal, und wie nehmen sich die Farben auf beiden Blättern aus? ... Haben etwa die bevorzugte und die abgelehnte Möglichkeit widersprechende Qualitäten ausgedrückt, z. B. schnell-langsam, groß-klein, usw.?

Legen Sie nun Ihre Blätter so hin, daß die Gruppe sie sehen kann. Der Reihe nach sprechen Sie über Ihre Wahrnehmung des Zeichenvorganges und darüber, was Sie an den verschiedenen Möglichkeiten ablehnten oder gerne mochten. Danach vergleichen Sie die Verschiedenheiten und Ähnlichkeiten zwischen den Zeichnungen der Gruppe und wie jeder Teilnehmer den Vogel, das Pferd usw. zu Papier gebracht hat. Zum Schluß diskutieren Sie über alles, was Ihnen während der Übung oder an den Zeichnungen der Gruppe aufgefallen war ...

Etwas taucht auf Nehmen Sie aus dem Kasten drei Ölkreiden, deren zusammenpassende Farben Ihnen gefallen. Machen Sie mit den Kreiden breite Probestriche nebeneinander, um sicher zu gehen, daß die Kombination Ihnen angenehm ist. Nehmen Sie mehrere Bogen Zeichenpapier an sich und suchen Sie sich einen ungestörten Sitzplatz. Warten Sie noch mit dem Zeichnen ...
Bitte wählen Sie aus diesen einfachen, linearen Formen eine aus: Rechteck, Kreis, Kreissegment, Winkel, zwei sich schneidende Linien usw.

Diese eine gewählte Form zeichnen Sie auf verschiedene Art aufs Papier: mit verschiedenen Farben, in verschiedenen Größen, Richtungen, Überschneidungen.

Zeichnen Sie mit leichter Hand, versuchsweise, ohne eine andre Absicht als nur, den ganzen Vorgang selber wahrzunehmen, die Kreide in Ihrer Hand zu spüren, die Farben und die entstehenden Muster zu sehen. Nach einiger Zeit wird in Ihrer Zeichnung ein Gebilde, eine Art Objekt auftauchen. Statt eines Bündels aus linearen Formen in verschiedenen Farben und Größen werden Sie etwas Bestimmtes erkennen können, das auftaucht, ein Gegenstand, vielleicht mehrere Dinge, eine Person, ein Gesicht usw. Wenn etwas Bestimmtes anfängt sich zu zeigen, befragen Sie Ihr Gefühl, ob Sie das Entstehende weiter entwickeln können, indem Sie immer nur dieselbe einfache Anfangsform benutzen.
 Dann aber halten Sie sich nicht mehr nur an die eine Linearform,

sondern entfalten Sie das Heraustretende immer mehr, indem Sie Verbindungslinien ziehen, nach Wunsch Schattierungen anbringen, allerdings nur mit den drei anfänglichen Farben. Noch Fragen?... Fangen Sie an. Sie haben etwa zehn Minuten Zeit...

Schauen Sie einige Minuten lang Ihre Zeichnung still an. Betrachten Sie rückblickend den schöpferischen Prozeß und Ihr Erleben...

Zeigen Sie Ihre Zeichnung den anderen und beschreiben Sie Ihre Wahrnehmung der Entwicklungsstufen, Ihrer Gefühle, Ihres Tuns. Danach diskutieren Sie darüber, was Sie an den Zeichnungen der Gruppe wahrnahmen: die Farben und Formen, die jeder Teilnehmer wählte, was aus den Zeichnungen auftauchte, und was dadurch vielleicht über den Betreffenden ausgesagt wurde...

Nehmen Sie ein neues Blatt Papier. Sie sollen diese Übung wiederholen, aber in umgekehrtem Sinne. Zum Beispiel: wenn Sie vorhin eine scharfe Winkelform gewählt hatten, so nehmen Sie jetzt eine sanfte, geschwungene Form. Wenn Sie vorhin in die Mitte des Papiers ein Häuflein Ihrer Formelemente in derselben Farbe zeichneten, so verstreuen Sie sie jetzt an verschiedene Stellen in verschiedenen Farben. Zogen Sie beim ersten Mal schwere Striche zu dunklen Linien zusammen, so bilden Sie jetzt feinere Linien aus leichteren Strichen. So gut Sie irgend können, erinnern Sie sich Ihrer Arbeitsweise bei der ersten Zeichnung und tun Sie jetzt das genaue Gegenteil. Wieder zeichnen Sie zuerst die eine gewählte Linearform und beobachten dabei den Vorgang. Sehen Sie zu, was auftaucht, und entwickeln Sie es, zuerst nur mit derselben Form, dann nach Belieben. Üben Sie so etwa zehn Minuten lang...

Sehen Sie sich Ihre Zeichnung im stillen an, nehmen Sie wahr, was in ihr zutage trat und sich entwickelte... Vertiefen Sie sich in die Einzelheiten... Was für Qualitäten und Charakterzüge sind in Ihrer Zeichnung sichtbar?... Identifizieren Sie sich mit ihr... Verwandeln Sie sich in das Auftauchende und beschreiben Sie sich als dieses... Was ist Ihr Wesen, wie fühlen Sie sich als dieses Gebilde?... Wie ist Ihr Leben, was tun Sie?... Ergründen Sie Ihr Erleben im einzelnen: was heißt es, dieses aus der Zeichnung auftauchende Wesen zu sein?...

Zeigen Sie der Gruppe Ihre Zeichnung, bleiben Sie noch einige Minuten in der Identifikation mit ihr und beschreiben Sie sich in der ersten Person Präsens. Drücken Sie sich deutlich und eingehend darüber aus. Wenn alle gesprochen haben, lassen Sie sich noch fünf bis zehn Minuten Zeit, einander mitzuteilen, was Ihnen an Ihrer und an den andern

Zeichnungen auffällt, und diskutieren Sie über den kreativen Prozeß...

Namen schreiben Holen Sie sich eine Ölkreide, die Ihnen gefällt, und deren Farbe etwas über Sie aussagt. Außerdem nehmen Sie etwa zehn Bogen Papier mit und setzen Sie sich an einen ungestörten Platz... In all diesen Übungen halten Sie die Kreide in der Hand, mit der Sie nicht schreiben...
Nun schreiben Sie Ihren Namen rückwärts, also in Spiegelschrift, und zwar auf die obere Hälfte des Papiers... Nehmen Sie Ihr Gefühl wahr, während Sie Ihren Namen so verkehrt herum und mit der ungewohnten Hand schreiben...
Jetzt schreiben Sie Ihren Namen wieder in Spiegelschrift und mit der ungewohnten Hand, und *strengen Sie sich so wenig wie möglich an.* Nehmen Sie wahr, was Sie dabei erleben...
Auf einen neuen Bogen schreiben Sie Ihren Namen vorwärts und so, daß das ganze Papier ausgefüllt wird...
Danach schreiben Sie ihn auf denselben Bogen so klein als irgend möglich... Nun zeigen alle Teilnehmer ihre Bogen vor und erzählen einander, was sie erlebt haben...
Auf ein neues Blatt schreiben Sie Ihren Namen ganz langsam mit der ungewohnten Hand. Mit dieser Unterschrift sollen Sie eine Zeitlinie Ihres Lebens bis zum heutigen Tag ausziehen. Die fertige Unterschrift wird irgendwie die aufeinander folgenden Perioden Ihres Lebens darstellen und zeigen, was Sie im Ablauf dieser Zeiten erlebt haben...
Auf der Hälfte eines neuen Blattes sollen Sie jetzt Ihren Namen wie eine Skizze Ihrer selbst mehr zeichnen als schreiben, so, wie Sie wirklich sind... und auf der andern Hälfte des Papiers zeichnen Sie Ihren Namen als Skizze Ihrer selbst, wie Ihr Vater oder Ihre Mutter Sie sieht...
Nehmen Sie noch einen Bogen und zeichnen Sie auf die eine Hälfte Ihren Namen als einen Teil Ihrer selbst, den Sie mögen... und auf die andre Hälfte einen Teil von sich, den Sie ablehnen...
Legen Sie Ihre Unterschriften so hin, daß jedermann sie sehen kann, und sprechen Sie der Reihe nach darüber, was Sie beim Schreiben empfunden haben. Beschreiben Sie im einzelnen die in der Unterschrift erscheinende Zeitlinie Ihres Lebens, sowie die Skizzen Ihres Selbst und die Wahrnehmung des ganzen Vorganges. Wenn sich alle in dieser

Weise vorgestellt haben, besprechen Sie noch die verschiedenen Unterschriften und deren Aussagen ...

Skulptur, die mich selbst darstellt (Material für jeden Teilnehmer: etwa 5–10 Pfund Töpferton und eine Papp-Unterlage, ca 60 cm im Quadrat. Zur Schonung des Fußbodens oder Teppichs nehmen Sie billiges Papier, das auch die Maler benutzen.)
Jeder Teilnehmer holt sich zwei Handvoll Ton und eine Arbeitsunterlage und sucht sich einen bequemen Sitzplatz, der genug Raum bietet. Machen Sie sich in den nächsten fünf Minuten mit dem Ton vertraut ... Befühlen Sie seine Oberfläche, sein Gewicht, seine Nachgiebigkeit beim Druck Ihrer Finger ... probieren Sie die Möglichkeiten seiner Bearbeitung aus: drücken, rollen, dehnen, streichen, stoßen usw. ... Entdecken Sie sein Wesen und was er aus sich machen läßt ...
Formen Sie einen recht runden Ball und stellen Sie ihn vor sich auf die Unterlage. Schließen Sie die Augen, setzen Sie sich bequem und richten Sie die Wahrnehmung auf Ihre Hände und Finger, die den Ton eben untersucht hatten ... Wie fühlen sich ihre Hände und Finger? ... Wenden Sie sich nun nach innen und lenken Sie die Aufmerksamkeit auf Ihren Körper: was empfinden Sie in seinen verschiedenen Teilen? ...
Jetzt stellen Sie sich den Ball aus Ton vor das innere Auge und imaginieren Sie, er werde sich langsam in eine Gestalt verwandeln, die Ihr Abbild ist – eine recht realistische oder ganz abstrakte Darstellung. Versuchen Sie nicht, das imaginierte Abbild zu verändern, sondern lassen Sie es sich allmählich in eine Darstellung Ihres Ich verwandeln. Der Ball aus Ton wird vielleicht nur kleine Änderungen durchmachen, vielleicht wird er zwei oder mehr Abbilder von Ihnen formen ... geben Sie einfach acht, was sich ohne Ihr Zutun aus dem Ton entwickelt ...
Halten Sie die Augen geschlossen, greifen Sie nach dem realen Ton und halten Sie ihn eine kleine Weile sanft in den Händen. Richten Sie Ihre Aufmerksamkeit auf die Hände und Finger – wie sie sich bewegen und wieder mit dem Ton vertraut werden ... Fangen Sie an, mit geschlossenen Augen, aus dem Ton ein Abbild Ihrer selbst zu formen, und achten Sie auf die Einzelheiten des *Vorganges*: wie der Ton sich anfühlt, wie die Finger sich bewegen, welche Bilder aufsteigen, wenn der Ton die Gestalt ändert usw. ... Soviel es Ihnen möglich ist, lassen Sie den Ton und die Finger Sie in dieses Formen hineinführen und sehen

Sie zu, was sich daraus entwickelt ... Sie haben etwa eine Viertelstunde Zeit dafür ... (Geben Sie gegen Ende ein kleines Vorsignal.)
Öffnen Sie langsam die Augen und betrachten Sie Ihr Werk ... Wenn Sie wollen, arbeiten Sie noch ein wenig weiter, aber verändern Sie nicht viel daran ... Sehen Sie es sorgsam an und nehmen Sie die Eigenheiten und charakteristischen Züge wahr ... Was empfinden Sie beim Anschauen Ihres Abbildes? Identifizieren Sie sich mit ihm, beschreiben Sie sich selbst ... Wer sind Sie? ... Wie fühlen Sie sich als diese Skulptur? ... Wie ist Ihre Existenz geartet? ... Ergründen Sie die Einzelheiten des Skulptur-Seins ...
Jetzt beschreibt jeder Teilnehmer sein Abbild in den nächsten Minuten. Identifizieren Sie sich mit ihm und geben Sie genaue Einzelheiten an, wie Sie sich befinden und fühlen, wie Ihre Existenz sich gestaltet – und alles sagen Sie in der ersten Person Präsens. Wenn alle an der Reihe waren, tauschen Sie in den nächsten fünf bis zehn Minuten Ihre Wahrnehmung über die Skulpturen der anderen aus, und besprechen Sie die Ähnlichkeiten und Verschiedenheiten, die Sie beobachten, und das, was diese Ihnen über die Partner vermitteln ...

Körperbewegung Ideal wäre es, Sie hätten einen sehr großen Raum zur Verfügung, etwa eine Turnhalle mit Holz- oder Korkfußboden. Aber auch jeder andre große Raum mit sauberem, elastischem Fußboden ist recht. Gut ist auch eine weite Rasenfläche an einem schönen, nicht zu heißen, nicht zu kalten Tage. Tragen Sie lose und bequeme Kleidung, die die Bewegung nicht behindert, und ziehen Sie so viel als möglich aus, auch Schuhe und Socken.
Grundlegendes: das Ziel ist, sich auf den Körper zu konzentrieren, ihn zu lockern, so daß er ohne Plan und ohne Direktiven tun kann, was er möchte. Wenn Sie aufmerksam sind, werden Sie Körperteile wahrnehmen, die sich bewegen wollen. Lassen Sie es in jeder Weise zu: wechselnd, anmutig, häßlich, fließend, ganz nach Wunsch. Dadurch werden auch andre Körperteile in Bewegung gebracht. Vielleicht werden sich manche Bewegungen wandeln, sich zu anderen entfalten, aufhören, andre werden auftauchen, vielleicht verlangt Ihr Körper nach einer kleinen Pause. Bleiben Sie immerfort auf ihn konzentriert und geben Sie ihm alle Freiheit zu jeder Art und jeder Dauer der Bewegung. Vielleicht möchte Ihr Körper Laute hervorbringen, vielleicht steigen Bilder in Ihnen auf. Lassen Sie Töne und Bilder zum Bestandteil Ihrer Bewe-

gungen werden und sehen Sie zu, was aus diesen Ausdrucksmöglichkeiten aufsteigt und sich entwickelt.

Die meisten der folgenden Übungen sind stärker strukturiert, als es der obigen Beschreibung entspricht. Ich habe auch einige Übungen mit Musik vorgeschlagen, was die Situation noch mehr festlegt. Gerade die Musik erleichtert es den meisten Leuten, in bestimmter Art in Bewegung zu kommen, gleichzeitig aber werden dadurch gewisse andre Weisen des Ausdrucks verhindert, die bei andrer Musik oder ohne Musik zur Geltung kommen könnten. Afrikanisches Trommeln ist ein ausgezeichnetes Mittel, Menschen zu stimulieren, in Bewegung zu bringen und sie aufzulockern, macht es aber sehr schwer, sich langsam oder fließend zu bewegen.

Die Musik hilft den Menschen aus ihren Gewohnheiten und Hemmungen heraus, sie ist aber auch sehr wichtig bei der Erforschung, wie und wieweit sie sich selbst einschränken und hemmen, und welche Körperteile verkrampft und inaktiv sind. Sie sollten für die Übungen stimulierende, ausdrucksstarke Musik auswählen, die so wenig als möglich strukturiert ist und der jeweiligen Übung am meisten entspricht. Wählen Sie keine Lieder, denn Worte würden die Wirkung eingrenzen. *Gar keine* Musik ist weit besser als ungeeignete Musik. Bei einer neuen oder noch befangenen Gruppe ist Musik und Strukturiertheit nützlich, die Leute in Gang zu bringen. Sind sie erst einmal aufgelockert, lassen Sie andre Übungen mit weniger Struktur und ohne Musik machen, damit sich mehr eigener Ausdruck und Selbst-Wahrnehmung entwikkelt. Übungen mit geschlossenen Augen sind für eine befangene, neue Gruppe besonders wichtig, denn so können die Teilnehmer die eignen Bewegungen nicht beurteilen und sie nicht mit denen der andern Leute vergleichen. Da keiner etwas sieht, fallen zudem alle Vermutungen weg, was wohl die anderen beobachten oder verurteilen könnten. Geschlossene Augen helfen auch dazu, sich auf den Körper und dessen Gefühle und Mitteilungen zu konzentrieren.

Für einige der folgenden Übungen habe ich bestimmte Vorschläge zur Auswahl von Musikstücken gemacht.* Sie werden vielleicht finden, daß

* Auch wenn einige der vom Autor genannten Schallplatten hierzulande nicht im Handel sind, haben wir diese seine Angaben in die deutsche Übersetzung mit übernommen, um auch darin seine »Handschrift« zur Geltung kommen zu lassen. Andererseits können wir nur seine Empfehlung unterstreichen, daß gerade in dieser Hinsicht ein jeder, der solche Übungen veranstaltet, von eigenen Neigungen und Erfahrungen her seine eigene Auswahl treffen muß.

andre Stücke für Sie oder die Leute, mit denen Sie arbeiten, besser passen. Versuchen Sie, eine Übung mit verschiedenen Musikstücken zu machen und wählen Sie das beste aus. Für manche Übungen habe ich keine Musik-Vorschläge gemacht, weil sie ohne Begleitung viel wirkungsvoller sind. Sind die Teilnehmer erst einmal aufgelockert, führt man die Übungen am besten ganz ohne Musik aus. Das Fehlen einer von außen gegebenen Strukturierung läßt am meisten Freiheit zum eigenen Ausdruck und zur Selbsterfahrung zu.

Atmen in den Körper hinein Legen Sie sich an einen Platz hin, wo viel Raum um Sie her ist, und schließen Sie die Augen ... Lassen Sie sich Zeit, den Körper wahrzunehmen ... dann konzentrieren Sie sich auf den Atem, auf all seine einzelnen Phasen: wie die Luft mühelos in den Körper strömt und ihn wieder verläßt ... wie sie durch die Nase und den Mund dringt, den Hals hinunter, wie sich Brust und Bauch dehnen, um die lebensspendende Luft aufzunehmen ...
Stellen Sie sich vor, daß Sie in andre Teile des Körpers hineinatmen: ins Becken und die Beine hinab bis in die Zehen. Stellen Sie sich vor, wie die Beine sich beim Einatmen ein wenig ausdehnen und sich beim Ausatmen wieder etwas zusammenziehen ... Üben Sie dies einige Minuten lang ...
Nun lassen Sie die Luft in die Arme und Finger einströmen ... und achten Sie auf Ihr Gefühl dabei ...
Atmen Sie in den Kopf und Nacken ...

Zentrieren Konzentrieren Sie sich auf den unteren Bauch oder auf das Gesäß. Irgendwo dort unten ist ein Zentrum, von wo all Ihre Bewegungen ausgehen. Nähern Sie sich dieser Mitte langsam, wie Sie wollen oder können, und entfernen Sie sich wieder nach außen hin ... Wiederholen Sie dies Hin- und wieder Weggehen zum und vom Zentrum. In den nächsten fünf Minuten nehmen Sie wahr, wie das vor sich geht, und wie Sie dabei empfinden.

Zusammenziehen und Ausdehnen (Musik: Satie, Gymnopédie Nr. 1, gespielt von Aldo Ciccolini, Electrola SHZE 812 BL) Halten Sie die Augen geschlossen. Übertreiben Sie jetzt das abwechselnde Annähern zur Mitte und das Entfernen von ihr zur Außenwelt hin. Beachten Sie, was Sie jetzt an Gefühl und an Bewegungen wahrnehmen

können ... Übertreiben Sie immer mehr, so daß Sie sich schließlich zu einem dichten Ball zusammenpressen und sich dann zur Umwelt hin ausdehnen ...
Üben Sie das weiterhin, jetzt aber mit geöffneten Augen, wenn Sie ausatmen. Wenden Sie sich beim Ausatmen schweigend an eine bestimmte Person. Öffnen Sie sich ihr gegenüber in einer angemessenen Haltung, in der Sie einige Sekunden bleiben können. Langsam ziehen Sie sich zur Kompression zurück und schließen die Augen. Wieder machen Sie die Auswärtsbewegung, auf einen andern Menschen hin – und bleiben einige Augenblicke in der Position. Nehmen Sie wahr, was sich in diesem stillen Zusammenspiel ereignet, was Sie empfinden, wie Sie und die anderen sich bewegen und was die Bewegungen auszudrücken scheinen ...

Den Boden fühlen Stehen Sie mit geschlossenen Augen auf und nehmen Sie wahr, wie Sie stehen ... Ergründen Sie jede Spannung und versuchen Sie, sie zu lösen ... Richten Sie die Aufmerksamkeit auf Ihre Füße und Beine und auf den Kontakt, den Sie zum Boden haben ... Beachten Sie, ohne die Füße zu bewegen, wie das Gewicht sich zwischen ihnen verteilt ... Liegt es mehr auf den Fersen oder auf den Ballen? ... mehr auf dem inneren oder auf dem äußeren Fußrand? ... Geben Sie acht auf die Verschiedenheit Ihrer Füße ... Wie nehmen die Füße den Kontakt zum Boden auf? Nehmen sie den Boden in Empfang, greifen sie nach ihm, ziehen sie sich von ihm zurück usw.? ... Nehmen Sie das Gefühl der Beine wahr, und deren Verschiedenheit ... Wie unterstützen sie Ihren Rumpf und verbinden Sie mit den Füßen? ...
Nun bewegen Sie die Füße und Beine ein wenig und ergründen Sie weiterhin den Kontakt zum Boden. Beachten Sie das Gefühl in Füßen und Beinen, wenn das Gewicht sich verlagert ... Öffnen Sie die Augen und gehen Sie langsam ... achten Sie darauf, wie die Füße den Boden berühren, wenn Sie ausschreiten ... stampfen Sie auf den Boden, packen Sie ihn, liebkosen Sie ihn, gleiten Sie auf ihm? ... Gehen Sie nun im gewöhnlichen Tempo ... jetzt schneller ... laufen Sie ... gehen Sie langsam ... Geben Sie acht, wie der Kontakt zum Boden sich bei jeder Gangart ändert ... jetzt wieder im gewöhnlichen Tempo ... langsames Gehen ... und schließlich bleiben Sie stehen, machen die Augen zu und bedenken das Erlebte eine kleine Weile ...

Angezogen – abgestoßen Halten Sie die Augen geschlossen und stellen Sie sich etwas vor, das Sie sehr anzieht, und zu dem Sie gern hingehen würden... Sehen Sie es deutlich vor sich, nehmen Sie Ihr Gefühl wahr, besonders das Gefühl im Gesicht... Lassen Sie das Gefühl in eine langsame Bewegung auf das Anziehende hin einfließen und geben Sie acht, wie Ihr Körper sich bewegt und was er fühlt... Wenn Sie am Ziel sind, lassen Sie sich Zeit, den attraktiven Gegenstand zu berühren und jeden möglichen Kontakt zu ihm aufzunehmen...
Dann treten Sie langsam zurück, lassen aber Ihre Bewegungen ausdrükken, wie sehr Sie sich noch zu diesem Gegenstand hingezogen fühlen, obwohl Sie sich von ihm entfernen...
Bleiben Sie stehen und stellen Sie sich vor, in Ihrer Nähe sei etwas Bestimmtes, das Sie sehr stark abstößt, etwas, von dem Sie sich gerne ganz weit entfernen würden. Sehen Sie es klar vor sich und nehmen Sie Ihr Gefühl wahr, besonders, was Sie im Gesicht empfinden... Lassen Sie Ihr Gefühl in eine langsame Bewegung übergehen, die von diesem Gegenstand wegführt, und nehmen Sie die Bewegungen und das Gefühl Ihres Körpers wahr...
Wenden Sie sich dem abstoßenden Gegenstand nun wieder zu und lassen Sie Ihr Gefühl jetzt deutlicher sprechen... Nähern Sie sich dem Abstoßenden und beachten Sie Gefühl und Bewegung... Gehen Sie ganz nahe heran, untersuchen und entdecken Sie, was Sie so sehr abstößt... und was für Eigenschaften und charakteristische Züge sonst noch zu finden wären... vielleicht etwas, das Sie nicht ablehnen, sondern das Sie im Gegenteil anzieht?... Entdecken Sie mehr... Entfernen Sie sich nun wieder von dem Gegenstand und nehmen Sie dabei immer Ihr Gefühl und Ihre Bewegungen wahr...

Sich anspannen Legen Sie sich an einen Ort, wo viel Platz um Sie ist. Schließen Sie die Augen, machen Sie sich's bequem. Geben Sie acht, welcher Körperteil sich wohlfühlt, welcher angespannt ist und unbequem liegt... In den nächsten Sekunden spannen Sie Ihren Körper an, so stark Sie können – ganz stark – und dann lockern Sie ihn vollständig... Wiederholen Sie diese Übung mehrmals und nehmen Sie wahr, was Ihr Körper dabei empfindet...

Kokon (Musik: Debussy, Rêverie, gespielt vom Gitarristen Laurindo Almeida, Capitol p 8571; lassen Sie die Musik einsetzen, wenn das Ausbrechen aus dem Kokon beginnt) Suchen Sie sich einen beque-

men, geschützten Liegeplatz auf dem Fußboden, wo Sie sich vor der Außenwelt sicher fühlen ... Halten Sie die Augen geschlossen ... Stellen Sie sich vor, Sie befänden sich in einem Kokon, umgeben von einer sanften, festen Schutzschicht ... Lassen Sie sich Zeit, Ihre Existenz im Kokon zu entdecken ... Was ist dieser Kokon eigentlich, und wie fühlen Sie sich darin? Tasten Sie herum, wieviel Platz Sie haben und ob Sie sich bewegen können ...
Jetzt aber arbeiten Sie sich langsam heraus ... Finden Sie den Weg aus der schützenden Hülle und nehmen Sie wahr, wie Sie sich zur Außenwelt hin aufmachen ... Strecken Sie sich bequem aus, jede Streckbewegung mündet in einen kleinen Laut ... Sie selbst verwandeln sich in diesen Laut und lassen ihn in den sich streckenden Körper zurückfließen ... Probieren Sie alle möglichen Streckbewegungen aus ...

Schwerkraft (Musik: Tschaikowskij, Tanz der Zuckerfee aus der Nußknackersuite, gespielt vom Gitarristen Laurindo Almeida, Capitol p 8571; lassen Sie die Musik einsetzen, wenn die Schwerkraft abzunehmen beginnt) Mit geschlossenen Augen strecken und bewegen Sie sich nach Herzenslust. Richten Sie die Aufmerksamkeit auf das Erlebnis der Schwerkraft ... Sie fühlen, wie diese Kraft Sie anzieht, und wie sie durch Ihren Körper zu allem geht, was Sie aufrecht hält ... wie der ganze Körper auf die Zugkraft reagiert, wenn Sie sich bewegen und die Position ändern ...
Stellen Sie sich nun vor, die Schwerkraft verdopple oder verdreifache sich, so daß Sie sehr schwer werden und jede Bewegung eine ungeheure Anstrengung verursacht ... Nehmen Sie wahr, wie Sie sich in dieser Überschwere bewegen und wie Ihnen zumute ist ... Langsam geben Sie sich einen festen Stand gegenüber der immensen Zugkraft ... dann aber lassen Sie sich zu Boden sinken, um auszuruhen ...
Jetzt stellen Sie sich vor, der Zug der Schwerkraft sei auf etwa die Hälfte reduziert, so daß Sie sehr leicht sind und den Körper mühelos bewegen ... Nehmen Sie auch dieses Gefühl und diese Bewegungen wahr ... Öffnen Sie die Augen und gehen Sie mit dieser Leichtigkeit herum ... wollen Sie lieber allein bleiben oder sich den Bewegungen der anderen anschließen? ...

Erforschung der Möglichkeiten (Musik: Olantanji, Drums of Passion, Columbia CL 1412, oder eine andre Aufnahme mit afrikanischen Trommeln) Stellen Sie sich bequem hin, wo um Sie genug Platz ist, und

schließen Sie die Augen. Sie sollen die Bewegungsmöglichkeiten der verschiedenen Körperteile ausprobieren. Fangen Sie mit den Fingern und Händen an und beobachten Sie deren Bewegungsarten. Nehmen Sie die Unterarme dazu ... dann die Oberarme ... die Bewegung fließt weiter in Schultern, Hals und Kopf, und bald wird die Bewegung den ganzen Körper erfassen ... Lassen Sie sie in Brust und Rumpf einfließen und sehen Sie zu, was es dort für Möglichkeiten gibt ... Jetzt werden die Hüften erfaßt ... die Schenkel und Knie ... zuletzt die Unterschenkel, Fußgelenke und Füße ... Jetzt bewegen Sie den ganzen Körper auf jede Ihnen angenehme Art ...
Öffnen Sie die Augen und ergründen Sie die verschiedenen Bewegungsarten. Zuerst im Biegen aller Gelenke ... Jetzt schwingen Sie ... Nun winden Sie sich ... Nun drehen und schnellen Sie sich ... Machen Sie jetzt Wellenbewegungen ... Schaukeln Sie hin und her ... Kreisen Sie jetzt ... Geben Sie sich nun dem Fließen hin ... Bewegen Sie sich noch eine Weile weiter auf alle Art, die Ihnen Spaß macht ...
Erzeugen Sie nun allerlei Geräusche und Laute zu den Bewegungen. Ich werde jetzt einen Laut von mir geben und bitte Sie, ihn auf Ihre Art zu wiederholen und in Ihre Bewegung aufzunehmen. Finden Sie heraus, wie Sie diesen Laut in Bewegung umsetzen: Bzzzzz ... Jetzt bewegen Sie sich zu diesem Laut: Chnhhh ... Jetzt Grrrhhh ... Nun Zap ... Nun Owoooo (oder andre Laute nach Belieben.) Entwickeln Sie jetzt eigne Laute, wie sie Ihnen kommen, und nehmen Sie sie in die Bewegungen auf ...
Suchen Sie sich für kurze Zeit einen Partner und veranstalten Sie einen Dialog der Laute und Bewegungen. Nehmen Sie die Bewegungen des Partners wahr und antworten Sie ihm durch Bewegung und gelegentliche Laute ... Suchen Sie sich einen andern Partner und nehmen Sie zu ihm den Kontakt auf. Achten Sie darauf, ob und worin Ihre Bewegungen sich gegenüber dem neuen Partner von den vorigen unterscheiden ... Finden Sie einen neuen Partner zu einem neuen Dialog ... Worin sind Ihre Bewegungen sich ähnlich, unabhängig davon, welchen Partner Sie haben? ... Gehen Sie zu neuen Partnern über und beobachten Sie Ihre Beziehungen zu ihnen, und wie sie sich in den Bewegungen ausdrücken ...

Tänzer (Musik: Borodin, Eine Steppenskizze aus Mittelasien,
 gespielt von Jean Fournet, Fontana 6530022, oder Gabor Szabo, Both

Sides Now, Skye SK-9) Setzen Sie sich bequem an einen möglichst freien Platz... schließen Sie die Augen und finden Sie den Kontakt zu Ihrer physischen Existenz... Was geht im Körper vor sich?... Stellen Sie sich vor, Sie seien allein am Rand einer weiten, sonnigen Wiese, die viel Platz für Bewegung und Tanz bietet. Blicken Sie um sich und nehmen Sie sich selbst und den weiten Raum ringsum wahr. Ein Mensch, der gerne tanzt, kommt, ohne Sie zu bemerken, auf die Wiese und fängt an, sich frei zu bewegen und zu tanzen. Sehen Sie ihm zu und freuen Sie sich an seiner Anmut und Schönheit. Bald wird der Tänzer Sie bemerken und erfreut auf Sie zukommen. Er wird sich erbieten, Ihnen zu zeigen, wie man tanzt und sich bewegt, und wird darauf bestehen, daß Sie es mit ihm zusammen auf der Wiese versuchen. Zuerst bewegen Sie sich mit ihm auf der Stelle, dann im Raum herum. Sie werden die Augen öffnen müssen, um nicht mit den anderen zusammenzustoßen, aber konzentrieren Sie sich weiter auf Ihren Tänzer und tanzen Sie miteinander.

Wachsen (Musik: Satie, Gymnopédie Nr. 1, gespielt von Aldo Ciccolini, Electrola SHZE 812 BL, oder Chopin, Ballade Nr. 2 in F-dur, Heliodor 89 646) Legen Sie sich hin, wo Sie Platz haben, und kommen Sie mit Ihrem Körper in Fühlung. Stellen Sie sich vor, Ihre linke Hand sei eine kleine Knospe, die langsam wächst und sich zum Sonnenlicht hinaufstreckt... sie öffnet ihre Blätter dem Wind und dem Regen... sie beginnt zu welken, wenn sie ihre Kraft zur Samenbildung braucht, und schließlich sinkt sie mit den Samen wieder zurück auf den Erdboden...

Bringen Sie jetzt Ihren Körper in eine zusammengefaßte Haltung und werden Sie ein Samenkorn... Zu welcher Pflanzenart gehören Sie?... Es ist Frühling geworden, Sie fangen an zu sprießen und sich zu bewegen, Sie schicken eine kleine Wurzel in den Boden hinunter und einen kleinen Trieb hinauf zum Sonnenlicht... Wachsen Sie weiter, bewegen Sie sich, und nehmen Sie Ihren Körper wahr, wenn Sie sich langsam entfalten und aus dem Samenkorn zu einer Pflanze oder zum Baum werden...

Evolution (Musik: Gabor Szabo, Spellbinder, Seite 1, Impulse AS 9123) Legen Sie sich hin und schließen Sie die Augen. Stellen Sie sich vor, Sie seien ein Teilchen unbeweglicher Materie auf dem Grunde eines prähistorischen Meeres. Ringsum ist nichts als Wasser – manchmal sanfte Strömung, manchmal wild brechende Wellen. Sie spüren das Wasser auf Ihrer trägen Oberfläche ...

Nachdem das Leben entstanden ist, werden Sie eine Art Seegras oder eine Unterwasserpflanze. Lauschen Sie dem Summen und lassen Sie diese Laute in Ihre Bewegungen ein, wenn die Wasserströmung Sie hin und her bewegt ...

Jetzt werden Sie zu einem niederen Lebewesen, das auf dem Meeresboden herumkriecht. Lassen Sie das Summen durch Ihren Körper und bis in Ihre Kriechbewegungen gehen.

Nähern Sie sich langsam dem Lande ... und wenn Sie am Ufer sind, bringen Sie vier Beine hervor und betreten das Trockene. Finden Sie sich in die Existenz eines Landtieres hinein. Wie bewegen Sie sich jetzt? ...

Langsam richten Sie sich auf und gehen auf zwei Beinen. Wie existieren Sie als zweibeiniges Lebewesen? ...

Gehen Sie weiter, öffnen Sie die Augen und nehmen Sie mittels der Bewegungen Beziehung zu den anderen auf ...

Trennung und Verbindung (Musik: Copland, Klarinetten-Konzert, Columbia MS 6497) Suchen Sie sich einen geräumigen Standort ... schließen Sie die Augen und nehmen Sie Ihren Körper wahr: was er empfindet, und was in ihm vorgeht ... Mit ausgestreckten Händen und Füßen entdecken Sie nun Ihren näheren Umkreis ... Nehmen Sie wahr, wie Sie sich so allein im Raum befinden. Wollen Sie hier allein bleiben oder lieber sich bewegen und Fühlung mit den anderen suchen? ... Wenn Sie wollen, dehnen Sie Ihre Erkundungen aus. Bei einer Begegnung drücken Sie dem anderen die Hand, falls Sie bei ihm bleiben wollen, und wenn er das auch wünscht, wird er den Händedruck erwidern. Nun bleiben Sie in Kontakt und bewegen sich zusammen fort, als wären Sie zwei Teile eines Organismus. Solange Sie zusammenbleiben, können Sie die körperliche Berührung nach Wunsch verändern. Sie können auch andere in Ihren Organismus aufnehmen, wenn alle Beteiligten es wünschen. Setzen Sie Ihre Wanderungen in den nächsten fünf Minuten fort, bleiben Sie zusammen oder trennen Sie sich, ganz wie Sie wollen ...

Nun ziehen Sie sich langsam aus der Verbindung zurück, bis Sie wieder allein sind. Lassen Sie sich Zeit, dies neue Alleinsein zu verarbeiten.

Unvollständig Ich möchte die Gruppe in zwei Hälften teilen und bitte die eine Hälfte, sich zu setzen ... Die stehende Gruppe geht jetzt im Raume herum, als wäre sie ein unvollständiges Etwas. Sprechen Sie nicht; wenn Sie wollen, machen Sie irgendwelche Geräusche. Sie sind etwas Unvollständiges, das sich herumbewegt ...
Die sitzende Hälfte der Gruppe steht nun auf und vervollständigt durch Bewegungen und Aktionen das Unvollständige. Und beide stellen eine Beziehung zueinander her.

Ungewöhnliche Gesichtswinkel Ich möchte, daß Sie sich gegenseitig, ohne zu sprechen, von ungewöhnlichen Kopfhaltungen her und aus ungewöhnlichen Blickwinkeln anschauen. Beugen Sie sich vor und sehen Sie eine Zeitlang den Nachbarn von der Seite an ... Dann gehen Sie zum Nächsten weiter und gucken ihn kopfunter zwischen Ihren Beinen hindurch an ... Erfinden Sie selbst immer neue Möglichkeiten, die Nachbarn aus ungewöhnlichen Lagen zu betrachten ...

Dialog der Bewegungen Tun Sie sich paarweise zusammen und nehmen Sie, ohne zu sprechen, den Kontakt durch einen Dialog der Bewegungen auf. Nehmen Sie dabei Ihr Gefühl und das Zusammenspiel zwischen Ihnen und dem Partner wahr ...
Verabschieden Sie sich still mit einer Bewegung, gehen Sie zu einem neuen Partner und nehmen Sie wieder einen solchen Dialog auf. Diesmal stellen Sie sich vor, einer von Ihnen sei ein Zauberer und der andere sein Opfer, das ganz in seiner Gewalt ist. Setzen Sie den Dialog einige Minuten lang fort und nehmen Sie wahr, wie jeder von Ihnen sich ausdrückt ...
Tauschen Sie die Rollen, so daß der Zauberer im neuen Dialog zum Opfer wird. Wieder achten Sie auf Bewegungen und Gefühle ...
Machen Sie eine Bewegung zum Abschied und gehen Sie zum nächsten Partner weiter. Einer von Ihnen soll die Freude sein, der andre die Traurigkeit. Eröffnen Sie einen Dialog und nehmen Sie wahr, wie jeder sich ausdrückt ...
Tauschen Sie die Plätze und führen Sie in getauschten Rollen einen neuen Dialog ...
(Es gibt viele andre Möglichkeiten gegensätzlicher Rollen, Gefühle, Qualitäten: Lehrer-Schüler, Eltern-Kind, Polizei-Krimineller, männlich-weiblich, sich wiederholender-spontaner Mensch, Langeweile-Er-

regung, Annahme-Ablehnung, Liebe-Haß, ruhiges-aufgeregtes Wesen, gefühlsbetont-gefühlsarm, Kraft-Schwäche, freundlich-rauh, aktiv-passiv, geduldig-ungeduldig, usw.)

Flamme Legen Sie sich bequem auf den Boden, schließen Sie die Augen und gehen Sie in Fühlung mit dem Körper. Stellen Sie sich vor, Sie seien ein Feuer, das eben zu flackern beginnt und zum Leben kommt. Lassen Sie diese Flammen Bewegung werden ... Wo in Ihrem Körper haben diese kleinen Flammen ihren Ursprung, wie wachsen sie, wenn sie nun aufwärts und hinaus in die Luft streben? ... Nehmen Sie wahr, was für eine Art Feuer Sie sind, wie Sie so wachsen und sich bewegen ... brennen Ihre Flammen ruhig oder schießen sie hoch, lodern sie rasch auf und sinken dann wieder zusammen? ... Wie fühlen Sie sich als Feuer? ... Wenn es nun hell brennt, erkunden Sie den Raum ringsum ... Öffnen Sie die Augen, gehen Sie als Flamme herum und nehmen Sie Kontakt mit den anderen Flammen auf ... Tun Sie sich mit einer zusammen, es entsteht ein kurzer Bewegungsdialog, dann gehen Sie zu einem anderen Partner und einem andern Zwiegespräch weiter. Nun bleiben Sie an einem menschenleeren Platz mit geschlossenen Augen stehen, wo Sie mehr Raum haben. Ihre Flammen fangen an zu sterben, bald wird das Feuer ausgehen. Nehmen Sie Gefühl und Bewegung wahr, wenn Ihre Flammen langsam kleiner werden – flackern – vergehen, und nur noch glühende Asche übrig ist ... Bleiben Sie für sich und nehmen Sie das Erlebnis in sich hinein ...

Gesang Setzen Sie sich im Kreis, schließen Sie die Augen und nehmen Sie Fühlung mit Ihrem Körper auf. Sitzen Sie aufrecht und stellen Sie sich vor, ein schmiegsamer Faden ziehe Ihren Kopf ganz sanft hoch, so daß Ihr Rücken sich streckt und Bauch und Brust sich etwas weiten. Dehnen oder spannen Sie den Körper nicht, sondern lassen Sie ihn sich ein wenig bewegen oder schwingen, damit Sie sich bestimmt nicht straff halten ...

Achten Sie auf den Atem ... und die Bewegungen von Brust und Bauch ... und behalten Sie dabei immer das Wort »ruhig« im Sinn ... Lassen Sie Atem und Körper ruhig werden – ohne Knick und Knoten ... Achten Sie auf ruhiges Atmen – wie die Luft so ruhig und ohne Mühe in die Lungen strömt ... Ihr ganzer Körper wird stiller und ruhiger ... und diese Gelöstheit weitet sich aus und umfängt die Luft rings um Sie ...

Öffnen Sie den Mund ein wenig, und wenn Sie mögen, lassen Sie beim Ausatmen einen Ton entstehen. Bleiben Sie auf die Ruhe von Atem und Körper konzentriert, dann kommt der Ton mit denkbar geringer Anstrengung ganz von selbst. Versuchen Sie nicht, den Ton zu »machen«, lassen Sie ihn leicht herausströmen. So wird Ihre Ruhe sich im Raum ausdehnen und die anderen mit umfangen, und die Ruhe der anderen wird Sie mit umfangen. Allmählich werden Sie alle in einen Ton und Gesang zusammenfinden. Holen Sie Atem, sobald Sie anfangen, sich anzuspannen und etwas von Ihrer Ruhe verlieren. Der Gesang wird sich vielleicht von Zeit zu Zeit ändern – lauter oder leiser werden, die Tonhöhe wechseln usw. Lassen Sie ihn strömen, und lassen Sie Ihren eignen Ton unbeschwert mit dem Gesang mitfließen. Mehrere Minuten lang lassen Sie den Gesang so weitergehen. Wenn Sie so weit sind, Ihren eignen schwebenden Ton aufkommen zu lassen, mischt er sich mit den andern ruhigen, schwebenden Tönen, und so entsteht der Gesang...

Dialog der Töne Stellen Sie sich einem Partner gegenüber, auf etwa einen Meter Abstand... Schließen Sie die Augen und lockern Sie sich so gut als möglich... Nehmen Sie Ihre Schultern wahr, Ihren Bauch, Ihre Brust, auch den Hals und Nacken, und lösen Sie jede Spannung, die Sie spüren... Lassen Sie den Unterkiefer fallen, so daß der Mund sich etwas öffnet...

Bleiben Sie in Fühlung mit dem Atem und mit allen Körperteilen, die am Entstehen von Tönen beteiligt sind. Lassen Sie einen Ton in sich entstehen und aufsteigen, aber ohne den Versuch, einen bestimmten Laut hervorzubringen. Lassen Sie ihn ohne jede Anstrengung kommen, und wenn er kommt, nehmen Sie ihn wahr, ohne den Versuch, ihn zu verändern, und beachten Sie sein Anschwellen und seine Wandlungen. Geben Sie abwechselnd bei Ihrem Partner auf die Eigenart der heraufkommenden Töne acht. Lassen Sie den Ton langsam verklingen, wenn Sie ausgeatmet haben? Oder halten Sie ihn abrupt an? Oder quetschen Sie das letzte bißchen Luft heraus, obwohl Sie sich dabei anspannen und der Ton schwankt? Machen Sie eine Pause, wenn Ihr Ton entstanden ist, und während Ihr Partner seinen Ton hervorbringt, nehmen Sie Ihren eignen Atem und Körper wahr. Dann lassen Sie wieder Ihren Ton kommen. Üben Sie dies einige Minuten lang.

Nachdem Sie so mit Ihrem mühelos hervorgebrachten Ton vertraut geworden sind, lassen Sie die Lautstärke anschwellen, ohne dabei die

Tonhöhe zu verändern, und üben Sie jetzt den Übergang von laut zu leise...

Nehmen Sie Mund, Lippen und Zunge wahr, während Ihr Ton entsteht, und ergründen Sie allmählich, wie diese drei den Ton modulieren können. Spielen Sie mit den fünf Vokalen a e i o u auf demselben Ton...

Bei geschlossenen Augen eröffnen Sie jetzt mit Ihrem Partner einen Dialog der Töne. Sie bleiben bei dem Ton, der Ihnen am meisten liegt, und geben ihn in verschiedenen Lautstärken und Modulationen, so daß er ein Ausdruck Ihrer selbst wird. Richten Sie Ihre Aufmerksamkeit auf Ihr Gefühl dem Partner und seinen Tönen gegenüber, und beachten Sie auch Ihre Reaktion auf seine Töne. Diese Wahrnehmungen lassen Sie in Ihren Ton einfließen, und setzen Sie den Dialog einige Minuten lang fort...

Machen Sie eine kleine Pause, in der Sie Ihre Erlebnisse bedenken... Öffnen Sie die Augen und besprechen Sie Ihre Erfahrungen mit dem Partner. Welcher Art waren Ihre Töne während des Dialogs, was sagten sie aus, und was empfand Ihr Körper dabei?...

(Diese Übung kann auch in kleinen Gruppen von höchstens 8–10 Personen gemacht werden. Fangen Sie mit den Leuten an, die ihren Ton gleichzeitig gefunden haben, und nehmen Sie dann den Ton eines jeden Teilnehmers auf, indem Sie ihn an der Schulter berühren. Schieben Sie die Leute still zu Dialog-Paaren zusammen, ohne daß sie wissen, wer ihnen gegenüber steht. Lassen Sie jeweils nur ein Paar den Dialog ausführen, so daß jeder Teilnehmer auch das Zwiegespräch aller anderen wahrnehmen kann. Außerdem wird auf diese Weise vermieden, daß die Paare einander stören.)

Wahrnehmung gedichtet Suchen Sie sich einen Platz, wo Sie allein sein können, und nehmen Sie Fühlung mit Ihrer Wahrnehmungstätigkeit auf. Geben Sie acht, was Sie von einem Moment zum anderen wahrnehmen, und fassen Sie das Wahrgenommene in Worte, so als wären es freie Verse. Versuchen Sie nicht, ein Gedicht daraus zu machen – lassen Sie nur Ihre Wahrnehmung in Worte einfließen. Versuchen Sie es zuerst still für sich, und dann sprechen Sie die so entstehenden Worte laut aus...

Jetzt lassen Sie die Aufmerksamkeit hin und her gehen zwischen der Wahrnehmung innerer Gefühle und Reaktionen und der Wahrnehmung äußerer Ereignisse und Dinge. Diese Wahrnehmung nimmt jetzt verbale Gestalt an. Üben Sie dies einige Minuten lang …

Wahrnehmung gesungen Fügen Sie den freien Rhythmen Töne hinzu. Lassen Sie Ihr inneres Erleben in irgend welche Laute einfließen, so wie wir es in der Summ-Übung kennengelernt haben. Wenn Ihnen das gelungen ist und leicht fällt, lassen Sie noch Worte dazukommen, *so als wäre es* ein Lied. Bemühen Sie sich nicht, aus diesen Ausdrucksformen ein Lied zu machen, sondern lassen Sie in den nächsten Minuten Töne und Worte zusammen dahinfließen …
(Man kann auch andre Formen des eigenen Ausdrucks hinzunehmen: leiten Sie die Wahrnehmung in Bewegungen oder in Malerei usw.)

Nachwort

Der Verlauf meiner Arbeit an diesem Buch war im Ganzen sehr befriedigend, und obwohl ich es jetzt ein wenig satt habe, freue ich mich doch am Ergebnis. In mir ist vieles zum Vorschein gekommen, während sich das Buch in meinen Händen wandelte und entfaltete, und beim Versuch, es Ihnen nahe zu bringen, ist manches mir selbst viel klarer geworden. Während der Neufassung einiger Abschnitte – wobei ich Kritik zu berücksichtigen hatte – habe ich oft festgestellt, daß nicht alles schon Geschriebene auf meiner Wahrnehmung beruhte, sondern daß hier Restbestände von Phantasien vorlagen, an denen ich noch hing. Und sicherlich gibt es in meinem Buch noch mehr solch schwache, von mir unerkannte Stellen. Jetzt, wo ich ein Buch geschrieben habe, bin ich in Gefahr, eine Art Guru zu werden, auf dessen Aussagen Sie sich womöglich mehr verlassen als auf Ihre eigne Wahrnehmung.

Wahrnehmung ist eine *grundlegende* Fähigkeit, die Sie nur durch eigne Erfahrung kennen lernen können. Wenn Sie sich an Ihre Wahrnehmung halten, werden Sie finden, daß meine Worte manchmal nützliche Wegweiser zu neuen Gebieten sind, und daß meine Fehler Sie nicht allzu weit vom Wege abführen können. Wenn Sie aber meine Worte für realer halten als Ihr Erleben, dann ist dem Schaden keine Grenze gesetzt, den Sie sich und andern Menschen zufügen können. Denn dann werden Sie nur mit Phantasien Kontakt haben: mit Bildern, Gedanken und Meinungen, die Sie noch weiter von der Wahrnehmung Ihres eignen Erlebens wegführen.

Früher habe ich immer wieder nach einem Guru gesucht – zuerst ohne Erfolg, weil niemand die Erwartungen erfüllen konnte, die ich an einen solchen Mann stellte: er sollte all meine Fragen beantworten und all meine Probleme lösen können. Später, als meine Ansprüche wirklichkeitsnäher geworden waren, begegneten mir einige außergewöhnliche

Menschen, von denen ich lernte, selber für mich zu tun, was ich von ihnen erwartete. Und in letzter Zeit begreife ich, daß ich am meisten von den Gegebenheiten und Qualitäten der Welt lernen kann, die ich früher als sehr un-Guru-haft ablehnte. Wenn ich mich weiterhin übe, die Wahrnehmungsfähigkeit wach zu halten, werde ich vielleicht offen genug werden, alles in der mich umgebenden Welt einen Guru sein zu lassen, der mich durch anhaltende Erfahrung belehrt.

Ich hoffe, Sie nehmen dieses Buch einfach als einen Bericht über meine derzeitigen Werkzeuge und als Erläuterungen zu deren Gebrauch. Ich fühle mich ein wenig wie ein Entdecker, der in seinem Winterquartier ungefähre Karten zeichnet und Notizen zu seinen Reisen macht. In dem Augenblick, wo ich dies schreibe, gehen mein Leben und meine Wahrnehmung schon wieder weiter und wandeln sich, was manchmal mit Vergnügen, Freude und Liebe, manchmal mit Aufregung, Ärger, Verstimmung verbunden ist. Die Ereignisse meines Lebens sind oft wie Wellen, die mich gegen die Felsen schleudern werden, wenn ich ihnen Widerstand leiste. Aber ich lerne es, ihre Bewegungen wie ein Wellenreiter mitzumachen: ich vermag ihre Kraft zu nutzen und mich freudig tragen statt zerstören zu lassen; ich kann die Bewegung und die Schönheit des rauschenden Wassers genießen, anstatt geblendet und von meinen Befürchtungen gelähmt zu werden.

Ungeheure zerstörerische Kräfte gehen auf der Welt um. Die meisten sind von Phantasien erschaffen und werden von Phantasien erhalten und gelenkt: Ängste, Ideologien, Ideale, Bilder, Anschauungen, Spekulationen, Gedanken, Pläne, Traditionen, Sitten usw. Viele Menschen, die an solchen Phantasien festhalten – und auch einige wenige unwissende Mitläufer –, sind von diesen Mächten vernichtet worden. Aber eine wachsende Zahl von uns erwacht aus den Träumen und befreit sich von den Gespenstern und kommt in Fühlung mit der Realität des eignen Erlebens. So werden wir persönlich frei von diesen Phantasien und treten von unsrer Teilhabe an der zerstörerischen Macht zurück, die aus den Phantasien entsteht. Dies ist die Revolution der Wahrnehmung gegen die Einbildung und der Lebenden gegen die Leblosen. Die meisten Revolutionen verlangen, daß der Mensch sein Leben für eine »gute Sache« opfere. Die Revolution der Wahrnehmung aber macht ihren Weg, weil eine immer größere Zahl von uns darauf besteht, ein eignes Leben zu leben, und sich weigert, es irgendwelchen Phantasien zu opfern. Nur wenn Sie Ihr Leben in voller Wahrnehmung gestalten, können Sie sich uns anschließen. Nur wenn wir uns von »Bildern« freimachen und wir selber sind, können wir einander direkt begegnen und in ehrlicher Annahmebereitschaft zusammenkommen.

Fanita English:

Es ging doch gut – was ging denn schief?

Beziehungen in Partnerschaft, Familie und Beruf. Mit einer Einleitung von Martin Koschorke. Deutsche Bearbeitung von Ulrich Kabitz und Martin Koschorke. 4. Auflage 1988. 240 Seiten. Kt., ISBN 3-459-01338-9

Fanita English ist als hervorragende Vertreterin der Transaktionsanalyse und der Gestalttherapie international bekannt und begehrt. Als Schülerin von Fritz Perls und Eric Berne hat sie langjährige Erfahrungen in Gruppendynamik, Gruppen- und Kinderpsychotherapie und Gestalttherapie. Mit diesem Buch gibt sie jedem die Möglichkeit, eigenes Verhalten zu erkennen, verschüttete Gefühle wieder zu befreien und somit ein offenes und unverkrampftes Verhältnis zu anderen zu erlangen.

Stanislaus Klemm/Friedrich Petrowski/Gerhard Wurster

Deine Nähe, meine Grenzen – Partnerschaft im Alltag

Mit Grafiken von Frauke Fährmann. 200 Seiten, Kt., ISBN 3-459-01589-6

Die drei Autoren arbeiteten mehrere Jahre lang zusammmen in der gleichen Einrichtung: einer Telefonseelsorge, die neben dem telefonischen Kontakt auch das persönliche Gespräch anbot. Ihr tägliches Aufgabengebiet lag entsprechend in zwischenmenschlichen Bereichen und sie wurden damit konfrontiert, wie Menschen mit sich selbst umgehen. Durch die Vielfalt von Begegnungsmöglichkeiten erschloß sich ihnen ein breites Spektrum von Erfahrungen. Diese Erfahrungen wollen sie mit diesem Buch als Lebenshilfe weitergeben.

Reinhard Hübner/Ellen Kubitza/Fritz Rohrer

Spielräume für Gruppen

212 Seiten, Kt. 48.- Großformat, ISBN 3-459-01588-8

Wir denken uns, daß sich die Inhalte des Buches gut für Gespräche mit dem Ehepartner, in der Familie, mit Freunden usw. eignen. Ebenso können wir uns vorstellen, daß unser Buch zur Grundlage für Gesprächskreise, Ehevorbereitungsseminare und überhaupt für alle Gruppen werden kann, die sich mit menschlichen Beziehungen beschäftigen.

Der Aufbau des Buches folgt in allen Kapiteln dem gleichen Schema. Zuerst wird das Thema vorgestellt und in ein paar Kernsätzen angerissen. Die Vertiefung greift die Kernsätze auf und führt sie weiter. Es schließt sich eine Zusamenfassung zur schnellen Orientierung an. Am Ende des Kapitels stehen Anregungen, das behandelte Thema in eigenen Gedanken weiterzuführen.

So konsumiert der Leser das Buch nicht nur, sondern setzt sich aktiv mit dem Inhalt auseinander. Wir möchten nämlich im Grunde dazu »verführen«, Alltagserfahrungen bewußter zu erleben, und wir möchten ermutigen, gute wie schlechte Eigenerfahrungen anzunehmen und sie wie wertvolle Schätze zu behandeln. Beides halten wir für wichtige Voraussetzungen zu einem geglückten Miteinander.

Bücher aus dem Chr. Kaiser Verlag, München